Friedrich Schröder
**Die „Femme Fatale"
in Märchen und Bibel**

Bibliografische Information der Deutschen Nationalbibliothek
Die Deutsche Nationalbibliothek verzeichnet diese Publikation in der
Deutschen Nationalbibliografie; detaillierte bibliografische Daten sind
im Internet über http://dnb.d-nb.de abrufbar
© 2023 by opus magnum, Stuttgart (www.opus-magnum.de)
Version 1.03
Umschlaggestaltung, Grafik und Layout: Dr. Lutz Müller
(mit Verwendung eines Gemäldes von Franz von Stuck, „Die Sünde" (1893)
Herstellung: Books on Demand GmbH., Norderstedt
Alle Rechte vorbehalten
ISBN: 978-3-95612-047-3

Friedrich Schröder

Die „Femme Fatale"

in Märchen und Bibel

opus magnum

Foto: Thomas Gotschlich

Dr. phil. Friedrich Schröder
Literaturwissenschaftler, Kulturhistoriker,
Märchenforscher und tiefenpsychologischer Interpret.
Er lebt in Mannheim.

Märcheninterpretationen bei opus magnum:

Hänsel und Gretel
Die Nixe im Teich
Die weiße Schlange
Das Drama der Dreiecksbeziehung

Weitere Veröffentlichungen siehe
www.opus-magnum.de

Inhalt

Danksagung

Dieses Buch ist das umfangreichste, das ich bisher geschrieben habe. Es entstand zwischen 2018 und 2023, also mitten in die Corona-Pandemie hinein und durch sie hindurch. Es war eine Zeit nicht nur einer persönlichen, sondern auch einer allgemeinen Krise. Zunächst sei allen Menschen, die mich durch diese schwierigen Umstände des langwierigen Schreibprozesses auf produktive Weise begleitet haben, mein persönlicher Dank ausgesprochen. Für finanzielle und praktische Unterstützung, aber auch für geistige Anregungen und seelische Ermutigung danke ich vor allem

Frau Prof. Dr. Immacolata Amodeo, Frau Beatrice Balke, Herrn Wilfried Baumgart, Frau Annemarie Berthold, Herrn Past. Tobias Dietze, Herrn P. Markus Franz, Frau Esther Funk, Herrn Dr. Rainer Funk, Herrn P. Werner Holter, Herrn Dr. Klaus Hölzer, Frau Prof. Dr. Verena Kast, Frau Gisela Kerntke , Herrn Manfred Klenk, Herrn P. Hermann Kügler, Frau Prof. Dr. Dr. Ingrid Riedel, Herrn Prof. Dr. Bernd Rieken, Frau Astrid Schäfer, Herrn Pfr. Theophil Spoerri, Frau Ingrid Ulferts, Herrn Prof. Dr. Hermann Wiegand, Herrn Prof. Dr. Oliver Wintzek und Frau Kristin Wolz.

Mein besonderer Dank gilt Herrn Prof. Dr. Lutz Müller, der großzügig die Veröffentlichung des Buches ermöglicht hat, Frau Inge Stumpf, die das Manuskript unermüdlich und zuverlässig übertragen hat, und Herrn Pfr. Dr. Klaus Zedtwitz, der wohlwollend, geduldig und kreativ mit mir über die Arbeit diskutiert und mir dabei wichtige Impulse vermittelt hat.

1   Einleitung

1.1   Vorbemerkung

Die vorliegende Studie konnte nicht alle ursprünglich anvisierten Ziele verwirklichen und musste in der am Ende erreichten Form real ein Fragment oder ein Torso bleiben. Sie wollte eigentlich noch zwei mittelalterliche Texte ausführlich interpretieren, die eine Brücke bis zur Darstellung des Frauenbildes von Psychologie und Medizin unter besonderer Berücksichtigung von Freud und Jung im Übergang vom 19. zum 20. Jahrhundert bilden sollten.

Die Deutung der für das Thema vorgesehenen Märchen aus Deutschland und Kurdistan konnte flüssig durchgezogen werden; doch beim Interpretieren der dritten Erzählung, des Buches Tobit aus dem Alten Testament (AT), kam die Arbeit ins Stocken. Denn das kleine Werk sperrte sich stark gegen eine Auslegung auf dem Hintergrund einer humanistisch orientierten Tiefenpsychologie. Die gesamte Sekundärliteratur beschränkte sich mehr oder weniger darauf, die Geschichte des Diaspora-Juden Tobit und seiner Familie aus der Perspektive des Autors und seiner Absichten werkimmanent ohne irgendeinen kritischen Bezug nachzuzeichnen. Diese Verherrlichung des jüdischen Weltbildes zur Zeit des Hellenismus konnte niemals im Sinne des Verfassers der vorliegenden Arbeit sein. Daher musste für ihn ein anderer Ansatz bezüglich der Interpretation des kleinen „Buches" gefunden werden.

Nun ging es vor allem darum, Grundlagen für das Verständnis des Frauenbildes innerhalb des AT und des Judentums zu schaffen. Dies versuchte die Untersuchung durch Verbindung von historisch-kritischen, tiefenpsychologischen und feministischen Methoden zu erreichen. Dabei wurde die Bearbeitung des Motivkomplexes, der um die Gestalt des dankbaren Toten kreist und bei den Interpretationsversuchen der beiden angedeuteten Märchen die Hauptrolle spielt, zunächst hintangestellt und erst am Ende im Rahmen der Deutung des Buches Tobit wieder aufgegriffen.

Am Schluss kommen also die beiden genannten Auslegungsstränge dieser Arbeit, die Gestaltung des dankbaren Toten in bestimmten Märchenvarianten und die Darstellung des Frauenbildes im AT und in der

9

jüdischen Legende, noch einmal zusammen. Trotzdem gibt es Themen, die als „roter Faden" die ganze Abhandlung durchziehen, wie etwa den Übergang vom Matriarchat zum Patriarchat, die sich dabei verändernde Frau-Mann-Beziehung, die Abwertung der weiblichen Körpervorgänge insbesondere in Form der Menstruation und daraus folgend die Dämonisierung der „Femme fatale".

Während des Verlaufs der Interpretation steht die Frau immer mehr im Zentrum der Deutungsperspektive, um das herum sich die männlichen Akteure gruppieren. Bei der Betrachtung des kurdischen Märchens ist es noch eher umgekehrt. Die Darstellung des deutschen Märchens zeigt noch eine Art Gleichgewicht zwischen beiden Geschlechtern im Blickwinkel des Auslegers. Doch bei der Behandlung verschiedener Stoffe des AT kippt die Akzentuierung der Exegese eindeutig zugunsten der Frau.

Alle drei großen monotheistischen Religionen werden bei der Interpretation mehr oder weniger stark thematisch berücksichtigt und in Bezug auf die Rolle der Frau kritisch hinterfragt. Denn sie weisen alle drei eine gewisse Ähnlichkeit im Umgang mit dem Weiblichen auf, das in ihnen jeweils auf unterschiedliche Weise unterdrückt und als bösartig angesehen wird, wenn es sich nicht genau an die vorgegebenen patriarchalen Normen, Gesetze und Vorschriften halten und sich nicht streng ihnen anpassen sollte.

Im deutschen Märchen mit seinem dänischen und norwegischen Vorbild erscheint die „Femme fatale" schon relativ am Anfang, wird an ihrem dämonischen Treiben durch den dankbaren Toten immer wieder gehindert und am Ende von ihm mit grausamen Mitteln zu ihrer Erlösung gezwungen. Sie tritt im kurdischen Märchen so ziemlich erst gegen Schluss auf, erfährt aber dort auf islamische Weise ein ähnliches Schicksal wie ihre nordische „Schwester" durch die Züchtigungen des Repräsentanten der himmlischen Welt, dessen energischer Einsatz mit dem schnell zuschlagenden Schwert ihr zu ihrem patriarchal definierten „Glück" verhilft.

Schließlich wirkt sie im AT und in der jüdischen Legende als strahlender Mittelpunkt der vorgelegten Interpretation, scheitert aber oft an der realen Umsetzung ihres weiblichen Wesens durch die von Männern und ihren Gesetzen bestimmten Verhältnisse. Insofern durchzieht ein innerer Zusammenhang die vorliegende Arbeit, die Wert darauf legt, den

10

Weg starker Frauen im Patriarchat darzustellen und die Unmöglichkeit der Erfüllung ihres weiblichen Selbst in einer von maskulinen Vorstellungen beherrschten Welt zu thematisieren. Möge die Leserin oder der Leser diese Absicht des Verfassers erkennen und entsprechend würdigen.

1.2   Einführung in die Thematik

Die Brüder Grimm begründeten im 18. Jahrhundert durch ihre umfangreiche Sammlertätigkeit die literaturwissenschaftliche Erforschung von Märchen. Antti Aarne und Stith Thompson entwickelten diese seit Anfang des 20. Jahrhunderts in Finnland durch vergleichende Untersuchungen aller auffindbaren Varianten von Volkserzählungen weiter. Sie publizierten unter dem Titel „The Types of the Folktale" ein Verzeichnis von Märchentypen, dessen letzte Ausgabe 1961 in Helsinki erschien und das von nun an die Grundlage für die allgemein übliche Zitierung von Wundergeschichten zur Forschung bildete.

So gaben Aarne und Thompson den einzelnen Erzähltypen Nummern bei, denen sie die Anfangsbuchstaben ihrer Namen Aa und Th voranstellten. Dies geschah auch bei dem Motivkomplex des dankbaren Toten, der strukturell zu mehreren Erzähltypen gehört: AaTh 505 „Der Tote Mann als Helfer", AaTh 506 „Die losgekaufte Prinzessin", AaTh 507 A „Die Braut des Unholds", AaTh 507 C „Das Schlangenmädchen" und AaTh 508 „Die Gewinnung der Braut im Turnier".

Gemeinsam ist all diesen Märchen die Ausgangssituation: Der Held trifft auf seiner Wanderschaft einen Toten, dem wegen seiner Schulden die Bestattung versagt wird, kauft ihn frei und lässt ihn begraben, indem er dafür sein ganzes Geld ausgibt. Dann ist der Fortgang der Erzählung, d.h. die Art und Weise der Dankbarkeit des Toten von Typ zu Typ verschieden. AaTh 505 behandelt nur die geschilderte Grundsituation, nach der mit Hilfe eines Toten der Held die Hand einer Königstochter gewinnt. Die anderen Versionen des genannten Motivkomplexes entwickeln jedoch andere und differenziertere Handlungsverläufe.[1]

Der Erzähltyp AaTh 507 A „Die Braut des Unholds" zeigt sich unter anderem auch im deutschen Märchen „Die verwünschte Prinzessin", das zuerst August Ey 1862 in seiner Sammlung „Harzmärchenbuch oder

11

Sagen und Märchen aus dem Oberharz" veröffentlichte und das später Paul Zaunert 1922 in den ersten Band seines Werkes „Deutsche Märchen seit Grimm" aufnahm sowie 1964 in einer „neuen Ausgabe" nochmals erscheinen ließ. Das Hauptthema von Erzähltyp 507A ist die besessene Abhängigkeit der Titelheldin von einem Dämon, der hier in Gestalt eines Berggeistes auftritt.

Die Literaturwissenschaftlerin Hedwig von Beit widmete 1956 im zweiten Band ihrer „Symbolik des Märchens" dem Motivkomplex des dankbaren Toten eine umfängliche Interpretation und ging dabei auch immer wieder auf „Die verwünschte Prinzessin" ein. 1978 publizierte die Psychologin Verena Kast innerhalb eines Buches über „Das Böse im Märchen" eine ausführliche Deutung der Erzählung und gab ihr den Untertitel „Zum Problem des Sado-Machismus".

Diese beiden Arbeiten bilden die Grundlage für die tiefenpsychologische Ebene der Auslegung des Märchens im ersten Kapitel der vorliegenden Studie. Hinzu tritt noch eine volkskundliche Dimension durch die Einbeziehung der germanischen und keltischen Mythologie. Denn hinter der verwünschten Prinzessin und ihrem dämonischen Berggeist könnten nach Auffassung des Interpreten die große Muttergestalt der Frau Holle und der oberste Asengott Wotan stehen. Aber auch die Zauberin Morgane mit ihrem Bruder Artus und die Fee Viviane mit ihrem Lehrmeister Merlin werden dann als mögliche Parallelen dazu erörtert. Jedenfalls stellt die folgende Deutung das Verhältnis des bösartigen Liebespaares zum männlichen Helden Peter und zum dankbaren Toten in den Mittelpunkt ihrer Ausführungen.[2]

Vor allem in Osteuropa und Vorderasien ist der Erzähltyp AaTh 507 C „Das Schlangenmädchen" sehr verbreitet. Sein zentrales Thema besteht darin, dass die Tochter eines Königs oder reichen Mannes in ihrem Körper Schlangen hat, die in der Hochzeitsnacht aus jeweils verschiedenen Teilen des Leibes der Braut hervorkriechen und den jungen Bräutigam erwürgen. Auf diese Weise sind schon mehrere Freier umgebracht worden, als der Held mit dem dankbaren Toten als Diener erscheint und um das Mädchen wirbt.

Die vorliegende Arbeit macht von den vielen Versionen des Stoffes das kurdische Märchen „Rothaarig-Grünäugig" zum Gegenstand ihrer Interpretation von Typ AaTh 507 C. Die Erzählung wurde von Luise-Charlotte

12

Wentzel ins Deutsche übersetzt und 1978 in ihren Sammelband „Kurdische Märchen" aufgenommen. Verena Kast hat dazu 1982 in ihrem Buch „Wege aus Angst und Symbiose" eine mustergültige tiefenpsychologische Deutung vorgelegt, die sie im Untertitel „Ein Weg aus der Vaterbindung" nannte. Die Theologin und Psychotherapeutin Ingrid Riedel, die ebenso wie Kast nach der Methode von C. G. Jung vorgeht, hat in ihrer erstmals 1983 publizierten Arbeit über Farben die Titelfigur der Erzählung auf die islamische Legendengestalt des Chidher oder Chadir bezogen. Hedwig von Beit hat sie 1952 und 1956 in ihren beiden „Symbolik"-Bänden ganz allgemein, aber auch speziell innerhalb ihrer Ausführungen über den Motivkomplex des dankbaren Toten erwähnt.

Dieser „Grünende" oder „Grüne Mann" taucht auch in der 18. Sure des Koran auf und erscheint dort als Begleiter der Reisenden und Diener der göttlichen Vorsehung. Die Studie des Verfassers interpretiert nun das kurdische Märchen im Zusammenhang mit Chidher oder Chadir und verbindet dabei Aspekte der Tiefenpsychologie, der Erzählforschung und der Religionsgeschichte. Hier steht dann die Beziehung von Rothaarig-Grünäugig zu den Schlangen der Braut inhaltlich im Vordergrund der Auslegung.[3]

Den ältesten Beleg für eine Erzählung aus dem Motivkomplex des dankbaren Toten stellt das „nachbiblische" apokryphe Buch Tobit dar. Es gehört zu den Schriften des griechischen Alten Testaments, die nicht im hebräischen Kanon stehen, und ist um 200 v. Chr. in Westsyrien oder Ägypten entstanden. Trotz seines hohen Alters dürfte es aber nur eine jüngere Form des Märchens vom toten Helfer sein, das schon Jahrhunderte vorher existiert hat.

Wie AaTh 507 A enthält die Tobit-Geschichte das Motiv der Leichenbestattung, die übernatürliche Belohnung der guten Tat und das Thema der Braut des Unholds. Doch ist hier die Gestalt des dankbaren Toten in den Engel Rafael und in die jüdischen Stammesgenossen aufgespalten, die der Titelheld heimlich begräbt. Den Dank dafür erhält er aber direkt nicht selbst, sondern sein Sohn Tobias durch den helfenden „Boten" Gottes, der ihm in menschlicher Erscheinung als Reisebegleiter dient und beisteht.

Im apokryphen Buch ist alles in ein festes Volks- und Familiengefüge eingebunden, während im Märchen vom dankbaren Toten die Figuren aus einer bindungslosen Isolation heraus ihren Weg gehen. Der Autor dieser

Abhandlung möchte nun den Unterschied zwischen der religiösen und der eher „weltlichen" Geschichte noch stärker herausarbeiten und der Frage nachgehen, in welcher Weise das Buch Tobit auch märchenhafte Züge in sich trägt und entfaltet. Daher werden in die Interpretation besonders Studien aus der „Schule" des evangelischen Theologen Hermann Gunkel einbezogen, die vor allem Märchenmotive im Alten Testament untersucht hat. Bei der Deutung des Buches Tobit will sich der Verfasser dann auf die Symbolik des Fisches, die Rolle des Engels und das Verhältnis des Dämons Asmodeus und seiner „Braut" Sara gerade auch im Hinblick auf den Tod von sieben Ehemännern in der Hochzeitsnacht konzentrieren. Dabei kann sich die vorliegende Arbeit auf einige tiefenpsychologische Auslegungen stützen, die sich meist an der Methode von C. G. Jung orientieren, und diese Vorgehensweise mit volkskundlichen und theologischen Aspekten der Interpretation verbinden.[4]

Alle drei genannten Texte entwerfen ein negatives oder zumindest ambivalentes Frauenbild. Das deutsche Märchen vom Erzähltyp 507A „Die Braut des Unholds" zeigt eine Prinzessin, die einen Berggeist liebt und in Verbindung mit ihm alle Freier umbringen lässt, wenn diese ihre Rätsel nicht lösen können. Die kurdische Erzählung vom Typ 507C „Das Schlangenmädchen" stellt eine Königstochter dar, die Reptilien in ihrem Leib hat. In der Hochzeitsnacht kriecht dann eines der Tiere aus einer Öffnung ihres Körpers hervor und erwürgt den Bräutigam. Im apokryphen „nachbiblischen" Buch wird das Verhältnis einer jungen Jüdin mit einem Dämon thematisiert, der gleich nach der Heirat die sieben Ehemänner seiner „Geliebten" ermordet.

Die „Femme fatale" erscheint in einer der drei Geschichten direkt im Bild der Schlange, und in einer ist der Fisch das zentrale Tiersymbol, das aber fließende Übergänge zur Sinnbildlichkeit des Reptils aufweist. Schon in der Schöpfungsgeschichte wird der innere Zusammenhang von diesem Amphibium und der Frau in Form der Bösartigkeit betont. Die Schlange besitzt eine vielschichtige, doppeldeutige Symbolik unter weiblichem Vorzeichen und bedeutet u. a. Lebensenergie, Sinnlichkeit, Erdhaftigkeit, Fruchtbarkeit, Sexualität, Schwangerschaft und Menstruation. Tiefenpsychologisch steht sie für die Weisheit und Gefährlichkeit der elementaren Naturkraft, repräsentiert das die Tiefe belebende Geistprinzip und verkörpert wie kaum ein anderes Tier den Archetyp der Erde und der Großen Mutter.[5]

14

In diesen Kontext gehört auch das Sinnbild des Mondes. Dieser gilt als Quelle der Fruchtbarkeit und als „Meister der Frauen", der sie vergewaltigt, „seelisch defloriert" und so bei ihnen die Menstruation verursacht. Nach Auffassung einiger Völker vereinigt er sich in Gestalt eines Mannes oder einer Schlange mit ihren Gattinnen. In Australien und Indien glaubt man vielerorts, dass er als eine Art Don Juan auf die Erde herabsteigt, hier seine Geliebten schwängert und sie dann verlässt. Tiefenpsychologisch wird er zum unbezogenen dämonischen Befruchter und Herrn „des Weiblichen in seiner archetypischen Wesenheit, deren menschlicher Repräsentant die irdische Frau ist". Als ihr erster und eigentlicher Gemahl, neben dem der wirkliche Ehemann nur als „Mit-Gatte" auftritt, sorgt er für die erste monatliche Blutung und setzt so für viele Jahre den weiblichen Zyklus in Gang.

Die Schlange gilt nun als Erscheinungsform und Gleichnis des Mondes, weil sie sich häutet und damit wie er immer wieder neu wird. Auch soll sie nach italienischen und griechischen Erzählungen die erotische Funktion des nächtlichen Himmelskörpers erfüllen und sich mit allen weiblichen Wesen paaren. Deutsche, französische und portugiesische Frauen fürchten besonders in der Zeit ihrer Periode, dass ihnen während des Schlafes ein Reptil in den Mund krieche, wovon sie schwanger würden. Persische und jüdische Überlieferungen behaupten, dass die Menstruation auf die Beziehung von Eva mit der Schlange des Paradieses zurückzuführen sei. So lässt sich die Symbolik des Mondes mit den drei oben genannten Texten verbinden, als Dämon mit dem Märchen „Die verwünschte Prinzessin" und dem Buch Tobit und als Schlange mit der kurdischen Erzählung „Rothaarig-Grünäugig".[6]

Nun rückt nach den zuletzt erörterten Ausführungen die Menstruation immer stärker ins Zentrum der Darstellung. Als periodisch wiederkehrende Blutung im weiblichen Körper hat sie von Anfang an das besondere Interesse aller Völker auf sich gezogen. Ihr Ursprung wird mit dem Einfluss böser Geister in Verbindung gebracht. Nach einer primitiven Vorstellung ergreift von außen her ein Dämon in den kritischen Tagen Besitz von der Frau, fügt ihr dabei Schaden zu und macht sie krank. Andere Auffassungen beinhalten den Glauben, dass der Biss von Schlangen, Eidechsen und lang-schnäbligen Vögeln entweder durch Verletzung der Genitalien die Menstruation hervorrufen oder diese aus dem weiblichen Körper herausziehen könne. Wenn-wie in den schon angeführten Mythen-der Mond mit der Frau in Schlangenform verkehrt, tritt das Reptil selbst in den Leib ein und wirkt dann von innen unheilvoll auf die physischen und psychischen Vorgänge ein. Bei primitiven Völkern gilt das Menstruationsblut als giftig, erregt Scheu und wird für „tabu" erklärt. In der europäischen Geistes- und Kulturgeschichte hat vor allem Aristoteles durch seine Abhandlung „Über die Entstehung der Lebewesen" die allgemeinen Vorstellungen über das Wesen des weiblichen Körpers negativ beeinflusst. Für ihn ist das Menstruationsblut der einzige Beitrag der Frau zur Entstehung des Kindes, während nach ihm der männliche Same die alleinige Ursache für die Schwangerschaft sei. Im Mittelalter wird diese Einstellung durch das Christentum und seinen Gedanken der Erbsünde noch vertieft und verschärft.[7]

In den Religionen des Monotheismus wird die Menstruation kritisch gesehen und zwiespältig mit einem starken negativen Vorzeichen bewertet. Dies hat massive Auswirkungen auf das allgemeine Frauenbild bei den Völkern, die von derartigen patriarchalen Glaubensvorstellungen geprägt sind. „Vorreiter" in dieser Hinsicht bildete für den Bereich der Mittel- meer-Kulturen das Judentum, das sich zuerst an einem Vatergott orien- tierte. Im 15. Kapitel des dritten Buches Mose, des sog. „Leviticus", aus dem Alten Testament wurde zwischen den Versen 19 und 24 die Menstru- ation als „Unreinheit" der Frau bezeichnet, die deswegen etliche Ge- und Verbote befolgen und sich einigen Reinigungsriten unterziehen musste, ehe sie wieder als vollgültiges Mitglied in Ehe, Familie und Gemeinschaft aufgenommen werden konnte. Während der Zeit ihrer Blutung durfte sie z.B. keinen Geschlechtsverkehr mit ihrem Mann haben oder keine religiöse Feier im Tempel besuchen. Der Islam übernahm diese Einstellung bruchlos bis heute, das Christentum nur während der Epoche des Mittelalters und der beginnenden Neuzeit bis zur Aufklärung des 18. Jahrhunderts.[8]

Zur Abwertung des weiblichen Zyklus mit seinen monatlich immer wiederkehrenden Blutungen gehört in den genannten drei patriarchalen Religionen auch ein entsprechendes Frauenbild. Aus der sog. „Unreinheit" des Körpers wird ein sündiges, bösartiges, minderwertiges Wesen des ganzen Menschen abgeleitet. Interessant ist dabei, dass überall ähnlich strukturierte historische Vorgänge abliefen. Kurz nach Gründung oder Einführung der neuen Religion, die oft mit einem Übergang von heidnisch-matriarchal

16

bestimmten Formen zu einer streng vaterrechtlich geprägten Ordnung verbunden war, brauchte man zur Durchsetzung männlicher Herrschaft im organisatorischen Bereich noch die Frauen. Daher waren sie in diesen Zeiten des „Intermezzos" durchaus gleichberechtigt und ebenbürtig. Als im Judentum das Priestertum immer stärker an Einfluss gewann und die Bedeutung und Anzahl der Ge- und Verbote dabei immer mehr erhöhte, wurde die weibliche Mitwirkung in der kultischen Sphäre eingeschränkt und zurückgedrängt.

Im Christentum und Islam erfolgte der gleiche Mechanismus. Bei Jesus und Paulus unterstützten die Frauen deren Missiontätigkeit spirituell und materiell. Nach dem Tod der beiden Führungsgestalten verfestigten sich langsam patriarchale Strukturen, die klare Hierarchien herausbildeten und das weibliche Element immer mehr unterdrückten. Zu Zeiten Mohammeds und seiner ersten vier Nachfolger bestimmten die Ehefrauen des Propheten maßgeblich die Politik der sich entwickelnden Gemeinde mit. Doch dann entstanden die islamischen Dynastien und das arabische Weltreich mit vaterrechtlichen Organisations-und Machtformen, die dem weiblichen Einfluss rasch ein Ende setzten.[9]

Die englischen Schriftsteller Penelope Shuttle und Peter Redgrove, deren Buch „Die weise Wunde Menstruation" 1980 in deutscher Übersetzung erschien, sehen in der monatlichen Blutung des weiblichen Zyklus tiefenpsychologisch eine „Erfahrung der Wandlung und geistigen Schöpfung" in Anlehnung an C. G Jung und nicht wie Sigmund Freud eine „kastrierende Kraft". Der Schweizer Psychiater behandelt nach Auffassung der beiden Autoren die Menstruation zwar nicht ausführlich in seinen Schriften, lässt aber ihr Thema im Gesamtwerk „leitmotivisch immer wieder anklingen und erkennt sie so implizit als Bestandteil des Reiches der Mütter" an-im Gegensatz zum österreichischen Psychoanalytiker, der „die Welt der Väter" zum Schwerpunkt seines Schaffens machte.

Für Shuttle und Redgrove macht die christliche Ethik den Teufel zum „gefährlichen negativen Animus" als dem „zerstörerischen maskulinen Geist" der menstruierenden Frau und verdammt so das Weibliche und seine natürlichen Mächte. Das Gleiche gelte auch für die entsprechende unbewusste Seite des Mannes, der im Laufe der europäischen Religionsgeschichte vergessen habe, dass sein weiblicher Aspekt, die Anima, immer auch menstruiere. Der Jung-Schüler Erich Neumann stellt in das Zentrum

17

seines Werkes den Archetyp der „Große Mutter", die für ihn „Erdherrin des Lebens und des Todes" ist. Die Magna Mater besitzt nach seiner Auffassung „den Blutzauber", der durch „Menstruation, Defloration und Geburt" Fruchtbarkeit bedingt und neues „Leben entstehen" lässt. In diesem Zusammenhang erscheint die monatliche Blutung als erstes der „Blut-Wandlungsmysterien, die das Weibliche zur Erfahrung der eigenen Schöpferischkeit führen".

Die amerikanische Jung-Analytikerin Esther Harding bezeichnet den menstruellen Pol des Zyklus als „das Yin oder die dunkle Seite der Frauen", die deren „wildes, ungezähmtes" Wesen ausdrücke. Die einzelne weibliche Persönlichkeit solle „weise" und „sorgsam" mit dieser „Kraft des Yin" umgehen und es als ihre Aufgabe ansehen, „zwischen dem Eros in ihr und der Welt außen zu vermitteln" und durch ihre eigene „Anpassung an die Realität" die „dämonische Macht des unmenschlichen weiblichen Prinzips zu vermenschlichen". Ihr „innerer Konflikt wird sich" nach Hardings Auffassung „erst dann lösen", wenn sie sich „mit den die Seele beherrschenden „Aspekten des maskulinen Logos und des femininen Eros" ausgesöhnt hat".[10]

Die Psychoanalyse knüpft bei ihrer Erörterung des Themas an Ergebnissen der ethnologisch-anthropologischen Forschung an und bringt „das Tabu der Virginität" mit demjenigen „der Menstruation" zusammen. Danach deutet der Primitive die erste monatliche Blutung, die sog. Menarche, als „Biss eines geisterhaften Tieres" und als „Zeichen des sexuellen Verkehrs" mit ihm. Für Freud ist „das menstruierende Mädchen als Eigentum dieses Ahnengeistes tabu", was die Psychoanalytikerin Melitta Schmideberg als geschlechtliche Beziehung mit dem Vater auslegt.

Nach Auffassung des Begründers der modernen Tiefenpsychologie und seiner Schülerin wird bei den Naturvölkern das periodisch fließende Blut als Unreinheit betrachtet, die von einem Dämon in der jungen Frau verursacht und durch Initiationsriten beseitigt wird. Schmideberg interpretiert diesen „bösen Geist" als „Penis des Vaters", von dem die Menstruierende „befreit werden" müsse, damit der künftige Ehemann es wagen dürfe, „mit ihr Geschlechtsverkehr zu haben".

Der indische Psychoanalytiker Claud Dangar Daly hebt in seinen Arbeiten die Bedeutung der periodischen Blutung für das Seelenleben beider Geschlechter besonders hervor und sieht in dem sog.

18

„Menstruationskomplex" eine primäre existenzielle Kategorie. Er betrachtet die sexuelle Kraft der zyklischen Erfahrung des Blutes als so machtvoll, dass er sie zum eigentlichen Kern des Ödipuskomplexes macht und damit Freuds zentralen Begriff entscheidend relativiert. Nach seiner Meinung geht das Menstruationstrauma dem Penisneid und der Kastrationsangst voraus und bedingt die beiden geradezu. Diese „männliche Einstellung" habe „die Frau aller der Werte" beraubt, „die ihr aus den natürlichen Funktionen" der Blutung, Schwangerschaft und Geburt erstanden seien und „die bis dahin ihre Hauptreize ausgemacht" hätten. Für Daly stellt der Menstruationskomplex „eine reiche Quelle der Ambivalenz des Mannes" dar, weil er aus dem „Inzesttabu" entstanden sei und die „Sexualtriebe" immer „gehemmt" habe.[11]

Schon Freud hat auch auf den Zusammenhang von monatlicher Regel und männlicher Angst hingewiesen. Nach ihm hat der Primitive eine gewisse „Blutscheu" und fürchtet den „ersten Koitus" in der Ehe, weil diesem „der Sexualverkehr überhaupt" und die Frau „im ganzen tabu" sei. Für Melitta Schmideberg wird „die Menstruierende, die den Penis des Vaters einverleibt hat", dadurch dem Patriarchen „selbst gleichgesetzt" und so „ebenso gefährlich" wie dieser.

Ganz allgemein bestehe die Angst vor der Mutter „mit dem Phallus im Seelenleben eines jeden Menschen", verstärke sich aber „zur Zeit" der Blutung. Tabus und Misshandlungen bei den weiblichen Initiationsriten der Naturvölker dienten „vorwiegend der Angstberuhigung" von Männern. C. D. Daly sieht als „Kern des Ödipuskomplexes" die „blutende Vagina", welche eine Bestätigung der „Todesdrohung des Vaters für die Inzestwünsche des Jungen" sei. Die Kastrationsangst wird für den indischen Psychoanalytiker „besonders durch die menstruierende" Vulva verursacht, die „wie eine Wunde oder ein Mund voller Zähne" blute. Aus der Erfahrung mit der mütterlichen Periode entstehe im Sohn eine „Mischung aus sexueller Erregung und tiefer Furcht".

Diese bewirkt nach Dalys Auffassung, dass der Mann „die Frau vergeistigt und auf ein Piedestal gehoben" habe, was sie „selbst" nicht wünsche. So habe sich die Muttergottheit herausgebildet, die „in weitem Ausmaße die Folge" der Angstverschiebung „vom Mann auf die Frau" sei. Denn die Göttin bezaubere den „sterblichen" Geliebten, befriedige „ihre Begierde", vernichte ihn aber „an Körper und Seele". Erich Neumann sieht das „negativ Faszinierende" der Großen Mutter sowohl in ihrem „blutigen und grausamen Wesen" als auch in ihrer „Zauber- und Hexenkraft". So ist für ihn die Magna Mater oft die „Herrin der Fruchtbarkeit, des Krieges und der Jagd", die „orgiastisch" ihre Feste feiere, dabei jedoch ihren pubertären Liebhabern „Lebensverlust und Tod" bringe. „Die Unheimlichkeit dieser „Blutschicht" der großen Erdmutter" löse „die Kastrationsangst ihrer Jünglingsgeliebten" aus.

Esther Harding bestätigt auf ihre Weise weitgehend die Ergebnisse der Psychoanalyse hinsichtlich der Naturvölker, die ihre menstruierenden Frauen für „unrein" hielten und ihnen deshalb unzählige Tabus auferlegten. Shuttle und Redgrove erwähnen zwar auch „die Kastrationsangst vor der blutenden Vagina", die angeblich „einen Penis ebenso" wie „das jeden Monat mögliche Baby" verschlingen könne, kritisieren aber auch Freuds diesbezügliche „Theorien", die „sehr wenig mit der weiblichen Erfahrung", jedoch „viel mit der männlichen Furcht vor den Frauen zu tun" hätten.[12]

Der negative Umgang des Patriarchats mit der Menstruation ist aber nur der spezifische Ausdruck einer allgemeinen Grundhaltung gegenüber dem „anderen" Geschlecht. Freud sieht diese gerade bei der Psychotherapie von Homosexualität und Perversion „in dem Abscheu" seiner männlichen Patienten „vor dem Penismangel der Frau" begründet. Doch seine Schülerin Karen Horney diagnostiziert dahinter eher eine „deutlich sichtbare Angst vor der Vagina". Für sie stellt „das Suchen" nach dem Phallus des „Weibes" einen „krampfhaften Versuch" dar, das „unheimliche weibliche Genitale zu verleugnen".

Die Psychoanalytikerin interpretiert die „ursprüngliche" Furcht des Jungen vor der Frau als „Reaktion auf die Bedrohung seines Selbstgefühls", von der Mutter und ihren Geschlechtsgenossinnen „zurückgewiesen, ausgelacht zu werden". Der Mann kompensiere diese Angst durch den „Hang zur Erniedrigung des Liebesobjekts" und die Tendenz, „das Selbstgefühl der Frau zu schwächen und ihre Person herabzuwürdigen". Sein Misstrauen gegen das Weibliche dürfte nach Horney auch mit der Sorge „um sein Genitale zusammenhängen", das er „während des Aktes" an seine Partnerin „zu verlieren" fürchte.

Für den Sozialpsychologen Erich Fromm steckt „in der inzestuösen Bindung an die Mutter " sehr „häufig" die „Abhängigkeit" und die „Angst vor ihr". Die regressiven Wünsche des Sohnes nach einer Rückkehr in den

20

Schoß seines Ursprungs verwandeln die Frau „in eine gefährliche Kanni- balin oder in ein alles verschlingendes Ungeheuer". Das Kind leidet dann unter der „intensiven" Angst, „von der Mutter gefressen" oder „vernichtet zu werden". Der „einzige Weg" einer Heilung besteht nach Fromms Auffassung in der „Befähigung", eine solche inzestuöse Bindung „zu durchtrennen".

Der Jung-Analytiker Erich Neumann interpretiert die Problematik ähnlich wie der Sozialpsychologe, erweitert sie aber um die Dimen- sion des Archetypischen und Innerseelischen. In dieser Sphäre erscheint bei ihm „die angstmachende Mutter „als „furchtbar", weil sie das „fest- haltende" Element darstelle, das die „notwendige" Entwicklung des Kindes verhindere, indem sie dessen „psychische Trägheit" dazu bringe, bei ihr „bleiben" zu wollen. Erst „beides zusammen" konstelliere symbo- lisch den „Furchtbarkeitscharakter" des mütterlichen „Drachen", dessen „Überwindung der Kraft des Helden-Ich" in seinem Reifeprozess gelte. Doch drohen nach Neumann dem männlichen Bewusstsein nicht nur von der Magna Mater, sondern auch von seinem eigenen inneren Weiblich- keitsaspekt große Gefahren. Dieses Seelenbild, das C. G. Jung „Anima" nennt, besitze einen „Wandlungscharakter", der das maskuline Ich zu Veränderung und Entwicklung seiner Potenziale ansporne. Beide Seiten fürchtet der unreife, noch völlig „sohnhafte" junge Mann, der das Weib- liche „in seiner Ganzheit als so überwältigend erfährt", dass er „sich ihm nicht gewachsen" fühle.[13]

Doch die Angst vor dem Weiblichen innerhalb und außerhalb des Bewusstsein existiert nicht nur im individuellen persönlichen Bereich, sondern wirkt auch auf die kollektive gesellschaftliche Dimension. Im Mittelalter fürchtete die Kirche das Seelenbild der Anima, das für sie unannehmbar war, daher innen von ihr abgewertet, in den psychischen Schattenraum verdrängt und von dort aus dann nach außen auf unter- drückte soziale Randgruppen übertragen wurde.

Die Jung-Analytikerin und Theologin Jutta Voss interpretiert die „matriarchalen Energiefelder" der Anima im Seelenleben „des einzelnen Kirchenmannes wie in der Institution" als innere Feindbilder, die „auf die reale Frau projiziert und an ihr bekämpft" wurden. Für Voss verfolgte und tötete der Mann das „Grausame" seines „eigenen Schattenaspektes" im Weiblichen, um „die Kirche rein zu halten" und sich selbst als „gütig und milde darstellen zu können". Aber schon die frühchristlichen Kirchenväter hatten eine „geradezu panische Angst vor jedem Zusammensein mit einer Frau", die sie vor allem wegen ihrer „verführerischen Kraft" fürchteten. Die feindselige Haltung gegenüber dem weiblichen Geschlecht ging dann in die ganze „mittelalterliche Theologie" ein und prägte auch den Islam in dieser Hinsicht.

Hier wird der Frau „eine fatale Anziehungskraft" zugesprochen, die „den Mann auf eine passive, fügsame Rolle" reduziere. Dieser kann „sich ihrer Faszination nicht entziehen", stellt sie aber dadurch dem Chaos ("fitna") gleich. Die Angst vor der kastrierenden Frau ist in islamischen Ländern traditionell sehr verbreitet und macht die Liebe zu einer solchen sexuell erfahrenen „Femme fatale" in der Auffassung des Volkes zu einer selbstzerstörerischen „Form von Geisteskrankheit".

Im Alten Testament sahen die Juden Göttinnen der benachbarten Fruchtbarkeitskulte als Repräsentantinnen der „Großen Mutter" an, die das Land „unrein" mache, und befanden sich so „in einem ständigen Abwehrkampf" gegen die „Große Hure". Für die Hebräer war Eva das weibliche Vorbild, das Adam und dadurch das ganze maskuline Geschlecht zum Geschlechtsverkehr verführe und „ins Unheil" bringe. So wurzelt hier „die Angst des Mannes vor der Frau" ganz „tief im Sexuellen". Die Abspaltung der vaterrechtlichen Kultur „vom Weiblichen und vom Unbewussten" verursacht für Erich Neumann „die Angstkrise" der gegenwärtigen „patriarchalen Welt".[14]

Der ganze Zusammenhang von Menstruation, patriarchaler Religion und männlicher Angst wird sich wie ein „roter Faden" durch die Interpretation der oben genannten Texte in dieser Arbeit hindurchziehen. Dabei wird sich die vorliegende Arbeit methodisch vor allem auf C. G. Jung und seine Analytische Psychologie stützen. Diese drückt in ihren Schriften eine Wertschätzung des Weiblichen aus, die den patriarchalen Ansatz von Freud zu überwinden sucht. Frauen fühlen sich von den Beschreibungen des Mutterarchetyps und der Anima als Seelenführerin des Mannes damals wie heute angezogen.

Für Jungs Schülerin Marie-Louise von Franz hat sich das „Schwergewicht der Menschheitsproblematik" gegenwärtig „in das Gebiet des Eros" verlagert, des weiblichen Prinzips der Beziehung und Verbundenheit. Nach Auffassung der Analytikerin ist dieser Bereich „die eigentliche Domäne der Frau", die „heute besonders aufgerufen" sei, hier „bewusster

22

zu werden" und dafür zu sorgen, dass die Sphäre „des Eros in unserer Kultur dominanter werden sollte". In dieser Sichtweise erscheint Jungs Theorie von Anima und Animus als emanzipatorisches Modell, das beide Geschlechter als ebenbürtige und in sich vollständige Menschen zeigt. Nun kann das männliche Seelenbild tiefenpsychologisch in der Gestalt des „geheimnisvollen Fremden" bei der Frau eine gewisse erotische Faszination oder religiöse Ergriffenheit auslösen.

Esther Harding spricht hier vom „Schattengeliebten", der seiner Partnerin „in einer anderen Welt Glückseligkeit" verheiße und sie dazu verführe, „seine Umarmung im luftigen Reiche zu suchen". Shuttle und Redgrove bringen diesen „negativen Animus" mit der Menstruation in Verbindung. Für sie wird dieser „tiefe, instinktive Prozess in der Frau" vom Christentum „verachtet", ignoriert und „gehasst" und auf den Teufel projiziert, der die „natürlichen Mächte" des weiblichen Zyklus mit seiner Blutung repräsentiere.

Im Unterschied dazu nennt Erich Neumann diese Dimension „die Animus-Geist-Schicht", in der „das Gefühlsmäßig-Emotionale, das Dämonische, Musikalisch-Wortlose und Erotische" dominiere. Die Vertreter des Animus seien „schweifende und orgiastische" sowie „göttlich liebende Wesen", die „Erdhaftes und Himmlisches" oder „Außermoralisches und Engelhaftes in völlig irrationaler Art miteinander" verbinden würden. „Diese heimliche Innenwelt" ist für Neumann „eine schöpferische Geistessphäre" weiblichen Lebens, die in die Realität integriert werden und die Frau „zu einer entscheidenden Produktivierung" motivieren könne.

Nach Marie-Louise von Franz muss „an diesem Bewusstwerdungsprozess" von Animus und Anima gearbeitet werden, der „eine neue Form des Eros" gebäre. Dazu seien heute beide Geschlechter „in gleichem Maße aufgerufen, um den Zerstörungs- und Zersplitterungstendenzen" der Gegenwart entgegenzuwirken. In diesem Sinn versucht die vorliegende Arbeit ihren Teil dazu beizutragen, dass die Unterdrückung der Frau durch die patriarchale Gesellschaft und die wesensmäßige Ebenbürtigkeit des Weiblichen noch stärker als bisher in den Blick des öffentlichen Bewusstseins gerät.[15]

2 „Die Braut des Unholds"

2.1 Gattungsdefinitionen

Zur allgemeinen Orientierung ist es zu Beginn der ersten Text-interpretation vielleicht nützlich, den Begriff des Märchens zu definieren und ihn kurz gegen andere Erzählgattungen abzugrenzen. Das Wort selbst drückt eine Verkleinerungsform des mittelalterlichen Substantivs „maere" aus, was „Kunde", „Nachricht" oder „Neuigkeit" bedeutet. Von daher abgeleitet, erscheint das Märchen als eine mehr oder weniger kurze, von den Bedingungen der Wirklichkeit unabhängige Prosaerzählung, die von phantastisch-wunderbaren, frei erfundenen Begebenheiten ohne zeitlich-räumliche Festlegung handelt.

Es unterscheidet sich vom Mythos durch das Fehlen der Göttersphäre, von der Sage durch Abwesenheit historischer oder geographischer Reali-tätsbezüge und von der Legende durch Aussparung des Religiösen. Seine Kennzeichen sind: Aufhebung der Natur- und Kausalgesetze, Eingreifen übernatürlicher Gewalten ins Alltagsleben, Verwandlungen von Menschen, Tieren und Pflanzen sowie magische Glaubensvorstellungen von Namen und Tabus und besonders das Auftreten dämonischer Gestalten wie Riesen, Zwergen, Feen, Hexen, Zauberern, Drachen und Trollen. „Mythos" kommt aus dem Griechischen und bedeutet „Wort" oder „Erzählung".

Im engeren Sinne sind dabei die Geschichten von Göttern, Dämonen und Helden gemeint, die in der Frühzeit aller Völker als symbolische Verdichtung der allgemeinen Urerlebnisse zur religiösen Deutung der unerklärbaren Welt erzählt wurden. Ursprünglich war das Märchen bei den frühen Kulturvölkern ein heiliger Besitz, der in die Welt der Götter, Heroen und Ahnen gehörte, ist aber im Lauf der Jahrhunderte immer mehr zur einfachen verweltlichten Wunder-und Zaubererzählung ohne spirituell-metaphysische Sinndeutung abgesunken.[16]

Aus dem Mythos hat sich langsam die Volkssage entwickelt, die im grimmschen „Deutschen Wörterbuch" als „kunde von ereignissen der vergangenheit" definiert wird, „welche einer historischen beglaubigung entbehrt". Sie ist eine kurze, im Volk mündlich weitergegebene Erzählung, die wunderbar-phantastische Ereignisse enthält, darin aber den Anspruch auf Wahrheit erhebt. Deswegen braucht sie genaueste Bestimmtheit und nennt konkret Zeit oder Ort des Geschehens sowie auch Menschen der historischen Realität als Zeugen des Ereignisses.

Dagegen versteht sich das Märchen als erfundene Geschichte, erfreut sich gern an der Lüge und spielt in einem idealen namenlosen Land ohne Zeitbezug. Seine meist heitere optimistische Grundstimmung steht in schroffem Gegensatz zum tragischen pessimistischen Welt- und Wirklichkeitsverständnis der Sage. Die Legende wurde ursprünglich als „das zu Lesende" im Frühmittelalter während des Gottesdienstes oder einer Klostermahlzeit vorgetragen und in ihrem Kern auf die Darstellung des Lebens von Heiligen und deren Wundertaten beschränkt. Zwar enthält sie insofern auch phantastische Elemente, die aber alle aus dem Kosmos und dem Symbolbereich der christlichen Religion stammen.

Tiefenpsychologisch werden Märchen und Mythen als Ausdruck des kollektiven Unbewussten gesehen. Dessen Archetypen offenbaren sich darin im Zusammenspiel von Welt und Psyche. Die Helden dieser Erzählungen müssen einen Entwicklungsprozess durchmachen, der am Ende auf ihre Ganzwerdung oder Individuation abzielt. Die Sage erscheint tiefenpsychologisch als das realistischere ursprünglichere Produkt der Volksseele und beleuchtet die spannungsreiche Beziehung des Bewusstseins zum Unbewussten, während das Märchen in abgelösterer Weise mehr die unbewussten Formen und Gesetzmäßigkeiten der Psyche in den Blick nimmt.[17]

2.2   Die Inhaltsangabe der Märchenvarianten

Der Erzähltyp AaTh 507 A gehört eindeutig zur zuletzt genannten Gattung des Märchens und trägt den englischen Titel „The Monster's Bride", der ins Deutsche als „Braut des Unholds" übersetzt wird. Sein Inhalt könnte folgendermaßen lauten:

Der Held übernimmt die Kosten der Bestattung eines verschuldeten Toten und erhält im weiteren Verlauf der Handlung dessen Hilfe bei der Werbung um eine Königstochter, die ihren Freiern drei Rätsel aufgibt und sie dann tötet, wenn sie dies nicht vermögen. Die Prinzessin, die in einen alten Zauberer verliebt ist, fordert die Bewerber auf, dreimal ihre Gedanken zu erraten oder dreimal einen verborgenen Gegenstand herbeizuschaffen. Der tote Helfer folgt ihr unsichtbar auf ihrem Gang zum

Hexenmeister und erfährt dort die Lösungen der Aufgaben. Mit dieser Unterstützung vermag der Held die Bedingungen der Königstochter zu erfüllen und sie schließlich vom Zauberbann durch viele Schläge auf den Rücken und vor allem durch Tötung ihres dämonischen Liebhabers zu befreien. Anschließend reinigt er durch Vermittlung des Toten die Prinzessin, deren magische Fixierung immer noch nicht ganz beendet ist, und taucht sie in einem Gefäß voll Wasser dreimal unter, bis sie nach verschiedenen Gestalten als Mensch erscheint und nun endgültig erlöst ist. Am Ende heiratet der Held die Königstochter, und der Helfer gibt sich beim Abschied als der dankbare Tote zu erkennen.[18]

Das Märchen vom dankbaren Toten als Variante der „Braut des Unholds" war zuerst vor allem in Irland, Norwegen und Dänemark verbreitet. Die bekannteste Fassung stammt von Hans Christian Andersen, der die Geschichte auf der Insel Fünen kennen lernte und dann unter dem Titel „Der Reisekamerad" auf poetische Weise nacherzählte. Er veröffentlichte seine Version 1835 im zweiten Heft der ersten Sammlung seiner „Märchen, für Kinder erzählt". Hier wie in allen skandinavischen Varianten des Erzähltyps AaTh 507 A ist gemäß der nordischen Mythentradition die Gestalt des Geliebten der Prinzessin ein Troll. Nun folgt eine kurze Inhaltsangabe des Märchens von Andersen:

Nach dem Tod des Vaters wandert sein einziger Sohn Johannes in die Welt und kauft mit seinem Erbe den Leichnam eines Mannes frei, der seine Schulden nicht bezahlen konnte. Kurz darauf stellt sich ihm ein Reisegefährte vor, der unterwegs durch seine Heilkräfte drei Ruten, einen Säbel und ein paar Flügel erwirbt. Beide kommen nun in eine Stadt, in der eine schöne, aber kaltherzige Prinzessin ihren Freiern dreimal die Frage stellt, woran sie gerade denke, und sie darauf hinrichten lässt, weil bisher keiner von ihnen die richtige Antwort geben konnte. Johannes verliebt sich in die gefährliche Königstochter und wirbt um sie. Der Reisegefährte versenkt den Helden drei Nächte in tiefen Schlaf und folgt dreimal der Prinzessin in einen Berg zu einem Troll, der ihr Geliebter ist und den sie um Hilfe gegen ihre Freier bittet.

So hört der Begleiter jedes Mal die richtigen Gedanken der Königstochter und gibt sie an Johannes weiter, der dann immer offiziell die Rätsel auflösen kann. Zuerst denkt die Prinzessin an ihren Schuh, dann an ihren Handschuh und schließlich an den Kopf des Trolls. Nachdem sie sich in der dritten Nacht von ihrem Liebhaber verabschiedet hat, schlägt der Reisekamerad dem Unhold mit dem Säbel das Haupt ab und überreicht es im Schloss seinem Schützling Johannes, der es am Tage der entsetzten Königstochter zeigt. Diese muss nun der Vermählung zustimmen, ist aber innerlich „noch immer eine Hexe" und liebt den Helden „nicht recht". Daher muss sie erst noch von ihrer Trollhaut und damit von ihrer Bindung an den Dämon befreit werden.

Der Gefährte rät Johannes, sie vor dem Brautbett dreimal in einen Bottich Wasser zu tauchen, das mit drei Federn und einem Zaubermittel präpariert ist. Die Prinzessin schreit zwar während dieser „Badekur", verwandelt sich aber dabei zuerst in einen schwarzen Schwan, dann in einen weißen mit einem schwarzen Ring um den Hals und schließlich in eine junge Frau, die schöner als je zuvor ist. Damit wird die Königstochter erst wirklich erlöst und kann die Ehe mit Johannes als liebende Gattin vollziehen. Am Ende verabschiedet sich der Reisekamerad und gibt sich als der dankbare Tote zu erkennen.[19]

In deutschen Sammlungen kam der Erzähltyp AaTh 507 A zunächst kaum vor. Bei den Brüdern Grimm war er offiziell nicht vertreten, sondern erschien nur in einer nachgelassenen Aufzeichnung. August Ey brach als erster den Bann und veröffentlichte 1862 in seinem „Harzmärchenbuch" als Nr. 24 unter dem Titel „Die verwünschte Königstochter" eine gut formulierte Fassung der „Braut des Unholds". Paul Zaunert zog bei seiner Auswahl von Geschichten auch die Sammlung von Ey heran und publizierte dessen Variante der Erzählung vom dankbaren Toten unter der Überschrift „Die verwünschte Prinzessin" 1922 in „Deutsche Märchen seit Grimm". 1964 wurde diese Version in einer neuen, von Elfriede Moser-Rath bearbeiteten Ausgabe des Werkes von Zaunert noch einmal abgedruckt. Auch der Inhalt des Märchens aus dem Harz erscheint nun in einer Zusammenfassung der Handlung:

Der junge Peter lässt sich vom Vater sein Erbteil auszahlen und geht damit in die weite Welt. Für seine 20 Taler lässt er unterwegs einen Toten begraben, der kein Geld hinterlassen hat. Bald darauf kommt ein Fremder hinter ihm her und wird sein Reisegefährte. Nach einiger Zeit gelangen die beiden in eine schwarz verhangene Stadt, weil die Königstochter von einem Berggeist verzaubert ist und jeden Freier tötet, der ihre Rätsel nicht löst. Nun will Peter die Prinzessin erlösen und bittet den Kameraden um

Beistand. Dieser gibt sich als Geist des Toten zu erkennen und bestärkt den Helden in seiner Absicht, die Werbung zu wagen. Dann erteilt er ihm konkrete Ratschläge, was er tun soll. So folgt Peter drei Nächte hintereinander der Königstochter zum Berg ihres Geliebten, versteckt sich in dessen Saal und hört immer die Gespräche der beiden. Dabei erfährt er auch die drei Aufgaben, die er am Tag bewältigen muss. Zuerst denkt die Prinzessin an das weiße Pferd ihres Vaters, dann an dessen Schwert und schließlich an das Haupt des Berggeistes.

Nach dem Abschied der Liebenden in der dritten Nacht schlägt der Held dem Dämon den Kopf ab und präsentiert ihn am nächsten Morgen als Lösung des letzten Rätsels. Nun muss die Königstochter ihn heiraten, ist aber von der Verwünschung noch nicht erlöst. Daher soll Peter auf Empfehlung des Gefährten in der Hochzeitsnacht vor das Bett eine Wanne voll Wasser aufstellen und die Braut darin dreimal untertauchen. Zuerst verwandelt sie sich in einen Raben, dann in eine Taube und schließlich in ihre alte Gestalt von „Engelsschönheit und Frömmigkeit", die er darauf dreimal küsst. Nach dem letzten Ratschlag verschwindet der dankbare Tote, und der Held wird nach der Reinigungshandlung mit seiner Frau sehr glücklich.[20]

Zunächst muss nun die Gestalt des Trolls aus Andersens Erzählung näher erläutert werden. In „Die verwünschte Prinzessin" tritt an ihre Stelle ein „Berggeist". Dann werden auf dem Hintergrund der folgenden Charakterisierungen Brücken in Form von Parallelen zur germanischen und keltischen Mythologie geschlagen. Ganz allgemein gilt der Troll als dämonisches Jenseitswesen der skandinavischen Überlieferung mit übernatürlichen, außergewöhnlichen Eigenschaften. Er ist einerseits ein typisches Wesen des Volksglaubens und andererseits eine reine Märchenfigur, die meist als Gegner, gelegentlich auch als Helfer des Menschen erscheint. Die ursprüngliche Bedeutung des Wortes drückt etwas Plumpes, Ungeschlachtes und Unheimliches aus und wird am besten mit „Unhold" übersetzt.

In der mittelhochdeutschen Literatur steht „troll" als Bezeichnung für „Ungeheuer, Kobold, Gespenst" sowie für „grober Kerl, Dummkopf, Tölpel". Zwar tritt die Gestalt häufig zerstörerisch auf, kann aber leicht überlistet werden, weil sie von ihrem Wesen her einfältig und gutmütig ist. Sie bildet einen großen Gegensatz zum Guten und Schönen und wirkt zutiefst unerotisch, selbst wenn sie eine attraktive Prinzessin stiehlt und mit ihr das Bett teilt. Von daher hat der Troll auch die Zauberkraft des „bergtagning", das „In-den-Berg-Nehmen", d. h. er entführt einen Menschen, meist eine schöne junge Frau, in das Innere der Erde und hält ihn bzw. sie dort gefangen. Die empirische Erzählforschung lehnt eine Parallelisierung dieser Trollgeschichten mit Bergentrückungssagen aus anderen Kulturbereichen ab und hält sie für zwei vollständig verschiedene Gedankengänge, für die es lediglich einen gemeinsamen, rein assoziativen Anknüpfungspunkt gibt. Aber die Vorstellung des „bergtagning" kommt nur im keltischen und nordischen Volksglauben und in den entsprechenden Mythen und Märchen vor. Deshalb glaubt sich die vorliegende Studie berechtigt, jenseits des Verdikts der positivistischen Folkloristik die oben genannten Entrückungserzählungen in ihre Untersuchung mit einbeziehen zu dürfen. Tiefenpsychologisch gesehen gehören die Trolle zum Reich der Naturgeister, das die Sphäre des kollektiven Unbewussten repräsentiert.[21]

2.3   Sagen der Entrückung

Zum weiteren Verständnis der Ausführungen ist es notwendig, den Begriff der „Entrückung" näher zu erläutern. Diese bezeichnet eine zeitliche und räumliche Entfernung des Menschen unter Aufhebung aller physikalisch erklärbaren Gesetzmäßigkeiten an einen jenseitigen, irrealen oder geographisch fernen Ort und wird als kausales Eingreifen einer Gottheit oder eines dämonischen Wesens in Form der Verwünschung erfahren. Die indische Philosophie nennt diesen Vorgang „Eingehen zu sich selbst" und „Aufgehen im Weltall oder in der Natur", und die Tiefenpsychologie spricht vom „Versinken im Unbewussten". Im Entrückungszustand ist durch die Körperstarre und die Trennung von Leib und Seele das Bild des Todes schon gleichsam vorweggenommen. Solche Menschen und Götter erscheinen in dieser Vorstellung als geisterähnliche Wesen, die schlafen und nur von Zeit zu Zeit erwachen. Dabei versetzt der deutsche Volksglaube die verwünschten Personen in Berge und lässt für deren Aufnahme die Erde sich öffnen. Diese Dimension des Jenseits und Totenreiches wird hier zum Symbol des Unbewussten.[22]

30

In der germanischen Mythologie ist eine der wichtigsten Bezeichnungen für den obersten Asengott Wotan „der Alte vom Berg". Damit wird auf das Motiv des schlafenden alten Mannes angespielt, der einst erwacht und ein neues glückliches Zeitalter zurückbringt. Das Vorbild für diesen Vorstellungskreis bildet aus der griechisch-römischen Antike Kronos-Saturn, der von seinem Sohn Zeus-Jupiter auf eine ferne westliche Insel im Ozean verbannt wurde, wo er in einer Berghöhle schläft und darauf wartet, wieder ins Leben zu kommen und erneut seine Herrschaft anzutreten. In Deutschland wird diese Erzählung von Plutarch auf Wotan übertragen, der im thüringischen Berg Kyffhäuser oder an einem anderen Ort unter der Erde ruht und auf eine Wiederkehr ins Diesseits hofft. Zuerst einmal gehört dieses Bild zur Symbolik des Jahreszeitenzyklus, indem der oberste germanische Gott im Sommer das Land segnet und befruchtet, während des Winters aber im Berg schläft. Bei ihm hat die nächtliche Polseite sogar den Vorrang vor der lichten Tagesseite, seine Herrschaft über die Unterwelt umfasst jedoch das Leben mit.

Als Seelenführer, der die dunkle Naturweisheit kennt, symbolisiert Wotan die höhere unbewusste Macht, die den Helden in sein Schicksal treibt, und wohnt im Berg als Todesgott, der die Verstorbenen in sein Reich geleitet. Oder seine Wunschmädchen, die Walküren (= Totenwählerinnen), tun dies in seinem Auftrag und führen die toten Heroen, die tapfer im Kampf gefallen sind, in das germanische Jenseits nach Walhall. Doch Wotan ist nicht nur Herr dieser Heldenbegleiterinnen, sondern auch aller Schwanjungfrauen, Quellnixen und sonstiger weiblicher Naturgeister. Hier erweist er sich als dämonischer Gott, der auf dunkle Weise die Welt des Eros repräsentiert und in aggressiver Ekstase und zwanghafter Triebhaftigkeit seinen zwiespältigen Ausdruck sucht.[23]

Es gibt neben Wotan noch eine weibliche Gestalt, die im Totenreich des Unbewussten haust und Holda oder Hulda genannt wird. Als „fraw Holt" oder „Frau Holle" wohnt sie im Venusberg, Hörselberg, Untersberg und vor allem im Kyffhäuser. Sie verschmilzt hier auch mit der Figur von Frau Perchta oder Bertha, die unter diesen Namen besonders in Süddeutschland, Österreich und der Schweiz verehrt wird. Sie ist in die genannten Totenberge entrückt, bis die Zeit ihres Umzugs unter den Menschen in den zwölf Raunächten zwischen Weihnachten und Epiphanias naht. In dieser Tiefe des Unbewussten hütet sie die Seelen der früh verstorbenen und ungeborenen Kinder, erhält von dort aus als Erdenmutter das Leben der Natur und beschützt so den Schlaf des ruhenden Wotan. Tiefenpsychologisch verkörpert Frau Holle hier den Archetyp der Großen Mutter oder Magna Mater, während der schlafende Gott ihr männliches Seelenbild oder ihren Animus repräsentiert. In dieser Beziehung zeigt sich das Lebensgesetz der Polarität zwischen dem maskulinen, geistigen oder uranischen und dem femininen, naturhaften oder chthonischen Prinzip. So sind auch die Walküren Wotans dienende Heldenmädchen, und er ist ihr Vater- und Geistgott.

Nach Auffassung der Analytischen Psychologie von Jung tritt dabei der Archetyp des alten Weisen in Beziehung zum weiblichen Seelenbild der Anima. Dies bedeutet, dass dem Naturhaft-Weiblichen in der unbewussten Psyche ein männlicher Faktor zugrunde liegt, dem die Weisheit von Walküren und anderen Naturwesen zuzuschreiben ist. Dieser alte Weise heißt tiefenpsychologisch auch „Archetyp des Sinns", während die Anima auch als Urbild des Lebens bezeichnet wird. Er erscheint oft als ihr Vater und erweist sich dabei als Symbol des Geistes, der hinter ihr aufleuchtet, ihr Wesen durchdringt und damit ihre Bewusstwerdung erst ermöglicht, damit sie zwischen dem sie lenkenden, Sinn gebenden Geist des Unbewussten und dem männlichen Ich-Bewusstsein vermitteln kann.[24]

Wotans Entrückung in den Berg wurde im Spätmittelalter, in der Renaissance und in der Romantik von Schriftstellern und einzelnen Volksgruppen auf einzelne Herrscher des Reiches projiziert und zur deutschen Kaisersage umgestaltet. Hier schliefen die Führer mit ihrem Gefolge in bestimmten Bergen nach Auffassung des Volksglaubens, bis ihre Zeit gekommen war, in der sie dann auszogen, um sich in größter politischer Not als Retter zu präsentieren und in einem apokalyptischen Endkampf den Menschen Frieden und Freiheit zu bringen. Man verband diese Vorstellungen mit Kaisern wie Karl dem Großen, Otto I. oder Karl V.. Solche Heilserwartungen wurden aber vor allem auf Friedrich II. und Friedrich I. Barbarossa übertragen, die beide unter ungeklärten Umständen starben.

Deshalb nahmen viele Leute an, die zwei Hohenstaufen wären gar nicht tot, sondern nur entrückt und würden einst zur Rettung der Welt wieder auferstehen. So war Friedrich II. für seine Anhänger der Messiaskaiser, der im sizilianischen Vulkan Ätna auf seine Wiederkehr hoffte. Im Laufe der Zeit wanderte diese Sage nach Deutschland, wo Barbarossas Enkel zum Bewohner des Kyffhäuser wurde. Doch spätestens im 19. Jahrhundert setzte verstärkt die Wiederentdeckung von „Kaiser Rotbart" ein, der in der Einstellung von Volk und Literatur den „Sizilianer" Friedrich II. als Erneuerer des Reiches ablöste und für die Romantiker nun schlafend in den thüringischen Berg einzog. Nach den damaligen Glaubensvorstellungen sitzt Barbarossa an einem steinernen Tisch, um den sein langer Bart schon zweimal herumgewachsen ist. Bei der dritten Umrundung endet am Schluss der Schlaf des Kaisers, der dann aufwacht.

In Varianten dieser Sage erscheint Frau Holle im Kyffhäuser als Haushälterin oder Ehefrau von Friedrich und wird so zur Königin, die für Speise und Trank des Gefolges, die Fütterung der Pferde und die Aufrechterhaltung der ganzen Organisation im Berg sorgt. Damit verkörpert der entrückte Barbarossa mythologisch eine Unterweltgottheit in der Nachfolge des schlafenden Wotan und repräsentiert tiefenpsychologisch den Animus der Großen Mutter. Tod und Auferstehung verweisen hier nicht nur auf den Jahreszeitenzyklus der Natur, sondern auch auf das Wandlungsgeschehen des Unbewussten, das erst neues Wachstum der Seele zulässt, wenn Altes, Überlebtes innerlich absinkt und abstirbt.[25]

Frau Holle empfängt und betreut in ihrem unterirdischen Reich nicht nur Götter und Kaiser, sondern auch Ritter und Dichter. Im thüringischen Hörselberg hält sie als Frau Venus Hof und gebietet hier über eine Sphäre voller Freude, Wonne und Liebeslust. Hier lockt sie Helden der Tat oder des Geistes zu sich, verführt sie mit dem Zauber des Eros und lässt sie dort mit allen Annehmlichkeiten ein Leben führen, bei dem es ihnen an nichts mangelt. Einst gelangte auf diese Weise der dichtende Ritter Tannhäuser in den Venusberg und genoss viele Jahre die Liebe der schönen Frau, bis er Übersättigung und Reue spürte. Sie versuchte ihn mit allen ihren Reizen ein letztes Mal zu umgarnen und festzuhalten. Er aber riss sich von ihr los, fand nur mit Mühe den Rückweg zur Welt und pilgerte nach Rom, um dort die Vergebung seiner Sünden zu erlangen. Doch der Papst verweigerte sie zunächst und wollte sie nach drei Tagen gewähren, als sich ein Wunder am Stab des Kirchenoberhauptes ereignet hatte.

Doch die Verzeihung kam zu spät, weil Tannhäuser bereits verzweifelt für immer zu Frau Venus zurückgekehrt war. Das ganze Handlungsmotiv entstammt einer bretonischen Sage, nach der eine Fee den auserwählten Ritter zu sich in den Berg lockt. Diese Geschichte wurde im 14. Jahrhundert mit einem italienischen Berg der Königin Sybille verknüpft und in Deutschland 1515 als „Tannhäuserlied" niedergeschrieben. Hier verschmolzen Frau Venus mit Frau Holle und der Venusberg mit dem Hörselberg. Tiefenpsychologisch repräsentiert Letzterer das Unbewusste, die Liebesgöttin den Archetyp der Großen Mutter sowie der Dichter das Urbild des Animus der Magna Mater.[26]

Auch der keltische Sagenkreis kannte das Motiv der Bergentrückung, das Gervasius von Tilbury in seinem Werk „Otia imperiali" von 1214 literarisch gestaltete. Hier liegt der bretonische König Artus im sizilianischen Berg Ätna wie später Friedrich II. und schläft dort nach Ausfassung des Volkes bis zu seiner Wiederkehr. Das Innere des Berges erscheint dabei nicht als Ort höllischen Leidens, sondern wie bei Frau Venus als Stätte paradiesischer Freuden. Als prominenteste weibliche Gestalt lebt die römische Göttin Juno in der Gesellschaft des gefeierten ruhenden Helden, dessen ganzes Heer wie das Gefolge von Friedrich Barbarossa im Kyffhäuser mit Speise, Trank, Pferden und Kleidern versorgt wird. Irische Mythen enthalten als Jenseitsvorstellung nicht nur einen „Berg der Frauen", sondern auch eine entsprechende Sphäre „unter den Wellen".

Diese Dimension hat nicht den schreckhaften und beängstigenden Charakter eines Totenreiches, sondern ist im Gegenteil ein „Land der Lebendigen", das als „Insel der Frauen" oder „Mädcheninsel" gedacht und von schönen weiblichen Wesen bevölkert wird. Seine Bewohner genießen in ewiger Jugend und Anmut ein leidloses Dasein, das von Musik, Tanz, Freude und Liebe erfüllt ist. Dieser Ort erscheint als irdisches Paradies voll von Getreide und goldenem Obst und heißt in vielen Überlieferungen „Avalon", was „Apfelgarten" oder „Apfelinsel" bedeutet. In der Darstellung des Werkes „Historia regum Britanniae", das von Geoffrey of Monmouth etwa um 1135 verfasst wurde, erscheint König Artus am Ende tödlich verwundet und wird zu dieser mystischen Stätte gebracht bzw. dorthin entrückt, um geheilt zu werden.[27]

Frau Holle-Venus hat bei den alten Kelten eine Parallele in Morrigain, die in Irland Göttin der Schönheit, der Liebe, der Fruchtbarkeit, des Krieges, Todes und der Wiedergeburt war und in Wales Modron hieß. Ihr Name bedeutet „meergeboren" und verweist damit auf die

34

„schaumgeborene" griechisch-römische Aphrodite-Venus. Im Sagenkreis um Artus taucht sie als Schwester des Königs auf und erscheint als Fee Morgane. Ihrem Wesen nach ist sie durch und durch ambivalent und birgt sowohl die zerstörerische als auch die heilende Seite des Lebens in sich. So tritt sie in den keltischen Mythen als hinterlistige Verführerin von Lancelot und als intrigante Gegenspielerin von Artus auf. Den Helden versucht sie mehrmals vergeblich von seiner Liebe zu Königin Guinevra abzubringen, erreicht aber nur das Gegenteil, indem dadurch die Beziehung der Liebenden eine Vertiefung erfährt.

Auf verhängnisvolle Weise wirkt Morgane am Untergang des Königreiches mit, heilt aber dann ihren Bruder in Avalon und verhilft ihm damit zur Unsterblichkeit. Auf der Feeninsel herrscht sie als erste und schönste von neun Schwestern nach heiteren, friedlichen Gesetzen. Sie gilt als Meisterin der Magie und versteht sich auf die Herstellung von Zaubertränken. Auch kennt sie nicht nur die Kunst des Heilens, sondern besitzt auch die Gabe der Verwandlung und des Fliegens. Morgane pflegt in Avalon König Artus, bis er sich von seinen Wunden erholt und in ewiger Jugend auf ihrer Jenseitsinsel bleibt, und verleiht seinem Volk den Glauben an seine Wiederkehr. Genau wie die germanische Frau Holle verkörpert die keltische Modron-Morrigain den Archetyp der Magna Mater, und ihr Feenreich repräsentiert die Sphäre des kollektive Unbewussten mit ihrem Zentrum, das C. G. Jung „Selbst" nennt.[28]

Morgane ist die bedeutendste Verkörperung der Großen Göttin des vorpatriarchalen Matriarchats in der keltischen Mythologie. Sie erscheint besonders oft im Sagenkreis der Dichtungen um Artus oder Arthur, meist in mehreren Gestalten unter verschiedenen Namen. Dies zeigt sich vor allem in ihrer Rolle als Geliebte des Zauberers und Propheten Merlin, der den König bei seinen Taten und Entscheidungen berät. Hier heißt sie häufig Viviane, aber auch Niniane, Niviene, Nimue, Nymenche oder Uinaine. Oder sie verschmilzt mit der zauberkundigen Schwester des Magiers, Ganieda, ebenso wie mit der geheimnisvollen Dame du Lac, die den kleinen Lancelot entführt, in ihrem Wasserreich höfisch erzieht und zum vollendeten Ritter und Helden ausbildet.

In den meisten spätmittelalterlichen Fassungen des Merlin-Stoffes ist Morgane als junge Fee Viviane die dämonische Verführerin des alten Propheten, die bei ihm alle seine Zauber- und Heilkünste erlernt und diese dann gegen ihn selbst wendet, als er ihr leidenschaftlich verfällt, indem sie ihn in ein Grab, in einen Turm oder unter einen Stein bis zu seinem Tod einsperrt. Die christlichen Autoren dieser Versionen verurteilten damit die in ihren Augen höllische Hexengeliebte des heidnischen Teufelssohnes, die ihren Meister an Bösartigkeit noch übertrifft und ihn kaltblütig zerstört.[29]

Nur die „Vulgate Estoire de Merlin" oder der sog. „Vulgata-Merlin" von ca. 1230 sah die Geschichte von Merlin und Viviane nicht aus einer engen religiösen Perspektive heraus, sondern gab ihr eine Wendung ins Positive bezüglich der Sinndeutung des „enserrement", der Einschließung des Magiers durch die Fee in einem Felsen oder Blütenbusch des bretonischen Zauberwaldes von Brocéliande.

Bei diesem Paar liegt das Beziehungsmuster „alter Mann-junges Mädchen" vor, das sich im Verhältnis der beiden immer mehr zugunsten der Frau zuspitzt. Merlin verliebt sich hoffnungslos in die schöne Viviane, die seine Zuneigung herzlich erwidert, ihn aber ganz für sich allein haben will. Außerdem treibt sie der Wunsch nach Wissen und magischer Kunst an, und sie glaubt aus ihrem weiblichen Instinkt heraus, dass sie dieses Ziel nur in der Vereinigung mit dem Mann erreichen kann. So wird sie seine zärtliche Geliebte und gelehrige Meisterschülerin, die er in all seine Kenntnisse über die Geheimnisse der Natur und Zauberei einweiht, bis sie ihn darin übertrifft und die Magie auf ihn selbst anwendet.

Als Merlin eines Tages in ihrem Schoß unter einem Weißdornbusch einschläft, schließt sie ihn mit einem neunmal ausgesprochenen Zauberwort in die große Hecke ein, aus der er sich nicht mehr befreien kann. Doch Viviane bleibt ihm treu und lässt ihn in seinem Liebesgefängnis selten allein. Tiefenpsychologisch verkörpert er den Archetyp des alten Weisen und des Geistes im Sinne eines heidnischen Naturwesens, das mythologisch für Cernunnos steht, den keltischen Gott der Unterwelt, der Pflanzen und des Reichtums. Seine Geliebte gehört dem gleichen Bereich als Nymphe an, die als Naturgottheit die Quellen und Flüsse beschützt.

Im Wald dient sie der griechisch-römischen Artemis-Diana, der Herrin des Mondes, der Tiere, der Vegetation, der Fruchtbarkeit und der Jagd. In diesem Bereich der Natur als Dimension des kollektiven Unbewussten begegnen sich die Liebenden, Merlin als Vertreter des männlichen Logosprinzips der Unterscheidung und Viviane als Repräsentantin des weiblichen Erosprinzips der Beziehung. Die ewige Kohabitation der beiden im Weißdornbusch als Symbol des seelischen Uterus der menschlichen Tiefenschichten ist ein Bild der „Heiligen Hochzeit" oder des „Hierosgamos" und damit der höchsten Gegensatzvereinigung. Dabei geht es, vor allem wenn es sich bei diesem Paar um einen alten Mann und ein junges Mädchen handelt, um die Entwicklung und Erneuerung des Lebens. Er gibt ihr seine Erfahrung und Weisheit, sie ihm ihre Jugend und Sinnlichkeit. Viviane wird vom Mädchen zur reifen Frau und selbstbewussten Zauberin, die in der Fülle ihrer erotischen Vitalität steht und das Reich der „Großen Mutter" Natur mit der Sphäre des Geistes verbindet. Merlin erfährt durch sie eine Verjüngung, die ihn erneuert und in verwandelter Gestalt weiterleben lässt, und dies geschieht allein in der Dimension der Liebe, der Beziehung und des Unbewussten. Hier unterwirft er sich in bewusster Entscheidung vorbehaltlos den Gesetzen des überströmenden Eros seiner jungen faszinierenden Herrin und findet die Seligkeit seines ihm vorbestimmten Venusbergs in einer spezifischen Variante des keltischen Geistes.[30]

Das Motiv der Entrückung eines Gottes, Herrschers oder Helden in einen Berg, in einen großen Waldbusch oder auf eine ferne Insel und seine Betreuung durch eine überragende weibliche Gestalt mit magischen Fähigkeiten dürfte seinen Ursprung in der griechisch-römischen Antike und im italienischen Mittelalter haben. Namen wie Kronos-Saturn, Ätna, Aphrodite-Venus oder Artemis-Diana weisen auf diese mögliche Herkunft hin. Auf jeden Fall fand es im keltischen Mythenbereich von Irland, Wales und Nordwestfrankreich mit der Bretagne seinen ersten deutlichen literarischen Ausdruck, der mit Männern wie Artus, Merlin und Lancelot, mit Frauen wie Morgane, Viviane und der Dame du Lac oder Inseln wie Avalon in Zusammenhang steht.

Über Italien und Frankreich kam es wohl nach Deutschland und verband sich dort mit dem germanischen Motiv des „Alten vom Berg", wie Wotan genannt wurde. Von hier aus wurde es auf Kaiser wie Friedrich Barbarossa und Friedrich II. oder auf Dichter wie Tannhäuser übertragen. Die zentralen weiblichen Gestalten in den deutschen Sagenvarianten des Entrückungsmotivs sind Frau Holle im Kyffhäuser oder auch Frau Venus in dem nach ihr genannten Venusberg. In all diesen Mythen schimmert überall die matriarchale Konstellation der Großen Göttin und ihres Sohngeliebten durch, der als ihr Heros im Herbst stirbt oder von ihr getötet wird, im Winter die Unterwelt oder das Totenreich bewohnt und im Frühling wieder aufsteht, um mit ihr „Heilige Hochzeit" zu feiern und so das Land erneut fruchtbar zu machen. Noch bis ins 19. Jahrhundert hielten viele abergläubische Menschen an der irrationalen Hoffnung fest, dass der tote Held oder Gott wieder ins Leben zurückkehren werde, um das Volk aus seiner Not zu befreien und ihm einen dauerhaften Frieden zu schenken. Im Laufe des jahrhundertelangen Patriarchalisierungsprozesses der europäischen Kultur sanken die Glaubensvorstellungen des Matriarchats immer mehr in kollektive Unbewusste ab, das sie aufgriff und auf seine Weise energetisch auf eine andere Ebene hob.

Die Gesetzmäßigkeit von Werden und Vergehen im Jahreszyklus wird hier nun zu einem Wandlungsgeschehen, das sich beim Abstieg in die seelischen Tiefenschichten als symbolischer Übergang vom Tod zur Auferstehung vollzieht, indem Altes in der Psyche abstirbt, damit Neues darin entstehen kann. Die matriarchale Göttin wird im Unbewussten zum Archetyp der Großen Mutter und ihr Heros zum Seelenbild des Animus, der immer wieder neu geboren werden soll, um den weiblichen Menschen immer tiefer zu seiner Selbst- oder Ganzwerdung führen zu können.[31]

2.4 Grundlagen der Interpretation in Bezug auf die Märchenvarianten

Zur Entrückung steht das Motiv des „bergtagning" in einem gewissen Kontrast und muss daher nun etwas mehr differenziert werden. Es beinhaltet die Entführung eines Menschen durch ein Naturwesen in einen Berg. Meist handelt es sich um eine junge Frau, die von einem männlichen Geist oder Dämon geraubt und in das Innere der Erde verschleppt wird, um dort zu einer Beziehung oder sogar zu einer Ehe mit dem „Unhold" gezwungen zu werden. Das Motiv der „Bergentführung" in Märchen und Sagen entstand ursprünglich in Irland und wanderte über England nach Norwegen und Dänemark.

Von dort gelangte es in Form volkstümlicher Wiedergaben von Andersens Dichtung „Der Reisekamerad" schließlich auch nach Deutschland, aber nicht nach Schweden, wo sich andere Varianten des Erzähltyps entwickelten. Das westnordische „Huldrefolk" steht den keltischen Elfen verwandtschaftsmäßig noch relativ nahe, während die ostskandinavischen Trolle weitaus finsterer und abschreckender erscheinen.

Doch auch in norwegischen Sagen kann ein Mensch „huldrin" werden und völlig in den Bann der Naturwesen geraten. Genau dies geschieht in allen west- und nordeuropäischen Varianten des Erzähltyps AhTh 507A, den die folkloristische Forschung als Form des „keltisch-nordischen Trollbrautmärchens" bezeichnet. Hier schlägt das in den Entrückungssagen vorherrschende Beziehungsmuster von Großer Göttin und ihrem Heros in ihr destruktives Gegenteil um. Was vorher positiv und konstitutiv in den Lebenszyklus von Tod, Wandlung und Auferstehung eingebunden war, wird in den Entführungsgeschichten des „bergtagning" zu einem sadomasochistischen Machtverhältnis von bösartigem Dämon und seinem weiblichen Opfer. Die einstmals allgemein verehrte Große Mutter kommt hier nur als leidende „verwünschte Prinzessin" vor, und ihr geliebter Animus erscheint jedoch in der negativen Übersteigerung eines lebensfeindlichen Sadisten, der die von ihm Besessene nur noch diabolisch quält.[32]

Daher wird die vorliegende Arbeit beim Versuch, die Psychopathologie des Berggeistes und der Königstochter zu interpretieren, immer auch die germanisch-deutschen und keltisch-bretonischen Entrückungssagen als positive Hintergrundfolie im Blick behalten. Bevor sie jedoch die Beziehungsstruktur des dämonischen Paares analysieren kann, muss sie noch den ersten Teil von „Die verwünschte Prinzessin" unter Berücksichtigung von Andersens „Der Reisekamerad" sowie unter gelegentlicher Einbeziehung der norwegischen Volkserzählung „Der Kamerad" deuten und damit die entscheidende Voraussetzung für die Behandlung des erotischen Konflikts in der Handlung des Erzähltyps „Die Braut des Unholds" schaffen.

Da es sich beim dänischen Vorbild der Geschichte um ein Kunstmärchen handelt, das von einem bekannten Dichter verfasst wurde, sind auch immer wieder die persönlichen Umstände des Autors und seines Werkes in die Interpretation mit einzubeziehen. Beim ersten flüchtigen Blick auf die beiden Fassungen der Erzählung fällt auf, dass nur die männliche Hauptfigur, der sog. „Held" einen Namen trägt. In den Sammlungen von Ey und Zaunert heißt sie „Peter" und bei Andersen „Johannes". Alle anderen Gestalten werden nur abstrakt mit Substantiven bezeichnet, die auf ihr Wesen, ihren Beruf oder ihre Funktion innerhalb der Handlung hindeuten.

Beide genannten Namen der „Helden" haben einen ausgeprägten christlichen Hintergrund und verweisen auf das Neue Testament der Bibel. „Peter" kommt von „Petrus", dem „Fels" oder „Stein", der einer der wichtigsten Jünger von Jesus ist. „Johannes", der „Gott ist gnädig" bedeutet, bezieht sich auf den Apostel, den Evangelisten und den „Täufer" von Christus. Andersen erwähnt vor allem am Anfang seiner Erzählung mehrmals Gott, den er dann meist im Zusammenhang mit dem toten Vater sieht. Hier überträgt er den bekennenden Glauben der Mutter poetisch auf seinen Erzeuger, der eigentlich Freidenker war und seinen Sohn nach den pädagogischen Idealen von Jean-Jacques-Rousseau erzog.[33]

Im deutschen Märchen der Sammlungen von Ey und Zaunert besteht zu Beginn zwischen Peter und seinem Vater ein gewisses Spannungsverhältnis. Dies drückt sich im negativen Gefühl des Sohnes aus, dem es „zu Haus nicht gefiel". Daher forderte er „sein Erbteil" und ging „damit in die weite Welt". Dieses Unbehagen des Helden als Ausgangspunkt für seinen Weg ins Unbekannte deutet auf den Drang des Menschen zur Individuation hin, d. h. auf den Wunsch, innerlich wachsen und sich entwickeln zu wollen. Da im Haus weder eine Mutter noch eine Schwester anwesend sind, geht es äußerlich für den jungen Mann auch darum, die Welt des Weiblichen kennen zu lernen und eine Partnerin zu finden.

Dazu treiben ihn keine Abneigung oder sonst ein feindselig-aggressives Gefühl gegen den Vater. Denn die zentralen Charaktermerkmale des „Burschen" sind ein „mitleidiges Herz", ein Sinn für Gerechtigkeit und eine große Hilfsbereitschaft. Damit gleicht Peter von den Voraussetzungen her dem Helden des grimmschen Märchens „Die weiße Schlange", einem jungen Diener, der aus Barmherzigkeit allen ihm begegnenden Tieren aus ihren Notlagen heraushilft. Ausgehend vom lateinischen Grundwort „misericors", ist „mitleidig" jemand, der „ein Herz für die Unglücklichen hat". Solch ein Mensch hat dadurch tiefenpsychologisch starke Bezüge zu den beiden wichtigsten Vorbildern der Seele, zur Großen Mutter und zum Selbst. Daher hat Peter durch seine empathischen Fähigkeiten die besten Voraussetzungen, das erste entscheidende Abenteuer auf seinem Weg zur Ganzwerdung erfolgreich zu bestehen.[34]

40

In Andersens Erzählung ist die Ausgangssituation anders als im deutschen Märchen gelagert. Johannes befindet sich in einem traurigen Zustand, weil sein Vater im Sterben liegt, der ihm bestätigt, dass er „ein guter Sohn" gewesen sei, und ihm „den lieben Gott" als weiteren Helfer anempfiehlt. Doch der Tote erscheint noch nachts in einem Traum und präsentiert dem Helden seine künftige Braut, die er „die Schönste in der ganzen Welt" nennt. Tiefenpsychologisch verkörpert der Vater darin den Archetyp des alten Weisen, der dem männlichen Ich seine Anima zuführt. Doch Johannes kann mit dem Traum vorerst nichts anfangen, empfindet ihn als sonderbar und wendet sich nach dem Erwachen bald wieder der Realität des Todes zu.

Beim Begräbnis glaubt er, dass der Vater nun im Himmel sei und dort Gott um Beistand für das Wohlergehen des Sohnes bitte. Vor allem will er „immer ein guter Mensch sein", weil er am Ende in die jenseitigen Gefilde zu seinem Erzeuger hinaufkäme, der ihn dann „von all dem Schönen" dort „lehren" werde. Hier handelt es sich deutlich um eine hierarchische Struktur, an deren Spitze der „liebe Gott" steht, in deren Mitte der Vater die vermittelnde Funktion übernimmt und an deren Schlusspunkt sich der unsichere Sohn in Abhängigkeit von den beiden übergeordneten patriarchalen „Großen" befindet. Psychoanalytisch beherrscht die Instanz des Über-Ich oder autoritären Gewissens in ihrer liebenswürdigsten Verkleidung die Seele des Helden.

Andersen macht dabei seinen eigenen psychischen Bodensatz, den naiven Glauben seiner Mutter, zur Grundlage des Charakters von Johannes, der völlig von christlichem Gedankengut geprägt ist. Wenn Peters mitleidiges Herz seine Kraft direkt aus dem kollektiven Unbewussten zu ziehen scheint, unterstellt der dänische Märchenheld seinen Wunsch, ein guter Mensch zu sein, dem Gehorsam gegenüber dem göttlich-väterlichen Über-Ich und wirkt dadurch gebrochener und weniger authentisch als die männliche Hauptfigur des deutschen Märchens.[35]

2.5   Das Motiv des dankbaren Toten

Nun erfolgt die entscheidende Begegnung des ersten Teils der Erzählung, als die männliche Hauptfigur einen Toten sieht, der nicht öffentlich bestattet werden darf. Die Gründe dafür sind von Fassung zu Fassung sehr verschieden. In den Varianten von Ey und Zaunert ist der Mann zu arm, und daher können die Kosten für die Beerdigung nicht bezahlt werden. Bei Andersen hat der Tote Schulden hinterlassen, und dafür wollen ihn die Gläubiger bestrafen. Im erstmals 1855 publizierten norwegischen Märchen „Der Kamerad" hat er in seinem Berufsleben als Händler Wein gepanscht und soll jetzt durch Zurschaustellung seiner Leiche vor der Kirche dafür büßen. In allen drei Versionen ist er, sei es durch seine Armut oder sei es gar durch unrechtmäßige Geschäftspraktiken, an den Werten des kollektiven Bewusstseins der Gesellschaft schuldig geworden und hat damit nach herkömmlicher Auffassung eine gewisse moralische Schuld auf sich geladen.

Tiefenpsychologisch repräsentiert daher dieser Tote den sog. „Schatten", der nach C. G. Jung den minderwertigen, dunklen, meist negativen Aspekt der Persönlichkeit darstellt. Er verkörpert in den drei genannten Erzählungen aber weniger die satanische destruktive Seite des Menschen als vielmehr den „armen Teufel in uns", der vom lebendigen Reichtum der Welt ausgeschlossen ist. Instinktiv erkennt der Märchenheld diesen Zusammenhang und akzeptiert die allgemeine Schuld und Sündhaftigkeit der Existenz des Humanen, indem er sein ganzes Erbteil hingibt, den Toten damit freikauft und durch ein ordentliches Begräbnis für dessen Erlösung sorgt. In übertragenem Sinn opfert er mit dem Geld auch das alte Bild von sich selbst, das in der Einstellung bestand, der „gute" Sohn des Vaters zu sein.[36]

Bald nach der Beerdigung des Leichnams setzt die männliche Hauptfigur ihren Weg in die „weite Welt" fort und begegnet dabei recht schnell einem Fremden, der sich ihr als Reisegefährte anschließt. In „Die verwünschte Prinzessin" sah der Mann so „gut und brav" aus und wirkte so „wacker", dass Peter „ihn gleich liebgewann" und über ihn „sich freute". Bei Andersen waren Johannes und der Unbekannte „gute Menschen alle beide" und „gewannen sich bald sehr lieb". Der Held „merkte wohl", dass sein Begleiter über weitläufige Kenntnisse verfügte und „viel klüger" als er selbst war. Unterwegs erwarb der Wandergefährte durch seine wunderbaren Heilkräfte drei Ruten, einen Säbel und zwei Schwanenflügel.

Im schon genannten norwegischen Märchen „Der Kamerad", das im 19. Jahrhundert auch auf die Insel Fünen kam und so auf die Erzählung des dänischen Dichters einwirkte, bot sich der Fremde dem Helden als

Diener an, auf den er sich „im Leben und Tod verlassen" könne und dessen Begleitung sein „Schade nicht sein" solle. Dann deutet der Reisegefährte an, dass er auch im Jenseits daheim ist und an der überpersönlichen Psyche des Menschen teilhat, die das diesseitige Leben überdauert und von C. G. Jung kollektives Unbewusstes genannt wird. Dieser Helfer hat eine Verbindung zu dessen Tiefen und besitzt umfangreichere Fähigkeiten als ein gewöhnlicher Sterblicher. Das finnische Märchen „Der Sünder und der Königssohn" stellt ihn als „Engel Gottes" dar, der nach Auffassung der Analytischen Psychologie als Bote des Selbst und damit des übergeordneten Zentrums der Seele zu deuten ist und dabei als Vermittler zwischen dem Bewusstsein und der Mitte des Unbewussten erscheint. Hier wirkt religions- und geistesgeschichtlich auch das alttestamentliche Buch Tobit mit dem helfenden Engel Rafael als Vorbild für Andersens Dichtung und ähnliche Geschichten, die das Motiv des dankbaren Toten thematisieren.[37]

Historisch reicht die allgemeine Einstellung, nach der ein Gläubiger nicht nur über Leben und Tod seines Schuldners, sondern auch über dessen Leichnam verfügen konnte, bis weit in die Antike zurück. Damals gab es in Ägypten, Griechenland und Rom schon Gesetze, die eine Art transzendenter Schuldhaft waren und die vorschrieben, dass verschuldete Tote nicht begraben werden durften.

Dieser Brauch wurde im christlichen Mittelalter fortgesetzt und fand auch von Persien bis Irland seinen Ausdruck in Erzählungen, die barbarische Misshandlungen von Leichen darstellten, indem die Körper der Toten geschlagen und dadurch auch deren Seelen gepeinigt wurden. Aber in diesen Märchen und Legenden geht es nicht nur um die erlösende Beerdigung, sondern auch um die Hilfe der Leichname, die wieder lebendig wurden, um den Rettern ihre Dankbarkeit zu zeigen.

Dieses Motiv entspricht dem Gedankengut der christlichen Totenfürsorge, das im elften Jahrhundert von der Reformbewegung des französischen Klosters Cluny entwickelt wurde und das auch die Forderung enthielt, die Gestorbenen ins Diesseits zurückkehren und sich gegenüber ihren einstigen Wohltätern als hilfreich erweisen zu lassen. In diesem Fall erlaubte es die kirchliche Lehre, dass die vom Leib getrennte Seele mit Zustimmung Gottes in einem angenommenen Körper auf Erden erscheinen könne.

Von dieser Perspektive aus durchziehen christliche Einsichten auch die Kernaussagen der Erzählungen vom dankbaren Toten: Gerade dadurch, dass der Held seine finanziellen Mittel hingibt, erwirbt er sich einen überirdischen Helfer, der ihn zum Ziel seines Weges führen kann. Nur so gewinnt er das Himmelreich im übertragenen Sinn. Bei Andersen ist dieser Gedanke am deutlichsten herausgearbeitet. In seinem Kunstmärchen sind die beiden Gläubiger „zwei lebende schlimme Leute", die sich „richtig rächen" und den Toten wie einen „Hund draußen vor der Küchentür liegen lassen" wollen. Dagegen hebt sich die „Güte" von Johannes scharf ab. Dieser gibt nicht nur sein „ganzes Erbteil" weg, sondern legt „die Leiche wieder im Sarg zurecht" und faltet „deren Hände". Der unbekannte Tote erscheint kurz darauf als lebendiger Reisekamerad, der den Helden von nun an hilfreich begleitet.

Das Motiv der Dankbarkeit aus dem Jenseits heraus prägte sich geistesgeschichtlich zuerst im Judentum aus und fand dort seinen literarischen Ausdruck im apokryphen Buch Tobit, wurde dann im Mittelalter vom Christentum ausgestaltet und vertieft, bis Andersen es im 19. Jahrhundert in seine endgültige poetische Form brachte. Hier überwölbte dann der mütterliche Kinderglaube im dänischen Dichter das freigeistige Erbe des Vaters, weil Johannes in frommer Naivität auf Gott vertraut, der aus Liebe zu ihm seinen himmlischen Diener auf die Erde schickt. In der Gestalt des dankbaren Toten wird die Energie des Selbst aus dem kollektiven Unbewussten durch die patriarchale Instanz des Über-Ich verdeckt, die den weiteren Verlauf der Märchenhandlung immer mehr beherrschen wird.[38]

2.6 Die Gestalt der verwünschten Prinzessin

Das deutsche Märchen „Die verwünschte Prinzessin" erwähnt zwar nicht ausdrücklich Gott, enthält aber deutlich die christlichen Bezüge der beiden männlichen Hauptfiguren. Einmal sind sie durch den Vornamen „Peter" und dann durch die Gestalt des dankbaren Toten ausgedrückt, der sich am Ende des ersten Teils der Handlung als „Geist" des „dort im Dorfe" beerdigten Mannes vorstellt. Die zwei Wanderer kommen auf ihrem Weg einmal „in eine Stadt", deren „Häuser schwarz behängt" sind und in deren Schloss oben eine schwarze Fahne „zum Zeichen der Trauer" weht.

Damit wird die Sphäre der „verwünschten Prinzessin" charakterisiert, die schon im Titel des Märchens erscheint, was ihre zentrale Bedeutung für Geschehen und Grundthematik der Geschichte unterstreicht. Bei Andersen sehen die beiden Reisenden eine hunderttürmige „große Stadt" und in deren Mitte ein „prächtiges Marmorschloss", das der König bewohnt. Die norwegische Erzählung „Der Kamerad" erwähnt nur einen Palast, der nach Darstellung des dankbaren Toten Wohnsitz der vom Helden erträumten Prinzessin sei. Hier ergeben sich Parallelen zu zwei Märchen der Brüder Grimm.

In „Die weiße Schlange" (KHM 17) kommt die männliche Hauptgestalt in eine „große Stadt" mit einer stolzen Königstochter, die ihren Freiern unlösbare Aufgaben stellt. Oder in „Der König vom goldenen Berg" (KHM 92) gibt es ein „schönes Schloss", das fast ganz leer ist und in dessen letztem Zimmer eine Schlange auf ihre Erlösung wartet. Das Kriechtier erscheint hier als „verwünschte Jungfrau" und verweist damit auf die Titelfigur in der Erzählung aus den Sammlungen von Ey und Zaunert. Beide weiblichen Gestalten wollen oder sollen von ihren erhofften Partnern in ihren früheren Zustand der Anmut und Schönheit zurückversetzt werden, was aber in den Märchen mit großen Schwierigkeiten verbunden ist. Das Verb „verwünschen" bedeutet, einen Fluch oder Bann auszusprechen. Die Person, über die ein solches Unheil verhängt ist, wird meist vorübergehend oder dauernd an einen anderen Ort entfernt und befindet sich so entweder ganz in einer jenseitigen Welt oder wechselt zwischen den verschiedenen Sphären hin und her. „Verwünschung" entspricht hier der „Entrückung", die in der vorliegenden Arbeit an einigen Beispielen von Göttern und Menschen dargestellt wurde.[39]

Tiefenpsychologisch hat die Stadt genau wie Haus und Schloss weiblich-mütterlichen Charakter als symbolischen Uterus, der die Bewohner wie Kinder in sich enthält und sie darin beschützt. Auch besitzt sie strukturell die Form eines Mandala, das als universelles Sinnbild auf die Einheit des Kosmos, der Schöpfung und des Menschen hinweist sowie den zentralen Archetyp der Seele repräsentiert. Damit tauchen die wichtigsten Urbilder der Großen Mutter und des Selbst aus dem Unbewussten auf und ragen in das Bewusstsein hinein. Dies zeigt sich im Bild der „schwer erreichbaren Kostbarkeit", die meist als „Schatz" in den Tiefen der Seele ruht und die das Ziel der Suchwanderung des Ich auf dem Weg zur

Ganzwerdung ist. Das Schloss ist dabei noch der symbolische Ort einer Prüfung, in dem eine junge schöne Frau oft in verwandelter Form als Bewohnerin oder Gefangene lebt. Diese Prinzessin verkörpert das weibliche Seelenbild des Mannes oder dessen Anima, die der Held als Partnerin gewinnen soll. Doch die Herstellung dieser Verbindung wird im deutschen Märchen durch widrige Umstände erschwert und behindert. Einmal ist die Königstochter „verwünscht", und dann herrscht die dunkle Farbe „schwarz" vor, die Stadt und Schloss depressiv zu erdrücken scheint. Die Erzählung beschreibt dies als „Zeichen der Trauer" und stellt damit einen Zusammenhang mit Tod, Zeit und Vergänglichkeit sowie mit der Unergründlichkeit der Existenz her. Dabei offenbart „Schwarz" auch die ganze Vielschichtigkeit seines Bedeutungsspektrums und steht-je nach Kontext-für die Unterdrückung erotischer Freiheit, die Fruchtbarkeit der Erde, die zyklische Wiederkehr des Lebens und das Noch-nicht-seiende, das aus dem urmütterlichen Stoff wächst und reift. Einerseits hat diese Farbe im europäischen Volksglauben eine Schutzfunktion und Abwehrkraft gegen Dämonen und Geister. Andererseits gilt sie im christlichen Mittelalter als Symbol des Bösen und wurde auch mit Unglaube und Sünde in Verbindung gebracht.

Hier erschien der Teufel als der „Schwarze", dessen Herrschaftsbereiche Hölle und Finsternis sind. Er löste dabei religionsgeschichtlich in Skandinavien die Welt der Trolle und Elfen ab, die nach christlicher Auffassung die letzte Verwandlungsform der gestürzten heidnischen Götter darstellten. Damit schließt sich der ganze Vorstellungskreis von Sinnbildern, die sich aus der Betrachtung der „schwarzen" Stadt und ihres Schlosses ergeben haben.[40]

Die überall sichtbare Trauer der Szenerie bezieht sich auf eine Prinzessin, die „von einem Berggeiste verzaubert" sei. Als „verhexte" Tochter des Königs beherrscht sie die depressive Atmosphäre ihrer ganzen Umgebung, indem sie alle Freier, die um ihre Hand anhalten, hinrichten lässt oder selbst umbringt. Denn jeder wäre „ein Kind des Todes, der es wage, sie zu erlösen, wenn er das Rätsel, das sie ihm aufgebe, nicht erraten könne". Den Befehl über das Leben dieser Männer hat sie, nicht ihr Vater, und damit zeigt sie, dass nicht er, sondern sie an der Spitze des Staates steht. Märchenkundlich steht die Prinzessin, die allnächtlich einen Dämon besucht und ihre Freier in den Tod schickt, genau in der Mitte zwischen der gleichfalls Rätsel aufgebenden, insgeheim einen hässlichen Zauberer liebenden Königstochter einer armenisch-persischen Erzählung und der mit bösen Geistern oder Drachen behafteten Braut in den orientalischen Fassungen aus dem Motivkomplex des dankbaren Toten.

Begrifflich genauer fixiert gehört sie zum Typus der sog. „Rätselprinzessin", die auch in einigen Erzählungen der Brüder Grimm auftaucht. Diese will nur denjenigen heiraten, der ihr an Klugheit und Geschicklichkeit überlegen ist. Wer ihr im Wettstreit unterliegt, wird erbarmungslos nach ihrem königlichen Gesetz getötet. Die bekannteste und grausamste Verkörperung einer solchen jungen Frau ist die orientalische Prinzessin Turandot, die ihren erfolglosen Freiern die Köpfe abschlagen und diese auf Pfähle stecken lässt. Tiefenpsychologisch stellt dieser Typus die Anima als Gefühlsseite des Mannes dar und entspricht im Sinne Erich Neumanns dem Wandlungscharakter des Weiblichen, der dynamisch den Intellekt zu Steigerung und Entwicklung führt und so den seelischen Reifeprozess vorantreibt. Die Rätselprinzessin personifiziert auf dieser Ebene in uns die Weisheit des Unbewussten, die sich danach sehnt, vom reflektierenden Ich erkannt und geliebt sowie in dessen Denken integriert zu werden.[41]

Im deutschen Märchen der Sammlungen von Ey und Zaunert erschlägt jedoch die grausame Königstochter nicht nur ihre potenziellen Ehekandidaten, sondern ist insgesamt von einem höchst widersprüchlichen Verhalten geprägt. Einerseits wird sie als „liebe gute Prinzessin" oder als „schönes und gutes Mädchen" bezeichnet, das „den Tag über still und in sich gekehrt" sei. Andererseits zeigt sie sich „bisweilen aber so böse, dass sie alles zerschlüge und umbrächte, was ihr ins Gehege käme".

Bei ihrem ersten Erscheinen im Verlauf der Handlung rannte sie „im Zimmer hin und her", als wenn „sie nicht recht klug wäre". Während ihrer ersten Begegnung mit dem Märchenhelden Peter sah sie „recht betrübt" aus, war aber ein „allerliebstes Mädchen", das „fein und zierlich gebaut" wirkte. Auch weinte sie über den voraussichtlichen Tod ihres tollkühnen Freiers und bedauerte ihn, wurde aber „leichenblass" und erschrak zutiefst, als er ihr erstes Rätsel löste. So schwankt sie ständig zwischen Depressionen und Wutausbrüchen, zwischen der Sehnsucht nach Erlösung und der Regression in ihre Besessenheit.

Hier erscheint sie vor allem als leidende Frau, die nur unfreiwillig böse ist, und als Gefangene einer Situation, die kaum eine freie

Willensentscheidung zulässt. Ursache ihrer Gefühlsspaltung dürfte ihre Abhängigkeit vom Berggeist sein, der eine dämonische Ausprägung des Vaterarchetyps verkörpert. Wenn sie in ihren Wutausbrüchen rast und tobt, ergreift er innerlich von ihr Besitz und lässt sie alles an menschlicher Beziehung zerstören, was vorher ihre Existenz getragen hat. Er wirkt in ihr als destruktiver Animus, der sie zur unglücklichen Melancholikerin macht, wenn er nach ihren aggressiven Anfällen für eine gewisse Zeit von ihr gewichen ist.[42]

Vielleicht erweist sich an dieser Stelle für die weitere Betrachtung ein kurzer Wechsel der Perspektive von der Erzählforschung zur Medizin und Ethnologie als hilfreich. Die abgrundtiefe Ambivalenz in Verhalten und Einstellung der Prinzessin, wie sie das deutsche Märchen beschreibt, zeigt auffallende Parallelen zu Beschwerden von Frauen, die vor Beginn der eigentlichen Monatsblutung einsetzen und von Ärzten und Psychologen unter dem Fachbegriff „prämenstruelles Syndrom" zusammengefasst werden. Zu ihren Symptomen gehören depressive Verstimmungen, Reizbarkeit, Ängstlichkeit, hysterische Anfälle, Ess- und Magersucht, Asthma, Epilepsie, Migräne, Schwindel, Kopf- und Rückenschmerzen, nur um einige Leiden der betroffenen Patientinnen zu nennen.

Häufig erlebt die Frau kurz vor der Menstruation einen großen Zuwachs an Energie, aber auch die Unmöglichkeit, diese vitale Kraft in produktive Bahnen zu lenken, was dann wieder in ein Gefühl der Schwere, Bedrückung und Lethargie umschlagen kann. Psychoanalytisch gesehen entsteht bei einer Steigerung der Libido eine nicht mehr auszubalancierende Stauung, unter deren Druck es zu regressiven Erscheinungen wie Wutausbrüchen und Depressionen als Symptomen kommt. So macht der blutige Vorgang des zyklischen Geschehens in der Frau auch grausame Phantasien und Impulse aktiver und passiver Art lebendig.

Freuds Schülerin Karen Horney sieht die gesellschaftlichen Bedingungen als Grundursache für selbstzerstörerische Tendenzen beim weiblichen Geschlecht und betrachtet Menstruationsbeschwerden in einem weiteren sozialen Umfeld. Nach ihr entwertet der Mann die Körperfunktionen der Frau, um sie von seiner Vormachtstellung fernzuhalten, die ihn überlegen und sie minderwertig erscheinen lässt. Aus feministischer Sicht ist das prämenstruelle Syndrom eine reale Erkrankung, die den weiblichen Teil der Bevölkerung zum Leiden zwingt, ihm historisch anerzogen und psychisch von ihm verinnerlicht wurde, so dass sie das Ergebnis jahrtausendelanger kultureller Konditionierung und Unterdrückung durch das Patriarchat darstellt.

Diese Phase vor der Monatsblutung konfrontiert die Frau immer mit ihren abgelehnten und abgespaltenen Persönlichkeitsanteilen, die von ihr verlangen würden, innerlich loszulassen und sich dem Prozess hinzugeben, der sie in ihre eigentliche Tiefe führen möchte. Die genannten psychohistorischen Zusammenhänge könnten ein gewisses Licht auf den möglichen sozialgeschichtlichen Hintergrund für das Leiden der „verwünschten Prinzessin" werfen.[43]

Eine andere Erweiterung des Blickwinkels in Bezug auf das deutsche Märchen ergibt sich, wenn man das Verhältnis von Königstochter und Berggeist in den Kontext des archaischen Dämonenglaubens stellt, mit dem sich die Ethnologie beschäftigt. Viele Urvölker führen z. B. alle Übel ihrer Welt auf die Einwirkung böser Geister zurück, die den Kosmos erfüllen und dem Menschen feindlich gegenüberstehen.

In dieser Art Urphilosophie galten die Dämonen auch als Ursache gewisser rätselhafter Erscheinungen wie etwa der Menstruation. Nach Auffassung primitiver Stämme ergreift ein solches destruktives Wesen in den kritischen Tagen Besitz von einer Frau, macht sie auf diese Weise unrein und sondert sie von den anderen Mitgliedern ihrer Gemeinschaft ab. Der Versuch der Austreibung dieses Geistes erfolgt dann durch Zaubersprüche, Fetische, Brech- und Abführmittel. In der Antike nahm man noch allgemein an, dass die Menstruation durch Dämonen ausgelöst werde, und hielt daher das Blut der monatlichen Regel für giftig.

Die alten Inder und Iraner erklärten sich die Menses als Folge einer Sünde und als Buße für eine Allgemeinschuld. Nach persischer Überlieferung entstand die Blutung der Frau durch das Erscheinen der Liebesleidenschaft, die durch Dschali, den bösen Geist der Unzucht, verursacht worden sei. Die Angehörigen des südamerikanischen Stammes der Banivas glauben an einen Pubertäts- oder Menstruationsdämon, der als verliebter Teufel den Mädchen Wunden zufüge und ihre Menarche durch Bisse oder Geschlechtsverkehr auslöse.

Mit einer Zeremonie treibt der Stamm den Geist nicht allein aus, sondern verbrennt ihn noch am Pfahl zu Asche. Die Psychoanalyse führt nun die Herkunft des Dämons auf den Urvater oder dessen Phallus zurück und bezeichnet das menstruierende Mädchen als Eigentum dieses Ahnengeistes, der es mit seinem Penis kastriere. Dieser muss beseitigt werden, damit der Ehemann es wagen dürfe, mit seiner jungen Frau sexuell zu verkehren.

Bei den weiblichen Pubertätsriten vergleicht die psychoanalytische Interpretation den Dämon der Banivas auch nebenbei mit dem Unhold, aus dessen Klauen die Märchenprinzessin befreit werden müsse. Damit wäre die vorliegende Arbeit in ihrem Gedankengang wieder bei der deutschen Erzählung angelangt, die von der „verwünschten" Königstochter handelt. Ihr Liebhaber wird zwar meist „Berggeist" genannt, gelegentlich aber auch, vor allem in der Forschungsliteratur, als Dämon bezeichnet. Von daher gehört dieses Märchen im weitesten Sinn zum Symbolkreis der Menstruation als Geheimnis des Weiblichen.[44]

In den skandinavischen Vorlagen wird die weibliche Hauptgestalt anders als im Märchen „aus dem Oberharze" eingeführt. Dabei erscheint sie in der norwegischen Erzählung „Der Kamerad" gleich zu Beginn als Traumgeliebte des Helden, die „so weiß wie Milch und so rot wie Blut" wäre und deren „Reichtum kein Ende hätte". Der Bauernbursche zieht darauf aus, „um sie zu suchen". Später kommt er auf seinem Weg an einem Schloss vorbei, das sein Wandergefährte als „Wohnsitz der Prinzessin" bezeichnet und in das er hineingehen müsse, um „dem König von Traum und Reiseziel" zu erzählen.

Der Held wird dort gut aufgenommen und erkennt bei Tisch die erträumte Braut sogleich wieder. Andersen übernimmt die Eingangsszene für sein Kunstmärchen „Der Reisekamerad" und schmückt sie poetisch noch aus. Hier präsentiert der gerade verstorbene Vater im Traum seinem Sohn Johannes ein „schönes Mädchen mit einer Goldkrone auf ihrem langen, prächtigen Haar" und nennt es „die Schönste in der ganzen Welt". Bei seiner Wanderung sieht der Held seine Traumerscheinung in der großen Stadt „mit über hundert Türmen" real wieder.

Hier wird in beiden skandinavischen Erzählungen die Prinzessin-tiefenpsychologisch gesehen-zur Anima des männlichen Ich, als Quelle seiner tiefsten Sehnsucht sowie als Ziel seiner innigsten Liebe und seines größten Hasses und damit als Chance und Gefahr zugleich. Bei Andersen erscheint nun die Königstochter nach Auffassung eines Gastwirtes „außerhalb der Stadt" in Wirklichkeit als zwar schöne, aber im Grunde doch „schlimme böse Hexe", die ihre Freier alle „aufhängen oder köpfen" ließ, wenn sie ihre drei Rätsel nicht lösen konnten. Diese Ambivalenz des Äußeren und Inneren zeigt sich sofort, als die Prinzessin zum ersten Mal die Bühne des Märchengeschehens betritt. Sie hat ein „schneeweißes Pferd" und ein Reitkleid „aus purem Gold", aber auch in der Hand eine Peitsche, die „wie ein Sonnenstrahl" aussieht. Solche und ähnliche Bilder machen das „Mysterium" der Anima, „ihre unfassbare Dämonie" und zwiespältige „Größe" sichtbar und bewirken, dass Johannes ihr verfällt, für die Gefahr, die von ihr ausgeht, blind wird und sich rettungslos in sie verliebt.[45]

2.7   Der dämonische Unhold oder Berggeist

Die magische Faszination des weiblichen Seelenbildes stammt aus ihrer Verbindung mit dem dunklen Aspekt des Vaterarchetyps, der als selbstständige Figur abgespalten ist und in den Fassungen des Erzähltyps AaTh 507 A als „Unhold" erscheint. Im deutschen Märchen wird er „Berggeist" genannt, der ein „alter Mann mit schneeweißem Bart" ist. Besonders fallen an ihm die Augen auf, die „wie Feuerhöhlen" glühen, wobei „sein ganzes Wesen so grimmig und gefährlich" wirkt, dass es „ordentlich Furcht" auslöst.

Bei Andersen sitzt „mitten auf dem Thron" ein „alter Troll" mit einer „Krone auf dem hässlichen Kopf und einem Zepter in der Hand". Dabei erweist er sich als König, der gern die „Augen" seiner Opfer „essen" will. Das Gefolge dieses Herrschers besteht aus verschiedenen Naturgeistern, die viele Gestalten annehmen und allesamt das Reich der Unterwelt und damit des Unbewussten ausmachen. Inmitten seiner Leute tanzt der Trollkönig mit der Prinzessin bizarre, „geisterhafte" Tänze und treibt mit ihr „Zauberkünste".

Der dänische Dichter greift dabei auf Volkserzählungen zurück, die von Musik und Tanz in einem unterirdischen Bergsaal mit nackten Frauen, Liebkosungen, Unzucht und „Untugenden" berichten. In seiner Heimatstadt Odense gab es Gerüchte, nach denen auf dem Friedhof wilde Frauen bei ihren Gräbern hockten und dort Kinder gebaren. Neben diesen skandinavischen Geschichten, Sagen und Märchen verarbeitete Andersen bei der Darstellung des dunklen Unterweltreiches der Trolle auch eigene Erlebnisse. So war es für ihn eine sehr zwiespältige Urerfahrung, als er in der Kindheit nachts unfreiwillig Zeuge des Geschlechtsverkehrs der Eltern wurde. Im Tanz des Geisterkönigs und der Prinzessin dürfte er diese Szenen auf die poetische Ebene gehoben und damit seinen Schauder vor dem Unheimlichen der Sexualität und damit der Triebwelt des Es wie in anderen Erzählungen auch literarisch sublimiert haben.

Aber auch das einfache Volk in Skandinavien fasste die Liebe der Königstocher zum dämonischen Unhold als etwas Widernatürliches auf und erklärte sie durch einen bösen Zauber, der die Prinzessin an den finsteren, unheimlichen Unterweltsherrscher band und bannte. Denn für die Leute war es das Natürlichste, dass sich der Mensch so schnell wie möglich aus einer solchen Gefangenschaft zu befreien und den Troll irgendwie zu überlisten versuchte.[46]

Der dämonische Vaterarchetyp des Berggeistes steht auch in geheimer Beziehung zum König und damit zum konkreten leiblichen Erzeuger der Prinzessin. Auch dieser hat im norwegischen Märchen eine subtile mörderische Seite, weil er gleich alle töten lässt, die das Geheimnis seiner Tochter nicht erraten können. In der deutschen Erzählung gibt es gibt es eine symbolische Verbindung der beiden männlichen Gestalten. In den ersten zwei Rätseln der Prinzessin handelt es sich um Pferd und Schwert des Königs und im dritten um den Kopf des Dämons. Bei Andersen ist der Vater zwar über die Bosheit seiner Tochter „traurig", will aber „nicht das geringste mit ihren Liebhabern zu tun haben" und lässt sie „selbst tun, was sie wolle".

Mit seiner Nachgiebigkeit spielt er sie so unbewusst dem Trollgeliebten in die Hände und unterstützt unfreiwillig ihre Destruktivität, die von ihrem Zauberer gefördert wird. Der König dürfte selbst aggressionsgehemmt sein und die Dämonie in seinem eigenen Wesen verdrängt haben. Diese Schattenseite wird dann vom Berggeist ausagiert, der die Prinzessin von sich abhängig macht und durch die Besessenheit von ihr Besitz ergreift. So steht die Königstochter auf doppelte Weise unter der Herrschaft des Vaters und hat die fast unüberwindlich erscheinende Schwierigkeit, sich von dieser Ausgangssituation zu lösen.[47]

Wenn die Prinzessin das weibliche Sinnbild des Helden verkörpern und der dämonische Vaterarchetyp ihre männliche Entsprechung darstellen würde, müsste man den Berggeist folgerichtig „Animus der Anima" nennen. Als solcher kann er aber dann nicht die konstruktiven

Aufgaben des männlichen Seelenbildes im Leben der Frau übernehmen und ihr weder Mut, Selbstvertrauen und Selbstsicherheit vermitteln noch sie zur schöpferischen Gestaltung ihrer unbewussten Inhalte ermutigen, sondern repräsentiert nur ihre faszinierend destruktive Seite, die sie dazu drängt, ihre Vampyrnatur sado-masochistisch voll auszuleben, ihre Freier zu „peinigen" und mit „Freude" ihr Blut zu „trinken".

Der Berggeist ist in negativ verzerrter Form ein Nachkomme des alten Vegetationsgottes Dionysos, der Wein, Tanz, Ekstase und Leidenschaft liebt. Da sein Kult in vorpatriarchaler Zeit sehr verbreitet war, wurde er dann ein wichtiger Konkurrent der missionierenden christlichen Kirche. Auf der matriarchalen Ebene erschien er als Sohngeliebter der Großen „Göttin Natur" ebenso wie Wotan und später Barbarossa, Friedrich II., Tannhäuser, Artus und Merlin. Im Zyklus der Jahreszeiten starb er, zog sich während des Herbstes und Winters in die Unterwelt des Berges zurück, wurde dort von seiner Geliebten, der Großen „Mutter Erde", geheilt und gepflegt und stand im Frühjahr wieder lebendig auf. Die Kultur des entwickelten Matriarchats verband die Zyklen der Jahreszeiten, des Mondes und der Menstruation symbolisch zu einem ganzheitlichen, vielschichtigen Weltbild.

Der Heros des Mutterrechts beschützte mit seiner Göttin die „heiligen" Kreisläufe des Kosmos und wurde im Patriarchat zum Dämon erniedrigt, der den weiblichen Zyklus mit seinen Blutungen verursachte, indem er die Frauen biss, deflorierte oder sonst irgendwie vergewaltigte. Am Endpunkt dieser Entwicklung der Abwertung von Großer Göttin und ihrem Sohngeliebten vor allem durch das Christentum steht im Märchen das sado-masochistische Paar von „verwünschter" Prinzessin und destruktivem Berggeist.[48]

2.8   Zahlensymbolik

Nun steuert die Handlung der Erzählung auf ihren dramatischen Höhepunkt zu und gewinnt zusehends an Dynamik. Die vier zentralen Gestalten des Märchens verbünden sich untereinander vereinzelt gegen die anderen und erzeugen so den Beginn und die Durchführung des Konfliktes. Zwei Paare stehen sich zunächst feindlich gegenüber: ein männliches, christliches, patriarchales mit dem Helden und dem dankbaren

Toten und ein mann-weibliches, heidnisches, subversiv matriarchales mit dem Dämon und der Prinzessin. Das erstere tritt mit einem positiven Erlösungsanspruch auf, und das letztere erscheint unter dem destruktiven Vorzeichen eines Bannes oder Zaubers.

Tiefenpsychologisch könnte man hier auf den ersten Blick von einem „Heiratsquaternio" sprechen. Doch setzt der Begriff gerade auch im Hinblick auf seine archaische Vorstufe des „cross-cousin-marriage" zwei heterosexuelle Verbindungen von Frau und Mann voraus. Vielleicht wäre es dann besser, den Schwerpunkt der Blickrichtung auf die weibliche Hauptgestalt zu verlagern, um die herum sich dann die drei männlichen Figuren gruppieren. Dann wäre diese Konstellation nicht einfach eine Vierheit, die das Irdische darstellt, sondern die Kombination „drei plus eins", die ihre Entsprechung in der christlichen Trinität von Gott-Vater, Sohn Jesus und Heiligem Geist mit der zum Himmel aufgefahrenen Maria findet. Dabei wird die männliche Dreifaltigkeit im metaphysischen Bereich durch das weibliche Element des Körperlich-Materiellen ergänzt.

Auf die Erzählung übertragen bedeutet dieser Befund, dass die Prinzessin schon als Titelgestalt des Märchens der eigentliche Mittelpunkt des Geschehens ist, um den sich alles dreht. Ihre Depression wirkt sich negativ auf ihre ganze Umgebung aus. Stadt und Schloss zeigen ihre Trauer darüber durch schwarze Symbole, der Held und sein göttlicher Helfer sind in Bezug darauf kämpferisch-aggressiv, und der Dämon übt destruktiv Macht über sie aus. Die Königstochter ist von drei Männern umgeben und stellt ihren Freiern drei Aufgaben. Damit wird ihr Wesen von der Symbolik dieser Zahl bestimmt.

Die Drei ist im Gegensatz zur Vier, die statisch zu Ruhe und Stillstand neigt, eine dynamische Größe, die zu Bewegung, Fortgang und Entwicklung drängt. Innerhalb einer Erzählung dient sie der Steigerung und Gliederung des Handlungsverlaufes und gibt dem ganzen Geschehen so Form und Gestalt. Die drei Freierproben gehen auf alte Hochzeitsbräuche zurück, die eine Einweihung der Brautleute in eine neue Lebensstufe bedeuten sollen. Damit drückt die Zahl hier eine Entwicklung und gleichzeitig deren Abschluss aus und vereint so bei dieser Initiation Bewegtheit und Festigkeit.[49]

Doch prägt die Drei nicht nur die äußere Struktur im Umfeld der Prinzessin, sondern auch die innere Symbolik der weiblichen Hauptfigur des

54

Märchens, wenn man die Zahl zur Gestalt umwandelt und erweitert. Das mit der Spitze nach unten weisende Dreieck gilt seit alters her als Sinnbild des Wassers und der Frau, die in ihrer Geschlechtskraft ruht. Im indischen Hinduismus und Tantrismus steht es repräsentativ für die Yoni, das göttlich verehrte weibliche Genitale in enger Verbindung mit dem Mutterschoß und seiner Gebärfähigkeit.

Es geht also hier sinnbildlich um den ganzen weiblichen Zyklus einschließlich auch der Phase seiner Blutung. Damit hängt auch die Mythologie der dreifaltigen Göttin aus der matriarchalen Vorzeit Europas zusammen. Sie beginnt mit der jungfräulichen Frühlingsgottheit, die dem zunehmenden weißen Sichelmond zugeordnet ist und in Gestalt des astralen jagenden Mädchens den Himmel beherrscht. Dann erfährt sie ihre Fortsetzung in der reifen Liebes- und Muttergöttin des Sommers, die Land und Meer im Zeichen des roten Vollmondes befruchtet und erhält. Den End- und Wendepunkt dieser Mythologie bildet die alte weise herbstlich-winterliche Herrin des Todes, die das Symbol des abnehmenden schwarzen Sichelmondes sowie des Neumonds besitzt und in der Unterwelt alles Leben vernichtet und zugleich wiederauferstehen lässt.

In den drei Gestalten entfalten sich gleichermaßen die Zyklen der Frau, des Mondes und der Jahreszeiten. Hier versinnbildlicht die Dreiheit das umfassende ternäre Wesen der einen Göttin Natur, die psychisch in der Dimension des kollektiven Unbewussten als Archetyp der Großen Mutter oder Magna Mater erscheint. In der Prinzessin des Märchens zeigt sich dieses Urbild als Anima des Helden, die ihm drei Aufgaben in Form von Rätseln stellt. Diese muss er lösen, bevor er sich mit ihr vereinigen kann.[50]

Psychoanalytisch steht die Zahl Drei für die Sexualität mit den entsprechenden Geschlechtsmerkmalen, dem Penis und den beiden Hoden oder der Vagina und den zwei Brüsten. Beim Ödipuskomplex sind Vater, Mutter und Kind als Träger des Prozesses beteiligt. Das Rätsel, das die Sphinx in der griechischen Sage aufgibt, ist nach Auffassung der Psychoanalyse die Frage nach der weiblichen Sexualität.

Wer danach das Geheimnis des anderen Geschlechts versteht, gelangt zur Reife. Im Märchen will die Rätselprinzessin durch ihre drei Aufgaben den Freier prüfen, ob er fähig ist, ihr Wesen zu erkennen, das nicht nur ihre Sexualität, sondern auch ihren ganzen weiblichen Zyklus enthält. Der patriarchale Hüter dieser Schwelle, der den Eingang zur Essenz der

Königstochter bewacht, ist der Berggeist oder Trollkönig. Gerade während ihrer Menstruation macht er sie von sich abhängig und besessen, so dass sie in diesem Zustand alle Bewerber mörderisch von sich fernhält.

Beim Übergang vom Matriarchat zum Patriarchat verkörperte diesen Dämon der Oberpriester des Landes, der seinen Einfluss auf die Erbin des Reiches unter allen Umständen behalten wollte und sie deswegen symbolisch verzauberte oder „verwünschte". In dieser mutterrechtlich orientierten Deutungsperspektive fühlte sich die Prinzessin einerseits verpflichtet, den alten Brauch einzuhalten, indem sie dem obersten Vertreter des Priestertums auch intim zu dienen hatte. Andererseits sehnte sie sich nach der Befreiung von diesem Zwang und erwartete insgeheim die Lösung aus diesem Dilemma von ihrem künftigen Gemahl. Sie durfte ihren inneren Konflikt nicht offen aussprechen und musste ihn in einem Rätsel ausdrücken, das sie dem Freier aufgab. Diese Prüfung konnten die Bewerber mit den eigenen Mitteln des Verstandes, der Intuition und der Phantasie normalerweise nicht bestehen. Im skandinavischen und deutschen Märchen greift nun der dankbare Tote als Repräsentant des christlichen Über-Ich ins Geschehen ein und verhilft dem Helden zu seinem Glück im Kampf gegen den Vertreter der dämonischen Sphäre des „Es". Aus dem ursprünglichen Dreiecksverhältnis „zwei plus eins" wird nun die neue Konstellation „drei plus eins" mit der Königstochter als Mittelpunkt der Handlung.[51]

2.9 Die drei Prüfungen

Nun muss die männliche Hauptfigur drei Aufgaben oder Rätsel lösen, um die Prinzessin heiraten zu können. Meist handelt es sich für ihn darum, zu erraten, was sich die Erbin des Reiches ausgedacht hat, um ihn auf Leben und Tod zu prüfen. Manchmal hat er auch Gegenstände zu verwahren und am nächsten Tag wieder zurückzugeben. Dies ist besonders in den ersten beiden Aufgaben des norwegischen Märchens „Der Kamerad" auf konkrete Weise der Fall. Einmal muss der namenlose Held, der hier nur „Bursche" genannt wird, die goldene Schere der Königstochter für einen Tag bei sich behalten und dann das Gleiche mit einem Knäuel Goldfaden tun. Beide Male stiehlt ihm die Prinzessin ihre

Dinge und bringt sie zu einem Troll, der ihr Liebhaber ist und in einem Berg haust. Der Held ist darüber betrübt.

Doch der dankbare Tote tröstet ihn und schafft die Gegenstände wieder herbei. Sowohl die Schere als auch das Knäuel Faden sind golden. Diese Farbe symbolisiert den innersten, höchsten Seelenwert und damit tiefenpsychologisch das Selbst, von dem der geheime Sinn für den Weg und das Schicksal des Menschen ausgeht. Beide Attribute der Prinzessin lassen sich in diese Grundtendenz des psychischen Zentrums einordnen. Die Schere kann zwar auch Leben und Vereinigung im Sinne des Zusammenwirkens von zwei Teilen bedeuten, aber ihre zerschneidende, trennende Eigenschaft macht sie vor allem zu einem Sinnbild des Todes.

Mythologisch erscheint sie als Beigabe der griechischen Schicksalsgöttin Atropos ("die Unabwendbare"), die den Lebensfaden zerreißt. Das Knäuel verweist auch auf deren zwei Schwestern Klotho ("die Spinnerin") und Lachesis ("die Los-Entscheidende"). Die Dreiheit der Moiren stellt den Bezug zur dreifaltigen Göttin mit ihren Zyklen des Blutes, der Jahreszeiten und des Mondes her und wird auch mit dem Bild des Lebensfadens in Zusammenhang gebracht: Klotho spinnt ihn, Lachesis erhält ihn, und Atropos schneidet ihn ab. Ähnliches lässt sich auch von den römischen Parzen und den germanischen Nornen sagen. Jedenfalls sind die beiden Aufgaben der Prinzessin im norwegischen Märchen noch eng an den Vorstellungskreis der matriarchalen Vorzeit gebunden.[52]

In Andersens poetischer Erzählung muss der Held Johannes bei den ersten zwei Prüfungen etwas erraten, was sich die Königstochter in Absprache mit ihrem Trollkönig vorher ausgedacht hat. Es handelt sich in beiden Fällen um ein Kleidungsstück der Prinzessin: zunächst um einen ihrer Schuhe und dann um einen ihrer Handschuhe. Die zwei Gegenstände umfassen als Schutzhüllen bestimmte Körperteile ihrer Trägerin und können dabei durchaus auch eine sexuelle Bedeutung annehmen, wobei schon Aus- und Anziehen im weiteren Sinn dem Bereich der Erotik angehören.

Dabei wäre der Fuß ein phallisches Symbol und der Schuh das ergänzende weibliche Gegenstück. Beides zusammen könnte vor allem im aktiven Vollzug als Sinnbild des Koitus aufgefasst werden. Jedenfalls galt schon im Altertum die enge Verbindung des einen mit dem anderen als symbolischer Ausdruck von geschlechtlicher Fruchtbarkeit. Das Gleiche dürfte dann in der Verschiebung von unten nach oben auch für Hand und Handschuh gelten, wobei der erstere schon bei Bachofen eine Darstellung der schaffenden Zeugungskraft war und die letztere lange Zeit als „Gegenschuh" gedeutet wurde.

Die Prinzessin erscheint jedenfalls hier im dänischen Märchen als Repräsentantin der sog. phallischen Frau, die ausgeprägte männlich-dominante Charakterzüge und einen übermächtigen Animus besitzt, wie er in der Gestalt des Trollkönigs verkörpert ist. Andersen könnte sein biographisches Vorbild für diesen weiblichen Typus einmal in seiner Großmutter mütterlicherseits gesehen haben, die drei uneheliche Kinder gebar, sich gelegentlich als Prostituierte betätigte und dafür auch kurzzeitig im Gefängnis saß. Zum anderen war es die eigene Mutter, die den Dichter in dieser Hinsicht mit ihrem widersprüchlichen Verhalten negativ beeinflusste. Einerseits erzog sie ihn nach den Grundsätzen ihrer ängstlichen Prüderie; aber andererseits lebte sie mit dem Ehemann nachts ihre Sexualität aus, was den kleinen Jungen mit Schauder und Schrecken erfüllte und worüber er am Tag mit niemanden sprechen konnte.

Diese abgrundtiefe Ambivalenz prägte auch sein Leben als Erwachsener durch seine große Angst vor der Frau und dem Geschlechtsverkehr. Er mied scheu den körperlichen Kontakt mit Prostituierten und nahm auch niemals eine konkrete Liebesbeziehung in Form einer Ehe auf sich. Literarisch zeigte sich seine zwiespältige Grundhaltung gerade auch in der Darstellung solcher Typen wie der Prinzessin, die Sexualität nur äußerlich als etwas Triebhaftes versteht und gefühlskalt-unbezogen nur um sich selbst kreist. Das naive prüde Christentum, das ihm die Mutter anerzogen hatte, führte bei ihm zu einem weitgehend negativen Frauenbild, das ihn auch dazu trieb, den Sinn seines Lebens nur in der Dichtung und im Glauben zu suchen.[53]

Der Held Peter im deutschen Volksmärchen aus den Sammlungen von Ey und Zaunert muss nun zwei Aufgaben lösen, die allein der Berggeist erfunden und dann der Prinzessin mitgeteilt hat. Sie soll bei den beiden Prüfungen zunächst einmal an das „weiße Ross" des Königs und einen Tag später an dessen „Schlachtschwert" denken. Hier geht es also um eine Vater-Tochter-Problematik, die durch die Gestalt des Dämons noch eine besondere Zuspitzung in der sado-masochistischen Abhängigkeit der jungen Frau von ihrem alten Liebhaber erfährt.

Damit wird auch die Einseitigkeit des Patriarchats und des männlichen Prinzips thematisiert, die durch die Unterdrückung des Weiblichen und seiner Werte gekennzeichnet ist. Das Pferd verkörpert zunächst ganz allgemein die vitale Triebkraft und instinktive Tiernatur des Menschen. Wenn die weiße Farbe damit in Verbindung tritt, kommt die Symbolik des Lichtes hinzu und verwandelt die zunächst rein sexuelle Libido in seelisch disziplinierte Lebensenergie, die das humane Ich seinen Zielen zuträgt. In diesem Zusammenhang bedeutet Weiß Erleuchtung, Auferstehung und Vollkommenheit. Der Schimmel wird so zum Sinnbild der Sonne, Weisheit und Weissagung. Der oberste Asengott Wotan verwandelt sich in ein weißes Pferd, um als Schutzgeist zu helfen und am Ende der Weltperiode noch einmal konstruktiv im Sinne von Aufbruch und Wiedergeburt zu wirken.[54]

Das Schlachtschwert ist ein ähnlich ambivalentes Symbol wie das weiße Pferd. In Indien dient es als Attribut der Kriegerkaste und wird im Krieg allgemein zum Töten des Feindes eingesetzt. Gerade in Verbindung mit der Scheide als dem empfangenden weiblichen Prinzip wirkt es als aktive Kraft phallischer Männlichkeit. Im Kontext des deutschen Märchens weist es auf die destruktive Besessenheit der Prinzessin hin, die aus ihrer mörderischen Vaterfixierung heraus alle potenziellen Befreier umbringt. Auf der übertragenen Ebene wird das Schwert aber zum Sinnbild der Unterscheidung und der verstandesmäßigen Erkenntnis. Es trennt Leib und Seele sowie als Flammenschwert in der biblischen Schöpfungsgeschichte den Menschen vom Paradies. Durch diese Vertreibung werden die ersten Eltern und ihre folgenden Generationen gezwungen, aus der Geborgenheit des urmütterlichen Schoßes durch die irdische Realität hindurch den leidvollen Weg zu ihrer Ganzwerdung zu gehen.

Im Selbstverständnis des Hochmittelalters macht der richtige konstruktive Gebrauch des Schwertes den Ritter zu einem Mann von edlem Gemüt. Die Gegenstände der beiden ersten Aufgaben, der Schimmel und das Schlachtschwert, zeigen an ihrer Oberfläche zunächst eine negative männlich-patriarchale Symbolik, tragen aber bei näherer Betrachtung in sich ein Entwicklungspotenzial, das jedoch an einem bestimmten Punkt des Wandlungsprozesses in sein positives Gegenteil umschlägt. C. G. Jung nennt diesen Vorgang nach Heraklit „Enantiodromie", das Gesetz von der „regulierenden Funktion der Gegensätze" innerhalb der Psyche.[55]

Die drei erwähnten Fassungen des Erzähltyps AaTh 507 A mit dem Obertitel „Die Braut des Unholds" nennen jeweils verschiedene Gegenstände, die der Held in den ersten beiden Aufgaben der Rätselprinzessin aufbewahren oder erraten muss. Hier ist ein fließender Übergang von matriarchaler zu patriarchaler Symbolik zu beobachten. Die Schere und das Knäuel Goldfaden in der norwegischen Variante verweisen auf die dreifaltige Göttin der vorgeschichtlichen Zeit, die das Schicksal des Menschen bestimmt und in Händen hält.

Schuh und Handschuh in Andersens kunstvoller Version reduzieren die Sinnbildlichkeit auf die Erotik der Königstochter, die losgelöst vom mutterrechtlichen Hintergrund erscheint und dem christlichen Weltbild des Dichters und seiner Erzählung negativ gegenübersteht. Weißes Pferd und Schlachtschwert in der deutschen Gestaltung des Erzählstoffs gehören dem Vater der Prinzessin und sind somit ganz konkret auf den patriarchalen Bereich bezogen. Doch bei der dritten Aufgabe gleichen sich alle drei Fassungen von AaTh 507 A, in denen die Königstochter bei der Konfrontation mit dem Helden an den Kopf des Dämons denken soll. Im norwegischen Märchen kommt sie selbst auf die Idee, in der dänischen und deutschen Erzählung gibt der Trollkönig bzw. Berggeist ihr diese Anweisung. Übrigens unternimmt in den beiden skandinavischen Versionen der dankbare Tote als Vertreter des Helden die Reise zum Dämon; doch in „Die verwünschte Prinzessin" ermutigt er Peter nur, dies zu tun und seine Ratschläge, die er ihm mitteilt, real umzusetzen.

Die letzte Vollstreckung dieser „Anordnungen" bedeutet bei der dritten Aufgabe konkret, den Berggeist zu enthaupten und ihn so seiner Quintessenz zu berauben. Nach primitiver Anschauung gilt der Kopf als Sitz der Vitalkraft, der Seele und des Lebenszentrums, das tiefenpsychologisch die innere Ganzheit oder das Selbst repräsentiert.

Im alten China war er ein Symbol des Männlich-Schöpferischen, des väterlichen Prinzips und des Himmels. Doch in der Mythologie des keltischen Matriarchats verweist das Haupt des walisischen Gottes Bran auf Geist, Weisheit und Weissagung, während der Kopf des Dämons im deutschen Märchen vor allem an Macht, Herrschaft und Zerstörungslust gebunden ist. Hier schimmert noch die Mentalität der Übergangszeit vom Matriarchat zum Patriarchat durch, als die Erbin des Reiches sich noch an den alten Brauch des priesterlichen Liebhabers halten musste, sich aber von

60

diesem lästigen Geliebten befreien wollte. In ihren Rätselaufgaben forderte
sie indirekt die Bewerber um das Amt des Königs auf, den traditionellen
Ritus gewaltsam zu beenden und den alten Oberpriester zu töten[56]

2.10 Der Berg des Dämons

Ein tieferer Blick in diese Zusammenhänge ergibt sich bei der
Betrachtung von Peters drei Ausflügen in das Innere der Machtsphäre des
Berggeistes. Zuerst sieht der Märchenheld dort nur einen großen, lee-
ren Altar mit einigen Sternen an der Decke. Dies erinnert an einen alten
Kultort oder Tempel, in dem einstmals Gottesdienste abgehalten wurden.
Die heiligen Handlungen dürften aber schon in vorchristlicher Zeit vor-
genommen worden sein. Denn in der Sammlung von August Ey weist die
Prinzessin Peter auf „die Götter" hin, die ihm „ferner günstig sein" mögen.
Später verändert Paul Zaunert in seiner Ausgabe diese Anspielung auf die
heidnische Mythologie in den neutraleren Ausdruck „das Glück", das „fer-
ner günstig" sei, um eine christlich gefärbte Deutung des Märchens nicht
völlig auszuschließen. In diesem Sinne stellt z. B. der Altar sowohl das
Grab als auch die Auferstehung dar, die Christi Tod in Leben verwandelt.
Allgemein symbolisiert er die Wiedervereinigung mit der Gottheit durch
das Opfer und deren Integration in die menschliche Existenz.

Tiefenpsychologisch wirkt er als Ort der Befruchtung und des schöpferischen Entstehens und hat dabei Mutterbedeutung, indem er in der
Kulthandlung zum Thron oder Tisch des Gottes wird, auf dem sich das
Heilige gleichsam niederlässt. Sterne sind oft Kennzeichen vieler Himmels-
königinnen von der babylonischen Ischtar über die römische Venus bis zur
christlichen Jungfrau Maria, die als „stella maris" ebenso wie die ägyptische Isis eine Sternenkrone trägt. Nach Auffassung von C. G. Jung repräsentieren die nächtlichen Himmelskörper Sinnbilder des Selbst im Sinne
des Zusammentreffens des persönlichen irdischen Einzelschicksals mit
dem jenseitigen unsterblichen Seelenkern, der das Individuum wieder mit
der Ganzheit verbindet. Der leere Altar mit wenigen Sternen an der Decke
im Berg des Dämons deutet also die Vorbereitung auf ein zentrales sakrales
Geschehen an.[57]

Bei Peters zweitem Ausflug in den Herrschaftsbereich des Troll-Geistes
ist „der Raum heller erleuchtet als am Abend zuvor". In „der Mitte"

übergießt der Mond „alles mit seinem Licht", und „auf dem Altar", wo vorher nichts war, liegt nun „ein großer, stachliger Fisch". Die Erhellung des Berginneren steigert sich zunehmend und stufenweise von Besuch zu Besuch-von den Sternen bis zum Mond. Das nächtliche Gestirn hat eine bisexuelle und gleichzeitig auch eine durchaus ambivalente Symbolik. Im Zusammenhang mit der Menstruation wirkt er als „Meister der Frauen" und verführerischer „Geist-Animus", der durch „seelische Defloration" die monatliche Blutung verursacht.

Es gilt aber in vieles Mythen auch als weiblich-empfangendes Prinzip, das real in Gestalt einer großen Muttergöttin oder einer Himmelskönigin verkörpert wird. Beispiele dafür sind die ägyptische Isis, die griechische Selene, die germanische Freyja und die christliche Maria. Sie tragen Fruchtbarkeit, Magie, Inspiration und Weissagung in sich und geben den Menschen Wachstum, Dichtung, Weisheit und Unsterblichkeit. Der Mond bildet das Verbindungsglied zwischen der hell strahlenden Sonne und den mild leuchtenden Sternen sowie zwischen den Archetypen der Magna Mater und dem Animus. Er erscheint als Glanz des rätselhaften chaotischen Dunkels und als Sinnbild der unbewussten Erleuchtung und des weiblichen Wesens. Innerhalb der Ambivalenz seiner Symbolik ist er im Märchen sowohl dem Berggeist als auch der Prinzessin zuzuordnen und wirft ein „übergießendes", bezeichnendes Licht auf deren Beziehung und ihrer Entwicklung.[58]

Der große, stachlige Fisch auf dem Altar stellt den zentralen Gegenstand der kultischen Verehrung im Inneren des Bergtempels dar. Tiefenpsychologisch symbolisiert das Wasserwesen die seelische Ganzheit des Selbst in tierischer, noch im Unbewussten verborgener Gestalt, die der Mensch „fangen" und ins Bewusstsein heben muss, um an das Ziel seines Individuationsprozesses zu gelangen. Durch seine reiche Vermehrung ist der Fisch auch ein Sinnbild der Fruchtbarkeit und des Lebens, das eine inspirierende und nährende Funktion der psychischen Tiefe bedeutet, Heil bringt, die Zukunft vorhersagt und zum Liebeszauber gehört. Seine Existenz im Meer macht ihn zu einem Symbol des Urgrunds und des Chaos, aus dem alle Geschöpfe hervorgehen und in dem sie wieder versinken. Als Opfertier steht er auch für Tod und Auferstehung, was die frühen Christen dazu brachte, in ihm ein Sinnbild für Jesus zu sehen.

Auf babylonischen Siegelzylindern wird er oft im Zusammenhang mit der Raute dargestellt, die ein Zeichen für die Vulva, damit für die weibliche Fruchtbarkeit ist und so auf Ischtar als Große Göttin des Lebens verweist. Der Fisch wird ihr geopfert und erscheint dabei als ihr Attribut und Symbol. In Kleinasien gehörte er auch zum orgiastischen Kult der Berggöttin Kybele. Die Magna Mater von Phrygien repräsentiert vor allem die mütterliche und chaotische Seite des Großen Weiblichen, und der Fisch in seiner phallischen Bedeutung könnte als Verkörperung des ihr gemäßen Männlich-Geistigen oder ihres Animus bezeichnet werden. Somit bildet das Fischsymbol auf dem Altar des Bergtempels die Verbindung zwischen der Prinzessin und ihrem Dämon, insofern dieser ihr chaotisches männliches Seelenbild darstellt. Die Stacheln des Tieres zeigen seinen ganzen negativen Aspekt in Form von Destruktivität und Sadismus sowie die Unnahbarkeit und Unfassbarkeit dieses bösartigen Geistes.[59]

Als Peter zum dritten Mal den Saal des Dämons betritt, steht „die Sonne an der Decke" und macht alles „so hell wie am Tage". Auf dem Altar ist nun neben dem stachligen Fisch „ein feuriges Rad" zu sehen. Die Dynamik der Erhellung des Berginneren erreicht nun mit dem Übergang vom Mond zur Sonne und damit von der Nacht zum Tag ihren Höhepunkt. Der Aufgang des strahlenden Himmelskörpers am Morgen verscheucht nach altem Volksglauben alle bösen Geister, zeigt das erwachende Bewusstsein und die Erleuchtung der seelischen Bereiche, die vorher im Dunklen lagen. Von Anfang an galt die Sonne als Urgrund des physischen Lebens, der aber auch zerstören und insofern auch für den Tod stehen kann. Schon früh wurde sie als Symbol der Helligkeit des Tages dem ordnenden Verstand und männlichen Geist zugeordnet.

Im frühen Christentum erschien sie als sichtbares Abbild Gottes und seiner Güte sowie als transzendentes Urbild des Lichtes. Bei den antiken Mysterien gab es aber auch das Motiv des Aufleuchtens einer Mitternachtssonne in der Unterwelt. Dieses Phänomen bedeutet eine vom Unbewussten herstammende, dem Tagesbewusstsein aber fremde mystische Erleuchtung, die im Saal des Berggeistes stattfinden könnte. Die dabei sich vollziehende Begegnung von Dämon und Prinzessin erinnert außerdem an das Ritual der „Heiligen Hochzeit", wenn der ägyptische Priesterkönig nachts im Ornat der Himmelsgottheit mit Sonne, Mond und Sternen am Kleid zu seiner Gemahlin kam und im Rahmen des Kultes ihr beiwohnte.[60]

Das Rad auf dem Altar neben dem Fisch ergänzt die hier skizzierte Symbolik. Es repräsentiert die Idee des schicksalhaften Kreislaufes und der Eigenbewegung des Seelischen sowie auch den Ablauf der Zeit. Als Sinnbild der ewigen Wiedergeburt kann es auch das Eingespanntsein in ein stets sich nur wiederholendes, als sinnlos empfundenes Geschehen bedeuten. Wenn es sich dreht, wird sein Zentrum zum Zeichen der Sonne, und seine Speichen verkörpern dann die Strahlen des Himmelskörpers. In diesem Zusammenhang gehören Rad und Sonne zu den wichtigsten Sinnbildern des Selbst ebenso wie der Fisch.

Verstärkt wird die geballte, energetisch voll aufgeladene Symbolik noch durch das Bild des Feuers, das dem zweiten Gegenstand auf dem Altar des Bergsaals als Attribut dient. Die Flamme steht einerseits für Erregung, Leidenschaft und Zerstörung, andererseits aber für Reinigung, Wandlung, Erleuchtung und Heilung. Sie wärmt das Gefühl, erhellt das Bewusstsein, gibt Schutz und wehrt für die Naturvölker Dämonen und wilde Tiere ab. Für den Kontext des hier zu interpretierenden Märchens ist noch interessant, dass sich der Berggeist in Ostmitteldeutschland neben seiner menschlichen Gestalt zuweilen auch als Flamme oder Feuerrad zeigt. Die ganze Sinnbildlichkeit von Sternen, Mond, Sonne, Altar, Fisch, Rad und Feuer, die im Zeichen des Zusammentreffens von Dämon und Prinzessin steht, verweist auf vielschichtige Weise letztlich aber doch auf eine Zielrichtung: auf den Wechsel oder Übergang von einem Stadium des Seins zu einem anderen, vom Tod zur Auferstehung oder von der Krankheit zur Genesung. Jedenfalls geht es bei all den erwähnten Symbolen immer um die Erlösung und Befreiung der Königstochter aus ihrer Besessenheit durch den Tod des Berggeistes.

Dieses Ziel der Entwicklung wird auf verschiedenen Ebenen immer klarer angedeutet. Einmal zeigt der Übergang von den Sternen über den Mond bis zur Sonne einen Prozess der Erhellung und Erleuchtung an, zum anderen führt eine direkte innere Linie vom Schimmel und Schlachtschwert des Königs zum Kopf des Berggeistes und verweist damit auf das Ende der Herrschaft des männlich-patriarchalen Über-Ich über die bewusste Persönlichkeit der Prinzessin.[61]

In Andersens Kunstmärchen sind solche Entwicklungstendenzen bei den Begegnungen der Königstochter und ihres Trollgeliebten nicht thematisiert. Stattdessen spielt sich hier immer das Gleiche ab. Die Gespräche des dämonischen Paares im Berginneren werden stets von Musik und Tanz umrahmt. Der Dichter schildert ausführlich die dekadente, makabre Atmosphäre des ersten und des dritten dieser Treffen der beiden. Heinzelmännchen, Irrlichter, Kohlkopfbesenstiele, Heuschrecken, Eulen und andere merkwürdige Kreaturen aus der Dunkelwelt des Unbewussten traten dabei musizierend und tanzend auf.

Andersen kannte diese Wesen aus Erzählungen seiner Mutter und anderer ungebildeter Menschen seiner Umgebung, deren Wurzel der dänische Aberglaube auf der Insel Fünen bildete. Der Autor stellte in seinen Werken immer wieder die Sphäre der Elfen und Trolle dar, machte sich aber auch stets über diese Welt lustig, die er zwar als dämonisch, aber auch als scheinhaft empfand. Er distanzierte sich von dieser Dimension auf dem Hintergrund seines christlichen Glaubens und seines damit verbundenen naiven Gottesbildes im Zusammenhang mit seiner autoritären Gewissensinstanz. Damit ging er auch auf Abstand zu seinem mütterlichen Erbe, das durch den Gegensatz von patriarchaler Religiosität und ihrer entsprechenden Prüderie einerseits sowie von Aberglauben mit weiblichem Vorzeichen und ins Dunkel der Nacht abgedrängter Sexualität andererseits in sich gespalten war. Nun ist die Welt der Trolle und besonders der Elfen von der erotischen Anmut des Tanzes geprägt, in der ihnen kein Mensch gleichkommt und der ihnen als Lockmittel dient, um humane Opfer zu verführen und in ihre Gewalt zu bringen.

Die Kunst der tänzerischen Bewegung steht an sich für kosmische schöpferische Energie und ein religiöses Urerlebnis, d. h. für eine beseelte Handlung, die einer numinosen Macht gilt. Dies kann bis zu orgiastisch erlebtem Rausch und ergriffener Ekstase führen, in denen mythisch die Große Göttin und ihr Sohngeliebter gefeiert und psychisch die beiden Archetypen der Magna Mater und ihres Geist-Animus erfahren werden. Die matriarchalen Vorbilder des dänischen Märchens zeigen den Tanz im unterirdischen Bergsaal immer in Verbindung mit zügelloser Erotik, die hier immer im Zeichen des vorchristlichen Fruchtbarkeitsgottes Dionysos steht. Andersen fühlte sich von dieser Sphäre unbewusst sicherlich quasi magisch angezogen, stellte sie deswegen in seinen Erzählungen immer wieder dar, lehnte sie aber wegen seiner patriarchalen Grundeinstellung bewusst umso heftiger ab, weil er sie als Reich des Teufels und der Sünde ansah, genauso wie schon die Kirchenväter im Übergang von der Spätantike zum Frühmittelalter den Tanz als Ausgeburt des Bösen und des Heidentums verurteilten.[62]

2.11   Der Flug zum Berg des Geistes

Bezüglich der drei erwähnten Varianten des Erzählstoffes von der „Braut des Unholds" ist auch die Entwicklung des Fortbewegungsmittels erwähnenswert, mit dem der Reisekamerad und die Prinzessin vom Schloss des Königs zum Berg des Dämons gelangen. Im norwegischen Vorbild reiten die beiden noch auf dem mächtigen Bock der weiblichen Hauptgestalt durch die Luft zum Treffen mit dem Trollgeliebten. Die männliche Ziege steht für Triebhaftigkeit, sexuelle Fruchtbarkeit und überschäumende Lebenskraft. In der griechischen Mythologie bildete sie ein Attribut von Dionysos und Pan, bei den Germanen war sie vor allem dem Donnergott Thor heilig. In der christlichen Umdeutung wurde sie zum Tier des Teufels und der sündigen Wollust. Andersen lässt den dankbaren Toten mit den Flügeln eines toten Schwanes der Königstochter hinterherfliegen. Der weiße Schwimmvogel verkörpert Reinheit, Todessehnsucht und Entrückung. Er spielt in der germanischen, keltischen und indischen Mythologie eine große Rolle. Besonders war er das Begleittier der griechischen Liebesgöttin Aphrodite und eine Erscheinungsform von Zeus, in der er Leda beiwohnte. Christlich wurde aus ihm ein Sinnbild für die Jungfrau Maria sowie etliche Märtyrer und Heilige.

Die Schwanenflügel verweisen so bei Andersen eindeutig auf die Sphäre des göttlichen Himmels, die schwarzen Flügel der Prinzessin jedoch ebenso klar auf Satan als gestürzten Engel und somit auf den Bereich der teuflischen Hölle. Im deutschen Märchen muss der Held Peter selbst den Flug vom Schloss zum Berg auf sich nehmen. Der Reisekamerad berät ihn dabei nur, bestreicht ihm die Schulter mit einer Salbe und setzt ihm darauf die „Fittiche" an, wie es hier heißt. Von der Prinzessin wird nur einmal ausgesagt, dass sie vor dem Abenteuer „auch Flügel" anhat. Hier erscheint kein Hinweis mehr auf eine bestimmte Vogelart wie bei Andersen, sondern es bleibt nur ein abstraktes Symbol übrig.

Ganz allgemein sind Flügel Attribute von Göttern und übernatürlichen Wesen, bedeuten solare Spiritualität und repräsentieren die Macht, das irdische Leben zu transzentrieren. Die griechische Antike kennt Hermes und Iris als geflügelte Götterboten, ebenso wie die jüdisch-christliche Tradition diese Funktion auf die Engel überträgt, die mit ihren Schwingen als Gesandte den Menschen Gottes Willen verkünden. Vom fliegenden Bock der Prinzessin im norwegischen Märchen, über Andersens Schwanenflügel des Reisekameraden bis zu Peters Fittichen in der deutschen Erzählung zeigt sich also eine immer konzentrierter erscheinende Verstärkung patriarchaler Symbolik, die sich mehr und mehr weg vom triebhaften Eros des Heidentums zur himmlisch überhöhten Über-Ich-Instanz des Christentums entwickelt.[63]

Während der drei Flüge zum dämonischen Geliebten muss die Königstochter aber vor allem eine Passion in Form einer sado-masochistischen Tortur auf sich nehmen und durch Schläge des Reisekameraden oder des Helden qualvoll leiden. Dies beginnt in der norwegischen Vorlage fast noch gemäßigt, als der dankbare Tote während des dritten Ausflugs zum Berg die Prinzessin „fürchterlich … pufft" und auf dem Rückflug „derartig auf den Bock" eindrischt, dass dieser „fast ins Meer versinkt". Andersen intensiviert noch den sadistischen Umgang mit der weiblichen Hauptgestalt schon bei der ersten Flugreise zum Trollgeliebten mit einer Rute „aus Farnkraut und Weidenzweigen". Der Kamerad peitscht damit auf sie los, so dass „ordentlich Blut" fließt, „wohin er" schlägt, was ihr nach Auffassung des Dichters „nur recht" geschieht.

Dieser Kommentar zeigt nur die Angst des Autors vor dem Bereich des Eros und des Weiblichen, der als fremd, unheimlich und bösartig empfunden und abgewertet wird. Auch auf dem Rückweg prügelt der Reisebegleiter die Königstochter „so stark", dass sie über das vermeintliche Hagelwetter „ganz tief" seufzt. Beim zweiten Flug zum Berg nimmt er „zwei Ruten" und traktiert sie damit noch mehr „als das vorige Mal". Für die dritte Tortur benutzt der dankbare Tote nun drei Ruten, mit denen er die Prinzessin „so" züchtigt, dass ihr „Blut auf die Erde" herabtropft und sie „zuletzt kaum weiterfliegen" kann.

Als später der Troll seine Geliebte nach Hause begleitet, zerschlägt der Reisekamerad „seine drei Ruten auf ihren Rücken". Im deutschen Märchen befolgt der Held Peter den Rat seines Gefährten, erhält von ihm

„eine recht schlanke, eiserne Rute" und haut damit „immerzu" die Königstochter. Dabei prügelt er sie „ganz erbärmlich", dass „es ihn selbst" dauert
und „ihm auch sein Herz" blutet. Als sie den Saal des Geistes verlässt, geht
„das Schlagen wieder los", und während der ganzen Zeit fließt das Blut
„an ihr nieder". Das Gleiche wiederholt sich bei der zweiten Reise mit
dem kleinen Unterschied, dass Peter von seinem Kameraden „diesmal zwei
eiserne Ruten" bekommt, „womit er die arme Prinzessin prügeln" muss.

Der Held tut dies auch beim dritten Mal und „zerfleischt" ihr dabei
den Rücken, Arme und Kopf, die alle „von Blut" triefen. Beim Vergleich
der drei Versionen des Erzählstoffes von der „Braut des Unholds" ist eine
Steigerung des sadistischen Umgangs der männlichen Hauptgestalten
mit der weiblichen Zentralfigur festzustellen: Dies betrifft die Häufigkeit
der Quälerei (von einmal bis dreimal prügeln) und die Beschaffenheit
des Folterinstruments (von der Hand, über ein hölzernes, bis zu einem
eisernen „Schlaggerät").[64]

2.12   Die Passion der Prinzessin

Das wichtigste Symbol in Bezug auf die Passion der Königstochter
ist die Rute, die zunächst einmal Macht, Autorität und Würde repräsentiert. Ähnlich wie Stab, Geißel oder Peitsche hat sie phallische Bedeutung
und verkörpert männliche Energie und deren Logos im Sinne der unter-
scheidenden Vernunft und der bewussten Entscheidung. Sie ist ein Kennzeichen aller Zauberer und besitzt magische Kraft, indem sie Streitigkeiten
beilegen, Tiere in Menschen zurückverwandeln und Besessene heilen kann.
Auch erscheint die Rute als Attribut des Psychopompos, der die Seelen in
die andere Welt und zum Endgericht hinüberführt. In Griechenland war
dies Hermes, in Ägypten Anubis, im germanischen Bereich Wotan und im
Christentum ein Engel, der hinter der Gestalt des dankbaren Toten steht
und der den Helden in die andere Dimension des kollektiven Unbewussten
zum Selbst als dem Ziel seiner inneren Suchwanderung geleitet.

Im Islam wird die Rute zum Symbol der Seele des Sünders, die in geistige
Macht verwandelt wird. Sie verkörpert in ihrer blühenden oder grünenden
Gestalt den Lebens- oder Weltenbaum, und als strahlendes Phänomen
gehört sie zu den Göttern des Donners und Blitzes. Das Schlagen mit
einer Rute oder einem Stab bedeutet in manchen Gebräuchen wie bei

Hochzeit, Nikolaustag oder Ritterschlag gleicherweise Trennung, Wandlung und Fruchtbarkeit.

Die Prinzessin des Märchens verliert beim Prügeln während ihrer Flüge viel Blut, das an sich als Prinzip, Saft und Kraft des Lebens gilt und in Verbindung mit Liebe und Sexualität steht. Im Lauf der Entwicklung des Patriarchats ist aus der Großen Göttin eine leidende Königstochter und aus ihrem göttlichen Sohngeliebten ein sadistischer Dämon geworden.

Der Held und der Reisekamerad als Vertreter des vaterrechtlich geprägten Christentums wollen ihr diesen destruktiven „Geist" mit den Mitteln der Gewalt austreiben und bereiten so dem Weiblichen als „Erbin des Reiches" die „Hölle auf Erden", so dass es maßlos und unendlich in dieser Gesellschaft leiden muss. Nur wenn man das grausige Geschehen auf die innere Ebene hin interpretiert und die Prinzessin auf der Subjektstufe als Anima des Helden versteht, kann die Tortur der Königstochter einen gewissen positiven Sinn erhalten. Da das weibliche Seelenbild ein wichtiger Aspekt des männlichen Ich ist, schlägt Peter beim Auspeitschen der Königstochter im Grunde sich selbst und distanziert sich damit auch von dieser dunklen Seite in seinem eigenen Inneren. Er geht den Irrwegen seiner Psyche nach, setzt sich aber dabei mit ihr scharf auseinander, übt so eine strenge Selbstkritik und gewinnt dadurch einen selbstständigen bewussten Standpunkt.[65]

Doch wenn man auf der Subjektstufe das weibliche Ich der Prinzessin zur Heldin des Geschehens macht und die männlichen Figuren als Ausprägungen seines Animus ansieht oder wenn man das Schlagen mit den Ruten konsequent auf der äußeren Objektstufe deutet, bleibt nur ein sadistisches Ritual übrig, das die Königstochter grausam quält, demütigt und erniedrigt und das dazu dient, sie auf die Ermordung ihres Geliebten innerlich vorzubereiten. In den drei genannten Varianten des Erzählstoffes reagiert die Protagonistin höchst unterschiedlich auf die Enthauptung ihres Meisters.

Die norwegische Vorlage zeigt das Opfer patriarchaler Gewalt unter christlichem Vorzeichen noch im Bewusstsein alten heidnischen Stolzes und Selbstwertgefühls, indem es zutiefst gekränkt reagiert und sich für den Mord rächen will. In der Hochzeitsnacht zieht die Prinzessin „ein großes Schlachtermesser" hervor und will ihrem Bräutigam „den Kopf abhauen", und erweist sich damit als wilde gefährliche Feindin des Helden, die den diabolischen Charakter und die dämonische Natur ihres Liebhabers besitzt. Sie ist durch ihren Umgang mit dem Unhold selbst zum Troll geworden und muss erst entzaubert werden, ehe sie einen Menschen heiraten kann. Auf den Rat des Reisekameraden packt der „Bursche" seine Braut und peitscht sie unbarmherzig mit neun neuen Birkenruten, bis diese zerbrechen.

Nach Auffassung des dankbaren Toten werde die Königstochter damit von ihrer Trollhaut und so von ihrer Bindung an den Dämon befreit und erlöst, was nur auf die angegebene höchst brutale Weise erreicht werden könne. Bei Andersen entwickelt sie sich zwar nicht zur rasenden Furie, bleibt aber auch nach dem Tod ihres Lehrers immer „noch eine Hexe" und mag „Johannes gar nicht leiden". Dieser soll ihr auf Empfehlung seines Gefährten „einen kleinen Stoß geben", so dass „sie ins Wasser" des großen Gefäßes vor dem Brautbett „hineinfalle", um „von ihrer Verzauberung" loszukommen. Die Grausamkeit ist hier etwas abgemildert, weil der „liebe Gott" im Sinne des christlichen Dichters dabei gegenüber der sündigen, bösartigen Prinzessin Gnade vor Recht walten lässt. Im deutschen Märchen entfällt das Auspeitschen mit den neun Ruten am Ende ganz, weil sich nun die Perspektive in Bezug auf die Königstochter völlig verschoben und ausdifferenziert hat.

Schon durch die Änderung des Titels steht jetzt eindeutig die weibliche Hauptgestalt im Mittelpunkt der Darstellung. Sie wird hier nicht mehr einfach nur als destruktive Hexe aufgefasst, sondern erscheint vor allem als leidende, depressive junge Frau, die mehr das Mitleid als den Abscheu des Lesers verdient. Denn sie ist innerlich gespalten: einerseits in die Besessenheit und Abhängigkeit vom Berggeist und andererseits in die Sehnsucht nach Erlösung durch den Tod des Dämons. Wenn sie hier nach der Befreiungstat des Helden in der Hochzeitsnacht nur „aufspringt und fortwill", zeigt sich in dieser Reaktion primär ihre Angst vor der neuen Freiheit in der Beziehung mit Peter.[66]

Nach altem Volksglauben handelt es sich beim Auspeitschen mit Birkenruten um Hochzeitsmagie im Sinne einer Initiation der Jungfrau in den Bereich der Fruchtbarkeit innerhalb der Ehe. Durch die Prügel mit Zweigen und einem Bad sollte die Braut von allen schädlichen Einflüssen gereinigt und so besonders von Dämonen befreit werden, die Besitz von ihr ergreifen und sie wie die „verwünschte Prinzessin" besessen machen.

70

Dies geschieht nach primitiver Vorstellung vor allem bei der Menstruation und Defloration. Das Blut, das bei diesen Vorgängen fließt, gilt in dieser archaischen Welt der Naturvölker als giftig, unrein und sündig. Noch im Mittelalter versuchte man in Nord- und Osteuropa, mit solchen magischen Riten wie Auspeitschen und Baden den Teufel auszutreiben.

Seltener werden ähnliche Reinigungszeremonien in Erzählungen und Volksbräuchen auch mit dem Bräutigam vor der Hochzeit vorgenommen, wenn er mit dämonischen Mächten in Berührung gekommen ist. Das bekannteste Beispiel dafür ist das erstmals 1854 veröffentlichte dänische Märchen „König Lindwurm", in dem ein Sohn durch den egoistischen Besitzanspruch seiner Mutter als riesige Schlange geboren wird. Das sprechende Tier will sogleich von seinem Vater verheiratet werden und tötet dann jeweils in der ersten Nacht die beiden zunächst auserwählten Prinzessinnen.

Die Tochter eines alten Schäfers wird dann die dritte Ehefrau des Lindwurms und damit die eigentliche Heldin der Erzählung. Auf den Rat einer alten weisen Frau lässt sie ihren Tierbräutigam seine neun Häute ausziehen, peitscht ihn mit Ruten aus, die sie in Lauge taucht, wäscht ihn dann mit süßer Milch ab, hüllt ihn in ihre neun abgelegten Hemden und nimmt ihn endlich in den Arm. Als sie morgens erwacht, liegt ein schöner junger Mann neben ihr. Tiefenpsychologisch symbolisieren solche Reinigungsriten den Individuationsprozess, der den Menschen im Zeichen des Selbst zutiefst verwandeln und ihn durch Integration der dunklen Schattenseiten zur Ganzwerdung führt.

So entwickeln sich in den genannten Märchen die bösartigen Hauptfiguren zu Vertretern wahrer Humanität, die ihr bisher verdrängtes positives Wesen nun leben können. So wird der Lindwurm am Ende des Prozesses zu einem schönen jungen Mann, und die Prinzessin macht eine ähnliche Wandlung zum Guten hin durch. Die Grausamkeit des Auspeitschens mit Ruten verweist auf die Härte des christlichen Patriarchats mit einer Über-Ich-Instanz, die den Verlauf der Individuation brutaler gestaltet, als es von den inneren Vorgängen her nötig wäre.[67]

2.13 Die Wandlung der Prinzessin

Die Enantiodromie, also der Umschlag von der Destruktivität zum Heil und zur Heilung der Königstochter, erfolgt in den drei interpretierten Fassungen des Erzählstoffs von der „Braut des Unholds" durch ein Bad, in dem nicht nur der Körper, sondern auch die Seele rein gewaschen werden sollen. Bei der Vorstellung des Jungbrunnens geht es um die Erneuerung des physischen Leibes und beim Akt der Taufe um die spirituelle Wandlung der Psyche.

Im „Opus Magnum" der Alchemie wird das Wesen des Menschen durch Waschen gereinigt, das eine Initiation zu einem inneren Weg bildet und in dem sich die positive Veränderung der Seele im Übergang der Farben – von schwarz über grau zu weiß – vollzieht. Das norwegische Märchen stellt die Entzauberung der Prinzessin in vier Phasen dar: Der Bursche peitscht sein Opfer zuerst mit neun Birkenruten aus, schrubbt es dann in einem Bottich von Molken ab, reibt es danach in einem Kübel voll saurer Milch ab und spült es schließlich in einem Behälter mit süßer Milch ab. Mit all diesen Maßnahmen kann dann letztendlich die Trollhaut der Königstochter durch den entschlossenen Einsatz des Helden vollends abgestreift werden. Generell spielen Milchbäder im Märchen für all diejenigen, die berufen sind, den Königsweg in das Zentrum des Unbewussten zu gehen, oft die Rolle eines erlösenden und verwandelnden Ritus.

Der Saft aus den Brüsten der Muttergöttin gehört wie alle Sekrete zu den Stoffen, denen magische Eigenschaften zugeschrieben und die dem Wasser des Lebens als einer dem Unbewussten entströmenden seelischen Kraft gleichgesetzt werden. Die ägyptische Hathor spendet dabei direkt oder in ihrer Erscheinung als Kuh nicht nur Leben, sondern auch Urweisheit. Im Volksglauben wurde die Milch beim Liebes-und Fruchtbarkeitszauber sowie bei kultischen Reinigungszeremonien wegen ihrer kathartischen Wirkung verwendet. Sie hatte bei den antiken Mysterien die Bedeutung von göttlicher Nahrung für den Initianden als Symbol der Neu-oder Wiedergeburt und galt in der Mystik als Mittel zur Unsterblichkeit.

Auch war sie Opfergabe an Götter, Dämonen und Schlangen und Lebenstrank der Elben und Vegetationskobolde. Im Christentum stellt der Milchkübel die geistliche Nahrung Christi, der Jungfrau Maria und der Kirche dar. Das norwegische Märchen zeigt in ihm wie in einem Spiegel den „rabenschwarzen" Körper der Prinzessin als sichtbaren Ausdruck ihrer seelischen Trollhaut, die hier vom „rechtgläubigen" Standpunkt aus gesehen dem Bereich des Bösen, Heidnischen und Teuflischen zugeordnet wird und tiefenpsychologisch die Überwältigung des weiblichen Ich durch den Schatten und seine Welt bedeutet. Die heilende, verwandelnde Kraft der Milchbäder entfernt die dämonische Hülle und macht die Königstochter „schöner denn je".[68]

Andersen übernahm aus den mündlich überlieferten Ablegern der norwegischen Vorlage, die der Dichter auf seiner Heimatinsel Fünen vorfand, zwar das Motiv des Reinigungs- und Waschungsrituals, gestaltete es aber in seiner Version durch Reduktion auf elementare Einfachheit um. Bei ihm entfällt das Auspeitschen mit neun Birkenruten, und aus den drei Milchkübeln wird in seinem Kunstmärchen „ein großes Gefäß mit Wasser", wo der Held Johannes seine Braut nach einem „kleinen Stoß" dann „dreimal untertauschen müsse".

Die besondere Flüssigkeitsform der Milch erscheint hier nun im alten Urelement, das den Keim jeglichen Wachstums in sich entwickelt und aus dem alles Leben kommt, so dass es zum Sinnbild der nochnicht-geformten, Gestalt suchenden Kräfte wurde. Das Wasser war für den archaischen Menschen ursprünglich die einheitliche Quelle beider Geschlechter und verengte sich erst später zum Symbol des Weiblich-Empfangenden und der Seele. So ist es mit dem Mütterlich-Gebärenden und dem Unbewussten verbunden und versinnbildlicht die Tiefe, die den Schatz des Selbst beherbergt.

Diesem höchsten Wert der Existenz jagt der Held des Märchens nach, um ihn an die Oberfläche seines Alltags zu heben und in sein Bewusstsein zu integrieren. Das zeugende Prinzip in der Psyche erscheint oft als „Wasser des Lebens", das der Mensch zur Befruchtung und Erneuerung seines Wesens braucht und ihm geheime, zeitlose Weisheit vermittelt. Mit dem Urelement der Existenz hängt auch das weibliche Seelenbild der Anima in seiner belebenden, heil und ganz machenden Wandlungsfunktion zusammen.[69]

In der griechischen Mythologie beherrschte Poseidon die Macht der Wasser, aus deren Bereich Aphrodite bei ihrer Geburt entstieg. Bei den alten Kelten waren Brunnen, Seen, Flüsse und Meere Aufenthaltsorte von Feen und Göttinnen, wie etwa Morgane, Viviane und der Dame du Lac, gewähren auch Zutritt zur anderen Welt des Jenseits und stehen ebenso für deren Weisheit.

Die deutsche Sage kennt auch Frau Holle als junge schöne Nixe, die zur Mittagsstunde nackt in einem Teich badet. Christlich gesehen bedeutet Wasser Reinigung, Heiligung und Taufe, und Jesus stellt ebenso wie die Jungfrau Maria die Quelle des Lebens dar. Aus diesem Geist heraus lässt Andersen die Prinzessin „dreimal untertauchen". Johannes benutzt dabei auch „eine kleine Flasche mit einigen Tropfen „eines Zaubermittels" und „drei Federn" aus den Flügeln des gestorbenen Schwans, der symbolgeschichtlich eine Wandlung vom Begleittier der Aphrodite zum Sinnbild für Christi Mutter durchmachte.

Die Königstochter zeigt sich nach dem ersten Eintauchen bei Baden in der wahren Gestalt ihres Besessenheitszustandes als „großer, kohlschwarzer Schwan mit funkelnden Augen". Hier erscheint die traditionelle Trauerfarbe ins Unheimliche gesteigert „als etwas noch ganz Dunkles, Undefinierbares". Heidnisch wurde sie ursprünglich den unterirdischen Totengöttern und nächtlichen Dämonen zugeordnet und christlich dann später mit dem Teufel in Zusammenhang gebracht. Die „kohlschwarze" Prinzessin wird dabei zum „wirklichen Kind" von Satan oder Luzifer, der ursprünglich selbst ein – wenn auch gestürzter – Lichtbringer war. Während Johannes „sie in das Wasser" taucht, schreit sie „ganz laut" und zappelt „ihm unter den Händen". Doch beim zweiten Versuch im Wandlungsbad wird „der Schwan weiß, bis auf einen einzigen schwarzen Ring um den Hals". Die Teufelsfarbe verkleinert sich bis auf einen winzigen Rest und gibt dem himmlisch-göttlichen Weiß weitgehend Raum. Vor dem entscheidenden dritten Tauchdurchgang betet Johannes noch einmal „fromm zu Gott" und hat damit Erfolg. Denn der Schwimmvogel nimmt die Gestalt der Prinzessin an, die jetzt „noch schöner als zuvor" ist. Damit lässt Andersen seine christliche Grundeinstellung endgültig über das dämonische Heidentum des Trollkönigs triumphieren.[70]

Der dänische Dichter benutzt immer wieder das Bild des Schwans in seiner ganzen Geschichte quasi leitmotivisch vom Tod des Schwimmvogels relativ am Anfang bis zum Heilbad am Schluss. Bei den Flügen zum Berg trägt der Reiseführer als Bote des Himmels weiße Fittiche, während die Prinzessin als Geliebte des Höllenfürsten mit schwarzen Flügeln unterwegs ist. Wenn sich nun bei Andersen der Schwan in der symbolischen Taufe von einer kohlschwarzen zu einer weißen Gestalt mit nur einem Ring um den Hals verwandelt, bedeutet dies den magischen Übergang der Königstochter vom teuflischen Bereich in die göttliche Sphäre.

Das deutsche Märchen übernimmt nun nicht die Metaphorik der dänischen Vorlage, sondern greift auf die Bildlichkeit der norwegischen Erzählung zurück, die den Körper der Prinzessin im Molkenkübel als „rabenschwarz" bezeichnet. Die Geschichte aus den Sammlungen von Ey und Zaunert übersetzt diese Charakterisierung in eine reale Symbolgestalt und macht daraus einen konkreten Raben, der aus der „Wanne mit Wasser" dann „kommen und fortfliegen" werde. In anderer Hinsicht hält sie sich an Andersen, indem sie auf das nochmalige Auspeitschen und die Milch beim Bad verzichtet und die Verwandlung der Königstochter nur im natürlichen Urelement vollziehen lässt.

Indem die Erzählung von der „verwünschten Prinzessin" die Bildwelten ihrer beiden Vorlagen kombiniert, konzentriert sie die Darstellung der Ganzwerdung des weiblichen Ich im Zeichen des christlichen Patriarchats und seiner autoritären Gewissensinstanz und spitzt dabei den unbewussten Konflikt zwischen heidnisch-teuflischer Triebwelt und himmlisch-göttlicher Über-Ich-Sphäre bis zum endgültigen Durchbruch des Selbst im Wesen der Königstochter durch zwei typische Symbolfiguren zu.[71]

Der schwarze Rabe stellt sehr zutreffend die Besessenheit der Prinzessin und damit ihre Abhängigkeit vom Berggeist dar. Nicht zufällig wurde er in der heidnischen Mythologie sehr geschätzt. Seine dämonische Ambivalenz zeigt sich darin, dass er einerseits als Weisheitskünder und wissender Helfer der Götter und Menschen auftritt und andererseits als Todesbote Unheil und Zerstörung prophezeit.

Bei den alten Griechen war er besonders Apollo und Helios heilig, und Athene, Kronos und Asklepios diente er als Attribut. Im germanischen Bereich wurde er nicht nur Odin/Wotan als Bote und Assistent zugeordnet, sondern auch Hel und Freyja nahmen ihn für sich in Anspruch. Die Kelten sahen ihn als Tier des Kampfes, aber auch der Fruchtbarkeit an, das die jeweils zuständige Göttin verkörperte.

Das Christentum deutete ihn überwiegend negativ und betrachtete ihn vor allem als Symbol des Teufels, der Sünde und des Bösen schlechthin. Die zweite Symbolfigur, die nach dem Raben beim Untertauchen der Prinzessin aus der „Wanne mit Wasser" herauskommt und sich dann auf Peters

„Schulter" setzt, ist die Taube. Ihr Sinnbild stammt aus Mesopotamien, wo es der Göttin des weiblichen Prinzips, der animalischen Fruchtbarkeit und der Geburt heilig war. Die assyrische Ischtar entsprach der vorderasiatischen Astarte, der griechischen Aphrodite und der römischen Venus. Insofern steht die Taube als Vogel der umfassenden antiken Liebesgöttin in ganz engem Zusammenhang mit dem Eros und galt in der Welt des Mittelmeers als Symbol der Sinnenlust. Auf Kreta wurde sie in der minoischen Kunst mit der Großen Mutter assoziiert und als ihr Attribut verehrt.

In ägyptischen Darstellungen sitzt sie in den Zweigen des Lebensbaumes und hütet dort das in Vasen enthaltene Wasser des Lebens. Im Judentum wurde sie ein Sinnbild des Friedens, das durch den rettenden Ölzweig in der Geschichte von Noahs Arche die Harmonie zwischen Gott und den Menschen wiederherstellte. Auch repräsentierte sie das Volk Israel in seiner Reinheit und Unschuld. Innerhalb der christlichen Vorstellungswelt verkörpert sie den Heiligen Geist, die Sophia, die Weltseele, die Verkündigung Mariae und die Taufe.

Doch im Märchen erscheint sie als weibliches Seelenbild der Anima in ihrem sinnlich-verlockenden und geistig mitreißenden Wesen, das in der Begegnung mit dem Helden zu einem gefährlichen mystischen Erlebnis führen kann. Die Symbolik der Taufe wurzelt zwar ebenso wie diejenige des Raben in der Dimension des heidnischen Eros und damit der Triebwelt des „Es", konnte aber im Gegensatz dazu in die himmlische Über-Ich-Sphäre des jüdisch-christlichen Monotheismus integriert werden. Trotzdem blieb sie gerade auch wegen ihres Bezugs zur Anima schillernd ambivalent und lässt dies auch im Märchen von der „verwünschten Prinzessin" durchschimmern.

Die Taube kann sich zwar auf die Schulter der weiblichen Hauptfigur setzen, aber nicht mit ihr eins werden. So muss die Königstochter noch ein drittes Mal untergetaucht werden, damit sie „in ihrer vorigen Engelsschönheit" wieder „heraufsteigen" und dann „dreimal" geküsst werden darf. Die ursprünglich matriarchale Sinnbildlichkeit der dreifaltigen Göttin wird hier bei dieser Art Taufbad in das patriarchale Energiefeld der christlichen Trinität umgewandelt[72]

2.14 Der Abschied des dankbaren Toten

Die drei dargestellten Varianten des Erzählstoffs von der „Braut des Unholds" weisen zwar in Einzelzügen gewisse Unterschiede auf, laufen aber am Ende auf das gleiche Ziel hinaus: Am Ende siegt in den drei Fassungen immer das männlich bestimmte, patriarchale Christentum über das dekadent gewordene, matriarchale Heidentum. Die norwegische Version enthält noch die meisten mutterrechtlichen Symbole wie die Schere, das Knäuel Goldfaden oder die rächende Prinzessin.

Aber der Schluss bringt zunächst noch Elemente aus dem Motivkomplex des dankbaren Toten wie die Forderung des Reisekameraden nach der Tötung des Kindes von Held und Prinzessin sowie die Verhinderung der Tat durch den Gefährten selbst. Dann aber gibt sich der Begleiter dem Burschen als der tote Weinhändler im Eisklumpen vor der Kirchentür zu erkennen und verabschiedet sich endgültig von seinem Schützling, weil ihn nun „die Himmelsglocken" rufen.

Ein deutlicheres christliches Symbol lässt sich kaum denken, was den dankbaren Toten zum Engel oder jenseitigen Geist macht. Andersen lässt zwar äußerlich sein Kunstmärchen mit den Tränen der entzauberten Königstochter, dem Abschied des Kameraden, der Hochzeit und dem Königtum von Johannes enden. Während der ganzen Erzählung hat sich jedoch der Dichter dauernd sehr andachtsvoll bemüht, Gott und den verstorbenen Vater als die eigentlichen Helfer hinter dem aus der Überlieferung übernommenen dankbaren Toten hervortreten zu lassen, so dass dies am Schluss nicht mehr notwendig schien, weil der Autor sonst dem Text seine christliche Grundauffassung allzu penetrant aufgedrückt hätte.

Im deutschen Märchen erscheint die Prinzessin nach dem dritten Untertauchen nicht nur in ihrer „vorigen Engelsschönheit", sondern auch in ihrer früheren „Frömmigkeit", was unbedingt christlich gedeutet werden muss: Einstmals wäre die Königstochter „ein schönes und gutes Mädchen" gewesen, das von einer religiösen Glaubensauffassung geprägt worden sei. Ein teuflischer Berggeist, der noch aus dem alten Heidentum stamme, habe sie „verzaubert", besessen und krank gemacht. Nur der jenseitige Geist des dankbaren Toten, der zum Engel geworden sei, kann sie mit brutalen, fast exorzistisch zu nennenden Mitteln wieder gesund und damit „fromm" werden lassen.

Der Held mit dem christlichen Namen Peter befolgt „getreulich" die Anweisungen des Vertreters der autoritären Gewissensinstanz und wird „so glücklich mit seiner Frau wie ein König". Der Gang in den Berg als Ort des kollektiven Unbewussten, um dort für die Ganzwerdung des Ich-Bewusstseins den Schatz des Selbst zu heben, geschieht hier im Zeichen des Über-Ich und im Kampf gegen den Schattenbereich des Es. Zu diesem Zweck überformen in allen drei Varianten christliche Vorstellungen die heidnischen Bilder des Erzählstoffes und verfremden sie fast bis zur Unkenntlichkeit in ihr bösartiges Gegenteil[73]

2.15   Der Sieg des christlichen Patriarchats

Die vorliegende Arbeit ging bei ihrer Untersuchung des Erzähl-stoffes der „Braut des Unholds" von den germanischen und keltischen Entrückungssagen als den mythologischen Quellen des Typs AaTh 507 A aus. Hier stand immer die matriarchale Konstellation von Großer Göttin wie Frau Holle oder Morgane und ihrem Sohngeliebten wie Wotan oder König Artus im Hintergrund der einzelnen Mythen. Dabei drehte es sich immer um ein zyklisches Wandlungsgeschehen, das vielschichtig auf verschiedenen Ebenen den Wechsel der Jahreszeiten, der Mondphasen und der weiblichen Regel aufeinander bezog und Geburt, Leben, Tod und Wiedergeburt thematisierte. Tiefenpsychologisch gesehen wirkten hier die Archetypen der Großen Mutter und ihres Animus zusammen und verstärkten so die Transformationsprozesse des kollektiven Unbewussten.

Die Menschen glaubten dabei, dass die von ihnen verehrten Helden nicht gestorben, sondern nur an einen fernen Ort entrückt wären, wo sie jahrhundertelang schliefen oder ausruhten und eines Tages zur Rettung des Landes wieder auferstünden. Der Tod wurde dabei symbolisch als Durch-gangsphase zur Erneuerung des Lebens im Zeichen der Göttin verstanden, wie man analog dazu bei der Menstruation die Blutung als notwendige Vorbereitung für den Aufbau eines neuen Zyklus in den Eierstöcken der Frau auffasste.

Nach der Vorstellung des entwickelten Matriarchats war die mensch-liche Existenz in die Kreisläufe des Kosmos eingebettet, in denen Leben und Tod unter der Oberhoheit der großen weiblichen Gottheit und ihrer Wandlungsmysterien eine Einheit bildeten. Die erwähnten

Entrückungssagen stellten einen späten Reflex dieses Weltbildes dar, der bis weit in das Mittelalter und noch darüber hinaus bis ins 19. Jahrhundert hineinwirkte[74]

Beim Übergang vom Matriarchat zum Patriarchat wurde die monatliche Regel der Frau immer weniger als wichtiger Bestandteil der kosmischen Lebensprozesse und ihrer Feier verstanden, sondern immer mehr als unheimliches Geschehen betrachtet, das von einem Dämon ausgelöst worden sei. Der einstige Heros als Sohngeliebter der Großen Göttin wurde dabei zu einem bösen Geist, der die Menstruierende verführte, vergewaltigte und vergiftete und dadurch ihr Blut unrein machte.

Diese Entwicklung verschärfte sich noch, als das antike, germanische und keltische Heidentum mehr oder weniger gewaltsam allmählich vom christlichen Patriarchat abgelöst wurde. Die Königin des Landes war ursprünglich die irdische Vertreterin der Göttin, hatte als solche das Recht über Leben und Tod und konnte daher ihre Liebhaber nach kurzem Genuss verstoßen oder sogar töten.

In der Übergangszeit, die immer mehr im Zeichen des Christentums stand, sank die ehemals heilige Gottesgemahlin zur Geliebten eines teuflischen Dämons herab, der sie sadistisch beherrschte und verzauberte. Die prämenstruelle Phase vor der eigentlichen Blutung, die vorher zum natürlichen Verlauf des Zyklus einfach mit dazu gehörte, wurde nun zum Symptom einer depressiven Krankheit erklärt. Die Erbin des Reiches galt nun als von einem bösen Geist besessen, von dem sie sado-masochistisch abhängig war. Diese Konstellation thematisieren die drei Varianten des Erzählstoffs der „Braut des Unholds" auf jeweils spezifische Weise.[75]

Andersen stelle in „Der Reisekamerad" seine Grundauffassung am klarsten dar. Im ersten Teil seiner Erzählung betont er vor allem das gute Verhältnis von Johannes zu seinem sterbenden und dann toten Vater sowie zum „lieben Gott". Der Dichter erweist sich damit als entschiedener Vertreter und Befürworter des christlichen Patriarchats und damit des Über-Ich. Die beiden obersten Repräsentanten der autoritären Gewissensinstanz beschützen den Helden auf seinem Weg zur Selbstwerdung in der Gestalt des dankbaren Toten und geben ihm dadurch Kraft für die Werbung um die Prinzessin. Gottesbild und Vaterbild sind hier eins und verstärken damit noch die Welt der patriarchalen Grundordnung des Kunstmärchens.

In dessen zweitem Teil erscheinen dann die Königstochter und ihr Trollkönig konsequent als Hexe und Teufel, die zusammen ein von Grund auf bösartiges, dämonisches Liebespaar bilden und in der Hölle ihres Bergsaals morbide Tanzgelage feiern. Tiefenpsychologisch stellen sie die Verkörperungen der Triebsphäre des „Es" oder des Schattens dar, die das männliche Ich des Helden bekämpfen und töten wollen. Doch der Geist des Selbst im Zeichen des Über-Ich ist hier übermächtig und beseitigt in Gestalt des jenseitigen Gottesboten oder Engels alle Hindernisse, die dem Glück seines frommen Schützlings und seiner brutal zum Guten bekehrten Gattin entgegenstehen.[76]

Nicht viel anders sieht es in der norwegischen Fassung des Erzählstoffes aus. Zwar taucht in „Der Kamerad" zu Beginn kein Vater des Helden auf, und es wird auch nicht ständig von Gott geredet. Doch die Grundtendenz der Gesamtaussage des Märchens entwickelt sich ähnlich wie bei Andersen. Matriarchale und heidnische Elemente durchdringen immer wieder die Handlung und geben der Erzählung eine archaische Atmosphäre.

So erinnern die Reittiere der Prinzessin und ihres Trolls an die Ziegenböcke des nordischen Donnergottes Thor und die drei Hexen, die dem Helden und seinem Begleiter auf ihrem Weg begegnen, an die drei Schicksalsgöttinnen. Auch die Schere und das Knäuel Goldfaden, die im Zentrum der ersten beiden Aufgaben des Burschen stehen, lassen an zwei wichtige Attribute der germanischen Nornen oder griechischen Moiren denken. Oder die Prinzessin, die den Tod ihres Trollgeliebten an ihrem Bräutigam rächen will, besitzt gewisse Parallelen zur blutrünstigen Königin Kriemhild aus der deutschen Nibelungensage, in der für den Mord am Drachentöter Siegfried am Ende viele Menschen sterben müssen. Aber die mit einem Schlachtermesser bewaffnete Königstochter wird schnell überwältigt und für ihre Rachsucht durch Auspeitschen mit neun Birkenruten und durch gewaltsames Untertauchen in drei Milchkübeln grausam bestraft.

Auf diese Weise siegt am Schluss das Patriarchat über das Matriarchat, das Christentum über das Heidentum, das Über-Ich über das Es und das männliche Bewusstsein über das weibliche Unbewusste, das in Gestalt der Prinzessin brutal gezähmt und unterdrückt wird. Symbolfigur für diesen erfolgreichen Vernichtungsfeldzug gegen die widergöttliche Triebwelt des Teufels ist der Reisekamerad, dankbare Tote oder Engel, der schließlich als Triumphator unter dem festlichen Geläut der jenseitigen Glocken in den Himmel einziehen darf und wie keine andere Gestalt den zentralen Archetyp des Selbst im Zeichen des Über-Ich verkörpert[77]

Die deutsche Version des Erzähltyps AaTh 507 A differenziert und vertieft diese Konstellation in zweierlei Hinsicht. Die Prinzessin erscheint zu Beginn nicht wie in den skandinavischen Vorlagen als „schlimme, böse Hexe" an sich, sondern als kranke junge Frau, die unter extremen Gefühlsschwankungen leidet. Sie hat die Symptome des prämenstruellen Syndroms, aber nicht für wenige Tage, sondern dauernd und kontinuierlich. Ihre Passion ist damit nicht vorübergehender Teil des natürlichen, allmonatlich wiederkehrenden weiblichen Zyklus, sondern Ausdruck einer chronischen manisch-depressiven Erkrankung, die das Märchen metaphorisch so umschreibt, dass „die liebe gute Prinzessin" von „einem Berggeist verzaubert" sei.

Dies ist ein Bild für den alten Volksglauben, dass die Menstruation von einem Dämon ausgelöst werde, der in den kritischen Tagen von der Frau Besitz ergreife und sie dadurch unrein mache. Die blutige Phase der Monatsregel wird in der Erzählung verfestigt und zu einer Besessenheit der Königstochter hochstilisiert, die sich in ihrer Abhängigkeit von einem sadistischen Hexenmeister ausdrückt. Indem die Menstruation hier zu einer sado-masochistischen Krankheit wird, zeigt sich besonders die patriarchale Einstellung, die in der königlichen Stadt vorherrscht. Dies wird auch im ständig sich verändernden Ambiente des Altars im Saal des Berggeistes mit Sternen, Mond, Sonne, stachligem Fisch und feurigem Rad deutlich, was einen Prozess der Wandlung und Bewusstwerdung andeutet.

Der Dämon steht symbolisch genau zwischen der mutterrechtlichen und der vaterrechtlichen Ordnung oder im Übergang von der einen zur anderen. Als ehemaliger Oberpriester des Bergheiligtums vertritt er das heidnische Matriarchat. Doch wenn er seine Herrschaft über die Prinzessin nur noch durch magischen Sadismus aufrechterhalten kann, deutet dies an, dass die neue Zeit des christlichen Patriarchats angebrochen ist, die den Machtanspruch des alten Geistes radikal in Frage stellt und den Tod des Unholds fordert.[78]

Der Repräsentant dieser neuen Religion ist der Held Peter, der den göttlichen Willen in Bezug auf die Hinrichtung des Dämons mit der hintergründigen und zugleich tatkräftigen Unterstützung des dankbaren

Toten oder Engels vollstreckt und damit den Auftrag der Über-Ich-Instanz des christlichen Patriarchats mustergültig erfüllt. Danach gilt es, den Willen der Prinzessin zu brechen, der immer noch hartnäckig am Geist des Matriarchats festhält, auch wenn dieser am Schluss eine sadistisch pervertierte Form angenommen hat.

Auch dieses Gebot des autoritären Gewissens, das durch den Ratschlag des Reisegefährten verkündet wird, setzt Peter gehorsam und konsequent um und brutal durch. Er tauft die Königstochter im Kleinen ähnlich gewaltsam, wie dies im Großen die christlichen Missionare und Soldaten mit vielen heidnischen Völkern getan haben. Resultat dieser aggressiven Zwangsbekehrung ist die vom Himmel dressierte Frau, die in „Engelsschönheit und Frömmigkeit" aus der Hölle ihres alten Irrglaubens „heraufsteigen" wird.

Auf der äußeren Ebene ist die Prinzessin das bemitleidenswerte Opfer von drei sadistischen Männern, gleichgültig ob sie unter matriarchalen oder patriarchalen Vorzeichen handeln. Wenn bei einer subjektstufigen Interpretation die Königstochter als Anima des männlichen Ich aufzufassen ist, von diesem aggressiv behandelt werden muss, damit das maskuline Bewusstsein durch den strengen Umgang mit den dunklen Seiten seines weiblichen Seelenbildes einen eigenen selbstständigen Standpunkt gewinnen kann, sollte diese Deutung jedem, der sich auf den Weg des Individuationsprozesses begibt, sehr zu denken und Anlass zur Selbstkritik geben.[79]

3. „Das Schlangenmädchen"

3.1 Die Inhaltsangabe der Märchenvarianten

Der Erzähltyp AaTh 507 C wurde in der Forschung schon oft mit einer bizarren indischen Geschichte aus dem mittelalterlichen Werk „Secretum secretorum" in Verbindung gebracht und von daher dann „Das Märchen vom Giftmädchen" genannt. Doch die Sage aus dem „Geheimnis der Geheimnisse" lässt die historischen Persönlichkeiten Aristoteles und Alexander den Großen auftreten, und AaTh 507 C gehört zum Motivkomplex des dankbaren Toten.

Beide Erzählungen haben literaturgeschichtlich wahrscheinlich aufeinander gegenseitig eingewirkt. Aber primär haben sie von Anfang an nichts miteinander zu tun. Um diesen Unterschied im Titel hervorzuheben, sollte der angegebene Typ „Das Schlangenmädchen" heißen. Die englische Übersetzung wäre dann nicht, wie häufig angeführt, „The Poison Maiden", sondern „The Serpent Maiden". Wie „Die Braut des Unholds" beginnt AaTh 507 C mit dem Motiv des toten Helfers und verläuft von der Struktur her folgendermaßen:

Der Held kommt finanziell für das Begräbnis eines verschuldeten Unbekannten auf, der ihn später unerkannt als Reisegefährte begleitet und ihn bei seinen Unternehmungen gegen das Versprechen, alles zur Hälfte zu teilen, tatkräftig unterstützt. Nun bietet ein reicher Mann dem Helfer seine Tochter an, deren bisherige Freier alle in der Hochzeitsnacht umgekommen sind. Der Tote wacht dann im Brautgemach und tötet die Schlange, die nachts aus dem Mund der jungen Frau kriecht, um den schlafenden Mann zu erwürgen.

Später fordert er den Helden auf, das gemeinsam Erworbene und damit auch die Braut mit dem Schwert zu teilen. Dann haut er die Frau entweder mitten hindurch, reinigt sie von den Schlangen und heilt sie. Oder er hängt sie mit dem Kopf nach unten auf, um sie durchzuschneiden, wobei noch weitere Reptilien aus ihrem Mund schlüpfen. Am Ende gibt sich der Helfer zu erkennen und verschwindet.[80]

Die in der Forschung meist zitierte Version des Erzähltyps „Das Schlangenmädchen" ist die armenische Erzählung „Das Märchen vom dankbaren Geist" aus dem Buch „Transkaukasia", das von August Freiherr

83

von Haxthausen, einem Mitarbeiter der Brüder Grimm, 1856 im Leipziger Brockhaus-Verlag veröffentlicht wurde. Die genannte Geschichte stammt aus der Gegend von Erevan und gehört zum literarischen Ertrag der Russlandreise des westfälischen Adligen von 1843/44. Ihr Inhalt sei nun in einer Kurzfassung wiedergegeben:

Ein wohlhabender Mann findet in einem Wald einen Leichnam, der an einem Baum hängt und von seinen ehemaligen Gläubigern geschlagen wird. Der Reiter erstattet die Schulden des Toten und begräbt dann dessen Körper. Als er mehrere Jahre später sehr arm geworden ist, schlägt ihm ein reicher Mann aus seiner Vaterstadt vor, seine unglückliche Tochter zu heiraten. Diese ist bereits die Braut von fünf Männern gewesen, die alle in der Hochzeitsnacht gestorben sind. Darauf bietet ein Fremder dem Armen seine Dienste ohne Anspruch auf Lohn, aber gegen das Versprechen an, die Hälfte von seinem „künftigen Hab und Gut" zu erhalten, und rät ihm zur Ehe mit der todbringenden Tochter.

In der Hochzeitsnacht stellt sich der Diener mit seinem Schwert ins Brautgemach und haut damit den Kopf einer Schlange ab, die aus dem Mund der Frau kriecht, um den Bräutigam „zum Tode zu stechen". Als darauf der kämpfende Wächter von seinem Herrn „die Hälfte des Weibes" fordert und die Braut „mitten durch spalten" will, gleitet ihr eine zweite Schlange „zum Mund heraus". Der Diener gibt sich dann als der Geist des Toten zu erkennen und verschwindet.[81]

Eine andere Fassung von AaTh 507 C aus dem 20. Jahrhundert ist das kurdische Märchen „Rothaarig-Grünäugig". Es stammt von dem Erzähler Usive Hasan aus dem türkischen Dorf Shirinköy bei Kars und wurde von David Neil MacKenzie ins Englische übersetzt. Der Linguist veröffentlichte es erstmals 1962 in seinen „Kurdish Dialect Studies" und unterstützte danach auch Luise-Charlotte Wentzel, die kurdische Märchen für eine eigene Ausgabe sammelte, ins Deutsche übertrug und 1978 im Eugen-Diederichs-Verlag publizierte. Darin erscheint die oben erwähnte Erzählung als Nr. 20. Deren Handlungsverlauf sei jetzt kurz auf folgende Weise nachgezeichnet:

Ein Kaufmann erblindet und schickt seinen Sohn in die Stadt, um einen Diener zu suchen. Auf dem Weg sieht er zwei Männer, die einen Leichnam wegen nicht bezahlter Schulden schlagen. Er erstattet ihnen die unbeglichene Geldsumme und begräbt den Toten. Bei seiner Suche nach

84

einem Diener meldet sich zweimal ein Mann namens „Rothaarig-Grün-äugig", den er schließlich seinem Vater präsentiert. Dieser akzeptiert letztlich widerwillig den ungeliebten Bekannten als neuen Angestellten.

Bald darauf brechen Herr und Diener auf, um ihre Waren in Damaskus zu verkaufen, und kommen nach einiger Zeit an eine Kreuzung, von der drei Straßen wegführen. Rothaarig-Grünäugig entscheidet gegen den Willen des jungen Kaufmanns, den „Zwei-Monate-Weg" zu nehmen. In einer der ersten Nächte kommt ein Drache zum Zelt der Reisenden. Der Diener wird durch das Gebell des Dachshundes gewarnt und schlägt mit seinem Schwert dem Ungeheuer den Kopf ab. In Damaskus drängt er seinen Herrn, öffentlich zu behaupten, dass er den König von seinem „Rheumatismus" heilen könne.

Mit dem Kopf des getöteten Drachen gelingt es tatsächlich, nach einer eintägigen Kur den Herrscher von seinem Leiden zu befreien. Als Belohnung für die Heilung verlangt der junge Kaufmann aus eigenem Antrieb, die Königstochter zu heiraten, die aber schon dreimal Witwe geworden ist. In der Hochzeitsnacht sind alle drei Ehemänner gestorben. Nachdem sich Bräutigam Nummer vier und die Prinzessin nachts zum Schlafen niedergelegt haben, wacht Rothaarig-Grünäugig mit gezogenem Schwert bei dem jungen Paar.

Da sieht er, dass sich die „Zöpfe des Mädchens" in eine Schlange verwandeln, die sich um den Hals des Bräutigams „ringelt", um ihn zu „erwürgen". Der Diener zögert nicht, dem Reptil mit seinem Schwert den Kopf abzuschlagen. Bei der Rückreise in die Hauptstadt fordert er von seinem Herrn, ihren ganzen Besitz „gerecht zu teilen". Am Ende bleiben noch zwei Lebewesen übrig.

Zuerst wird der Dachshund getötet, und dann droht Rothaarig-Grünäugig mit gezogenem Schwert, die junge Ehefrau „in zwei Stücke" zu schneiden. Als daraufhin das Mädchen „vor Schrecken" kreischt, kommen „aus seinen Nasenlöchern" zwei Schlangen, die der Diener sofort tötet. Dieser gibt sich dann als Geist des geretteten Leichnams zu erkennen, rät seinem Herrn noch, mit dem Kopf des Dachshundes seinen blinden Vater zu heilen, und stirbt danach „auf der Stelle". Der Ehemann legt ihn „in die Erde", geht mit seinen „Waren" und seinem „Weib" heim und gibt auf die von Rothaarig-Grünäugig empfohlene Weise seinem Vater das Augenlicht wieder.[82]

Das armenische Märchen ist kürzer und prägnanter als das kurdische und dient in den folgenden Ausführungen als Kontrastfolie für die Interpretation der komplexer angelegten längeren Erzählung. Dabei ergibt sich allerdings eine in der Kultur- und Religionsgeschichte begründete Schwierigkeit.

Die Armenier haben seit ältesten Zeiten zusammen mit Kurden gelebt, hatten aber lange vor ihnen schon in der Spätantike durch das Christentum eine eigene Schrift und literarisches Leben erhalten. Im beginnenden Hochmittelalter, also Jahrhunderte später, übernahmen die Kurden nach langen Kämpfen mit den Arabern und unter deren wirtschaftlichem Druck den Islam in seiner sunnitischen Form und wurden dann von dessen Kultur und Literatur beeinflusst. Dagegen waren und sind die Armenier mehrheitlich sog. gregorianische Christen.

Dieser Unterschied muss sich auf die Deutung der männlichen Hauptgestalt in den oben genannten Fassungen des Erzählstoffes AaTh 507 C auswirken. Das armenische Märchen bezeichnet seine zentrale Figur schon im Titel als „dankbaren Geist" und knüpft damit an den übergeordneten Motivkomplex des Toten an, der in den verschiedenen Stofftypen als Helfer auftritt.

In „Die Braut des Unholds" wurde der Reisegefährte des Helden vom christlichen Hintergrund der drei behandelten Versionen her interpretiert. Die gleiche Perspektive muss dann auch für „Das Schlangenmädchen" in seiner armenischen Variante gelten. Da der „dankbare Geist" hier vor allem mit dem Schwert gegen die Schlangen aus dem Mund der Braut kämpft, ist im christlichen Bereich an Gestalten wie den Erzengel Michael oder den Drachenbezwinger Sankt Georg zu denken, die als biblische und legendenhafte Vorbilder für den helfenden Toten aus dem armenischen Märchen stehen.[83]

3.2 Die männliche Hauptfigur als Verkörperung von Chadir

Wenn nun die vorliegende Arbeit die Titelgestalt der kurdischen Erzählung in den Mittelpunkt ihrer folgenden Darlegungen stellt, muss ihr interdisziplinärer Ansatz, der aus einer Verbindung von Elementen der Tiefenpsychologie, der Erzählforschung, der Religionsgeschichte und der Mythologie besteht, jetzt ausdrücklich zum Tragen kommen. Verena Kast, die bisher als einzige eine Interpretation des Märchens vorgenommen hat, deutet die zentrale Figur ganz aus der psychotherapeutischen Symbolik der beiden Namensbestandteile. Ingrid Riedel sieht einen Zusammenhang zwischen dem Reisekameraden des kurdischen Märchens und dem „großen Begleiter-Archetyp Chidr" oder dem „Grünen Mann", wie sie ihn auch nennt.

Nach ihrer Auffassung vermag er „die scheinbar unvereinbarsten Extreme und Antagonismen zu verbinden" und weiß „Rat in ausweglosen Situationen". Hedwig von Beit interpretiert diese Gestalt im Kontext der ganzen Motivreihe des dankbaren Toten und bezeichnet Chidher als den „Grünenden" im Sinne des „Ewig Jungen". Wenn die Farbe der Natur für sie im Märchen dem „Diener" aus dem Jenseits „eignet", symbolisiert sie „eine unbewusst belebende geistige Wirkung, die von jenem Begleiter ausströmt".

Im Islam sei Chadhir auch ein „Sohn der Wassertiefe" und ein „Diener Allahs, der dessen lebendiges und undurchsichtiges weises" Handeln „auf Erden" darstelle. Marie-Louise von Franz interpretiert „Khidr" als „ersten Engel Gottes", der „in ähnlicher Art wie Jupiter und Merkurius" vom Himmel herabsteigt und anstelle von Allah „unbekannt", „unscheinbar" und „verkleidet" die „Menschen besucht".

C. G. Jung selbst deutet „Chidr oder al-Chadir" nicht „nur als Heiligen", der besonders „in sufischen Kreisen" sehr verehrt werde, sondern auch als „eine vorislamische, arabische Gottheit", die „von der neuen Religion" aus „gewissen Gründen toleriert worden wäre". Für den Begründer der Analytischen Psychologie stellt Chadir „wohl das Selbst dar" gerade auch als „Langlebiger", der „sich stets" erneuere. Er repräsentiere „die höhere Weisheit" und „ein dieser entsprechendes Handeln, welches jenseits der menschlichen Vernunft" stehe. Jung sieht „auch in der heutigen Volksreligion Chadir noch lebendig" als „Freund, Berater, Tröster und auch offenbarenden Lehrer". Dieser „Engel des Angesichts" sei für ihn nicht nur „ein Bote", sondern auch „eine Verdeutlichung", „Inkarnation" oder „Personifikation Allahs".[84]

Schon die Kommentare der tiefenpsychologischen Interpreten zeigen, dass die Titelfigur des kurdischen Märchens auf eine populäre Gestalt des islamischen Synkretismus zurückzuführen ist, die in Sagen und Legenden einen bedeutenden Platz einnimmt und viele Namen trägt. Arabisch „Al-Khadir" bedeutet „Der Grüne", und die Nebenform „Khidr" heißt „das Grüne". Daraus haben sich im Laufe der Zeit weitere Namensgebungen wie „al-Chadir", „Chidr", „Chadhir", „Chidher" und viele andere Ausprägungen herausentwickelt.

Im Bereich der kurdischen Erzählungen sind die Formen „Chizir" und „Xidir" am geläufigsten. Um keine Verwirrungen zu stiften, wird die vorliegende Arbeit von nun an die islamische Legendengestalt einheitlich „Chadir" nennen. Am bekanntesten ist ihr Auftauchen in der 18. Sure des Koran (Vv. 59-81), wo sie mit keinem Namen bezeichnet wird. Dort trifft der Weisheitssucher Mose einen „Diener" Allahs oder Gottesknecht, dem er folgen will, wenn dieser ihm den rechten Weg weisen und lehren kann.

Die Mehrzahl der Kommentatoren identifiziert die geheimnisvolle Figur mit Chadir, der seinem Begleiter voraussagt, dass er seine Taten nicht verstehen und es daher bei ihm nicht aushalten werde, weil er ihn nicht um Erklärungen bitten dürfe. Auf dem gemeinsamen Reiseweg beschädigt der Gottesknecht ein Schiff, tötet einen Jüngling und stellt eine Mauer wieder her, die einzustürzen droht. Ungeduldig fragt Mose immer nach den Gründen für diese seltsamen Handlungen, erhält aber zunächst keine Antwort. Nach dem dritten Mal erklärt Chadir den verborgenen Sinn seiner Taten und trennt sich dann von seinem Ratsucher.

In einer jüdischen Legende geschieht das Gleiche, nur mit anderen Namen. Hier verhält sich der Prophet Elia ähnlich wie der Gottesknecht und Rabbi Josua ben Levi schlüpft in die Rolle von Mose. Der eine handelt mehrmals unverständlich, und der andere erweist sich jeweils als Ignorant. Allgemein gehen im Islam die alttestamentliche Gestalt und „der Grüne" fließend ineinander über oder werden als Zwillingsbrüder empfunden. Chadir erscheint außerdem in Übertragungen muslimischer Gelehrter der frühchristlich-orientalischen Melchisedek-Erzählung als geheimnisvolle königlich-priesterliche Gestalt, die den Leichnam von Adam am „Mittelpunkt der Erde" auf Golgatha begräbt.[85]

Eine weitere wichtige Quelle für die Gestaltung des populären „grünen Mannes" ist die hellenistisch-orientalische Tradition des „Alexanderromans", der in Griechenland seinen Ausgangspunkt hatte und sich dann im ganzen arabischen Kulturraum ausbreitete. Im Abschnitt der sog. „Lebensquellsage" zieht der „große" mazedonische König mit seinem Heer sehr mühsam durch das Land der Finsternis. Dabei wäscht einmal sein Koch Andreas in einem Bach einen gesalzenen Fisch, der durch die Berührung mit dem Wasser lebendig wird und davonschwimmt. Der Küchenmeister springt ihm nach und erlangt so die Unsterblichkeit, ohne zu wissen, dass er in den Quell des ewigen Lebens eingetaucht ist. Als er sein Abenteuer später Alexander erzählt, begreift dieser sofort den Zusammenhang und versucht dann, den Bach wiederzufinden, was aber fehlschlägt.

Dem „großen" Feldherrn ist somit die Unsterblichkeit versagt, die seinem unglücklichen Koch zuteil wird. Aus Wut und Enttäuschung lässt Alexander seinen unbedarften Diener, der mit seiner Lebensgabe nichts anfangen kann, ins Meer stürzen. Hier verwandelt sich Andreas in den Seegott Glaukos, dessen griechische Form auf den arabischen Namen „Chadir" verweist. In islamischen Versionen der oben genannten Sage wird der „grüne Mann" zum Vetter und Wesir von Alexander, der mit der Vorhut des Heeres auf Ausschau nach dem Lebenswasser geschickt wird. Er findet die besagte Quelle, trinkt vom Wasser und badet darin. Sein Körper und sein Gewand werden danach blaugrün, und er geht in die Gestalt des Seedämons Glaukos über, der wörtlich übersetzt „der Meergrüne" heißt.[86]

Die älteste Wurzel der Legenden vom unsterblichen Chadir ist vielleicht das babylonische „Gilgamesch-Epos". Der gleichnamige Held des Werkes fällt durch den Tod seines Freundes Enkidu der Schwermut anheim und begibt sich auf den langen, gefährlichen Weg zu seinem Vorfahren Utnapischtim, dem Weisen der Vorzeit, der ewiges Leben durch ein Geschenk der Götter gewonnen hat. Ihn will Gilgamesch fragen, wie er dem Tod entrinnen könnte.

Der Urahn weist den König von Uruk auf das Lebenskraut hin, das der Held schließlich auch findet, das ihm aber von der Unterweltsgöttin in Gestalt einer Schlange wieder weggenommen wird, so dass er in

Verzweiflung über den unabwendbaren Tod endet und damit sein Ziel so wenig wie später Alexander erreicht. Vorher hat Gilgamesch die Werbung der Liebesgöttin Ischtar mit höhnischen Worten abgelehnt und damit die Phase der Wiedergeburt im zyklischen Wandlungserlebnis der „Heiligen Hochzeit" mit der „Großen Mutter" des Lebens und des Todes verfehlt.

Die beiden genannten Abschnitte des Epos stellen auf markante Weise kulturgeschichtlich den Übergang vom Matriarchat zum Patriarchat dar. Eine letzte Spur auf der Suche nach Chadirs Vorbildern führt nach Sumer-Babylon, Palästina und Syrien. Hier sind es die jugendlichen Frühlingsgötter Dumuzi-Tammuz, Baal und Adonis, die durch ihre Schönheit die Göttinnen Inanna-Ischtar, Astarte und Aphrodite beglücken.

Alle drei sind die Sohngeliebten der „Großen Mutter" Natur in den jeweiligen regionalen Verkörperungen und in ihrem Handeln und Wirken noch ganz auf ihre übermächtigen Liebhaberinnen bezogen. Ursprünglich war Chadir aber Partner der großen matriarchalen Göttin, spaltete sich im Übergang zum Patriarchat von ihr ab und wurde im Islam zum lebendigen, die Naturkraft repräsentierenden Gegenpol der weiten, abstrakten Ferne von Allah.[87]

3.3   Die Namenssymbolik der männlichen Hauptfigur

Nun heißt aber der Titelheld des kurdischen Märchens, für den die große muslimische Legendengestalt den allgemeinen religionsgeschichtlichen Hintergrund abgibt, nicht Chadir, sondern Rothaarig-Grünäugig. Da dieser Name eine symbolische Bedeutung hat, müssen seine ganzen Bestandteile in ihrer sinnbildlichen Bandbreite dargelegt und dann auf die Erzählung bezogen interpretiert werden. Im ersten Wort ist das Substantiv „Haar" enthalten. Es gilt im Kern als Sitz der geheimen Vitalkraft und Lebensenergie des Menschen und zerfällt in eine männliche und eine weibliche Komponente.

Die erstere verweist auf die Macht der Gedanken, Vorstellungen und Phantasien, ist als langes Kopfhaar der sichtbare Ausdruck zeugender Schöpfungskraft und Inspiration und war bis zum Beginn des Mittelalters das Zeichen einer freien Person von adliger oder königlicher Herkunft. Der feminine Bestandteil zeigt sich vor allem in der erotischen Faszination,

90

die von einer schönen Frau ausgeht. In Sage und Märchen verleiht ihr das Haar die Gabe, Männer mit seinem Liebeszauber zu behexen. In der Bibel schneidet Delilah ihrem Geliebten Samson die langen Strähnen ab, beraubt ihn dadurch seiner ungeheuren Energie und kastriert ihn damit symbolisch. Übrigens stellt langes offenes Haar im Christentum Buße oder Jungfräulichkeit dar. Wenn es gebunden ist, bedeutet es Verheiratet-sein und Abhängigkeit.[88]

Auch das Adjektiv „rot" besitzt eine männliche und eine weibliche Komponente. Von der maskulinen Seite her repräsentiert es Aktivität, Feuer, Sonne, Vitalität, Aggressivität, Zorn, Rache, den römischen Kriegs-gott Mars und den christlichen Teufel; und vom femininen Aspekt her bedeutet es Blut, Liebe, Leidenschaft, Sexualität, Freude, Wärme, Energie, Menstruation, die römische Liebesgöttin Venus und die christliche Hexe. Rothaarige Menschen galten in weiten Teilen Europas lange Zeit als untreu, einzelgängerisch und in erotischer Hinsicht als besonders aktiv. Ebenso hielt man sie für jähzornig, feurig, sinnlich und giftig.

Den Frauen dieser Bevölkerungsgruppe wurde nachgesagt, dass sie sich in der Liebe sehr leidenschaftlich verhielten, während der Menstruation ihrer Mütter gezeugt seien und ohne inneres Gleichgewicht lebten. Neben diesen Vorurteilen schrieb man rothaarigen Männern noch zusätzlich allgemeine und speziell auch sexuelle Gewalttätigkeit zu. In Sagen waren ihre Personifikationen der Teufel und Judas Ischarioth, der auch in spät-mittelalterlichen Dramen und Gemälden entsprechend dargestellt wurde.

Aber es gibt auch in Märchen das positive Gegenteil der Symbolik, so etwa in der Erzählung „Das wunderbare Haar" aus dem Balkan. Hier muss der Held einer jungen schönen Quellnymphe den Kopf lausen und ihr dabei „ein Haar rot wie Blut" ausreißen. Später findet der Zar des Landes „darin geschrieben viel wichtige Dinge, was alles und wann es geschehen war von der Erschaffung der Welt an", damit „Geheimnisse, die bis dahin verborgen waren, offenbar würden". Das rote Haar wird hier zum Sinn-bild der dem Bewusstsein unbekannten Weisheit der psychischen Tiefen-schichten, aber auch der weiblichen Existenz und ihrer Urmacht, die sich in der Menstruation ausdrückt. Es steht dabei im Zusammenhang mit der Bedeutung des Blutes, das von vielen alten Völkern als Sitz der Seele und des Lebens und damit als das Lebendige im Menschen schlechthin betrachtet wurde.[89]

Die rote Farbe und das Zeichen des ihr entsprechenden Vollmonds entsprachen in matriarchalen Zeiten der Großen Göttin als voll ausgereifte erotische Frauengestalt, als Mutter der Erde und als Herrin der Liebe und Fruchtbarkeit, die im Sommer als Höhepunkt des Jahres regierte. Konkrete Ausprägungen dieses roten Aspekts der dreifaltigen Göttin waren in der griechischen Mythologie etwa Aphrodite, Persephone und Demeter. Man übertrug ihre Symbolik auch auf den Höhepunkt der Phasen des weiblichen Zyklus. Bei den alten Indern und Kelten wurde der König inthronisiert, indem er den Beischlaf mit der „roten", d. h. menstruierenden Göttin bzw. deren Repräsentantin vollzog. In Märchen erscheint die genannte Farbe oft als wichtiges Kennzeichen der dunklen Seite des Mutterarchetyps.

Eine hessische Variante der Erzählung von „Frau Holle" zeigt die Titelgestalt als „rotes Mütterlein", das von den bei ihm weilenden Mädchen gelaust werden will. Sie präsentiert hier ihre dämonische Feuernatur, die den Menschen auffordert, ihre ungebändigte Kraft zu reinigen, zu ordnen und zu bewältigen. Parallel dazu taucht in einer anderen Version des grimmschen Märchens Frau Holle als „Nixe mit furchtbaren Haaren" auf, die von den Kindern verlangt, gekämmt zu werden.

Auch hier geht es um die Bändigung des chaotischen, vitalen Aspektes der „Mutter Natur". Neben der russischen Baba-Jaga gehört in diesen Zusammenhang vor allem die japanische Hexe Yamauba mit langem schwarzem Haupthaar und nacktem rotem Körper. Die Zauberin aus dem fernöstlichen Land lässt sich ebenso wie Frau Holle von zwei Stiefschwestern lausen und schenkt der einen Gutartigen schöne Kleider, der anderen Bösartigen Kuhmist. Aber Yamauba hilft nur gelegentlich Verfolgten und verschlingt oft ihre Opfer gnadenlos, findet jedoch auch einmal ihren Meister in einem Ochsentreiber, der sie mit heißem Wasser zu Tode verbrüht. So zeigt sich die Große Mutter im Zeichen des Rot häufig von ihrer todbringenden Seite, wenn die Menschen keinen Respekt vor ihr haben, erweist sich aber manchmal als Spenderin, wenn diese ihre Anforderungen erfüllen.[90]

Im Islam spielt die rote Farbe an der Oberfläche des religiösen Lebens und seiner Tradition scheinbar keine besondere Rolle. Es wird überliefert, dass Allah die Menschen aus fließendem Blut machte. Dies tat in der matriarchalen heidnischen Vorzeit die Göttin Allat, deren

Schöpfungsfunktion der Prophet Mohammed in sein Weltbild übernahm, aber männlich-patriarchal uminterpretierte. Ihr Name bedeutete schlicht „Göttin" oder „Herrin", die ihr Zentrum in Taif nahe bei Mekka hatte und dort als Mutter- und Fruchtbarkeitsgottheit verehrt wurde. Sie entsprach bei den hellenisierten Arabern der Astronomie-Muse Urania, der jungfräulichen Weisheitsgöttin Pallas Athene, aber auch der vorderasiatischen Liebesgöttin Astarte.

Nachdem Mohammed Mekka erobert hatte, zerstörte er sogleich alles, was mit dem Kult der dreifaltigen Göttin des Matriarchats zu tun hatte. Nach einer Legende hieß er die Schönheitsgöttin Al-Uzza durch seinen General Chaled töten und drängte die Einwohner von Taif energisch dazu, das Standbild von Allat niederzureißen. Alles, was zur Symbolik von „rot" gehörte, musste abgewertet und herabgesetzt werden. Die Frau wurde zur Verkörperung der „fitna", d. h. des Chaos, der Unordnung und Verführung, und außerehelicher Geschlechtsverkehr war nun sündhafter Ausdruck von „zina", also Unzucht und Ehebruch. Der rothaarige Chadir wurde in den Augen der islamischen Traditionalisten eine Provokation, die so schnell wie möglich in ihrem Sinn patriarchal umgedeutet und auf diese Weise unschädlich gemacht werden musste.[91]

Die Titelfigur des kurdischen Märchens trägt einen Doppelnamen, der in seinem zweiten Bestandteil das Substantiv „Auge" enthält. Dieses wird einerseits als Spiegel der Seele bezeichnet, stellt aber andererseits auch das Fenster des Menschen zur Umgebung dar und markiert so die Grenze zwischen Innen- und Außenwelt. Auch steht es für die innere Schau und spirituelle Weisheit und wird dann zum göttlichen Organ. Besonders in den monotheistischen Religionen symbolisiert es daher Gottes Allwissenheit und Vorausschau. Ebenso verkörpert es die Sonnentür, die den Zutritt zu himmlischen Sphären gewährt. Als „Auge des Herzens" weist es in die Mystik und bedeutet hier Erleuchtung. Im Islam meint dieser Begriff das geistige Zentrum als Sitz des absoluten Intellekts. Darüber hinaus versinnbildlicht das Auge die befruchtende, Leben spendende Kraft aller Sonnengötter, die im Gott-König des Landes verkörpert wird.

Ein einzelnes Sehorgan kann aber nicht nur positiv Gott und seine Ewigkeit repräsentieren, sondern auch ein Symbol des Bösen sein, wie es bei den Zyklopen und anderen Ungeheuern für ihre zerstörerische Macht steht. Ein besonders eindrucksvolles Beispiel in dieser Hinsicht ist die irische Sage vom dämonischen Krieger Balor, der mit seinem Auge am Hinterkopf andere Menschen durch bösartige oder schielende Blicke zu versteinern mag. Gerade diese extreme Gegensätzlichkeit gibt der Sinnbildlichkeit des Sehorgans eine geheimnisvolle, hintergründige Dimension der Tiefe.[92]

Das Adjektiv „grün" verstärkt noch die mysteriöse Dimension des Auges. Einerseits vertritt es symbolisch den Bereich des Wachsens und Werdens und damit der Natur und ihrer Rhythmen. Insofern wirkt es beruhigend, ausgleichend und erwartungsvoll. Andererseits verweist Grün aber auch auf die Existenz, die sich mit dem Aspekt des Sterbens abwechselt, und erfährt so seine spirituelle Weitung. Die Farbe zeigt im Frühlingsgrün des Lebens und im bläulichen Grün des Todes ihre ganze Ambivalenz, die sowohl Jugend, Hoffnung und Freude als auch Wechsel, Vergänglichkeit und Eifersucht in sich trägt.

Als Verbindung vom Himmelsblau und Erdengelb verbindet sie auf mystische Weise das kalte blaue Licht des Intellekts mit der emotionalen Wärme des gelben Sonnengestirns, um so die Weisheit der Erneuerung von Leben und Auferstehung hervorzubringen. Tiefenpsychologisch gesehen ist hier die Energie des Archetyps der Großen Mutter, der doppeldeutig nährend und gleichzeitig verschlingend sein kann, aktiv und fruchtbar am Werk.

Grün wird als Farbe der Vegetation zum Sinnbild des Lebendigen und ist im Christentum dem Heiligen Geist zugeordnet, der als „Lebendigmacher" wirkt. Unser Leben kommt aus der grünen Erde, zu der wir Menschen zurückkehren müssen, um unsere Kraft zu erneuern. Um darauf stehen zu können, ist jeder Einzelne innerlich aufgerufen, den festen, lebendig-produktiven Grund in sich selbst zu finden. Von diesem Ansatz her entwickelte die mittelalterliche Mystikerin Hildegard von Bingen ihre Heilkunde aus dem Begriff der „Viriditas", d. h. der „Grün-Kraft", die aus der Erneuerungsenergie des Schöpfers und des Heiligen Geistes kommt und in der Heil und Heilung eins werden.

Nach Auffassung der Äbtissin zeigt sich vor allem in der Sexualität diese „Grünheit", die für sie das „Blühende" der Frau selbst ist und beide Geschlechter befruchtend zusammenführt. Gerade auch in der Hoffnung auf das Wachstum des Heiligen Geistes im Menschen sehen die große Ärztin des Mittelalters und mit ihr das Christentum überhaupt in der Kraft dieser Farbe nicht nur den Sieg des Frühlings über den Winter, sondern auch den Triumph des Lebens über den Tod.[93]

Der Islam verehrt Grün sogar als seine heilige Farbe, die zentral die Fahne des Propheten ausmacht und von Pilgern auf dem Weg nach Mekka an der Kopfbedeckung getragen werden soll. Es verkörpert bei Wüstenvölkern wie Arabern und Beduinen das Leben schlechthin, garantiert durch den Hinweis auf Wasser das Leben überhaupt und wird so für die Menschen der Heimat von Mohammed zum Heilszeichen aller materiellen und spirituellen Güter.

Die Farbe erscheint auch vor allem in den Vorstellungen vom Paradiesgarten, den der Koran als Sinnbild des ewigen Lebens ansieht. In diesen Zusammenhang gehört auch Chadir als „grüner Mann", der schon früh im Islam als ein Symbol für die durch Allahs Einwirkung wiederauflebende Vegetation aufgefasst wurde. Nach Darstellung von Koran, Legenden und Kommentaren sitzt die mystische Gestalt an der Vereinigung von zwei Meeren auf einem weißen Pelz, der sich unter ihm in einen grünenden Pflanzenteppich verwandelt und der ein Symbol für die Erde ist, wenn sie aufblüht, nachdem sie „dürre" war.

Durch dieses Wunder erweist sich Chadir als Diener von Gottes lebendiger und undurchsichtiger Weisheit in der Natur. Nun kommen „rot" und „grün" in vielen Mythen der Vegetationsgottheiten zusammen, die in der Unterwelt überwintern und dort vom Feuer der Erde erneuert werden. So stirbt in Ägypten der „grüne" Osiris nach jedem Sommer durch die Hand seines dämonischen Bruders Seth, wird aber dann in der dunklen Übergangszeit von seiner „roten" Schwester Isis wiedergefunden und geheilt, so dass er durch ihre Liebe in jedem Frühling wieder neu auferstehen kann.

Das göttliche Geschwisterpaar bildet das Doppelsymbol der Ägypter für Tod und Wiedergeburt, und die Geschichte ihrer inzestuösen Verbindung entwickelt sich im Lauf der Zeit vom bloßen Vegetationsmythos zu einer spirituellen Mysterienlehre. Die beiden ursprünglichen Gottesfarben wurden später unter christlichem Einfluss dämonisiert und schließlich in der Epoche des Hexenwahnes sogar verteufelt. Vor allem rote Haare erweckten Misstrauen und den Verdacht, eine bösartige Zauberin vor sich zu haben. Auch wurden diesen verfolgten Frauen grüne Augen zugeschrieben.

Eine Verbindung der zwei genannten Farben findet ebenso im Bereich des Märchens ihren zwiespältigen Niederschlag. Die schon erwähnte japanische Hexe Yamauba, eine fernöstliche Schwester von Frau Holle und Baba-Jaga, hat einen roten Körper und grüne Augen. Erzählungen, in denen sie vorkommt, zeigen sie eher von ihrer dämonisch-verschlingenden als von ihrer gütig-helfenden Seite.

Dies lässt wieder an die Gestalten der Großen Göttin und ihres Sohngeliebten aus der matriarchalen Vorzeit denken. Die Frühlingsgötter Dumuzi-Tammuz und Adonis könnten auch die ersten mythologischen Vorbilder für Chadir gewesen sein. So dürfte ebenso die Titelfigur des kurdischen Märchens im Spannungsfeld dieser Konstellation stehen. Ihre roten Haare und grünen Augen weisen im Kontext der Erzählung auf die schöpferische Verbindung von temperamentvoller Leidenschaft der Vitalkraft und hintergründiger Tiefe des Lebens hin.[94]

3.4 Der Dank des geschändeten Toten

Nun gilt es, die Ergebnisse der religions- und symbolgeschichtlichen Herleitungen auf den Text des kurdischen Märchens zu übertragen. Die Interpretation des Handlungsverlaufes erfolgt dabei immer wieder im Vergleich mit anderen Fassungen des Erzählstoffes AaTh 507 C. Das armenische „Märchen vom dankbaren Geist" setzt gleich mit dem zentralen Geschehen um einen „wohlhabenden Mann" ein, der im Wald sieht, wie ein Leichnam von seinen Gläubigern geschlagen wird, und ihnen daraufhin die Schuld des Toten bezahlt. Die kurdische Erzählung führt zunächst in den ersten Sätzen drei der vier wichtigen männlichen Gestalten des Textes ein: einen Kaufmann, seinen Sohn und Rothaarig-Grünäugig. Der junge Mann scheint dabei zwischen seinem Vater und der Figur mit dem merkwürdigen Doppelnamen zu stehen. Der alte Kaufmann empfindet Angst und Misstrauen gegen den rothaarigen Mann und will dem Sohn verbieten, die merkwürdige grünäugige Gestalt in seine „Dienste" zu nehmen.

Damit ist tiefenpsychologisch von vorn herein ein Gegensatz zwischen einem Repräsentanten der Über-Ich-Instanz und einem Vertreter aus dem Schattenbereich des Unbewussten konstelliert. Nach einiger Zeit verliert der Vater „das Licht beider Augen", womit sich Parallelen zu den beiden kaukasischen Märchen „Der treue Diener" und „Der rote Fisch" ergeben, die 1922 in Jena von Adolf Dirr übersetzt und veröffentlicht wurden. In beiden Texten erblinden die Könige, deren Söhne sich dann berufen fühlen oder dazu gedrängt werden, sich auf den Weg zu machen, um ein Heilmittel für die Krankheit der Väter zu finden.

In „Rothaarig-Grünäugig" hat der Kaufmann weiterhin Vorbehalte gegen die Titelfigur, befiehlt aber dem Sohn, sich „einen Diener" zu besorgen, damit beide „zusammen das Geschäft fortsetzen" könnten. Die Väter verkörpern in den drei genannten Erzählungen die bisher vorherrschende Bewusstseinshaltung, die vom autoritären Gewissen dominiert wurde, durch Einseitigkeit der Lebenseinstellung erblindete, nur an der Stabilisierung der eigenen Machtposition interessiert ist und nicht die Notwendigkeit der Wandlung des Lebens durch das Unbewusste sehen will. Der Kaufmann verschließt sich der Erkenntnis, welche Bedeutung Rothaarig-Grünäugig für seinen Sohn und dessen Zukunft haben könnte.[95]

Nun erfolgt im kurdischen Märchen die Begegnung des jungen Suchers mit dem Toten und seinen beiden Gläubigern auf dem Weg in die Stadt. Die zwei Männer werfen den Leichnam „aus einem Hause" und schlagen ihn. Es entspinnt sich ein kurzer Dialog über die Gründe dieses merkwürdigen Verhaltens. Am Ende des Gespräches steht die Bezahlung der Schulden des Toten und sein Begräbnis, indem der Kaufmannssohn „Erde auf ihn" wirft.

Die armenische Erzählung lässt die Episode nicht in der Stadt, sondern im Wald stattfinden, wo der Leichnam „an einem Baum aufgehangen" und „entsetzlich" geschlagen wird. Sie handelt auch den Dialog zwischen dem Reiter und „einigen Männern" nur in indirekter Rede innerhalb nur eines Satzes ab, nennt aber immerhin das Schlagen des Leichnams ausdrücklich „eine Entweihung des Toten". Im kaukasischen Märchen „Der treue Diener" sieht der jüngste Königssohn auf einem Friedhof einen Gläubiger, der wegen einer Schuld von 70 Rubel mit einem Stock auf ein Grab schlägt, was die größte Beleidigung bedeutet, die man nach dortiger Auffassung einem Toten antun kann. Alle drei Versionen verlaufen-von kleinen Ausnahmen abgesehen-im Punkt der Leichenschändung ähnlich.

Ein Unterschied zwischen christlichen und islamischen Gebräuchen ist kaum ersichtlich. In „Rothaarig-Grünäugig" fällt vielleicht noch besonders auf, dass der Kaufmannssohn beim Begräbnis auf den Leichnam Erde wirft. Wenn hinter dem Toten religionsgeschichtlich Chadir stehen dürfte, könnte man diese Geste des jungen Mannes als Hinweis verstehen, dass die islamische Legendengestalt Erde und Natur sehr nahe ist und so in der Nachfolge von Dumuzi-Tammuz, Adonis und Baal als Sohngeliebter der Großen Göttin interpretiert werden könnte. Tiefenpsychologisch müsste man natürlich den Toten als Schattenfigur des Kaufmannssohnes deuten, die bisher in der Realität nicht gelebt werden durfte, nun aber ins Bewusstsein tritt und in die Ganzheit der Existenz des jungen Mannes integriert werden möchte. Das Gleiche gilt auch für die Gestalt des Verstorbenen in der armenischen und kaukasischen Erzählung ebenso wie im deutschen Märchen „Die verwünschte Prinzessin".[96]

In der Geschichte „vom dankbaren Geist" aus Armenien spitzt sich das Geschehen Schlag auf Schlag immer mehr zu. Im Lauf der Zeit wird der einst wohlhabende Reiter „allmählich arm". Trotzdem bietet ihm in seiner Vaterstadt ein reicher Mann seine einzige Tochter an, die er gern verheiraten würde, deren fünf Ehemänner aber alle „in der Hochzeitsnacht gestorben" waren. Der Verarmte bittet deswegen um Bedenkzeit, während der sich ein Mann bei ihm meldet, um sein Diener zu werden, und als Lohn „die Hälfte" von seinem „künftigen Hab und Gut" verlangt.

Dagegen entwickelt das kurdische Märchen seine Handlung geruhsam und mit „langem Atem". Der Kaufmannssohn sucht hier in der Stadt zwei Tage lang einen Diener. Zweimal kommt Rothaarig-Grünäugig auf ihn zu, wird einmal abgelehnt, schließlich aber doch angenommen und zum alten Kaufmann gebracht. Dieser stimmt nun widerwillig der Entscheidung seines Sohnes zu. Im armenischen Märchen ist die Gestalt des Dieners dem verarmten Mann bis zu ihrem Erscheinen unbekannt, in der kurdischen Erzählung ist dies aber nicht der Fall. Vater und Sohn wissen oder ahnen zumindest, mit wem sie es zu tun haben. Ihre Über-Ich-Instanz lehnt zunächst die Schattenfigur ab, muss ihre Existenz aber dann anerkennen. Ein erster Schritt in deren Kampf um die Eingliederung in den Bereich des Ich-Bewusstseins und seines Handelns ist somit getan.[97]

3.5 Der Weg des Sohnes und seines Dieners

Das armenische Märchen „vom dankbaren Geist" berichtet nichts von einem gemeinsamen Weg des Herrn und des Dieners, sondern geht sehr schnell von der Einstellung des Unbekannten zur Hochzeitsnacht des Armen mit der Tochter des reichen Mannes über. Die kaukasische Erzählung „Der treue Diener" erwähnt eine Reise des jüngsten Königssohnes, auf der er eine Karawane in ein benachbartes Land führt. Dabei überredet ihn sein Diener, von zwei Wegen den kürzeren und gefährlicheren zu wählen. Während eines Nachtlagers fängt der Hund des Prinzen um Mitternacht zu bellen an, weil eine Stimme aus der Dunkelheit heraus ihm zuruft, dass sein Herr ihn bald töten und sein Blut auf das Auge des blinden Vaters schmieren werde.

Im kurdischen Märchen machen sich der Kaufmannssohn und Rothaarig-Grünäugig mit ihren Waren auf den Weg nach Damaskus. Dies war zeitweise die Hauptstadt der damaligen arabischen Weltmacht, immer wieder Handlungsort von „Märchen aus Tausendundeiner Nacht" und sonst auch magischer Treffpunkt von wunderbaren Begegnungen und Ereignissen wie z. B. von Erscheinungen des Chadir oder vom sog. „Damaskus-Erlebnis" des Apostels Paulus. Eine Kreuzung von drei Straßen gibt der bis dahin ruhig verlaufenden Reise von Herrn und Diener eine neue Wendung. Sie ist nicht einfach nur ein Schnittpunkt von Verkehrswegen, sondern gilt im Volksglauben als Mittelpunkt der Welt und Ort der Entscheidungen und der Begegnung von Raum und Zeit, wo sich die Wege der Lebenden und der Toten kreuzen. Hier treffen sich nach magischem Verständnis Hexen und Dämonen ebenso wie die guten und die bösen Geister. C. G. Jung nimmt eine solche Kreuzung als Bild für das ambivalente Symbol der Mutter, das „Inbegriff" sowohl von „Vereinigung" als auch von „Trennung und Abschied" sei.[98]

Diese Definition eröffnet den Zugang zur Sphäre der matriarchalen Großen Göttin und des Archetyps der Magna Mater. Denn in der griechisch-römischen Mythologie war Hekate als Enodia (oder lateinisch als Trivia) Hüterin des Dreiweges, des Schnittpunktes von sich kreuzenden Richtungen. Als chthonische Gottheit kann sie hilfreich, aber vor allem auch unheimlich wirken. So gilt sie als Herrin des natürlichen Spukes, der

Hexen und Gespenster, der Zauberei und Giftmischerei, des Schicksals und der Unterwelt.

Nach Persephone und Demeter erscheint sie auf Kreta als dritter Aspekt der dreifaltigen Göttin dem Herbst und dem Winter, dem Neumond und dem Tod zugeordnet. Auch tritt sie selbst oft in drei Gestalten auf und wird häufig von einem Schwarm weiblicher Dämonen umgeben. Schwarz ist die Farbe dieser Todesmutter, deren Symbolik auch auf die letzte „menstruelle" Phase des weiblichen Zyklus übertragen wurde. Nun steht aber an der Kreuzung des kurdischen Märchens keine unheimliche Frau, sondern ein alter Mann, der die Frage des jungen Kaufmanns nach Damaskus ausführlich und freundlich beantwortet.

Seine Aussagen sind der Form nach korrekt und enthalten keine Wertung, sondern überlassen sie dem Reisenden, für welche Möglichkeit er sich entsprechend seinem Naturell entscheiden will. Tiefenpsychologisch könnte hinter dem Antwortenden der Archetyp des alten Weisen stehen. Dieser personifiziert das geistige Prinzip des Sinns und bildet im Unbewussten den Faktor, der Bewusstwerdung ermöglicht. Er tritt in Märchen und Träumen immer dann auf, wenn sich der Held in einer schwierigen Situation befindet. Dabei kann er ihm die Informationen verschaffen, die ihm weiterhelfen, und warnt ihn darin auch vor kommenden Gefahren. Der alte Weise besitzt nach C. G. Jung rationale Eigenschaften wie Wissen, Erkenntnis und Weisheit, aber auch moralische Qualitäten wie Wohlwollen und Hilfsbereitschaft.

Meist hat er einen doppeldeutigen Charakter mit einem gelegentlich neutralen Aspekt, der hier im kurdischen Märchen eine wichtige Rolle spielt. In der Erzählung erteilt er am Kreuzweg von Enodia bzw. Trivia Auskunft und steht damit im Dienst der Großen Göttin. Im Rahmen der Analytischen Psychologie könnte er als „Animus der Magna Mater" bezeichnet werden. Da die Geschichte aus dem islamischen Kulturraum kommt, dürfte hier nicht die griechisch-römische Hekate, sondern die arabische Schicksalsgöttin Manat den Todesaspekt des Großen Weiblichen repräsentieren.[99]

Nach Erhalt der Information streiten sich Herr und Diener über die weitere Fortsetzung der Reise. Der junge Kaufmann will die „Sechs-Monate-Straße" nehmen. Rothaarig-Grünäugig lehnt diese Möglichkeit ab und plädiert für den „Zwei-Monate-Weg". Hinter diesen gegensätzlichen

Meinungen stehen zwei grundsätzlich verschiedene Lebenshaltungen, die sich kaum in einem Kompromiss vereinbaren lassen. Der Sohn hat bisher immer das getan, was der Vater von ihm verlangt oder erwartet hat. Dieser war bisher immer auf Sicherheit und Erhaltung seines Besitzes bedacht und hat alle Entscheidungen seines Lebens von seiner autoritären Gewissensinstanz und seinem Machtbedürfnis her getroffen.

Der Junge steht dabei ganz im Schatten des Alten und ist zunächst kaum bereit, aus dessen „Fußstapfen" herauszutreten, indem er die Reise geruhsam ohne Hektik und Risiko beenden möchte. Doch seine Schattenfigur in Gestalt des Dieners ist jetzt in sein Bewusstsein und seine Existenz eingetreten, fordert vehement ihr Recht ein und widerspricht leidenschaftlich der Möglichkeit gepflegter Langeweile auf einem gefahrlosen Weg. Mit seinen roten Haaren vertritt er die Dynamik der Lebenslust, und mit seinen grünen Augen hat er auch die Dimension des Todes im Blick. Durch diese Verbindung von vitaler Energie und abgründiger Tiefe strebt er eine Erfahrung der Wandlung des Menschen zu seiner Ganzwerdung oder Individuation an. Der Kaufmann bedauert zwar das Dasein des Dieners bei der Reise, hat aber seinem Drang zur inneren Fortbewegung nichts entgegenzusetzen und lässt sich vom Abenteuer der ersten Schritte zur eigenen Autonomie durch seinen Schatten mitreißen.[100]

3.6   Der Dachshund und der Drache

Nach zwei ruhigen Tagen geschieht mitten in der Nacht etwas Neues, als Rothaarig-Grünäugig den „Hund bellen" hört. Im Volksglauben können klägliche, winselnde und heulende Laute dieses Tieres Unheil und Tod ankündigen, aber auch Dämonen verscheuchen und abwehren. Allgemein ist der Hund ein Sinnbild des führenden und warnenden Instinkts und wacht an den Übergängen zwischen Tag und Nacht, zwischen Diesseits und Jenseits sowie zwischen Bewusstsein und Unbewusstem. Er gilt als Freund des Menschen und lebt unmittelbar in größter Nähe zu ihm. Aber er ist auch der Macht seiner Triebe unterworfen und wird so im Islam zur Verkörperung der Unreinheit.

In gezähmter Form erscheint er als Symbol der Treue; doch in unterdrückter Gestalt repräsentiert er aus christlicher Sicht die Bösartigkeit des Teufels. Tiefenpsychologisch steht er so zwischen „Persona" und „Schatten" oder in Freuds Terminologie zwischen „Über-Ich" und „Es", verbindet so die getrennten Sphären und vermittelt zwischen ihnen.

Als Cerberos hütet er in der Antike die Unterwelt und geleitet die Toten in Ägypten, Griechenland und Mexiko als Psychopompos ins Jenseits. Damit geriet er auch mythologisch in die Nähe von Hekate, deren Begleit-, Jagd- und Opfertier er wurde und deren Gestalt gelegentlich mit Cerberos verschmolz, wenn sie in Darstellungen hundeköpfig erschien.

Die Dimension des Todes verweist wieder auf Rothaarig-Grünäugig, der in diese Sphäre auf der „Zwei-Monate-Straße" eindringen will, um seinem Herrn zu Wandlung und Wachstum zu verhelfen. Im weiteren Zusammenhang des Textes wird der Hund mit dem Dachs in Verbindung gebracht. Dieses arme Säugetier wurde seit der Antike gerne gejagt, weil sein Blut, Schmalz und Fell sehr beliebt waren. Wenn es in Mythen als Schwein der Frau Harke bezeichnet wird, erscheint es als Attribut der mitteleuropäischen Muttergöttin, die selbst als Junge werfende Hündin manchmal porträtiert und dann auch entsprechend so genannt wird. Im kurdischen Märchen tritt der Dachshund als Dackel auf, der dazu abgerichtet wird, den Dachs für den Jäger aufzuspüren. Damit handelt er ganz im Sinne des Über-Ich und seiner Gebote und bellt befehlsgemäß bei drohender Gefahr. Auf den Kaufmannssohn übertragen bedeutet sein Verhalten dessen hündisch treue Seite, die kritiklos die Wünsche seines Vaters ausführt und ihn dadurch von seiner autoritären Gewissensinstanz immer wieder abhängig macht.[101]

Nun sieht der Dackel im Kontext der Erzählung, dass „ein Drache" zum Zelt der Reisenden „gekommen" ist. In einem kommentierenden Satz gibt das Märchen dieses Monster als „Grund" an, warum die Leute, die auf „der Zwei-Monate-Straße" gegangen waren, „niemals wiederkamen", und weist damit auf die mögliche Katastrophe für die Unternehmung des Kaufmanns und seines Dieners hin.

An sich ist der Drache ein komplexes und universelles, aber auch zutiefst ambivalentes Sinnbild. Als „geflügelte Schlange" vereinigt er in sich die Symbolik von Geist und Materie. Der Ferne Osten legt in seiner Sichtweise den Schwerpunkt auf den Ersteren und interpretiert das phantastische Tier überwiegend positiv, während der Okzident es von der Letzteren her betrachtet und negativ beurteilt.

In China ist der Drache eine gütige himmlische Macht, die Weisheit, Wandlung, Erneuerung, Schöpferkraft, Fruchtbarkeit und Glück verkörpert. Doch im europäischen und vorderasiatischen Kulturraum stellen die monotheistischen Religionen das Tier als böse, destruktiv und dämonisch dar und machen aus ihm einen Repräsentanten des Chaos, des Todes und der Vernichtung.

Dieses Bild mit seiner negativen Deutung des „Schlangenvogels" entstand ursprünglich in Sumer, Babylon und Griechenland und kam im Lauf seiner Verbreitung über das Judentum und Christentum auch zum Islam. Es enthält zwar in sich auch die Möglichkeit der Aufforderung, die Lebenskraft zu sublimieren, legt aber den Hauptakzent seiner Sichtweise auf die Warnung vor den finsteren Mächten, die solche Weiterentwicklung hindern wollen. So wird der Drache zum Wächter an der Grenze zwischen höheren Sphären und der Unterwelt und als solcher Inbegriff des Dunklen und Feindseligen, das es zu überwinden gilt, um den inneren Schatz der Liebe und Weisheit oder des Selbst als Zentrum der seelischen Tiefenschichten zu gewinnen. Nach Auffassung der Analytischen Psychologie symbolisiert er die furchtbare Seite des Archetyps der Großen Mutter und damit die regressive Tendenz des Unbewussten, die der Bewusstwerdung und dem inneren Fortschreiten im Wege steht.

Für C. G. Jung stellt er „einen negativen und ungünstigen Akt" der kollektiven Dimension des Psychischen dar sowie „ein Verschlucken", geizige „Zurückhaltung und Zerstörung". Im Text des Märchens erscheint er mythologisch quasi im Dienst von Hekate oder Manat als Repräsentant des Todesaspekts der Großen Göttin, der aber in deren Jahreszyklus nach Durchschreiten der dunklen Herbst-Winter-Sphäre immer wieder zum Licht der Erneuerung oder Wiedergeburt des Frühlings strebt.[102]

Dachshund und Drache begegnen sich während der Reise des Kaufmanns und seines Dieners mitten in der Nacht, in der Hekate/Manat an Kreuzungen ihr gespenstisches Unwesen treibt, und schreien sich gegenseitig an. Dies zeigt an, dass beide innerlich zusammengehören.

Die zwei Tiere sind jeweils Wächter an der Grenze zwischen gegensätzlichen Daseinsbereichen, und Cerberos am Eingang der griechischen Unterwelt enthält in sich Anteile von beiden. Symbolisch gilt der Hund als verkleinerte Form des Drachen und verkörpert gezähmt psychoanalytisch das Über-Ich, während das ungestüme, wilde Fabeltier den entfesselten

Triebbereich des freudschen Es repräsentiert und in der Dimension des kollektiven Unbewussten den negativen Aspekt des Mutterarchetyps vertritt. In der kurdischen Erzählung spricht das eine Tier über den Tod des anderen und ist für das Herausnehmen von dessen Kopf aus der Leiche, damit ein kranker Mensch dadurch geheilt werden könne.

Das kaukasische Märchen „Der treue Diener" thematisiert den gleichen Zusammenhang ohne die Gestalt des Drachen. Hier verkündet eine anonyme Stimme den Tod des Hundes durch seinen Herrn für die Heilung seiner Augen, ohne dass dies zunächst danach geschieht, während die kurdische Erzählung den gegenseitigen Beschimpfungen viel schneller Konsequenzen folgen lässt. Übrigens spielt in der Volksmedizin eine wichtige Rolle der sog. „Drachenstein", der vor allem bei dem antiken Autor Plinius erwähnt wird und sich nach dessen Auffassung im Gehirn des Fabeltiers befindet.

Er wird gewonnen, indem man einem schlafenden „Lindwurm" den Kopf abschneidet, und entfaltet dann seine wundersamen Zauberkräfte, die auch Heilungen bewirken können. Auch das Gehirn des Hundes wird volksmedizinisch geschätzt und dafür verwendet, um das Leiden kranker Menschen zu lindern oder gar zu beenden. Das gezähmte Raubtier kann überhaupt heilen, vor allem mit seiner leckenden Zunge, und tritt daher auch als Begleiter des göttlichen Arztes Asklepios auf, der sogar Tote zu neuem Leben erweckte, dafür aber von Zeus mit einem Blitzstrahl bestraft und vernichtet wurde. Auch das Gehirn des Dachses diente in der frühen Neuzeit als Mittel zu Einreibungen oder wurde zumindest dafür empfohlen. Wenn jedenfalls die Köpfe von Drache und Dachshund für Heilzwecke benutzt werden, deuten diese Aussagen auf das Wandlungsgeschehen von Tod und Wiedergeburt hin, das dem Zyklus der dreifaltigen Göttin zugrunde liegt und von der Symbolik des Textes her im Zeichen von Hekate/Manat steht.[103]

Nach dem kurzen Dialog der beiden Tiere hebt im kurdischen Märchen Rothaarig-Grünäugig „sein Schwert" und geht „auf den Drachen los". Dann lässt er „mit einem Schlag" dessen „Kopf fliegen" und schneidet ihn ab. Die Waffe hier bedeutet an sich Macht, Autorität, Mut und Stärke, aber auch physische Vernichtung. Das Schwert repräsentiert tiefenpsychologisch das männliche Logos-Prinzip der Unterscheidung, der Einordnung und der rationalen Erkenntnisse. Zu seiner Schattenseite in Form von

Einseitigkeit und Dogmatisierung gehört vor allem die abwertende Abspaltung des Eros und des Weiblichen, der Natur und der Erde.

Dies führt letztlich zu einem inneren geistigen Gefängnis, das den Zugang des Menschen zu seiner Ganzheit von Körper und Seele zerstört. Die verschiedenen Religionen und Ideologien legen „Zeugnis" von der Gewalt ab, die mit einer solchen Verabsolutierung von maskulinen Werten verbunden sein kann.

Symbolisch scheidet das Schwert Leib und Seele, Trieb und Geist, Erde und Himmel und trennt in der Schöpfungsgeschichte den Menschen vom Paradies und damit auch von seiner Wurzel und Quelle, d. h. auch von seinem Selbst, dem er sich erst wieder auf dem langwierigen, mühseligen Weg der Individuation annähern kann.

Der negative Archetyp des Rot äußert sich vor allem in Aggression, Destruktion und Gewalt und wird als extrovertierte, impulsive männliche Lebenskraft erfahren. Er steht im Zeichen des rasenden römischen Kriegsgottes Mars und drückt die Farbe der Tapferkeit im tobenden Kampf aus. Diese Symbolik der Vernichtung zeigt sich auch in gewissen dunklen Aspekten des Islam. Hier stellt das Schwert zwar einerseits die Auseinandersetzung mit der eigenen Bosheit, aber andererseits vor allem sinnbildlich den „Heiligen Krieg" der Gläubigen gegen die Ungläubigen dar.

Diese Haltung wurde schon bei der Religionsgründung in Arabien deutlich, als Mohammed die noch vorhandenen Reste der matriarchalen Kulte ausrotten ließ. In der Legende spaltete sein General Chaled der schönen Liebesgöttin Al-Uzza den Schädel mit dem Schwert, tötete auch ihren Hohepriester Dubaiya und fällte schließlich mit der Axt ihre drei heiligen Weidenstämme. Damit war symbolisch der Triumph des Islam besiegelt, der nicht nur die Unterwerfung des Menschen unter den einen maskulinen Gott bedeutete, sondern auch ein rigoroses Patriarchat mit der sexuellen Unterwerfung des weiblichen Geschlechts unter die Herrschaft der Männer zur Folge hatte.[104]

Die aggressive Rot-Symbolik prägt nicht nur in vieler Hinsicht die Titelfigur des kurdischen Märchens, sondern verweist auch auf zentrale Aspekte der hinter ihr stehenden islamischen Legendengestalt. Chadir lässt seiner Religionsgemeinschaft die Unterstützung besonders auf militärischem Gebiet zukommen. So kann er zum entscheidenden Zeitpunkt einer Schlacht unerkannt heldenhafte Angriffe auf die feindlichen Linien durchführen und den Muslimen zum Sieg verhelfen. Auch in Visionen taucht er auf und begleitet dort zum Schutz islamische Führer, die von Mohammed den Auftrag erhalten, den Kampf gegen die Ungläubigen aufzunehmen. In der 18. Sure des Korans erschlägt er scheinbar unmotiviert einen Jüngling (Vers 73) und sagt dazu erst einmal nichts.

Die kurze Stelle wird aber in den Hadithen, den Überlieferungen angeblicher Aussprüche Mohammeds und deren Kommentierungen, ausführlich dargestellt und grausam ausgemalt. In einer Fassung reißt Chadir den Kopf des Knaben oder jungen Mannes vom Rumpf ab, und eine andere Version schildert, wie der „grüne Mann" dem Jüngling mit dem Messer, einer Verkürzung des Schwertes, die Kehle durchschneidet und ihn damit schlachtet.

In einer dritten Variante spaltet der Täter seinem Opfer den Kopf solange mit einem Stein, bis er ihn zertrümmert hat. Den Gipfel der sadistischen Perversion erreicht ein Kommentar der Erzählung, nach dem Chadir dem getöteten Knaben noch die linke Schulter herausreißt und das Fleisch abschabt. Im Koran gibt der mordende Gottesknecht für seine grausame Tat noch die Erklärung, dass der Jüngling später zum Häretiker geworden wäre und seine Eltern zum Abfall vom rechten Glauben verleitet hätte. So glaubt er, nicht aus eigener Willkür, sondern aus göttlicher Eingebung gehandelt zu haben.

Im weiteren Verlauf der muslimischen Eroberungsfeldzüge haben sich militärische Führer immer wieder auf dieses Verhalten von Chadir und seine Begründung zur Rechtfertigung von Gräueltaten berufen. Koran-Kommentatoren haben solche Grausamkeiten gegen andersgläubige Menschen immer wieder als Strafgericht Allahs und die Befehlshaber dieser Massenmorde nur als Instrumente des göttlichen Willens im Einklang mit khidrischer Eingebung dargestellt. Hier stellt sich angesichts der Tötung eines Kindes und ihrer zynischen Begründung grundsätzlich die Frage nach der aggressiven Schattenseite des Islam, die von einem humanistischen Standpunkt aus nicht anders als destruktiv und menschenverachtend im tiefsten Sinne bezeichnet werden muss.

C. G. Jung geht in seiner Deutung der 18. Sure nicht auf Chadirs Mord ein, sondern übernimmt hier die Sichtweise des Korans und betrachtet „jene unbegreiflichen Taten" als „die überlegene Schicksalsführung des Selbst" und als ein der höheren Weisheit „entsprechendes Handeln, welches jenseits der menschlichen Vernunft steht". Dieser allgemeinen Interpretation des Begründers der Analytischen Psychologie stellt der Verfasser dieser Arbeit eine kritische, spezifische und differenzierte Perspektive gegenüber, die auch vor den dunklen Seiten des „grünen Mannes" und seiner Religion nicht den Blick verschließt.[105]

Wie General Chaled der Liebesgöttin den Schädel spaltet und Chadir dem Knaben die Kehle durchschneidet, so schlachtet im kurdischen Märchen Rothaarig-Grünäugig den armen Drachen im Schnelldurchgang ab. Er lässt ihm nicht den Hauch einer Chance, sein feuriges Wesen zu entfalten, sondern schlägt gleich hart und kurzentschlossen mit nur einem Schwertstreich zu, der sofort über den Sieg des Dieners entscheidet.

Dabei ist der Drachenkampf tiefenpsychologisch Ausdruck der schweren Auseinandersetzung des Menschen mit seinen existenziellen Ängsten, denen er sich stellen muss, um den inneren Schatz des Selbst heben zu können. Er bildet ein archetypisches Motiv innerhalb des Heldenmythos, in dem der Heros auf seinem Weg zu unbekannten Seelenbereichen meist einem Ungeheuer begegnet und es schließlich zu besiegen vermag, damit er das Ziel seiner Suchwanderung erreicht. Im Drachenkampf ist auch die Loslösung des Helden von der ihn fesselnden und lähmenden Mutter sowohl auf der persönlichen als auch auf der kollektiven Ebene dargestellt.

Bei der zuletzt genannten überpersönlichen Tiefenschicht handelt es sich um das Urbild der Magna Mater als den mütterlichen Urgrund des Unbewussten, dessen Nabelschnur der wandernde Sucher durchtrennen muss, um die alten naturhaften Bindungen zu überwachsen und seiner Wirklichkeit als selbstständiges Wesen inne zu werden. Kulturgeschichtlich sind Drachenkämpfe Ausdruck einer männlich-heroischen patriarchalischen Gesellschaft, in der die Frau passiv bleibt, zunächst nur beklagenswertes Opfer eines bösartigen Untieres ist und schließlich zur legitimen Trophäe des Siegers wird. Letztlich handelt es sich dabei um den Triumph des Himmels über die Erde, der Sonne über die Finsternis, des „neuen" aggressiv auftretenden Vaterrechts über das „alte", in dessen Sinn entwicklungsfeindliche Mutterrecht.

Im Christentum begründen Drachenbezwinger Gottes Herrschaft über die Mächte des Bösen und der Ketzerei und bestätigen so die endgültige Niederlage des Satans. Das bekannteste Vorbild für diesen religiösen Heldentypus ist der Erzengel Michael, der in der biblischen „Offenbarung" des Johannes das „große" Ungeheuer aus den himmlischen Gefilden vertreibt und auf die Erde herunterstürzt. Neutraler und differenzierter formuliert wäre der Drachenkampf ein Sinnbild für die Auseinandersetzung des Menschen mit dem Bösen außer ihm und in ihm, mit den gefährlichen Aspekten der Natur und den Schattenseiten des eigenen Unbewussten.[106]

3.7 Chadir und Sankt Georg

Übrigens wird Chadir oft mit Sankt Georg von Lydda identifiziert oder zumindest in Bezug gesetzt. Beide wurden im Volksglauben als große Nothelfer angebetet, angerufen und geschätzt und im vorderasiatischen Raum zwischen Kleinasien, Palästina, Israel und Syrien besonders verehrt. Der christliche Heilige starb angeblich 303 unter dem römischen Kaiser Diokletian den Märtyrertod, weil er öffentlich den heidnischen Kult des griechischen Gottes Apollo angegriffen hatte. Die danach einsetzende Legendenbildung gab ihm von Anfang an den Charakter eines kriegerischen Helden. Schließlich galt St. Georg als berühmtester Drachenkämpfer des Hoch- und Spätmittelalters. Diese Popularität verdankt er vor allem dem Erzbischof von Genua, Jacobus de Voragine, der zwischen 1263 und 1273 seine „Legenda aurea" als Sammlung von Biographien christlicher Heiliger niederschrieb und darin auch das Leben des kleinasiatischen Märtyrers behandelte.

Nach dieser Version erscheint Georg als junger Ritter, der nach Lybien kommt, um das Land von einem Unheil bringenden Drachen zu befreien und das Volk zum christlichen Glauben zu bekehren. Er besiegt das Untier mit Gebet und Kreuzeszeichen und befiehlt anschließend der Prinzessin, die dem Monstrum geopfert werden sollte, ihren Gürtel dem zahm gewordenen Ungeheuer um den Hals zu legen und es in ihre Heimatstadt Selena zu führen, wo ihm der Gotteskrieger den Kopf abschlägt. Immerhin wird hier neben der heroisch-patriarchalen Strategie, die den Drachen immer töten will, eine weiblich-friedfertigen Taktik angedeutet, die das Ungeheuer besänftigen und führen möchte.[107]

Ein noch besseres Beispiel dafür ist die Geschichte von der heiligen Martha, die auch in der „Legenda aurea" aufgezeichnet ist. Danach wandert die gute Bekannte von Jesus nach dessen Tod durch Südfrankreich, um überall Christi „frohe Botschaft" zu verkünden, bis sie schließlich zum Dorf Jarnèques kommt. Dort bitten die Einwohner sie, die Gegend von dem weiblichen Ungeheuer La Tarasque zu befreien. Martha gießt geweihtes Wasser über den Drachen und hält ihm das Kreuz entgegen. Damit zähmt sie das Untier und bindet es mit ihrem Gürtel fest.

Darauf schlägt das Volk es mit Steinen und Speeren tot. Seither trägt Jarnèques nach seinem Drachen den Namen Tarascon. In beiden Geschichten konnte der weibliche Eros mit seiner Tendenz, eine Verbindung mit dem Ungeheuer herzustellen, sich zwar im Ansatz zeigen, sich aber letztlich nicht gegen die übermächtige männlich-patriarchale Destruktivität durchsetzen, die nur durch die Ermordung des Untiers sich behaupten zu müssen glaubte.

Dies gilt für Georg und die südfranzösischen Dorfbewohner ebenso wie für die Chadir-Gestalt des kurdischen Märchens. Es darf jedoch in diesem Zusammenhang nicht vergessen werden, dass der christliche Heilige und der islamische „grüne Mann" beide in Syrien und Palästina ihre Kultstätten fanden, wo ursprünglich Baal und Adonis gemeinsam mit ihren Partnerinnen Astarte und Aphrodite die angebeteten Vegetationsgottheiten waren. Beim Übergang von diesen matriarchalen Religionen zum Monotheismus fand dann ein aggressiver Prozess zum strengen Patriarchat hin statt, in dem nicht mehr die Fruchtbarkeit der Menschen und der Natur, sondern nur der absolute Machtanspruch des einen Gottes im Mittelpunkt stand. Dabei musste alles ausgerottet werden, was nicht in das enge Schema einer patriarchalen Dogmatik passte. Dazu gehört auch der Drache des kurdischen Märchens als letzter Überrest eines längst vergangenen und ins kollektive Unbewusste abgesunkenen Matriarchats.[108]

Nun erfolgt aber im kurdischen Märchen ein gewisser Umschlag vom Negativen ins Positive. Rothaarig-Grünäugig legt den abgeschnittenen Kopf des Ungeheuers „in eine Kiste", schließt „sie zu" und bringt „sie zu den Waren". Vorher hat der Dachshund betont, dass ein räudiger Mann durch das „Gehirn" des Drachen „geheilt" werden könne. Darauf setzt der Diener des Kaufmanns, indem er den Kopf des Untieres nach Damaskus mitnimmt.

Dort drängt er seinen Herrn äußerst brutal dazu, öffentlich zu behaupten, dass er den an Rheumatismus leidenden König wieder gesund machen könne, sonst werde er, Rothaarig-Grünäugig, ihn, den jungen

Kaufmannssohn, mit seinem Schwert „in zwei Stücke hauen". Der innerlich noch infantil gebliebene Herr muss durch diese Drohung seines Schattens durch die Todeszone der Angst hindurchgehen, um einen wichtigen Schritt auf dem Weg zu seiner Selbstwerdung in Richtung Autonomie zu wagen. Er soll nicht nur den König, sondern auch sich selbst heilen, indem er lernt, immer mehr sich von seinem Vater, seinem Über-Ich und der damit verbundenen Abhängigkeit zu befreien.

Der Tod des Drachen ist dafür die Voraussetzung, und deswegen stirbt auch langsam sein unreifer Sohn-Aspekt in ihm ab. So schließt hier Heilung auch Wandlung ein, die eine durchgreifende Charakterveränderung in dem jungen Mann hervorruft. Bisher stand sein Weg zusammen mit dem widerspenstigen Diener seit der Entscheidung für die Zwei-Monate-Straße an der Kreuzung im Zeichen von Hekate/Manat, deren Todesseite nun innerhalb des Zyklus der Großen Göttin in ihr Gegenteil umschlägt.

Die Herrin der Hexen, der Gespenster und des nächtlichen Spukes zeigt jetzt ihren lichtvollen Aspekt und wird zur Geburts- und Hochzeitsgöttin, die nicht mehr in Schwarz, sondern in Weiß erscheint. Diese alte Greisin stellt die herbstlich-winterliche Rückkehr der Natur in den Schoß der Erde dar und tritt im Frühling als Wiedergebärende auf. Im antiken Kreta wurde Hekate niemals losgelöst von den beiden anderen Seiten der weiblichen Dreifaltigkeit vorgestellt, die in Kore-Persephone und Demeter verkörpert waren. So erschien der Todesaspekt des Lebens nie isoliert, sondern immer in das zyklische Wandlungsgeschehen der Göttin Natur integriert. Weiß ist auch Attribut der Delphischen Aphrodite, die für Existenz, Liebe und Tod steht, und bedeutet hier Trauer. Bei der Hochzeit symbolisiert diese Farbe den Tod des alten Lebens und die Geburt des neuen, beim Begräbnis den Beginn einer neuen Existenz im Jenseits. Parallel dazu dürfte sich im arabischen Kulturraum innerhalb des göttlichen Zyklus der Übergang von Manat, der Hüterin des Schicksals, zu Allat, der schöpferischen Jungfrau, vollzogen haben.[109]

Chadir bleibt als „grüner Mann" von seinem Wesen her Repräsentant der „viriditas" im Sinne der Hildegard von Bingen, hat aber auch gewisse Bezüge zu „Weiß" in den soeben umrissenen symbolischen Zusammenhängen. Die unbunte Lichtfarbe kann letztlich sogar sinnbildlich für das ganze magische Reich des Unbewussten stehen, wie dies bei der Schneesphäre von Frau Holle oder bei Azlan anklingt, dem „weißen Land" der

Azteken, das von deren Ahnen und Toten bewohnt wird. Zugleich ist sie die Farbe des reinsten Lichts, der Verklärung, der Jungfräulichkeit und Unschuld und kann somit den Beginn oder Neubeginn einer Entwicklung bedeuten.

Wenn Chadir in sich symbolisch „Grün" mit „Weiß" vereinigt, verbindet er innerlich Wachstum und Wandlung gleichermaßen, was sich in seiner Tätigkeit als Heiler ausdrückt. In der islamischen Tradition gibt es viele Geschichten, Legenden und Glaubensvorstellungen darüber. Nach anatolischem Volksglauben führt die Berührung von Chadirs Hand dazu, dass man von Schmerz, Unglück und Krankheit befreit wird und zu lang anhaltendem Wohlstand gelangt. Auch hilft der „grüne Mann" Menschen in der Not und bewahrt sie oft vor dem drohenden Tod.

Auch wird er häufig bei Krankheit im Gebet angerufen. Frauen bitten ihn um eine gut verlaufende Geburt. Wenn sie unfruchtbar sind oder noch nicht geboren haben, beten sie, dass er ihnen Kindersegen schenke. Hier findet ein Berührungspunkt mit der Verehrung des heiligen Georg statt. Auch sollen beide Legendengestalten die Fähigkeiten gehabt haben, Geisteskranke und Besessene heilen zu können. In Verbindung mit der Anbetung des alttestamentlichen Propheten Elia trug man in Bagdad Kranke an den Strom Tigris, damit Chadir sie segne und gesund mache. Zu Asklepios ergeben sich natürlich auch Parallelen in Bezug auf die Heilkunst, aber auch gewichtige Unterschiede.

Während der griechische Arzt Gott oder zumindest Halbgott ist, hat der islamische Nothelfer einen unklaren Status irgendwo zwischen Engel und heiligem Menschen. Der Sohn des Apollo handelt eigenmächtig wie Prometheus für das Wohl der Menschen und gegen den Willen des Zeus, der seine beiden Gegner für ihren Ungehorsam gnadenlos hart bestraft. Chadir übt seine Heil-und Glück bringende Tätigkeit für den Menschen nur auf ausdrücklichen Befehl von Allah aus und wird dabei zum demütigen Vertreter des göttlichen Über-Ich oder autoritären Gewissens, während Asklepios allein auf sein eigenes Selbst und dessen humanistische Instanz in der Mitte seines Wesens vertraut und damit die patriarchale Struktur der Götterwelt grundsätzlich in Frage stellt, was der „grüne Mann" im strengen Monotheismus seiner Religion strikt unterlässt.[110]

3.8 Der König und seine Tochter

Im kurdischen Märchen tritt nun der König von Damaskus in Erscheinung. Auf islamischem Hintergrund wäre er wohl am ehesten mit einem Kalifen vergleichbar. Jedenfalls ist er Repräsentant einer patriarchalen Gesellschaft und steht an der Spitze einer Standeshierarchie, die von Gott oder Allah selbst eingesetzt ist. So wird er zum Sinnbild des väterlichen Hüters der Weltordnung als ihr Anwalt und Richter gleichermaßen, der idealerweise sein Volk in Frieden und Gerechtigkeit regiert.

Tiefenpsychologisch stellt er an der Oberfläche ein Spiegelbild des Ich-Bewusstseins dar, hinter dem als lichte Kraft des Unbewussten der Archetyp des alten Weisen steht. Dabei verkörpert er den Begriff des hohen Wertes der Humanität im Sinn einer inneren Höherentwicklung und Reifung des Menschen. Ursprünglich war er in vielen Kulturtraditionen für die Fruchtbarkeit seines Landes verantwortlich und spiegelte auf kraftgeladene und zugleich sakrale Weise die Lebensenergie seiner Einwohner wider. Solange er in der Blüte seiner Jahre steht und gesund ist, repräsentiert er die sinnvolle Weiterentwicklung der Existenz, die auf einem Zusammenspiel von Gegensätzen beruht. Wenn er aber alt wird, kann er oft nur das bisher die ganze Zeit dominierende Bewusstsein darstellen, das im Fortgang des Lebens allmählich durch Einseitigkeit „blind" oder „krank" wurde.[111]

Hier hat nun der König von Damaskus Rheumatismus und leidet damit unter schmerzenden Gelenken, Muskeln und Nerven. Kurz vorher spricht der Dachshund in Bezug auf die Heilkraft des Drachenkopfes ganz allein von dem Fall, dass „ein Mann sieben Jahre räudig war" und damit eine juckende Hautentzündung besaß, die zum Kratzen reizt. Unabhängig davon, welchen Schwerpunkt die Krankheit des Herrschers hat, geht es jetzt vor allem darum, dass der junge Kaufmann sie heilen soll. Dies geschieht zunächst auf Druck seines Dieners, der seiner Drohung später genaue Anweisungen folgen lässt.

Dem Rheumatismus kann eine Aggressionshemmung zugrunde liegen. Auch könnte es sich um eine Störung der Libido oder Vitalkraft im allgemeinen Sinn, aber auch unter besonderer Berücksichtigung des Eros handeln. Jedenfalls ist in der kurdischen Erzählung von keiner Königin die Rede, so dass man davon ausgehen kann, dass der Herrscher entweder verwitwet oder geschieden ist. Das weibliche Element auch in Form der

Anima scheint in seinem Leben keine Rolle mehr zu spielen. Normalerweise ist es im Märchen die Hauptaufgabe des Königs, seine Tochter zu verheiraten und dafür zu sorgen, dass sie einen tüchtigen Mann bekommt.

Der Regent von Damaskus hat zwar weiblichen Nachwuchs, verschweigt ihn aber vor dem Kaufmann und erwähnt ihn erst, als der junge Freier ihn darauf anspricht. Er ist in keiner Weise stolz auf seine Tochter, sondern es ist ihm eher peinlich und lästig, von ihr zu reden. Es liegt der Verdacht nahe, dass er sie nicht liebt und auch in der Vergangenheit sich nicht sonderlich um sie gekümmert hat. Sein größtes Interesse dreht sich vor allem um seine Person und sein Leiden.

Als kranker König verkörpert er das reine Ego der Bewusstseinsoberfläche, das an der Macht seines Amtes um jeden Preis festhalten will. Nachdem er geheilt worden ist, regrediert er zu einem infantilen Zustand „wie an dem Tage, als er seiner Mutter Hemdsaum verließ". Während der Hochzeitsnacht seiner Tochter und seines Schwiegersohns kann er zwar nur schlecht schlafen und gibt nach deren gutem Verlauf „ein großes Fest". Aber dann schickt er die beiden frisch Verheirateten mit der Aufforderung weg, dass sie nun ihrer „Wege" gehen sollen. Das Motiv der Königserneuerung, das sonst die Zaubermärchen prägt, geht hier nicht von der Frage aus, wie die Erbfolge der Herrschaft geregelt werden soll, sondern thematisiert ausschließlich die körperliche Heilung des Regenten, der sich dabei aber nicht seelisch wandelt, sondern der egozentrische Egoist bleibt, der er schon immer war.[112]

Im Gegensatz dazu verändert sich der junge Kaufmann auch innerlich, indem er sich unter dem aggressiven Einfluss von Rothaarig-Grünäugig seelisch entwickelt. Er befolgt zwar genau die Anordnungen des Dieners und hat damit auch äußerlich Erfolg. Aber auf einer tieferen Ebene integriert er dabei die ungelebte Schattenseite der konstruktiven Aggressivität, die in seinem Diener verkörpert wird, und wandelt sich vom abhängigen, gehemmten Sohn immer mehr zum mutigen, eigenständigen jungen Mann, der mehr und mehr weiß, was er will.

Der König ist für ihn zwar auch eine Vaterfigur, die ihn für ihre Zwecke benutzt. Aber er macht ihn nicht wie der autoritäre Patriarch zu Hause auf Dauer von sich abhängig, sondern lässt ihm in seinem Handeln immer noch gewisse Freiheitsspielräume und entlässt ihn am Schluss in seine ihm eigene Autonomie. Insofern repräsentiert er angemessener als der leibliche Vater eine flexible Autorität, an der sich die Emanzipation des sehr spät pubertierenden Sohnes besser abarbeiten und entwickeln kann. Beim Heilungsprozess selbst geht es in einem Ritus von Tod und Wiedergeburt um den Übergang von Krankheit zu Gesundheit. Dabei soll der König seine alten Kleider als Sinnbilder seiner „Persona" im Sinne seines äußeren Amtes mit den damit verbundenen Rollenerwartungen ablegen und eine Hülle ungebleichten Kattuns mit dem zerstampften und darauf gestreuten Drachenkopf anziehen. Diese soll er 24 Stunden tragen und dann abnehmen. Dabei wird das neue Gewand zum Ausdruck des eigentlichen Wesens und des Selbst als des Zentrums der ganzen Persönlichkeit, das Bewusstsein und Unbewusstes gleichermaßen umschließt.

In diesem Vorgang, der einer Initiation in das Mysterium einer Religion gleicht, bedeutet der soeben erwähnte Kleiderwechsel Erneuerung und Wiedergeburt und schützt vor totaler Erstarrung oder endgültigem Tod. Kattun ist ein starkes glattes Gewebe aus Baumwolle, deren Strauch aus meist weißen Samenhaaren besteht. Deren Textilien prägen oft das Bild des Sommers und lassen an Unbeschwertheit, Heiterkeit und Lebensfreude denken. Andererseits ist jedoch die Hülle aus ungebleichtem Kattun ursprünglich das Totentuch.

Mit diesem Gegensatz ist aber genau der schon oben beschriebene symbolische Übergang vom Winter zum Frühling gemeint, wenn die Todesgöttin Hekate zur Geburtshelferin wird, nicht mehr in Schwarz, sondern in Weiß erscheint und damit schon sinnbildlich die Feier der Hochzeit des Lebens im Sommer vorbereitet. Das zyklische Wandlungsgeschehen des dreifaltigen Großen Weiblichen setzt hier den von Rothaarig-Grünäugig angestoßenen Heilungsprozess in Gang und verändert den Kaufmann und den König. Dabei spielt die Essenz des Drachenkopfes eine sehr wichtige Rolle. Die feurige Leidenschaft der Vitalkraft des Fabeltieres, die von Christentum und Islam verteufelt wurde, macht aus dem noch unreifen, vom Vater abhängigen Sohn einen aktiven autonomen jungen Mann und gibt auch dem Herrscher gesunde Energie zurück, die nicht mehr um sein Leiden kreist, sondern ihn freier und beweglicher handeln lässt.[113]

Diese Veränderung zeigt sich dann zuerst bei dem merkwürdigen Handel, den die beiden abschließen. Das Objekt dieser Vereinbarung ist die Tochter des Königs, die hier nicht als Mensch, sondern als reine Ware angesehen und behandelt wird. Die Männer fragen sie nicht nach ihrer

Meinung, ob sie mit der Abmachung einverstanden ist, sondern übergehen sie einfach und nehmen sie als eigenständige Person überhaupt nicht wahr geschweige denn ernst. Der König fragt den Kaufmann, welchen Lohn er für seine Heilung haben wolle. Dieser antwortet darauf, dass der Herrscher ihm seine Tochter geben solle. Auch als jener ihn darauf hinweist, dass sie „schon dreimal verheiratet" gewesen und in der Hochzeitsnacht bisher „jeder Bräutigam gestorben" sei, tut der junge Mann den schwerwiegenden Einwand mit der Bemerkung ab, dass „Majestät" die früheren Ehemänner „tot sein" lassen müsse, und wiederholt dann seine Forderung nach der Prinzessin.

Gemäß den Prinzipien von Rothaarig-Grünäugig ignoriert er im Bewusstsein seiner neuen autonomen Grundeinstellung die Gefährdung der eigenen Existenz, setzt voll auf Risiko und begibt sich in die Todeszone, dabei aber mit dem Blick auf sein Lebensglück, das ungefragt auch für die künftige Ehefrau gelten soll. Die Tochter geht ohne Einholung ihres Einverständnisses vom Vater auf den Bräutigam über und wechselt dabei-wie üblich im Patriarchat-nur den Besitzer. Kurz darauf wird sie als „Mädchen" bezeichnet, das zwei „Zöpfe" trägt.

Offensichtlich hat sie noch eine infantile oder zumindest pubertäre Einstellung zum Leben und keine Ahnung, was Beziehung, Ehe, Eros und Sexualität wirklich bedeuten. Von einer Mutter wird im Märchen nichts erwähnt. Vielleicht ist sie schon früh verstorben oder recht bald nach der Heirat von ihrem Mann verstoßen worden. Der Vater hat zur Tochter eine zutiefst ambivalente Haltung mit negativem Vorzeichen. Möglicherweise verachtet er sie, weil sie in den drei bisherigen Ehen in seinem Sinn versagt und ihm keinen Thronerben geboren hat. Die Prinzessin ist wahrscheinlich von ihrer Kindheit bis zu ihrer jetzigen bevorstehenden vierten Verheiratung immer einsam und ungeliebt gewesen, hat die bisherigen drei Hochzeitsnächte ohne innere Beteiligung und Entwicklung durchgestanden, ist dabei vielleicht sexuell noch gar nicht berührt worden und so immer noch Jungfrau im patriarchalen Sinn geblieben. Sie hat bis dahin äußerlich immer nur das getan, was die Männer von ihr wollten, und besitzt damit auch gar kein Bewusstsein ihrer eigenen individuellen Persönlichkeit.[114]

3.9 Die Hochzeitsnacht mit der Königstochter und ihren Schlangen

Nach etlichen Erzählabschnitten gelangt nun die kurdische Geschichte an einen Punkt, auf den das armenische „Märchen vom dankbaren Geist" von Anfang an direkt zusteuert. Es gibt einige kleine Unterschiede zur hier ausführlich interpretierten islamischen Version von Typ AaTh 507 C, der den Titel „Das Schlangenmädchen" trägt. In der viel kürzeren Erzählung erscheint als potenzieller Schwiegervater des Helden kein König von Damaskus, der sein weibliches Kind am liebsten vor der Öffentlichkeit verstecken würde, sondern nur „ein reicher Mann", der die Vaterstadt der männlichen Hauptfigur bewohnt und seiner einzigen Tochter „gern einen Mann geben" möchte.

Die junge Frau hat nicht drei Bräutigame wie die arabische Prinzessin, sondern sogar „fünf Männer" gehabt, die „in der Hochzeitsnacht gestorben" sind. Sie wird auch nicht wie ihre Parallelgestalt, die im kurdischen Märchen der Kaufmann regelrecht „haben" will, von ihrem Vater zurückgehalten, sondern dem allmählich „arm gewordenen Mann" zielgerichtet angeboten, so dass dieser zunächst auf Distanz geht und „um Bedenkzeit" bittet. Auch wenn die Vorgehensweise in den zwei Varianten des Erzählstoffes AaTh 507 C verschieden ist, werden beide Witwen nicht nach ihrer Meinung gefragt, ob sie wieder heiraten wollen, sondern mehr oder weniger stillschweigend dazu gezwungen. Der autoritär-patriarchale Reiche verschachert seine Tochter dem Armen, der wegen seiner prekären finanziellen Situation im Grunde keine andere Wahl hat. So wechselt hier wie in der islamisch geprägten Geschichte die Frau nur den Besitzer.

Auch wird sie im weiteren Verlauf des Geschehens von der Hochzeitsnacht an dreimal „Weib" genannt, was nicht gerade Respekt, sondern eher Verachtung für das Opfer und Objekt der Vereinbarung zwischen den beiden Männern ausdrückt. Der Diener des Armen erweist sich immer mehr als treibende Kraft für das Zustandekommen der Heirat und stellt sich dann im Zeichen seines aggressiven Machtanspruchs und seiner autoritären Grundhaltung während der Hochzeitsnacht „mit einem Schwerte" sehr energisch „ins Brautgemach" und pocht dabei erneut auf den Besitz der „Hälfte" von „Hab und Gut" seines Herrn.

116

Als nun im Schlaf „aus dem Munde der Braut" eine Schlange kriecht, um den jungen Ehemann „zum Tode zu stechen", haut ihr der Diener „den Kopf ab und zieht sie heraus". Hier zeigt sich deutlich eine Parallele zu den Drachentötern Sankt Georg und Rothaarig-Grünäugig, die ihre jeweiligen Ungeheuer bedenkenlos schlachten und damit glanzvoll den Sieg ihrer patriarchalen monotheistischen Religionen über die als böse und teuflisch abgewerteten Vertreter der matriarchalen heidnischen Vorzeit demonstrieren und zelebrieren, die im Lauf der Entwicklung vom Mutterrecht zum Vaterrecht allmählich in den Schattenbereich des Unbewussten abgedrängt wurde und dort den negativ aufgeladenen Erdarchetyp bildete.[115]

In dem schon erwähnten kaukasischen Märchen „Der rote Fisch" ergibt sich eine ähnliche Konstellation wie in der armenischen Erzählung. Hier gelangen der von seinem Vater verstoßene Königssohn und sein Reisegefährte in eine Stadt, die sich dadurch in einer schwierigen Lage befindet, dass eine Schlange die Erbin des Reiches liebt, jede Nacht bei ihr schläft und sie so von ihrem Atem schwanger und stumm gemacht hat.

Der König verspricht seine Tochter jedem Freier, der sie wieder zum Sprechen bringt, zur Frau zu geben. Doch wenn ihm dies nicht gelinge, werde ihm der Hals abgeschnitten. Die beiden Freunde nehmen diese Bedingung an und versuchen verzweifelt, ein Gespräch mit der Prinzessin zu beginnen. Schließlich schafft es der Gefährte, durch eine Rätselerzählung die bisher Stumme zum Antworten zu reizen, worauf der Königssohn sie zur Gattin bekommt. Auch hier wird wie in den zwei zuvor angeführten Märchen die junge Frau zu diesem Handel zwischen den Männern nicht gefragt, sondern wechselt nur ihren Besitzer. Nachts kriecht die eifersüchtige männliche Schlange durch ein Fenster in das Schlafzimmer der Eheleute, um den Bräutigam zu töten und ihren gewohnten Platz neben der Geliebten einzunehmen.

Da tritt der Gefährte ins Gemach und sieht das ungeheure Reptil. Er packt seinen diamantenen Säbel und erschlägt damit das Untier, wie es der Diener und Rothaarig-Grünäugig in der armenischen und in der kurdischen Erzählung mit ihren Schwertern tun. Die Schlange erscheint hier erstmals in einer ausgesprochen erotischen Beziehung zur Königstochter und wird so innerseelisch zum Animus des weiblichen Ich. Im bisher ausführlich interpretierten, islamisch geprägten Märchen taucht sie in den

„Zöpfen des Mädchens" auf, die „zittern", „hin und her" zucken und sich schließlich in das Reptil verwandeln.

Dieses ringelt sich dann „um den Hals des Bräutigams" und will ihn „erwürgen". Rothaarig-Grünäugig steht zu „Häupten" der Brautleute und schlägt im richtigen Augenblick der Schlange wie vorher schon dem Drachen „mit seinem Schwert" den Kopf ab. Das Reptil tritt hier aus dem Haar der Königstochter aus und wird damit nicht einfach Attribut, sondern innerer Teil ihres Wesens, der eng mit der unreifen Verfassung „des Mädchens" zusammenhängt.[116]

Die Schlange ist ein komplexes, universelles Symbol, das fließende Übergänge zum Sinnbild des Drachen besitzt. Der Verfasser dieser Arbeit hat sich mit dem Reptil in seinen Interpretationen der grimmschen Märchen „Die weiße Schlange" und „Die drei Schlangenblätter" ausführlich beschäftigt. Das Thema der Menstruation wurde schon in der Einleitung und im ersten Kapitel der vorliegenden Studie eingehend behandelt.

An all die genannten Erörterungen knüpft die folgende Darstellung an, in der es um die ethnologische und mythologische Verbindung von Schlange, Frau und Blutung geht. Das Reptil als Uroboros, der sich selbst in den Schwanz beißt, ist das Ursymbol für den nie endenden Zyklus und seine sich ewig erneuernde Kraft sowie für den damit verbundenen, sich ständig regenerierenden Kreislauf des Lebens. Nach persischer Vorstellung wurde die Menarche, die erste Regelblutung bei Mädchen, durch eine Schlange verursacht, die als heilige Trägerin des Geheimnisses der Menstruation galt. Für die matriarchale Kultur von Kreta bestand das erste Paar aus der Großen Göttin und ihrem Reptil, d. h. aus der Frau und ihrem Zyklusblut. In einem griechischen Mythos empfing die Göttermutter Hera ihre Kinder durch die weissagende Python vom Uterustempel in Delphi.

In späteren Zeitläuften schlug diese positive Einstellung zu diesen symbolischen Verbindungen ins Gegenteil um. Bis ins 18. Jahrhundert hinein glaubte man in Deutschland, dass in die Erde vergrabene Haare menstruierender Frauen sich in Schlangen verwandeln würden. In Portugal gab es die Auffassung, dass die weibliche Bevölkerung zur Zeit der Monatsblutung für Bisse des Reptils anfällig wäre. Junge Mädchen durften in Brasilien und Britisch-Guyana nicht allein durch einen Wald gehen, weil man befürchtete, dass sie von einer verliebten Schlange angefallen

118

werden könnten. Bei den Indios in Bolivien war der Brauch üblich, dass alte Frauen in die Menstruationshütte der Pubertierenden kamen und mit Stöcken bewaffnet nach dem Reptil suchten, das durch eine Verwundung die Periode des Mädchens ausgelöst habe.[117]

Nach dem Glauben der Sinti und Roma erhält die Hexe ihre magische Kraft durch den geschlechtlichen Umgang mit einem Dämon, wodurch eine Schlange in ihrem Leib zurückbleibe. Eine bretonische Legende erzählt vom Haar der Zauberinnen, das sich in Reptilien verwandle. Die Mohave-Indianer in Kalifornien fürchten, dass ihre Frauen von einer schrecklichen Krankheit befallen werden könnten, die von „übernatürlichen Schlangen" verursacht werde. Sie errichten deswegen Tabus, die mit der Vorstellung zusammenhängen, dass die Menarche durch eine magische Defloration ausgelöst sei.

Jean de Mandeville berichtete in seiner Reisebeschreibung aus dem Jahre 1356 von der besonders bei asiatischen Völkern häufigen Sitte, den ersten Beischlaf durch einen Vertreter des Bräutigams vollziehen zu lassen, und erklärte diesen Brauch damit, dass die Jungfrauen früher im Schoß Giftschlangen verborgen getragen hätten, durch deren Biss der erste „Eindringling" in die Vagina getötet worden sei. In den Versionen des Erzählstoffes AaTh 507 C bewahrt der dankbare Tote den Helden in der Hochzeitsnacht vor den Reptilien, die im Körper der Braut wohnen. Darin zeigen sich der Glaube an die Gefährlichkeit der Defloration und die dazugehörige Vorstellung, dass durch die erste Vereinigung Kräfte frei würden, denen man steuern müsse, was in primitiven Kulturen durch einen Priester oder Fremden geschehe. Nach Auffassung vieler abergläubischer Menschen wird das bei der Menstruation und Entjungferung fließende Blut für unrein und schädlich gehalten.

Für all die hier angeführten Einstellungen, Rituale und Mythen muss das Bild oder Symbol der Schlange herhalten, das mit weiblichem Zyklus, Fruchtbarkeit, Sexualität, Defloration, Schwangerschaft, Geburt und ganz allgemein vitaler Lebensenergie verbunden wird. Das Reptil erscheint in den monotheistischen Religionen und den Weltanschauungen etlicher sog. Naturvölker als Sinnbild der Sünde und des Bösen schlechthin und repräsentiert damit tiefenpsychologisch noch umfassender als der Drache die furchtbare, verschlingende Schattenseite des Archetyps der Großen Mutter.[118]

Da „Rothaarig-Grünäugig" ein kurdisches Märchen mit islamischem Hintergrund ist, muss natürlich noch in der Folge des zuletzt dargestellten Zusammenhangs die Einstellung der geistigen Welt des Propheten Mohammed zur Frau und deren Zyklus ins Blickfeld der vorliegenden Untersuchung geraten.

Wichtig dafür ist hier in diesem Kontext die patriarchale Sichtweise der Muslime, die das Leben in zwei gegensätzliche Kategorien aufspaltet und einteilt: „Rein" erscheint alles, was die Beachtung der gesellschaftlichen und besonders der religiösen Pflichten betrifft, was ausschließlich Allah ins Zentrum des menschlichen Interesses setzt und was sich seinem Dienst in Form von Erkenntnissuche, Meditation und Gebet weiht.

„Unrein" ist nach dieser Vorstellung alles, was der Körper absondert, also beim Mann vor allem der Samenerguss und bei der Frau besonders die Blutung. Dies zählt zu den „großen Unreinheiten", die durch entsprechend umfangreiche Waschungen und Reinigungsrituale beseitigt werden müssen.

Tiefenpsychologisch verkörpert das „Reine" den Himmelsarchetyp mit Symbolwerten wie „Mann", „Gott" und „Geist", während das „Unreine" den Erdarchetyp repräsentiert, der durch die Sinnbilder von „Frau", „Schlange" und „Sexualität" charakterisiert wird. Der Bereich des Weiblichen erscheint im Islam durch die schon erwähnten Ausdrücke „fitna" und „zina" abgewertet und verteufelt. Dabei steht besonders die Menstruation im argwöhnischen Visier des Propheten und seiner Exegeten, die sie als „legale Unreinheit" bezeichnen und ihre Bedingungen in peniblen, genau festgelegten Vorschriften fixieren. Die Frau ist während ihrer Periode von allen religiösen Handlungen ausgeschlossen. Sie darf dann weder beten noch fasten, keine Moschee besuchen und auch nicht den Koran und andere heilige Schriften lesen geschweige denn rezitieren.

Diese Verbote sind sichtbarer Ausdruck der misogynen Auffassung von Theologen und Rechtsgelehrten, dass die Musliminnen eine „mangelhafte Religion" besäßen, weil der Teufel sie durch ihre „fitna" beherrsche. Während der Menstruation ist jeglicher Geschlechtsverkehr in Form der Penetration verboten. Wenn der Ehemann in dieser Zeit trotzdem „aus selbstsüchtigen Trieben" seiner Gattin beiwohne, verliere er nach Auffassung der Schriftausleger und Gesetzeshüter „die Kraft der geistigen Ruhe". Er darf die Frau während der „kritischen" Tage nur umarmen, sich neben sie legen und ihren Körper mit Ausnahme des Genitalbereichs streicheln.

Falls der Mann seine Gattin in dieser Phase der Blutung dennoch übermäßig stark begehre, solle sie sich nach einer Empfehlung des bedeutenden Theologen Al-Ghazali „vom Bauchnabel bis zu den Knien umhüllen" und dem vom Sexualtrieb Geplagten „mit ihren Händen Befriedigung verschaffen". Doch vor allem das Ritual der „großen Waschung" erlaubt dem maskulinen Gläubigen, die Angst vor den mysteriösen Kräften des Orgasmus und der Menstruation zu überwinden, indem es die dunklen Mächte der Ekstase bändigt und in den Zustand der Reinheit zurückführt, die allein den Mann wieder in den Stand des Heils versetzt und ihn mit sich selbst aussöhnt.[119]

Die genannten Vorschriften für die weibliche Monatsblutung tragen obsessive Züge und machen dadurch das dahinterstehende ambivalente Frauenbild mit negativem Vorzeichen nur noch deutlicher. Der Islam bejaht zwar grundsätzlich die Sexualität als Gabe Gottes, erlaubt sie aber nur innerhalb der Ehe und verurteilt jede Überschreitung dieses „göttlichen Gesetzes" sehr hart.

Er bekämpft damit nicht die Geschlechtlichkeit an sich, sondern die Frau, die nach seiner Auffassung der lebende Beweis für die Gefahren der erotischen Attraktivität und ihrer unermesslichen Zerstörungskraft ist und die er als Verkörperung und Symbol des unbeherrschbaren Chaos attackiert. So nimmt er sie als Person gefangen, überwacht ihre Sexualität total und reduziert sie auf die enge Grenze der von Allah eingerichteten „Ordnung".

Die Ehe gilt dem Islam als wesentlicher Teil der Schöpfung, dem jeder gesunde muslimische Mensch sich verpflichtet fühlen muss und sich nicht durch Rückzug, Zölibat oder Askese entziehen darf. Diese Organisation der Gesellschaft in Form der Familie und ihrer Gesetze wirkt als Angriff auf die destruktive Macht weiblicher Verführungskunst und gleichzeitig als Schutzschild gegen die sich daraus ergebende „zina".

Eine Frau muss in der Ehe durch den Mann sexuelle Erfüllung finden; denn wenn sie unbefriedigt ist, wird sie für einen gläubigen Moslem gefährlicher als der Satan selbst. Daher hat sie nach der Heirat eine strenge Unterordnung unter ihren Partner hinzunehmen und deswegen ihrem „Herrn und „Meister" sexuell stets zur Verfügung zu stehen. Der Ehemann kann den Gehorsam seiner angetrauten „Sklavin", vor allem in geschlechtlicher Hinsicht, durch Ermahnung und Liebesentzug, notfalls auch durch Schläge erzwingen.

So betont der Koran an verschiedenen Stellen die Vorrangstellung und Überlegenheit des Maskulinen gegenüber dem Weiblichen. Auch gibt es eine Reihe misogyner Äußerungen, die dem Propheten nachträglich als sog. „Hadithe" in den Mund gelegt wurden: Danach seien Frauen „das Brennholz der Hölle" und als solches „mangelhaft im Verstand und Glauben". Oder sie würden mehrheitlich das Reich des Teufels bewohnen und im Paradies eine Minderheit bilden. Diese Aussprüche stehen zwar nicht im Einklang mit dem „heiligen Buch", das in Sure vier neben dem Streben nach größerer Gerechtigkeit gegenüber dem weiblichen Geschlecht auch Züge von Güte in Bezug auf die Musliminnen enthält, belegen aber umso deutlicher den patriarchalen Standpunkt der Herrschaft des Mannes.

Die Institution der Ehe und ihre Gesetze begünstigen diesen Anspruch durch die Geschlechtertrennung und durch das Privileg des Gläubigen, mehrere Gattinnen gleichzeitig haben zu dürfen, sowie durch sein Recht, seine Gemahlin verstoßen zu können. Umgekehrt werden ihr diese Entscheidung gegen den Ehemann und auch die Möglichkeit der Polygamie nicht zugestanden. Nicht Selbstbestimmung, sondern Verschleierung und Absperrung sind ihr Schicksal in der vaterrechtlich geprägten Welt des Islam. Psychoanalytisch verkörpert die „fitna" der Frau das Triebchaos des „Es" und der Herrschaftsanspruch des Mannes repräsentiert das „Über-Ich" oder autoritäre Gewissen. In diesem Kampf der Instanzen und Geschlechter hat bis heute immer das die Weiblichkeit unterdrückende Patriarchat der Muslime den Sieg davongetragen.[120]

3.10 Chadirs Ambivalenz bezüglich der Frauen

Die ambivalente Einstellung des Islam gegenüber Frauen überträgt sich auch auf die Legendengestalt Chadir. Tiefenpsychologisch besitzt dieser auch Züge des Tricksterarchetyps, der durch unberechenbares, spontanes und schelmisches Wesen charakterisiert ist. C. G. Jung betont dabei vor allem seine Tendenz zu „listigen" Streichen, seine „Verwandlungsfähigkeit", seine „tierisch-göttliche Doppelnatur" und seine „Annäherung an die Gestalt eines Heilbringers". Das Ausleben dieser

Energie ermöglicht Flexibilität im Sinn von Kreativität und wirkt kompensatorisch zu zwanghaften Verfestigungen des kollektiven Bewusstseins. Der Trickster erzeugt unerwartete „Zufälle" und besitzt oft einen langen Penis, der seine unkontrollierbare Triebhaftigkeit symbolisiert.

So ist auch Don Juan eine typische Verkörperung dieses Archetyps, die als Versucher und Verführer auch dessen teuflische Aspekte ausdrückt. Im Gegensatz dazu steht Chadir, der diese Form von dämonischer Sexualität nicht hat, sondern nur eine lebendige, den Menschen verbundene Kompensation zur distanzierten „Gesetzhaftigkeit" von Allah darstellt, dafür aber wie jede Trickstergestalt von tiefer Zwiespältigkeit geprägt ist. Einerseits hilft er Frauen bei der Schwangerschaft und Geburt, bei Unfruchtbarkeit, Krankheit und Behinderung, ohne auf soziale Unterschiede zu achten. So heilt er auch eine blinde schwarze Sklavin durch ein Gebet zu Gott und gibt ihr so das Augenlicht zurück. Andererseits bleibt er innerlich auf Abstand zum weiblichen Geschlecht, zu Eros und Beziehung. Berühmt dafür sind etliche Legenden, die um seine Weltflucht kreisen. Darin befiehlt ihm Allah im Traum, sich vom gesellschaftlichen Leben zurückzuziehen und künftig einsam in der Wildnis oder auf einer Insel im Meer zu leben.

In einer Geschichte verheiratet ihn sein Vater nacheinander mit zwei Frauen, denen er aber nicht beiwohnt und vor denen er flieht, als sein Erzeuger ihm wegen des fehlenden Nachwuchses Vorwürfe macht. Nach einer anderen Erzählung wird er als frommer Jüngling von seinen Eltern zur Ehe gezwungen und hilft sich aus der inneren Not, indem er seine Frau dazu überredet, ihre Jungfräulichkeit zu bewahren. Seine Weltflucht hat auch gewisse Parallelen zu Buddha, der jedoch trotz seines asketischen Lebens immer den Kontakt zu Frauen jeglichen Standes, auch zu Kurtisanen und Prostituierten, pflegt und sie alle dabei respektvoll behandelt, was vom islamischen Gottesknecht nicht unbedingt überliefert ist.[121]

Zwar gibt es noch aus der Spätphase des Sufismus eine Erzählung, in der Chadir zahlreiche eheliche Verbindungen eingeht, darin viele Kinder hat und damit ganz in der traditionellen Nachfolge des Propheten steht. Doch hat sie das allgemein bekannte Bild vom Weltflüchtigen, der ein sexuell enthaltsames Leben führt, wirkungsgeschichtlich nicht nachhaltig beeinträchtigen können. Das türkische Hidrellez-Fest ist der umfassendste Brauch, der zu Chadir in Beziehung steht. Es ist nach einem Liebespaar mit einem Jüngling namens Hidr und einem Mädchen mit dem Namen Ellez benannt. Beide konnten der Legende nach lange nicht zusammenkommen, bis sie sich schließlich in der Nacht des fünften Mai trafen, in der später auch das erwähnte Fest alljährlich stattfand. Die Liebenden starben am Ende aus Freude über ihre Vereinigung. Der Name des jungen Mannes, Hidr, lautet sehr ähnlich wie eine Variante von Chadir in Form von „Khidr". Also könnte hinter dem jugendlichen Liebhaber der islamische Heilige selbst stehen. Jedenfalls verkörpert hier die „Heilige Hochzeit" nicht die Erneuerung und Fruchtbarkeit des Lebens, sondern die tragische Sinnlosigkeit des allzu frühen Todes. Thanatos siegt dabei über Eros wie im pessimistischen Spätwerk von Sigmund Freud.

Alle in diesem Zusammenhang angeführten Belege sollen zeigen, dass Chadir genau wie der Islam ein sehr ambivalentes Verhältnis zu den Frauen hat. Er hilft ihnen zwar in der Not, findet aber keinen tieferen Bezug zu ihnen. Letztlich bleibt ihm das andere Geschlecht mit seinem Eros-Prinzip fremd. Statt die Liebe zu den Frauen zu leben, „fuchtelt" er lieber mit dem Schwert „herum" und schlägt den Repräsentanten des weiblich-matriarchalen Bereiches die Köpfe ab. Im kurdischen Märchen handelt er genauso wie sein christlicher „Geistesbruder" Georg, der die jungfräuliche Prinzessin dazu missbraucht, den Drachen zuerst zu besänftigen, um ihn dann später in aller Ruhe abschlachten zu können. Beide patriarchale Helden handeln nicht im Auftrag des Eros und des Großen Weiblichen, sondern auf Befehl von Allah und Gott, die den männlichen Himmelsarchetyp und die nach oben projizierte Über-Ich-Instanz verkörpern.[122]

3.11 Die Teilung der Braut zur Hälfte

In allen Varianten des Erzählstoffes vom „Schlangenmädchen" erreicht die Abwertung der Frau ihren Höhepunkt durch das Motiv der Teilung zur Hälfte. Zu Beginn der Bekanntschaft forderte der Diener, dass er am Ende seiner Tätigkeit 50 Prozent vom „künftigen Hab und Gut" seines Herrn erhalten werde. Einige Zeit nach der geglückten Hochzeitsnacht besteht er auf der Verwirklichung des ursprünglichen, mündlich abgeschlossenen Vertrages und verlangt bei der Aufteilung aller materieller Güter „auch die Hälfte des Weibes". Er will im armenischen „Märchen vom dankbaren Geist" die junge Ehefrau mit dem „Kopf nach unten"

124

aufhängen und sie „mitten durch spalten". Als Reaktion auf die Drohung „gleitet ihr die zweite Schlange zum Munde heraus", und der Diener sagt dazu, dass dies „die letzte" gewesen sei und dass „von nun an" der Herr ohne Gefahr und „glücklich" mit seinem „Weibe leben" könne. Der Text erwähnt sonst keinerlei Gefühlsäußerung des Paares, so dass allein der Untergebene die Szene des Teilungsmotivs bestimmt.

Die kaukasische Erzählung „Der rote Fisch" lässt alles ähnlich ablaufen, verändert aber gewisse Einzelheiten. So bittet der Prinz den Reisegefährten, die Königstochter doch nicht zu töten, sondern lieber ganz zu sich zu nehmen. Doch der Begleiter bindet sie an einen Baum und schwingt seinen diamantenen Säbel so lange über ihr, bis sie vor Angst kleine Schlangen erbricht, die aus ihrem Mund herauskommen. Es gibt noch andere Versionen von AaTh 507 C, in denen der Helfer nicht nur droht, sondern real die Braut mitten hindurch haut, sie von den Reptilien reinigt und so heilt oder sie richtig mit dem Kopf nach unter aufhängt, um sie zu zerteilen, wobei eine oder mehrere Schlangen zwischen ihren Lippen hindurchschlüpfen. Der Gefährte oder Diener unterstützt in diesen Märchen nur den Mann, dem allein sein Rettungseinsatz gilt. Die Frau ist für ihn dabei einzig Mittel zu diesem Zweck. Was sie denkt oder fühlt, ist dem Helfer gleichgültig, der zynisch über ihre Person und ohne Bezug zu ihr hinweggeht, um seinen Auftrag im Dienste des autoritären Gewissens mit seelenlosem Perfektionsdrang zu erfüllen.[123]

Während nach Auffassung der Erzählforschung die Märchen von der „Braut des Unholds" sich vor allem in West- und Nordeuropa verbreiteten, wurden die Geschichten vom „Schlangenmädchen" besonders in Vorderasien und Osteuropa erzählt.

Das Teilungsmotiv kommt meist in Versionen des zuletzt genannten Stoffes AaTh 507 C vor und hat von seinen Anfängen her eine magische Bedeutung, nämlich die schon mehrmals verwitwete Braut von der verhängnisvollen Ansteckung zu reinigen, die sie sich durch den Umgang mit dem bösartigen Zaubergeist zugezogen hatte. Ursprünglich waren die Liebhaber der unglückseligen jungen Frau austauschbar und traten in verschiedenen Gestalten auf: in westlichen Märchen mehr als Dämon, Riese oder Troll, in östlichen und orientalischen Erzählungen mehr als Drache oder Schlange. Doch ist das Reptil dem Unhold völlig analog. Beide Traditionen haben sich im Lauf der Zeit gegenseitig beeinflusst,

125

stehen sich inhaltlich im Großen und Ganzen recht nahe und sind daher immer mehr fließend ineinander übergegangen. Dabei verlagerte sich das Schwerpunktinteresse der Märchenerzähler immer mehr von den schwierigen Aufgaben der Prinzessin mit Tötung des Dämons auf die Gefahr, in die sich der Held durch seine Heirat mit der „Femme fatale" begibt. Die Begegnung des Freiers oder Helfers mit den übernatürlichen Rivalen fand nun nicht mehr im Zauberberg oder während des Fluges dorthin bzw. von dort weg, sondern im Brautgemach während der Hochzeitsnacht statt.

Die Aufmerksamkeit der folkloristischen Forschung richtet sich hier besonders auf die armenische Variante des Erzählstoffes AaTh 507 C, in der nur eine Schlange aus dem Mund der Braut kriecht. Dieses zweite Reptil ist nach Auffassung der Interpreten die Mutter des ersten, das bereits vom Diener getötet wurde. Es habe noch im Leib der Frau gelebt und darauf gewartet, sich am Bräutigam für den Tod des Sohnes zu rächen. Vorbilder für diese Deutung sind das altenglische Versepos „Beowulf", in dem zuerst der Unhold Grendel und dann seine riesige Mutter gegen den Helden kämpfen, sowie das lange grimmsche Märchen „Die zwei Brüder", das einen siebenköpfigen Drachen und eine Hexe im Wald als Gegner der heroischen Zwillinge zeigt. Die beiden dämonischen Gestalten müssen überwunden werden, damit die Brüder am Ende zu ihrem Glück finden. Hier spricht die Erzählforschung vom Motiv der rächenden Drachenmutter, die tiefenpsychologisch wohl als furchtbarer Aspekt der Magna Mater in Bezug auf ihren Animus zu bezeichnen wäre.[124]

Eine psychoanalytische Interpretation des armenischen Märchens würde im Diener eine Vaterfigur sehen, der die Braut zwischen sich und dem Sohn aufteilt. Diese Auslegung wird mit einem ethnologischen Hinweis auf entsprechende Bräuche in Neuguinea, Indien und Russland begründet, wo der Schwiegervater das heiratsfähige Mädchen in die Geheimnisse des Geschlechtsaktes einführt, ehe er es zur fortlaufenden „Benutzung" an den von ihm gezeugten eigentlichen Ehemann weiterreicht.

Die Psychoanalyse sieht das Urbild für diese Sitte in der Nötigung, die Liebe der Mutter zu teilen. Im Märchen ergreift der Diener als Vaterersatz Besitz von der Braut als Repräsentation der Mutter, indem er sie mit dem Schwert durchspaltet. So macht er die Teilung zur Wohltat und rettet durch diese Einmischung den Sohn, der nach abergläubischer Auffassung beim Deflorationsversuch von der Jungfrau und ihrer zauberischen

126

Gefährlichkeit getötet worden wäre. Die Schlange ist psychoanalytisch gesehen ein Phallussymbol, das aus der Sicht der Primitiven und der Kinder einen Penis im Leib der Frau und der Mutter darstellen würde. Dieses männliche Glied gehört ursprünglich dem Vater und wäre im Fall der Hexe eine Verkörperung des Teufels oder sonst eines Dämons.

Dass die Schlange in der armenischen Erzählung nicht aus dem Uterus, sondern aus dem Mund kommt, ist für die Psychoanalyse eine „Verlegung" von unten nach oben. Damit übernimmt der orale Bereich des Weiblichen die Funktion der „Vagina dentata". Positiv gedeutet erscheint dabei der Mund als Geburtsort des Atems und des Wortes; doch in der zähnestarrenden Form erhält er vor allem eine negative, zerstörerische Bedeutung. Tiefenpsychologisch stellt der Erdarchetyp die furchtbare Mutter dar, die alles Geborene erbarmungslos auffrisst und verderblich in sich zurücknimmt. Ihr Todesschoß ist ein verschlingendes Maul der Dunkelheit und als Grab, Hölle und Unterwelt der finstere Abgrund alles Lebendigen. Oft wird in der indianischen Mythologie die destruktive Seite des Großen Weiblichen als fleischfressender Fisch vorgestellt, der in der „Vagina dentata" dieses Urbildes sitzt.

Der Held muss in dieser Bilderwelt die furchtbare Mutter überwinden, indem er ihrer Scheide die Zähne ausbricht und sie so zur Frau macht. Das armenische Märchen erreicht dieses Ziel schon durch die Androhung der Spaltung des „Weibes" mitten „durch". Wenn die Schlange hier den Menstruationszyklus und damit die sich ewig erneuernde Kraft des weiblichen Blutes symbolisiert, wirft die feministische Deutung auf den gewalttätigen patriarchalen Umgang des Erzählstoffes AaTh 507 C mit der Frau und ihren körperlichen Vorgängen ein bezeichnendes widerwärtiges Licht.[125]

Im kurdischen Märchen entfaltet sich das Teilungsmotiv mit kleinen spezifischen Abweichungen ähnlich wie in der armenischen und der kaukasischen Version. Hier tritt Rothaarig-Grünäugig besonders autoritär und rechthaberisch auf und behandelt seinen Herrn wie einen Untergebenen. Er geht unverschämt davon aus, dass „all dies", d. h. die Gesamtheit der in Damaskus erworben Waren, sein „Besitztum" sei, und verlangt dann bei der Aufteilung „Recht", „Gerechtigkeit" nach den rein subjektiven, eigenwilligen Prinzipien des Spaltens und Schneidens. Der Kaufmannssohn bringt zwar immer wieder kleinlaut Gegenargumente, gehorcht aber letztlich wie ein braver, unterwürfiger Schüler oder Zögling, der seinem überlegenen Lehrer zugesteht, dass dieser „es am besten" weiß, weil „es" bei ihm und seinem „Gott" sei. Der Diener wird damit zum würdigen Repräsentanten von Allah auf Erden und damit auch zum realen Vollstrecker der allmächtigen Über-Ich-Instanz gemacht. Dies bezieht sich vor allem auf das Recht des dermaßen göttlich Beauftragten, über Leben und Tod der Ehefrau entscheiden und „sie in zwei Stücke schneiden" zu dürfen. Rothaarig-Grünäugig setzt seine Ankündigung sofort um, fuchtelt wieder einmal mit seinem Schwert herum und stellt sich damit „über dem Mädchen" auf, das „vor Schrecken" kreischt.

Darauf kommen „aus seinen Nasenlöchern" zwei Schlangen, auf die der Diener sofort losgeht und die er „beide" tötet. Die allgemeine Frauenverachtung des Islam zeigt sich im Schlussteil des Märchens besonders deutlich. Im Dialog zwischen Herr und Knecht wird nur vom „Weib" gesprochen. Der Text gebraucht diesen Ausdruck einmal im Zusammenhang mit den „Waren" des Kaufmanns und benutzt zweimal im Kontext der beiden Schlangen die Bezeichnung „Mädchen".[126]

Es wurde schon einmal erwähnt, dass die junge Frau sehr wahrscheinlich ohne Liebe aufgewachsen und möglicherweise auch nicht über die körperlichen Vorgänge während der Pubertät aufgeklärt worden ist. Wenn die Menstruation vom Islam „Unreinheit" genannt, damit abgewertet und nicht positiv geschätzt wird, muss sie sich auf unangenehme Weise Ausdruck verschaffen. Dies geschieht durch die „Verlegung von unten nach oben". Das, was sich normalerweise zyklisch im Unterleib abspielt, kommt im Märchen zuerst durch das Haar und dann durch die Nasenlöcher heraus.

Die Tiefenpsychologie würde hier vom Erscheinen des Archetyps der furchtbaren Mutter zusammen mit zwei Gestaltungen des Animus-Seelenbildes sprechen. Die Zöpfe verweisen symbolisch auf die infantile Abhängigkeit der jungen Frau von elterlichen Autoritätspersonen. Sie verwandeln sich beim „Mädchen" der kurdischen Erzählung in ein mörderisches Reptil und werden so zu Schlangenhaaren, die im Patriarchat den verderblichen Aspekt weiblicher Macht und Ausstrahlung verkörpern.

Hekate hat wie andere alte Erdgöttinnen auch Reptilien auf ihrem Kopf und zeigt ihre zyklische Kraft durch eine symbolische Verlegung vor allem in der Hochzeitsnacht den „Herren der Schöpfung", die damit nichts anfangen können, Todesangst bekommen und vor Schreck sterben. Die Erscheinung des weiblichen Blutes aus der Nase heraus raubt ihnen jegliche intuitive Orientierung, die mit dem Riechorgan sinnbildlich verbunden ist. Rothaarig-Grünäugig, Chadir, Allah und der ganze Islam kennen nur eine Lösung dieses Problems: Gewalt gegen die Frau und ihre Sexualität, Abwertung, Unterdrückung und Absperrung des weiblichen Wesens mit seinen körperlichen Vorgängen sowie deren Brandmarkung als „fitna", die als „zina" schwer bestraft werden muss. Hekate darf in dieser Welt des strengen Patriarchats gelegentlich symbolisch durchschimmern, hat aber im Islam keine Chance zur Verwirklichung und Anerkennung ihrer Gesetzmäßigkeiten mit den entsprechenden Kreisläufen.[127]

Das armenische Märchen endet kurz nach der Tötung der zweiten Schlange, indem der Diener sich als dankbarer Geist des Toten, dessen Schulden der Held einst bezahlt hat, zu erkennen gibt und verschwindet. Die Bedeutung der Gestalt ergibt sich in Anknüpfung an die bisher vorgetragene Interpretation, die den für kurze Zeit wieder lebendig gewordenen Leichnam zunächst als Schattenfigur des Wanderers oder Reisenden und später nach Entfaltung seiner überragenden Helferqualitäten als Bote des Selbst oder metaphysisch als Engel auffasst.

Die beiden schon erwähnten kaukasischen Erzählungen verbinden den Abschied des Dieners oder Freundes mit der Heilung des blinden Königs. In „Der rote Fisch" ersetzt die tierische Titelfigur den lebendigen Leichnam des dankbaren Toten, gibt dem Prinzen am Ende noch den entscheidenden Rat zur Gesundung seines kranken Vaters und verschwindet danach sofort. Nach Auffassung der vorliegenden Arbeit muss der Fisch genauso wie oben der Geist des armenischen Märchens gedeutet werden. Zu Hause nimmt der Königssohn ein wenig Erde vom Huf des Pferdes seines Gefährten und beschmiert damit die Augen seines Vaters, der auch gleich wieder sehend wird.

Das tierische und das archetypische Element müssen hier zusammenkommen, um dem einseitig gewordenen Ich-Bewusstsein helfen zu können, das sich nur noch um sich selbst dreht und ängstlich an der verloren zu gehenden Macht festhält. Erde vom Pferd des schattenhaften Trickster-Geistes verweist auf die Sphäre des Unbewussten, aus der allein heraus das in seiner Rationalität verstrickte Ego geheilt werden kann: Das Hufeisen besitzt die Form einer ursprünglichen Rune und hat von daher

Kraft spendende und apotropäische Bedeutung, indem es Unheil, Zauber, Krankheiten, Dämonen und Hexen abwehrt. Auch bringt es Glück und Wohlstand nicht nur in germanischen Sagen, sondern auch in der islamischen Religion. Außerdem kann es gegen allerlei körperliche Gebrechen wie Kropf oder Geschwüre helfen. Ebenso werden Teile des Pferdes in der Volksmedizin eingesetzt. Bei Augenbeschwerden bindet man Exkremente des Tieres den Kranken in einem Leinentuch um. Da Hekate auch einen tiefen Bezug zum Pferd besitzt, vermag sie nicht nur den Tod, sondern als Zyklusgöttin wie im kaukasischen Märchen „Der rote Fisch", auch Heilung im Sinn von Neugeburt zu bringen. Ob sie allerdings dem wieder sehend gewordenen König zur Einsicht verhelfen kann, dass er seine Macht an den Sohn abgeben sollte, lässt das Ende der Erzählung offen. Angesichts der patriarchalen Grundhaltung des Herrschers können Zweifel an dieser Möglichkeit durchaus aufkommen.[128]

Die kaukasische Erzählung „Der treue Diener" ähnelt dem kurdischen Märchen im Handlungsverlauf zu Beginn von der Schändung einer Leiche bis zum Nachtlager während der Geschäftsreise in ein benachbartes Land, lenkt das Geschehen innerhalb des mittleren Teils in eine andere Richtung, mündet aber dann in einen Schluss ein, der wieder Parallelen zur Struktur von „Rothaarig-Grünäugig" als Variante des Erzählstoffes vom „Schlangenmädchen" aufweist.

Hier tötet der Diener den Hund des Prinzen und taucht sein Taschentuch in dessen Blut. Am Ende legt er sich auf den Friedhof in das für ihn bestimmte Grab, das sich über ihm schließt. Vorher übergibt er noch dem Königssohn das vom Tierblut getränkte Taschentuch mit entsprechenden Anordnungen an Ende. Der Prinz setzt die Befehle des dankbaren Toten sogleich um, schmiert das Blut des Hundes auf die Augen seines Vaters, so dass dieser wieder sehen kann und seine Herrschaft an den Sohn abgibt, der dann zum Wohl seiner Untertanen regiert.

Im Gegensatz zu „Der rote Fisch" dankt hier der Vater aus Einsicht ab, gibt die Einseitigkeit seiner bisher starren Grundhaltung auf und wird wahrhaft „sehend", indem er sich aus der Tiefe heraus wandelt. Im kurdischen Märchen tötet Rothaarig-Grünäugig den Dachshund im Rahmen des Teilungsmotivs und rät dem jungen Kaufmann, dessen Kopf „gut" zu zerstampfen und „etwas davon auf die Augen" des Vaters zu legen, damit diese dadurch „geheilt werden" könnten. Es wurde schon erwähnt, dass

130

der Hund als Begleittier von Asklepios und Hekate symbolisch sowohl für die Heilkunde als auch für das zyklische Wandlungsgeschehen im Zeichen von Tod und Neugeburt steht und dass sein Kopf wie derjenige des Dachses in der Volksmedizin benutzt wird, um Leiden von Kranken zu lindern.[129]

3.12 Die Rolle der Frau in einer Konstellation von Männern

Nach der wohlwollenden medizinischen Empfehlung gibt der Diener seine Identität als wieder lebendig gewordener Leichnam preis, den der Kaufmannssohn „vor den Männern gerettet" hat, bittet darum, „in die Erde" gelegt zu werden, und stirbt „auf der Stelle". Als ursprünglicher Sohngeliebter der dreifaltigen Göttin kehrt Rothaarig-Grünäugig alias Chadir in das Reich der chthonischen Ur-und Todesmutter zurück, die ihn in Gestalt von Hekate/Manat mit liebevollen offenen Armen empfängt. Doch nicht sie, sondern Allah ist in der patriarchalen Welt des kurdischen Märchens die letzte Instanz, die dem Diener „noch drei Monate Lebensfrist" gewährt und den „Weg" des jungen Mannes beschützt.

Als wichtigstes Attribut des allmächtigen Gottes erweist sich in der Erzählung das Schwert, mit dem alle Repräsentanten des Großen Weiblichen erbarmungslos abgeschlachtet werden. Der Hund gilt wie die menstruierende Frau im Islam grundsätzlich als unrein und ist damit nach muslimischem Verständnis ein minderwertiges Lebewesen, das für höhere Zwecke schon einmal geopfert und „der Länge nach in zwei Teile" geschnitten werden darf. Am Schluss heilt der Sohn den Vater und rehabilitiert bei ihm den Diener.

So werden die Wünsche der drei Männer „aufs beste erfüllt", was auch auf den König von Damaskus zutrifft, der das maskuline Trio zu einem Quartett erweitert. Nur das einzige weibliche Wesen der Erzählung ist von diesem „Segensbund" ausgeschlossen. Von ihrem zyklischen Blut, das sich in ihren drei Schlangen ausdrückt, fühlt sich die Welt der verschworenen Patriarchen abgestoßen und macht daraus „das Werk" der „Braut", das dem Ehemann hätte „Schaden tun können".

Deshalb nimmt der Kaufmann zuerst „seine Waren" und dann „sein Weib", um damit „heim" zu gehen. Als Vertreterin der verabscheuungswürdigen, aber doch sehr gefürchteten „fitna" hat die Frau in der Endkonstellation des Märchens auch gar nichts anderes verdient, als nur im „Schlepptau" ihres verehrten „Herrn und Meisters" unter dem Aspekt der Qualität einer lebendigen „Ware" gerade so noch mitlaufen zu dürfen.[130]

Armenien und der ganze Kaukasus liegen im Grenzbereich zwischen Christentum und Islam. Da nimmt es nicht wunder, wenn Erzählstoffe aus den beiden religiösen Sphären fließend ineinander übergehen oder sich gegenseitig befruchten. So haben die hier interpretierten Geschichten „Rothaarig-Grünäugig", „Das Märchen vom dankbaren Geist", Der rote Fisch" und „Der treue Diener" einen ähnlichen Handlungsverlauf und prinzipiell die gleiche personelle Struktur. Immer geht es im Kern um einen wandernden, reisenden oder suchenden Helden, einen Gefährten oder Diener als treuen, dankbaren Helfer und einen Vater mit einer Unheil bringenden Tochter.

In drei Texten-mit Ausnahme der armenischen Erzählung-kommt noch ein blinder König oder Kaufmann dazu, der seinen Sohn wegschickt, um irgendwelche Aufgaben zu erledigen oder Probleme zu lösen. Psychologisch handelt es sich dabei immer um Gestaltungen des Ich, des Schattens und des Über-Ich mit maskulinem Vorzeichen. Jedenfalls machen hier die Männer die Sache unter sich aus und werfen sich gegenseitig mehr oder weniger konstruktiv die „Bälle" zu. Obwohl der Erzählstoff AaTh 507 C den Titel „Das Schlangenmädchen" trägt, spielt die einzige Frau, die im Geschehen vorkommt, zunächst keine Rolle, erscheint später nur in untergeordneter Position und hat dann nur die unangenehme, negative Funktion, dem Helden mit ihren Schlangen nach dem Leben zu trachten.

In der deutschen Version von „Die Braut des Unholds" darf die „verwünschte" Prinzessin wenigstens als Leidende brillieren und durch ihre depressive Erkrankung eine tragische Größe erreichen, die das Mitleid des Lesers erweckt. Doch das „Schlangenmädchen" steht zu sehr im Hintergrund des Geschehens, um irgendeine Anteilnahme bei oberflächlicher Lektüre auszulösen.[131]

Deshalb unternimmt es die vorliegende Arbeit, eine „Lanze" für die junge Frau zu „brechen" und auf ihr Leid aufmerksam zu machen. Keiner der handelnden Männer liebt sie-weder ihr Vater, dem es peinlich ist, sie überhaupt zu erwähnen, noch ihr Ehemann, der sie als Ware mitschleppt, noch gar der Diener, der mit seinem Schwert alles niedermetzelt, was auf

132

der Symbolebene weiblich, matriarchal oder animalisch wirkt, noch erst recht gar ihr Schwiegervater, der sie in seiner Blindheit überhaupt nicht wahrnehmen dürfte. Sie wird im Text meist abwertend und despektierlich „Mädchen" oder „Weib" genannt, das es nicht mehr wert ist, als gleichberechtigter Mensch behandelt und geschätzt zu werden. Nicht e i n Mann bemüht sich, auf sie einzugehen, mit ihr ernsthaft zu sprechen und die Schlangen als Symptome ihrer allmonatlichen körperlichen Vorgänge und der damit verbundenen Beschwerden zu verstehen.

Der patriarchale „Therapeut" par excellence ist Rothaarig-Grünäugig, der ohne „Rücksicht auf Verluste" einfach „draufloskööpft" und das Übel mit „Stumpf und Stiel" ausrottet, dabei aber die kaum zaghaft wachsende Persönlichkeit des „Mädchens" schon im Ansatz zerstört. Hier wirkt sich das negative Frauenbild des Islam, der alles Weibliche als Verkörperung der „fitna" ansieht, bekämpft und unterdrückt, verheerend und katastrophal aus. Nur dem Mann ist die Individuation oder Ganzwerdung im patriarchalen Zeichen der gnadenlosen Über-Ich-Instanz gestattet, die das Selbst als lebendiges Zentrum der Seele zum strengen autoritären Gewissen pervertiert. Die Frau muss sich in diesem maskulinen Herrschaftssystem demütig unterordnen und auf jegliche Entwicklung einer eigenständigen Individualität verzichten.[132]

Dies hat auch fatale Folgen für das weibliche Seelenbild des islamischen Mannes. Hier spornt die Anima das patriarchale Ich nicht zu geistig-seelischen Höchstleistungen im Sinne der Verwirklichung des Selbst und des humanistischen Gewissens an, sondern bleibt infantil, launisch, verführerisch, passiv oder depressiv. Rothaarig-Grünäugig alias Chadir repräsentiert mit der Waffe in der Faust und der damit verbundenen insensiblen Aggressivität das vaterrechtliche Ideal der muslimischen Religion und unterdrückt dabei auch seine seelischen Wurzeln der matriarchalen Vorzeit, in der er als Sohngeliebter der Großen Göttin segensreich und fruchtbar wirkte.

Nach der Abspaltung von seinen weiblichen Ursprüngen betätigt er sich im islamischen Monotheismus als gefühlsmäßiger mystischer Gegenpol zum abstrakten, menschenfernen Allah, verfolgt aber im Auftrag des allmächtigen Gottes letztlich immer das Ziel, die Herrschaft des Mannes über die Frau um jeden Preis aufrechtzuerhalten. Hekate mit ihren zyklischen Abläufen bleibt dabei „auf der Strecke" ebenso wie die

einzige weibliche Figur des kurdischen Märchens, die ihrem Kaufmanns-
gatten nur als Ware zu dienen und zu gehorchen hat. So ändert sich im
Übergang vom Vater auf den Sohn bei der Geschäftsführung wenig oder
nichts. Rothaarig-Grünäugig hat ihnen vorgemacht, wie das Leben weiter-
gehen muss: nämlich mit dem Schwert in der Hand allen Schlangen und
sonstigen Ungeheuern der Seele den Kopf abzuschlagen. Dass es auch
anders gehen kann, beweist die Legende von der heiligen Martha, die den
Drachen des Unbewussten nicht töten, sondern beruhigen, besänftigen
und leben lassen will. Doch davon ist die Mentalität von dem Geist/Fisch/
Toten, Chadir, Sankt Georg und anderen Totschlägern aus dem Bereich
der islamisch-christlichen Heldensagen weit entfernt. Denken, Fühlen
und Handeln nach weiblich-zyklischen Werten der Seele sind in den
patriarchalen Religionen immer noch weitgehend Utopie.[133]

4 Das Frauenbild im Alten Testament

4.1 Erläuterung des Interpretationsansatzes bezüglich des Alten Testaments (AT)

Das Buch Tobit ist mehr als 2000 Jahre alt und bietet dem heutigen Leser bei der Lektüre große Schwierigkeiten. Es wirkt aus der Distanz extrem patriarchal und sehr nationalistisch, d. h. vor allem auf die männlichen Hauptfiguren und deren Wertvorstellungen sowie auf Jerusalem als Israels Hauptstadt bezogen. Die meisten Exegeten umgehen dieses Befremden, indem sie versuchen, die Erzählung ganz von sich und ihren historischen Voraussetzungen aus zu verstehen. Auch die tiefenpsychologischen Interpreten stellen sich diesem Problem nicht und hinterfragen nicht entscheidend das vaterrechtlich geprägte Weltbild des Textes.

Der Verfasser dieser Arbeit bemüht sich nun darum, dadurch dass er mit Hilfe der Anwendung historisch-kritischer, feministischer und psychologischer Methoden Grundlinien des geistigen Kosmos innerhalb des AT ganz grob skizzieren möchte. Dabei zeigt sich besonders ein starkes Spannungsverhältnis, aber auch ein enger Zusammenhang zwischen dem dort dargestellten Gottesbild und dem uneinheitlichen Frauenbild, das die Schriften vermitteln.

Zunächst einmal werden historisch-kritisch die Bedingungen dargestellt, unter denen in einem jahrhundertelangen redaktionellen Klärungsprozess das AT entstanden ist. Ein zentrales Anliegen der Hauptschriften ist dabei der gnadenlose Religionskampf der israelitischen Priesterschaft gegen den Fruchtbarkeitskult von Kanaan mit der Liebesgöttin Astarte-Anat-Aschera an der Spitze. Während des fünfzigjährigen Exils in Babylon begegnet die jüdische Führungselite der dortigen freizügigen erotischen Religion mit der Göttin Inanna-Ischtar als Mittelpunkt. Gerade diese für sie besonders abschreckende Erfahrung schlägt sich dann in der Abfassung des AT, vor allem in dessen Geschichtswerken, nieder.

Das Befremdliche der weiblich geprägten Kulte von Nachbarvölkern wirkt sich auch auf die Darstellung der verschiedenen Frauenbilder im AT aus. Die vorliegende Abhandlung wird dies an zwei großen Beispielkomplexen vorführen: an Eva aus der Schöpfungsgeschichte zusammen mit Lilith aus dem jüdischen Legendenkreis als Gegenpol, sowie an Tamar aus

Genesis Kap. 38 und an der gleichnamigen Gestalt aus dem zweiten Buch Samuel Kap. 13. Beim nächsten Schritt der Untersuchung möchte der Autor dieser Arbeit die vielfältigen Ergebnisse, die durch die Interpretation der genannten Frauen des AT gewonnen werden, als Rahmen benutzen, innerhalb dessen Bandbreite er die weiblichen Figuren des Buches Tobit deuten will. Abschließend wird er kurz auf die Veränderungen eingehen, die der Kirchenvater Hieronymus in seiner lateinischen Bibelübersetzung, der „Vulgata", gegenüber seiner „chaldäischen Urfassung" vorgenommen hat, und das dabei entfaltete Frauenbild des frühen Christentums thematisieren.[134]

4.2   Historisch-kritische Voraussetzungen des AT

Die Hauptschriften des AT wurden zwischen 950 und 400 v. Chr. verfasst. Die älteste literarische Schicht stammte vom sog. „Jahwisten", der eine besondere Vorliebe für den Gottesnamen „Jahwe" hatte, vor allem auf mündliche Überlieferungen zurückgriff und wahrscheinlich zur Zeit von König Salomo um 950 v. Chr. in Jerusalem schrieb. Die zweite, etwas jüngere Quelle der Bibel entstand im Nordreich Israel ca. 800 v. Chr. als Werk des sog. „Elohisten", der für Gott die Bezeichnung „Elohim" bevorzugte und die Inhalte der tradierten Mythen ähnlich wie sein Vorläufer darstellte. Nach dem Untergang des Nordreiches 722 v. Chr. flüchteten viele Einwohner nach Jerusalem, wo die beiden Schriften um 700 v. Chr. zur sog. „jehowistischen" Redaktion vereinigt wurden.

622 v. Chr. fand man im Tempel von Jerusalem ein Gesetzbuch, das König Joschija von Juda zur Grundlage seiner Regierung machte und auf das er seine Untertanen verpflichtete. Dies dürfte die erste Fassung des fünften Buches von Mose gewesen und vom sog. „Deuteronomisten" verfasst worden sein. Es gehörte ursprünglich nicht zum „Pentateuch", sondern bildete die Einleitung zu einem Geschichtswerk, das vom Auszug aus Ägypten bis zum Ende der Königszeit reichte.

Dieses Buch Deuteronomium und die damit verbundenen „deuteronomistischen" AT-Erzählungen des „Josua", der „Richter" sowie der beiden Bände des „Samuel" und der „Könige" entstanden wohl um 560 v. Chr. quasi mitten in der Zeit des Babylonischen Exils eines Teils des Volkes Israel zwischen 586 bis 538 v. Chr. Etwa zehn Jahre später, ca. 550 v.

Chr., wurde die sog. „Priesterschrift" auch noch während der Verbannung niedergeschrieben. Sie verdankt ihren Namen einem vorherrschenden Interesse an der Institution des Priestertums, das über die kultisch-rituellen Ordnungen der Verehrung von Jahwe wachte.

In nachexilischer Zeit hat die sog. „nachdeuteronomisch-deuteronomistische" Endredaktion das „jehowistische" Geschichtswerk in die „Priesterschrift" eingearbeitet und mit dem fünften Buch des Pentateuch und seinen historischen Nachfolgebänden zusammengefasst. Mit der Niederschrift des AT in Form der beiden Chroniken sowie der Bücher „Esra" und „Nehemia" um 400 v. Chr. kam die lange Zeit der Abfassung des hebräischen Bibelwerks zu ihrem Ende.[135]

In den genannten 550 Jahren zwischen 950 und 400 v. Chr. fanden die drei nationalen Traumata des jüdischen Volkes statt, die es durch die Niederschrift der alten Mythen im AT literarisch zu verarbeiten suchte. Die Vision von der Einheit der Teilreiche Israel im Norden und Juda im Süden wurde von den beiden bedeutenden Königen David und Salomo zwischen 1000 und 931 v. Chr. verkörpert.

Nach dem Tod des Letzteren, der durch seine Weisheit und seinen Reichtum in der damaligen Welt sehr berühmt war, zerfiel das angestrebte Großreich wieder in seine Bestandteile. Nun wurden die beiden kleinen Teilgebiete immer mehr zum Spielball der sie umgebenden Großmächte. Ägypten bedrohte sie vom Westen, Assur-Babylon vom Osten. 722 v. Chr. eroberten die Assyrer das Nordreich und zerstörten es. Das Gleiche geschah 586 v. Chr. mit dem Südreich durch die Babylonier, die den gebildeten Teil des Volkes in ihr Land mitnahmen und ihn dort im Exil festhielten, bis der persische König Kyros 538 v. Chr. Babylon eroberte und die Verbannten in ihre Heimat zurückkehren ließ. Seine Nachfolger schickten Statthalter nach Juda und veranlassten durch diese den Wiederaufbau Jerusalems und seines Tempels.[136]

Die traditionelle Religion von Israel und Kanaan war synkretistisch im Sinn einer Verbindung der eingewanderten und der alteingesessenen Bevölkerung. Dabei wurde Jahwe als ein Gott unter anderen verehrt, der mit Aschera verheiratet war. Wie schon erwähnt, kamen Flüchtlinge 722 v. Chr. nach dem Untergang des Nordreiches in den Süden, taten sich dort mit judäischen Priestern und Schriftgelehrten zusammen und gründeten mit ihnen zusammen eine neue religiöse Bewegung, die allein Jahwe in den Mittelpunkt der kultischen Verehrung stellte und den Anhängern der älteren Fruchtbarkeitsbräuche und ihrer entsprechenden Rituale einen erbitterten Kampf ansagte. Die Könige Hiskija (727-698 v. Chr.) und Joschija (639-609 v. Chr.) versuchten die Forderungen der „Jahwe-allein-Bewegung" in Juda durchzusetzen, alle traditionellen Kultstätten zu zerstören und deren Priester zu vertreiben oder gar zu töten. Doch war ihren religiösen „Reformen" während ihrer Regierungszeiten kein Erfolg beschieden. Der assyrische König Sanherib besiegte Hiskija 701 v. Chr. und zwang ihm eine demütigende Tributzahlung auf. Der judäische Hoffnungsträger überlebte diese Katastrophe nicht allzu lange. Joschija wurde von seinen Anhängern sogar als neuer „Messias" gefeiert, der das deuteronomische Gesetz in Juda einführen wollte.

Doch endete die Laufbahn des kühnen „Reformers" in der Nachfolge Davids jäh, als der ägyptische Pharao Necho II 609 v. Chr. gegen ihn kämpfte und ihn dabei umbringen ließ. Das babylonische Exil von 586 bis 538 v. Chr. besiegelte endgültig das politische Schicksal von Juda. Doch die Israeliten, die von da an als Juden bezeichnet wurden, ließen sich nicht entmutigen, bauten nach ihrer Rückkehr das Land mühsam wieder auf und besorgten als innere Reaktion auf ihre Katastrophen und deren Bewältigungsversuch bis 400 v. Chr. in einer Schlussredaktion die endgültige Niederschrift eines Großteils des AT und damit ihr welt-literarisches Erbe für die Nachwelt.[137]

Jahwes Gattin innerhalb von Israels traditionellem Synkretismus war in Kanaans polytheistischem Kult verwurzelt und hatte viele Namen. Sie erscheint vor allem in den Tontafeltexten von Ras Schamrah, einer am Mittelmeer gelegenen nordsyrischen Stadt, die früher Ugarit hieß und 1929 ausgegraben wurde. In der dort gefundenen Mythologie stellte Aschera die Sonnengöttin und als Greisin die Herrin des Totenreiches dar. Hier war sie mit El verheiratet, dem alten weisen, aber jetzt impotenten Mondgott. In seiner Jugend bestieg er sie in den Gestalten von Stier und Wildkuh und zeugte mit ihr 70 Söhne, die sog. Elohim.

Dies ist auch die Bezeichnung, die der zweite Verfasser des AT, der „Elohist", als Gottesbezeichnung auswählte. Der El-Kult verschmolz im Lauf der Zeit mit dem Jahwe-Glauben. Die bedeutendste Göttin des Pantheons von Kanaan aber verkörperte die jugendliche Anat, die als „Himmelskönigin" mit ihrem sterblichen Bruder Baal verheiratet war.

138

Dieser repräsentierte die Erde, die Geschöpflichkeit und die Vegetation mit dem Kommen und Vergehen der Pflanzen. Die Geschwister liebten sich sehr, wobei die Frau sich als die Stärkere erwies, den Mann auf seinen gefahrvollen Wegen begleitete und beschützte, ihn nach seinem Tod sechs Tage lang beweinte und ihn an seinem Mörder Mot grausam rächte. Die Verehrung von Aschera und Anat ging in Kanaan immer mehr ineinander über, bis sie in Gestalt von Astarte einen einheitlichen Ausdruck fand.

Diese Göttin verliebte sich in den jungen schönen Adon oder Adonis, der in den Wäldern des Libanon jagte und dabei von einem wilden Tier zerrissen wurde. Nach der Trauer stieg Astarte in die Unterwelt hinab und befreite ihn. Durch seine Wiedererweckung wuchs und blühte die gesamte Natur von neuem. Die Himmelskönigin wurde von ihren Verehrerinnen jedoch durchaus ambivalent gesehen. Sie galt in Kanaan und im ganzen Vorderen Orient nicht nur als Göttin der Liebe und Fruchtbarkeit, sondern auch als Führerin im Krieg und Schlachtengetümmel.[138]

Daran knüpft die tiefenpsychologische Forschung an, die das in den genannten Extremen schillernde Wesen der Göttin als bipolaren Archetyp der Großen Mutter oder Magna Mater interpretiert. Sie unterscheidet beim Doppelaspekt dieses Urbildes zwischen einer Leben spendenden, wachstumsfördernden, quasi „nährenden" guten Seite und einer verschlingenden, zerstörenden, quasi „fressenden" furchtbaren Mutter.

C. G. Jung äußert sich dazu ausführlich in seinem ersten Hauptwerk „Symbole der Wandlung" und seinem Aufsatz" Die psychologischen Aspekte des Mutterarchetypus", Erich Neumann in seinen beiden umfangreichen Büchern „Ursprungsgeschichte des Bewusstseins" und „Die große Mutter". Der Begründer der Analytischen Psychologie erwähnt Astarte nur am Rande, sein „Meisterschüler" behandelt sie allerdings etwas ausführlicher. Hier erscheint die Göttin im Zeichen des „furchtbaren Weiblichen" oder „negativen Elementarcharakters", geht aber auch fließend in den Bereich des „negativen Wandlungscharakters" über, der vor allem vom Typus der sog. „jungen Hexe" geprägt ist und „die verlockenden und verführerischen Gestalten der verhängnisvollen Bezauberung" wie Aphrodite, Artemis, Lilith, Loreley, Circe und Medea enthält. Nach Neumann sind „Kastration, Tod und Zerstückelung" ebenso wie „Sterben der Vegetation, Aberntung und Baumfällung" als Symbole im Mythos „der syrischen Astarte" zu finden. Anat sei in Kanaan „Zerstörerin und daneben Göttin

des Lebens und der Fortpflanzung". Auch hier sind für den Autor der
„Ursprungsgeschichte des Bewusstseins" Muttergeliebte und Schwester,
„Verderberin und Helferin zusammengehörige Aspekte". „Grausame
Wildheit" mache Aschera zu einer unheimlichen Göttin „der Sexualität
und des Krieges". Im „Baal-Epos" schlachtet nach Neumanns Darstellung
die nackte, lanzenschwingende Anat die Menschen ab, bis sie in deren
Blut „bis zum Nacken" wate. Dabei fülle sich ihre Leber mit Lachen
und Jubel. Außerdem deutet der Tiefenpsychologe Astarte als Herrin des
verschlingenden Meeres, die dabei als „überschwemmende Flut der Tiefe"
und als tötendes „Wasser des Abgrunds" wirke.

Bezüglich des AT geht es dem Interpreten zufolge um Jahwes
Auseinandersetzung mit dem „kanaanäisch-philistäischen Astarteprinzip",
das für ihn vor allem in Delila aus dem Buch der „Richter" verkörpert
werde und dem der Gott geweihte Nasiräer Simson „wegen seiner Triebhaftigkeit" verfalle. Sein Schicksal erfülle sich darauf in „Haarabscherung,
Blendung und Verlust der Jahwekraft", und seine Gefangenschaft im
Dagon-Tempel gehöre „zum Sklavendienst des besiegten Männlichen
bei der Großen Mutter". Nach Neumann wird „das Verfallensein" an die
Welt der kanaanäischen Göttin aber dann schließlich „durch das Wieder-
ansteigen der sonnenhaft siegreichen Heldenkraft" überwunden. Mit dem
Zusammenbruch des Tempels, in dem Simson „sterbend sich" erneuere,
bezwinge Jahwe das Astarteprinzip.[139]

Gegen diese kritische Deutung der Göttin wendet sich die feministische
Matriarchatsforschung, vor allem Gerda Weiler in ihren beiden Büchern
über die mutterrechtlichen Wurzeln des AT. Die Interpretin geht davon
aus, dass Anat erst die Göttin der Schlachten geworden sei, nachdem sie
ihren Platz auch in der ägyptischen Mythologie gefunden habe. Denn die
ursprüngliche kanaanäische Legende kenne sie noch nicht als Herrin des
Krieges, sondern besonders als Himmelskönigin. Ihr Charakter habe sich
auf dem Weg vom Jordan zum Nil grundlegend geändert, worin sich der
patriarchale Bewusstseinswandel in den Ländern des Vorderen Orients
spiegle.

In Ägypten hat nach Weilers Auffassung die Göttin ihre Energie zu
einer destruktiven Fähigkeit entwickelt, indem sie nun nicht mehr die
Feinde des Lebens, sondern des Pharao angegriffen habe. Eigentlich sei sie
aber die personifizierte kosmische Naturkraft, die alle auf- und abbauenden

Komponenten des Universums in Gang halte. Wenn sie für die Matriarchatsforscherin aggressiv wird, verfolgt sie das Ziel, aufgrund der Lebensgesetze das Heil der Welt zu sichern. Anat handle im Sinne der zyklischen Ordnung und deren Rhythmus von Tod und Wiedergeburt. Sie habe ihre aggressiven Seiten in den Zusammenhang der ganzen Existenz integriert und greife als Himmelskönigin konstruktiv die Aufgaben des Lebens und nicht die politischen Feinde irgendeines Königs an.

Weiler sieht im patriarchalen Mythos Anat als Kriegsgöttin verherrlicht, wenn sie dem Helden hilfreich sei, aber als „furchtbare Mutter" dämonisiert, falls es ihr einfallen sollte, sich gegen den Heros zu werden. Als ein anderes Beispiel für ein Missverständnis der priesterlichen Autoren des AT führt die Interpretin aus dem Buch der „Richter" Debora an, die den Krieg der Israeliten gegen die Kanaaniter als Feldherrin anführt und gewinnt. In ihr altes Kultlied sei der Bericht über den Sieg erst nachträglich eingeführt worden. Ursprünglich hat für Weiler die weise Richterin gegen die Unterweltsmächte des Todes und des Winters, nicht aber gegen die irdischen Feinde des Königs gekämpft, die erst später im Text erschienen seien.

Auch „Das Hohelied Salomonis" erwähnt die Matriarchatsforscherin in diesem Argumentationszusammenhang. Hier wird der König von Helden begleitet, die symbolisch Kämpfer gegen die Gewalten des jenseitigen Todesdunkels darstellten. Ihre positive, männliche Geschlechtskraft trage dazu bei, neues Leben in Gang zu setzen. Doch nicht von Kriegern sei ursprünglich an dieser Textstelle die Rede gewesen, sondern von der Kraft der Liebe gegen die Macht der Unterwelt. Bei diesen Gedankengängen stützt sich Weiler in vieler Hinsicht auf den Orientalisten Charles Virolleaud.[140]

Die Matriarchatsforscherin steht mit dieser Deutung in der wissenschaftlichen Literatur weitgehend allein da, denn die Mehrheit der Interpreten sieht Anat als Göttin der Liebe und des Krieges. Sogar ihre Kollegin Heide Göttner-Abendroth, die Begründerin der feministischen Matriarchatsforschung in Deutschland, schlägt nicht nur in die gleiche „Kerbe", sondern betont auch grundlegend die kriegerische Seite der dreifaltigen kosmischen Herrin im ersten oder dritten Aspekt ihres Wesens. Auch wirft sie Weiler Unklarheit im Umgang mit dem Strukturschema des Göttin-Heros-Schemas vor, das Göttner-Abendroth selbst mustergültig entwickelt hat.

Georg Baudler schließt sich indirekt dieser Reihe der Kritiker an, wenn er Erich Neumanns Darstellung des „negativen Elementarcharakters" als ungeschichtlich betrachtet, weil das Symbol der bösen verschlingenden Mutter, die eben auch Kriege führt, vom Blickwinkel der archäologischen Funde her erst in einer relativ späten Phase der Menschheitsgeschichte anzusiedeln und daher nicht als anthropologische Konstante zu werten sei. Weiler distanziert sich selbst von ihrem Vorbild Virolleaud, indem sie ihm gelegentlich patriarchales Denken unterstellt.

Vor allem wurden aber ihre beiden Bücher, besonders das erste, von etlichen jüdischen Feministinnen theologisch heftig kritisiert und dabei als „antijudaistisch" bezeichnet. Die Autorin wehrte sich dann dagegen sehr engagiert im Anhang der zweiten Abhandlung. Doch der Verfasser dieser Studie hält die Argumente von Gerda Weiler für bedenkenswert, konstruktiv, lebensbejahend, frauenfreundlich und im tiefsten Sinn humanistisch, weil er sich auch die Frage stellt, wie in der Liebesgöttin gleichzeitig eine Kriegerin werden kann und er diese Zusammenstellung schroffer innerer Gegensätzlichkeit als frühpatriarchale Konstruktion ansieht, die dazu dienen soll, die Fruchtbarkeitskulte gegenüber der monotheistischen Bewegung abzuwerten und zu diskreditieren.

Andererseits fühlt er sich auch der ambivalenten tiefenpsychologischen Deutung verpflichtet, die zwischen der sog. „guten" und der „furchtbaren" Mutter unterscheidet, was der polaren Tendenz des Unbewussten entspricht und dem Realitätsbewusstsein der damaligen Menschen bezüglich der Verehrung einer kriegerischen Liebesgöttin entgegenkommt. Für den Verfasser dieser Abhandlung sind die Positionen von Gerda Weiler und Erich Neumann keine unvereinbaren Gegensätze, sondern sich bedingende Pole, die sich gegenseitig befruchten können, wenn man sie konstruktiv zusammenbringt. Tiefenpsychologie und Feminismus müssen und dürfen sich keineswegs ausschließen, wenn man in der Erforschung der patriarchalen Wurzeln unserer abendländischen Kultur innovativ und produktiv vorankommen will.[141]

Als die Jahwe-allein-Bewegung zwischen 720 und 530 v. Chr. entstand und sich in Juda und Babylon entwickelte, drängte sie auf der inneren Ebene den Archetyp der Großen Mutter ins Unbewusste und hob einseitig das Urbild des Großen Vaters ins Bewusstsein. Damit traten Werte wie Fruchtbarkeit, Eros und Ekstase zugunsten von Einstellungen

142

wie Autorität, Gehorsam und Gesetzestreue in den Hintergrund, und das männliche patriarchale Prinzip herrschte nun über das weibliche matriarchale. Oder psychoanalytisch ausgedrückt: Die Instanz des Über-Ich triumphierte zusammen mit einem übersteigerten Ich-Ideal über den Triebbereich des Es und unterdrückte ihn durch seine strengen moralischen Forderungen.

Die nationalen Katastrophen von 722 und 586 v. Chr. begünstigten noch die Dynamik dieses fatalen seelischen Umschichtungsprozesses. Die gebildeten Kreise der Priester und Schriftgelehrten projizierten ihre Wut und Enttäuschung darüber auf den traditionellen Fruchtbarkeitskult und machte ihn als Sündenbock dafür verantwortlich. Sie schrieben sich ihren aufgestauten Hass im AT „von der Seele" und stilisierten darin den heidnischen Glauben zum Inbegriff des Bösen hoch, das im Namen und Zeichen von Jahwe vernichtet werden müsse.[142]

Wenn etwa die Könige des Nordreichs Israel die alte synkretistische Religion von Kanaan bevorzugten oder auch nur in den neuen Monotheismus integrierten, taten sie nach Auffassung der Autoren des AT, „was dem Herrn missfiel", und mussten deswegen bestraft werden. Für die Verfasser war Ahab, der von 873 bis 852 v. Chr. regierte, in ihren Augen der Schlimmste von allen, weil er die ausländische Prinzessin Isebel, die Tochter des Königs der Sidonier, heiratete, die den Kult von Baal und Aschera protegierte und „die Propheten des Herrn ausrottete".

In dieser Sichtweise musste die Königin zur Mörderin an den Priestern von Jahwe werden, um zu rechtfertigen, was später dem Kultpersonal von Isebel angetan wurde. Etwa um 870 v. Chr. forderte der Prophet Elija im Auftrag des „Gottes Israels" König Ahab auf, seine 850 Priester des Baal und der Aschera zum Berg Karmel zu schicken, um in einem Stieropfer und einem Gebet mit der Bitte um Regen herauszufinden, ob Jahwe oder Baal der eigentliche Herrscher des Landes sei. Ahab ging auf diese Herausforderung ein und ließ diesen Glaubenskampf stattfinden, den Elija gewann. Dieser ließ daraufhin die Propheten des Fruchtbarkeitskultes vom ergriffenen Volk am Bach Kischon töten.

Aus dem Blickwinkel des ersten Buches der Könige in Kap. 18 erscheint dieser Mord gerechtfertigt, weil er den heidnischen Kult zerstören und die Jahwe-Religion stärken sollte. Als eigentliche Verbrecherin und Anstifterin der üblen Taten, die „dem Herrn missfielen", stellten die Autoren des AT

Isebel dar, die nach der Ermordung ihrer Priester Elija den Tod androhte, worauf dieser Angst bekam und in die Wüste floh. Insgesamt siegte aber in dieser Episode Jahwe über Aschera-Anat-Astarte und tiefenpsychologisch der Archetyp des Großen Vaters mit seiner Über-Ich-Instanz über das Urbild der Magna Mater in dessen negativem Aspekt der „furchtbaren" Mutter.[143]

Die „Reformkönige" Hiskija und Joschija setzten diesen fatalen Triumph des männlich-patriarchalen Prinzips über das weiblich-matriarchale ganz im Sinne der „hebräischen Bibel" zuerst bis etwa 700 v. Chr. und dann bis ca. 610 v. Chr. fort. Für deren Verfasser taten beide, „was dem Herrn gefiel", und folgten damit dem Vorbild ihres „Vaters" Davids. Hiskija „schaffte die Kulthöhen ab", die Altäre unter freiem Himmel auf dem Land darstellten und die das Zentrum der traditionellen Religion von Kanaan und Israel bildeten. Auch zerstörte er das Bild der Astarte und der Schlangengottheit Nehuschtan, die beide im Tempel von Jerusalem bis dahin verehrt wurden. Joschija schlug diesen Weg noch konsequenter ein, „ohne nach rechts oder links zu schauen", und leitete die intensivsten puritanischen Neuerungen in der Geschichte Judas ein. Er ließ den Kultpfahl der Aschera und deren Gerätschaften aus dem „Haus des Herrn" herausschaffen, an den Bach Kidron bringen, dort verbrennen und zu Staub zermalmen.

Außerdem riss er die Gemächer der Tempelprostituierten, die dort für die Göttin ihre sakralen Liebesdienste ausübten, am „Hause des Herrn" in Jerusalem nieder und dehnte die Zerstörung der Kulthöhen auch auf das Nordreich aus. Dabei befahl er, die Priester, die er hier vorfand, auf ihren Altären umzubringen und darauf Menschengebeine zu verbrennen. Für sein mörderisches Tun könnte ihm durchaus Elija in Bezug auf die Tötung der Baalspropheten als Vorbild gedient haben.[144]

Die Autoren des AT bezeichneten in diesem Zusammenhang Astarte als „gräulichen Götzen" oder auch als „Scheusal der Sidonier" und machten so die einstige „Himmelskönigin" der traditionellen Religion zum Inbegriff der Schändlichkeit. Sie waren unfähig, die nationalen Katastrophen und die daraus resultierenden Gefühle der Minderwertigkeit, Angst und Unsicherheit seelisch zu verarbeiten, sondern reagierten mit der inneren Abspaltung des eigenen Schattenaspektes und mit der Überkompensation des Ich-Bewusstseins durch Verstärkung ihrer Über-Ich-Instanz und ihres Ich-Ideals.

Deren Steigerung ins Maßlose führte bei den Verfassern der „hebräischen Bibel" zur Bildung eines bösartigen Gruppen-Narzissmus, der sich immer mehr so aufblähte, bis er sich gegen eine andere, als minderwertig empfundene Glaubensrichtung überlegen fühlte. Da es sich bei der traditionellen Religion Israels um einen Kult sexueller Lust handelte, in dem die vor allem von den Frauen verehrte Göttin Aschera-Anat-Astarte das Zentrum bildete, mussten die Autoren und ihre Gesellschaftsschicht der Priester und Schriftgelehrten ein männlich-patriarchales Gottesbild entwickeln, das keinen Widerspruch duldete, sondern nur absoluten Gehorsam von seinen Untertanen forderte und jedes Vergehen gegen seine zahlreichen Gesetze gnadenlos bestrafte.

Eine solche Grundhaltung war von Dogmatismus und Zentralismus gekennzeichnet. Die Einhaltung der religiösen Ge- und Verbote (insgesamt 613) wurde von einer eifernden Priesterkaste mit strengen inquisitorischen Methoden überwacht. Der Hauptfeind dieses Unterdrückungssystems war die Liebesgöttin mit dem hinter ihr stehenden Archetyp der Großen Mutter. Alles, was sich innerlich mit ihm verband, also die Frauen, der Eros, die Sexualität und die ganze Leiblichkeit, wurde erbarmungslos verfolgt oder zumindest völlig abgewertet und erniedrigt. Das AT ist das literarische Dokument, das die realen Niederlagen des israelischen Volkes in der Geschichte zu einem einzigartigen Siegeszug des patriarchalen Monotheismus und damit zur zentralen Wurzel unserer Kultur machte.[145]

Nach dem Tod von König Joschija um 609 v. Chr. spitzte sich der Konflikt zwischen den beiden Großmächten Ägypten und Babylonien, das die Herrschaft der Assyrer kurz vorher beendet hatte, militärisch immer mehr zu. Die Entscheidung fiel 605 v. Chr. bei Karkemisch in Syrien, als der Kronprinz und spätere König Nebukadnezar II den Pharao Necho II vernichtend schlug und an den Nil zurückdrängte.

Der Sieger dieser Schlacht und neue Herrscher strebte nun danach, die Kontrolle über alle Länder im Westen zu gewinnen, zog 597 v. Chr. nach Juda, plünderte und verheerte das Land völlig und führte den Adel und die Priesterschaft von Jerusalem ins Exil. Einige Jahre später verstrickte sich Zidkija, der letzte König des Südreiches (596-586 v. Chr.), unglücklicherweise in eine Verschwörung gegen Babylonien. Nebukadnezar belagerte daraufhin 587 v. Chr. Jerusalem erneut, verwüstete die Stadt nun völlig und zerstörte dabei auch den Tempel. Er brachte dann Zidkija und viele

Angehörige der judäischen Elite in sein Land an Euphrat und Tigris. Machtwille, die Schattenseite der Seele, destruktive Aggressivität, Nekrophilie und Todestrieb feierten hier ihre schrecklichen Triumphe.

Die Israeliten erlebten sich hier als Fremde, denen die einheimische Bevölkerung skeptisch und distanziert gegenüberstand, und sahen sich mit einer Kultur konfrontiert, die sie schon etwas von ihrer eigenen traditionellen Religion mit Astarte und Baal als höchstem Götterpaar her kannten. Doch in Babylon machten sie die Erfahrung von deren Vorgängern und Urbildern: der Liebesgöttin Inanna-Ischtar und ihrem Geliebten Dumuzi-Tammuz. Sie fühlten sich von den Riten, die um diese beiden kreisten, zutiefst angeekelt und abgestoßen, was in ihnen den Hass auf den Fruchtbarkeitskult, die Sexualität und das Weibliche um einiges verstärkte, aber auch ihre Kreativität anstachelte, die Vollendung des AT entscheidend voranzutreiben.[146]

4.3 Die Kultur von Babylon und ihre Liebesgöttin Ischtar

Daher stellt die ganze Bibel Babylon als Symbol des Bösen, Sündhaften und Lasterhaften dar. Dies fängt schon bei der Geschichte vom berühmten Turmbau an und endet dann in der Apokalypse. Dort sitzt im 17. Kapitel die Hure von Babylon als Verkörperung der Verderbtheit auf dem siebenköpfigen Drachen, der das die Christen erbarmungslos verfolgende Römische Reich darstellt.

Das Mittelalter macht daraus das „Siebenlasterweib", dessen Stadt zum Sitz des Teufels geworden sei. Tatsächlich wurden in babylonischen Liebesliedern und Spruchsammlungen, die den Beischlaf thematisierten, die Freuden des ehelichen oder käuflichen Geschlechtsgenusses als Quelle der Lebenslust betrachtet. Ungewöhnliche sexuelle Praktiken galten nur bei den prüden Fremden aus Israel, aber nicht bei den sinnesfrohen Einheimischen als zuchtlos und unmoralisch.

Die körperliche Liebe war in dieser Welt Teil des profanen und des religiösen Lebens, in dessen Riten integriert und literarisch gefeiert. Hier erschienen die Gottheiten primär als kosmische Kräfte und Naturerscheinungen, und das Urbild der Großen Mutter zeigte seine archetypische Vitalität vor allem in der faszinierenden Ausstrahlung des

146

Weiblichen, die sich in der Liebesgöttin des Landes und seiner Kultur ausdrückte. Diese verkörperte die Macht der Sexualität im weitesten Sinne als Lebenskraft, die energetisch besonders die Fortpflanzung von Mensch, Tier und Pflanze bewirkte und erhielt. Sumerisch hieß sie „Inanna" und später akkadisch „Ischtar", was auch ihr gebräuchlicher Name in Babylon war. Genau wie Astarte wurde sie in der mythologischen Forschung mehrheitlich als ambivalente Göttin der Liebe und des Krieges bezeichnet.

Doch tauchte das Motiv der machtbesessenen Herrin erst spät in der Literatur und Archäologie von Mesopotamien auf. Besonders in den akkadischen Texten wurden die kriegerischen Aspekte der Göttin betont, so dass sich der Gegensatz zwischen einer liebenden Inanna und einer kämpfenden Ischtar auftun konnte. In der früheren Sintflutsage verteidigte die Göttin das Menschengeschlecht, das sie selbst geschaffen habe, gegen den Vorwurf des Ungehorsams und wollte so vergeblich den Weltuntergang verhindern. Doch in einer späteren Fassung von ihrem Gang in die Unterwelt tat sie dies, um die Toten auf die Erde zu bringen, damit diese die Lebenden vernichten sollten. Hier fand also im Lauf der Zeit ein Umschlag von der Menschenliebe zum Hass gegen ihre Geschöpfe statt, deren Verderben die nun gnadenlose Herrin aus einer unergründlichen Animosität heraus beschlossen hatte.[147]

Hier ist tiefenpsychologisch Erich Neumanns Wandel bezüglich seiner Auffassung der Großen Göttin in seinen beiden Hauptwerken sehr interessant. Die „Ursprungsgeschichte des Bewusstseins" behandelt den Archetyp der Magna Mater noch vor allem unter dem Aspekt der furchtbaren Mutter, konzentriert sich dabei, wie schon erwähnt, besonders auf Astarte, bezieht aber Ischtar meist stillschweigend mit ein.

Dies zeigt sich etwa dann, wenn Neumann von den „Attis-, Adonis-, Tammuz- und Osiris-Gestalten" spricht, die von der Muttergottheit „geliebt und getötet, begraben, beweint und wiedergeboren" würden. Die genannten Jünglinge erführen dabei „den orgiastischen Charakter der Sexualität" und in diesem Rausch „die Aufhebung, die Übersteigerung und den Tod des Ich". Für den Tiefenpsychologen ist die nicht auf den Mann bezogene Große Göttin „ein Sakraltyp der Antike".

Als „Mutter und Jungfrau" sei sie auch „die Hetäre, die „niemandem" angehöre, aber „im Dienst der Fruchtbarkeit" bereit sei, „sich jedem zu geben". Neumann interpretiert die Magna Mater „immer auch als

Jagd- und Kriegsgöttin", deren Kulte „blutig" und deren Feste „orgiastisch" seien. Ihr „Schoß" wolle und müsse vor allem durch „Blutopfer und Leichen" befruchtet werden, was den furchtbaren Aspekt und „die Todesseite des Erdcharakters" ausmache.

Nach Auffassung des jüdischen Jung-Analytikers besitzt die Große Mutter „den Blutzauber, der das Leben entstehen" lasse. Deswegen sei sie die „Herrin der Blutzone", der „Fruchtbarkeit" und des „Krieges". Doch verlagert Neumann in seinem zweiten Hauptwerk den Schwerpunkt seiner Deutung des Wesens der Göttin vom Negativen zum Positiven hin. Zwar zählt er die Göttin darin auch zu „den Erscheinungsformen des Großen Weiblichen in seinem vorwiegend furchtbaren Aspekt", der sich dann zeige, wenn die Herrin von Babylon „zornig" sei. Denn dann könne sie „den Schoß des Lebendigen verschließen" und „alles Leben" still stehen lassen.

Aber im „Schema III" von „Die Große Mutter" stellt der tiefenpsychologische Interpret Ischtar zum positiven „Mutter-Pol" an die Seite von Demeter, Artemis, Isis und „die Kwan-yin des Buddhismus". Mit „aus dem Rücken sprossenden Zweigen oder Ähren" erscheine sie auch als positiver Elementarcharakter. Für Neumann hat sie „als das große Runde des Anfangs" eine „menschliche Form angenommen" und weist „neben den archaischen" Aspekten schon auf spätere Wandlungs- und Geistformen des Weiblichen hin. Nicht nur Zweige und Ähren, sondern auch Blüten, Äpfel und andere Früchte als „Symbole der Fruchtbarkeit" und „Kultobjekte der Göttin" erschienen „auf unzähligen Bildern der Ischtar". Diese wird damit tiefenpsychologisch im Gegensatz zu Astarte aus der einseitigen Zuschreibung als „furchtbare" Mutter herausgeholt und in die Ganzheit des Großen Weiblichen gestellt, die eben auch Züge der „guten" Mutter enthält.[148]

Die bekannteste sumerische Dichtung über die Göttin entstand vermutlich während der dritten Dynastie von Ur zwischen 2111 und 2003 v. Chr. und trägt den Titel „Inannas Gang zur Unterwelt". Eine akkadische Version der Erzählung, die „Ischtars Höllenfahrt" genannt wird, stammt aus dem ersten Jahrtausend und ist aus Abschriften der Bibliothek des Königs Assurbanipal von Ninive im siebten Jahrhundert v. Chr. bekannt. Der Mythos beginnt mit Inannas Entscheidung, in die Unterwelt hinabzusteigen, um ihre Schwester Ereschkigal zu besuchen. Dabei hat die ehrgeizige Himmelskönigin auch den machtgierigen Wunsch, die Herrschaft über das unterirdische Reich an sich zu reißen. Doch wird sie von ihrer tiefgründigen Verwandten aus den dunklen Gefilden des Lebens durchschaut und an der Umsetzung ihrer destruktiven Absicht gehindert.

Daher muss Inanna an jedem der sieben Unterweltstore ein Schmuck- oder Kleidungsstück abgeben, bis sie am Schluss ganz nackt und machtlos vor ihrer Schwester steht, die sie mit dem „Blick des Todes" anschaut und damit tötet. Nun erlischt auf der Welt jede Fortpflanzung und Fruchtbarkeit, so dass sich schließlich der Weisheitsgott Enhil genötigt sieht, eine Befreiungsaktion zu versuchen. Durch eine List gelingt es ihm, „Wasser und Speise des Lebens" in die Unterwelt zu schaffen und dadurch den an einem Pfahl aufgehängten Leichnam wiederzubeleben.

Doch für ihre Rückkehr zur Oberwelt muss die Göttin einen Ersatz stellen. Bei ihrer Suche kommt sie auch nach Uruk und entdeckt dort empört ihren Geliebten Dumuzi, der nicht über ihre Abwesenheit trauert, sondern auf seinem Königsthron sitzt und es sich gut gehen lässt. Wütend blickt sie ihn mit den „Augen des Todes" an und übergibt ihn den Dämonen der Unterwelt. Dann bittet seine Schwester Geschtinanna bei der zornigen Göttin für ihn um Gnade. Inanna lässt sich erweichen und verfügt, dass die beiden ihr Schicksal teilen und zuerst der eine und dann die andere jeweils ein halbes Jahr in der Unterwelt verbringen sollen. Ereschkigal ist damit einverstanden und bestätigt den Richtspruch ihrer Schwester.

In der griechischen Mythologie gibt es für diese Geschichte eine Parallele, indem Adonis, der getötete Sohngeliebte von Aphrodite, nach einem Urteil des Zeus ein halbes Jahr auf der Erde bei der Liebesgöttin und ein halbes Jahr bei der Unterweltsherrscherin Persephone verbringen soll. Inanna und Ereschkigal sind ebenso wie ihre Nachfolgerinnen in Hellas nur zwei Seiten der einen Großen Göttin, die über das Leben und den Tod gleichermaßen herrscht und den Archetyp der Magna Mater sowohl in ihrem „guten" als auch in ihrem „furchtbaren" Aspekt umfassend verkörpert.[149]

Die Himmelskönigin erscheint nochmals in der um 2000 v. Chr. entstandenen sumerischen Dichtung „Gilgamesch und der Himmelsstier", die Teil eines aus mehreren Einzelwerken bestehenden Zyklus ist. Die Göttin, die hier noch Inanna heißt, wird dabei zur großen Gegnerin des Helden, der etwa 2750 v. Chr. König der Stadt Uruk gewesen sein soll. Um

1200 v. Chr. schrieb ein Dichter namens Sin-leqe-uninni das sog. „Zwölf-tafel-Epos" in einer akkadischen ninivitischen Fassung nieder, die der assy-rische König Assurbanipal etwa 650 v. Chr. in ihre letzte vollständige Form bringen ließ und die als Gesamtschau die bedeutendste epische Dichtung der vorhomerischen Zeit bildete. Nun trägt die Himmelskönigin den Namen „Ischtar" und tritt Gilgamesch als werbende Frau gegenüber, die ihm Liebe und Ehe anbietet.

Doch der Held lehnt den Antrag der begehrenden Göttin nicht nur einfach ab, sondern beschimpft und beleidigt die Lüsterne absichtlich und böswillig. Dabei entwirft er das Bild einer unersättlichen liebessüchtigen Nymphomanin und einer gefährlichen Zauberin, die all ihre Liebhaber ins Unglück gestürzt und erbarmungslos vernichtet habe, indem diese in Tiere verwandelt worden wären. Hier sind sexuelle Besessenheit und Hexerei sehr eng miteinander verbunden.

Die Ausnahme unter den Metamorphosen bildet Tammuz, der sume-risch „Dumuzi" hieß und der ursprüngliche Geliebte von Ischtar war. Doch auch für ihn wurde sie zur „Femme fatale", die ihn der Unterwelt auslieferte, von wo er allerdings durch seine alljährliche Auferstehung immer wieder zu ihr zurückkehrte. Die Göttin fühlt sich nach Gilgameschs Beleidigungen zutiefst gedemütigt und bittet aus Rache dann die anderen Götter, den „Himmelsstier" zu erschaffen, damit dieser den Helden und seine Stadt vernichten solle.

Das riesige Ungeheuer steigt nun vom Himmel herab und tötet durch sein bloßes Schnauben Hunderte von Soldaten des Königs. Aber dem Heros und seinem genauso starken Freund Enkidu gelingt es trotzdem, das Monstrum durch eine List zu erschlagen. Darauf steigt Ischtar auf die Mauer von Uruk und verflucht Gilgamesch. Sein Gefährte antwortet auf diese Beleidigung, indem er dem Himmelsstier einen Schenkel heraus-reißt, ihn der Göttin vor die Füße wirft und ihr droht, sie genauso zu behandeln, wenn er sie zu fassen bekäme.

Diese nicht mehr zu überbietende Verhöhnung und tiefe Beschämung der Himmelskönigin erzürnt auch die anderen Götter, die dann mehr-heitlich beschließen, Enkidu für seine Schmähung zu bestrafen und ihm in einem Traum seinen Tod zu verkünden, worauf dieser krank wird und nach zwölf Tagen stirbt. Damit gewinnt der Bereich des Unbewussten mit der Dominanz des Archetyps der Großen Mutter nach mühevollem Kampf noch einmal die Oberhand über die Welt des menschlichen Bewusstseins mit ihrem nach Hybris strebenden Ich. Doch Gilgamesch gibt nicht auf und macht sich nach sieben Tagen Trauer um den verstorbenen Freund auf die Suche nach Unsterblichkeit.[150]

Der Literaturwissenschaftler Hellmuth Petriconi macht in seinem Buch „Metamorphosen der Träume" das Gespräch von Ischtar und Gilgamesch zum Ausgangspunkt seiner Untersuchung über das Motiv der „verschmähten Astarte". Für ihn handelt es sich bei den Liebschaften der Göttin um parallele Sagen, die sich mythologisch ausschlössen. Ihr erster Geliebter Tammuz werde ihr jedes Jahr durch den Tod entrissen und bei seiner Auferstehung wieder zugeführt. Deshalb sei er in alle Ewigkeit ihr Partner, der niemals durch einen anderen verdrängt werden könne.

Nach Petrocinis Auffassung entstellt und verdreht Gilgamesch absichtlich die von ihm angeführten Geschichten und benutzt sie als Vorwand, um Ischtar abgrundtief zu beleidigen. Er empöre sich darüber, dass die Göttin seine mythische Mutter sei, die ihren Sohn liebe und sich mit ihm inzestuös verbinden wolle. Unterschwellig wirft er für den Literaturwissenschaftler der Frau, die ihn geboren hat, letztlich vor, dass sie ihm Schutz und Beistand hätte sein sollen und ihn nun durch ihre sexuelle Besessenheit vor ihm selbst zugrunde richte. Hier kann die tiefenpsychologische Forschung nahtlos anknüpfen.

Rivkah Kluger-Schärf bezeichnet Ischtar in diesem Zusammenhang als „verschlingende, zerstörerische Mutter", und Erich Neumann reiht Gilgamesch in die Gruppe der „Widerstrebenden" ein, denen „gerade bei einem erstarkenden männlichen Bewusstsein" die „auflösend-kastrierende, verderblich-verzaubernde, tödlich-verwirrende Natur" der Magna Mater „immer mehr bewusst" werde.

Für den jüdischen Psychotherapeuten lebt der König von Uruk „sein Heldenleben losgelöst von der „Großen Mutter" und ist daher im Gegensatz zur noch unentwickelten und in dieser Hinsicht „negativen" Figur des Jünglings Hippolytos ein „wirklicher" Heros. C. G. Jung sieht Gilgamesch als Vorbereiter eines Menschentums, das die „animalische Triebhaftigkeit" überwinde, weil er „auf die schreckliche Ischtar" verzichte.

Nach seiner Auffassung repräsentiert „nun die Mutter das Unbewusste" und stellt „die Inzesttendenz" dar, wenn sie „als ein Verlangen" der Magna Mater-wie in diesem Fall der Göttin gegenüber ihrem Sohn-König-erscheint". Eigentlich steht für Jung hinter diesem Vereinigungswunsch der „Anspruch des Unbewussten, berücksichtigt zu werden". Wenn dieses vom Ich abgewiesen werde, müsse der Mensch „ungünstige Folgen" auf sich nehmen, weil „seine instinktiven Kräfte", wenn „nicht berücksichtigt, in Opposition" träten.

Je „ablehnender die Einstellung des Bewusstseins zum Unbewussten" sei, „desto gefährlicher" werde Letzteres. Nach Jung ist die Lösung dieses Dilemmas der von ihm vorgeschlagene Individuationsprozess, der die Ganzheit der Seele erstrebt. Der Mensch müsse dabei nach dem universell verbreiteten „Heldenmythos" die „Große Fahrt" der gefährlichen Such-wanderung nach der „schwer erreichbaren Kostbarkeit", dem Symbol des Selbst oder zentralen Archetyps, auf sich nehmen, bis er diesen inneren Schatz am Schluss finde und ins Licht des Bewusstseins hebe.

Jung nennt den Weg der Ganzwerdung auch „das Abenteuer der Nachtmeerfahrt, deren Ziel und Ende die Wiederherstellung des Lebens" und „die Todüberwindung" sei. Gilgamesch muss nach der Auseinander-setzung mit Ischtar bei seiner Suche bezüglich der Unsterblichkeit die „Große Fahrt" antreten und das Reich des kollektiven Unbewussten in seiner ganzen vielschichtigen Komplexität durchschreiten, bis er der Erfüllung seiner Wünsche sehr nahe kommt und scheinbar alles erreicht.[151]

In der mythologischen Forschung wird Ischtar öfter mit der Zauberin Kirke verglichen, die in der um 700 v. Chr. entstandenen „Odyssee" des Homer auf der mythischen Insel Aia lebt und vorzugsweise Männer wie etwa die Gefährten des Odysseus gern in Schweine verwandelt. Nur als der Held selbst erscheint und die schöne Hexe mit der Hilfe des Götterboten Hermes, des Heilkrautes „Moly" und seines Schwertes besiegt, gibt sie sich geschlagen und bietet ihm ihre alles verwandelnde Macht der Liebe an. Ihr Zauber erweist sich somit als Prüfung, die nur besteht, wer gegen ihre Ränke und Listen gefeit und ihr wie Odysseus ebenbürtig ist.

Diesen umarmt sie dann plötzlich als „aphrodisisches Urwesen", das sich ihm in absolutem Vertrauen und unverhüllter Selbstauslieferung hingibt. Kirke erweist sich so als kosmische Wandlungsgöttin, die für das zyklische Erneuerungsgeschehen von Leben, Tod und Wiedergeburt des Menschen auf ihrer Insel sorgt und es fördert. Erich Neumann sieht sie in „Die Große Mutter" ähnlich wie Ischtar. Zwar verschweigt er sie nicht als verführerische Gestalt „der verhängnisvollen Bezauberung" und ihre

Parallelen zu Aphrodite als furchterregende „Herrin der Tiere", aber er betont auch, dass sie Odysseus nach bestandener Probe auffordert, „das Bett mit ihr zu teilen".

Nach Auffassung des Tiefenpsychologen ist Kirke wie die Rätselprinzessinnen des Märchens auch die scheinbar „tödliche Anima", die den positiven Umschlagspunkt des Wandlungscharakters der Großen Mutter enthält und den Übergang von der bösen Zauberin zur liebenden Frau rasch und unmittelbar vollzieht.

Wie schon erwähnt, liebt für Hellmuth Petriconi Ischtar in all ihren Beziehungen immer nur den Einen, ihren ursprünglichen Geliebten Tammuz, den sie jedes Jahr betrauert und begräbt, aber im Frühjahr wieder von neuem liebt. Neumann selbst hat in seinem zweiten Hauptwerk die Göttin in die Ganzheit des Großen Weiblichen gestellt, die potenziell auch dessen Wandlungscharakter in Form der Anima in sich trägt. Somit enthält auch Ischtar in sich die Möglichkeit, im Verlauf des zyklischen Geschehens von Tod und Auferstehung des Jünglingsgottes diesen dazu anzuspornen, immer mehr seelisch zu wachsen und sich zu entwickeln, bis er seiner Geliebten ebenbürtig wäre.

Doch Gilgamesch lehnt Ischtars Angebot auch in dieser Hinsicht ab und versucht, auf eigene „Faust", allein auf sich gestellt, Unsterblichkeit zu erreichen. Nach einem langen Weg der Irrungen und Enttäuschungen findet er schließlich das Lebenskraut, das „Jung wird der Mensch als Greis" heißt, verliert es aber bald darauf an eine Schlange, die es ihm stiehlt. Darauf häutet und verjüngt sich diese, während er unwiderruflich dem Tod verfällt.

Nach Auffassung der feministischen Matriarchatsforschung hat er sich sein Schicksal selbst bereitet, und seine Auflehnung dagegen sei nicht heroisch, sondern unsinnig. Gilgamesch habe außerdem den Garten der Göttin entweiht, ihren Himmelsstier getötet, ihr Liebesangebot verhöhnt und so derart in der Welt gewütet, dass er keine Belohnung für diese Taten verdient habe. Da die Schlange ein Begleittier von Ischtar ist, triumphiert durch ihren Diebstahl letztlich doch noch einmal die Sphäre der matriarchalen Liebesgöttin über die Welt des sich vergeblich abmühenden patriarchalen Helden.[152]

4.4 „Heilige Hochzeit" und sakrale Prostitution

Das bedeutendste Fest zur Verehrung von Inanna-Ischtar und Dumuzi-Tammuz war in der sumerisch-babylonischen Kultur an jedem Neujahrstag das Ritual der „Heiligen Hochzeit" zwischen der „Himmelskönigin" und dem „Hirten des Landes", um das Gedeihen des Landes in Form der Fruchtbarkeit von Feldern, Gärten und Baumplantagen zu fördern. Ursprünglich bezog sich der „Hierosgamos" nur auf die Hochzeit von Zeus und Hera, die symbolisch für Himmel und Erde standen. James George Frazer benutzte dann diesen Terminus als Umschreibung des babylonischen Ritus im Rahmen seiner Beschäftigung mit sexuellen Orgien bei agrarischen Kulten. Dabei vermählte sich alljährlich die Oberpriesterin von Inanna-Ischtar mit dem König als Repräsentant des Dumuzi-Tammuz symbolisch durch einen rituellen Beischlaf.

Der Herrscher ahmte damit das Schicksal des göttlichen Geliebten nach, ging wie dieser zur Zeit der Dürre in die Unterwelt und trat gemäß seinem Vorbild mit der jungen Vegetation wieder ins Leben zurück. Als Verkörperung des Landes schenkte nun die Göttin in Gestalt der Oberpriesterin dem König Thron und Amt und legitimierte damit auch seine Macht und zu gewissen Zeiten auch seine Vergöttlichung.

Den literarischen Hintergrund für die „Heilige Hochzeit" bildeten Preislieder auf das göttliche Liebespaar. In einem davon singt Dumuzi, dass er „den heiligen Schoß der Inanna" ergötzt habe, und in einem anderen nennt sie ihn „Liebling", der ihre „Vulva" pflügen solle. Immer wieder rühmt sie darin die „Feuchtigkeit" ihrer Scheide.

Nach Auffassung etlicher Mythenforscher soll es sich beim sog. „Hohelied Salomonis" des AT um eine matriarchale Kultliturgie von Ischtar handeln, die ihren Geliebten Tammuz umwirbt, um mit ihm die „Heilige Hochzeit" zu feiern. Es sei patriarchal überarbeitet und seines ursprünglichen Sinnes beraubt worden, damit es dann über den Umweg einer allegorischen Deutung doch noch Eingang in das AT gefunden habe.

Für die feministische Matriarchatsinterpretation thematisiert der Text die Wiederkehr des Jünglingsgottes, der von seiner Himmelskönigin aus der Gewalt des Todes befreit worden sei und nun mit ihr und dem ganzen Volk die Auferstehung des Lebens und des Frühlings feiere. Trotz aller Entstellungen preise das „Hohelied" die ekstatische Bejahung des Eros in der rauschhaften Vereinigung des sich ganz hingebenden Paares. Es ist nach Auffassung dieser Forschung ein schöner, aber kümmerlicher Rest altorientalischer Religiosität, in der die sexuelle Lust beider Geschlechter ihren natürlichen Stellenwert besessen hätte.[153]

C. G. Jung behandelt in „Symbole der Wandlung" zwar mehrmals das Thema des „Hierosgamos", geht aber dabei nicht vom babylonischen „Ischtar-Tammuz"-Ritual oder vom „Hohelied Salominis", sondern von den agrarischen Fruchtbarkeitskulten, dem Hochzeitsmythos von Hera und Zeus, der Symbolik des ägyptischen Henkelkreuzes, den Demeter-Mysterien in Eleusis, Christi Tod am Kreuz und der alchemistischen Legende von Gabricus und Beya aus. Dabei ist für ihn „Heilige Hochzeit" die „Vereinigung" des „Gottes mit seiner Mutter zum Zwecke der Todüberwindung und Lebenserneuerung".

Psychologisch meint er damit die Verbindung „des männlichen Bewusstseins mit dem weiblichen Unbewussten" und bezeichnet diese „Konjunktion" als „die dem Individuationsprozess eigentümliche transzendente Funktion" im Sinne einer schöpferischen, final orientierten Fähigkeit der Psyche, innere Gegensatzpaare zu einer Synthese zusammenzubringen. Laut Jung hat die „Integration des Unbewussten ins Bewusstsein" auf die Ganzheit des Menschen „Heilwirkung".

Erich Neumann sieht in „Ursprungsgeschichte des Bewusstseins" die Große Mutter als „das Betörende und Faszinierende, das Verführende und Beglückende, das Überwältigende und Verzaubernde", das die Leidenschaft „des Sexus und die Orgie des Rausches, des Unbewusstwerdens und des Todes" miteinander verbinde. In Ihrem furchtbaren Aspekt sei die Großen Göttin „die zauberische und sinnverwirrende, die in Wahnsinn" stürze und der kein „jünglingshaft-Männliches" gewachsen sei. Dieses werde „ihr dargebracht als Phallus", den sie „mit Gewalt" nehme oder sich von den verblendeten Sohngeliebten „in der Selbstentmannung" als „Opfer" schenken lasse.

Doch betrachtet der Tiefenpsychologe diese sadomasochistische Beziehung der Großen Mutter zu ihrem Jünglingsgott nur als Vorstufe zum Ritual der „Heiligen Hochzeit". Nach seiner Auffassung werde später „ die ursprüngliche Sakralfruchtbarkeit mit ihren grausamen Kastrationsriten abgelöst durch das Liebesmotiv", und an ihre Stelle trete nun „der menschbezogene Mythos". In „Die Große Mutter" behandelt Neumann das Thema des „Hierosgamos" am Beispiel der Kreuzes- und Feuersymbolik und des Einweihungsfestes bei den Eleusinischen Mysterien. Die „Heilige Hochzeit" zwischen „Himmel und Erde" finde im Orient „auf dem Berge oder dem ihn symbolisierenden Stufenturm" Babylons statt. Dort verbinde sich „der herabsteigende männliche Blitz-, „Donner- und Regengott" mit der weiblichen Erd- und Berggöttin. Auch ihre Stellvertreterin, „die Priesterin", empfange „in der Kapelle auf der Bergspitze" den König als Repräsentanten des Himmelsherrschers.[154]

Die tiefenpsychologisch interpretierende Literaturwissenschaftlerin Hedwig von Beit knüpft in ihrer zweibändigen „Symbolik des Märchens" an C. G. Jungs oben zitierten Äußerungen zum „Hierosgamos" an, nennt diesen aber „mystische Hochzeit", die eine „Vereinigung von Bewusstsein und Unbewussten" darstelle und bei der „eine innere Erneuerung der seelischen Gesamtpersönlichkeit" und zwar „im besonderen des Bewusstseins" entstehe. Sie werde auch „archetypisch" durch die „Verbindung der Anima" mit der „neuen und wahren" Realitätseinstellung des männlichen Ich ausgedrückt und sei „an sich ein Symbol für das Selbst", in dem „die Gegensätze zur Ruhe" kämen.

Für Frau von Beit hat an der „ersehnten Vereinigung" dieser inneren Pole „der profane Verstand nur bedingt teil". Im Märchen repräsentiere die mystische „Hochzeit zwischen dem Helden und der Prinzessin" die Durchdringung „von Seele und Geist", die „ein ewiges und zeitloses Geschehen" sei. Das „Auseinanderreißen des Gegensatzes" werde aber „der Weg zu einer Erweiterung des inneren Wesens" und zu neuer Verbindung der Polarität „in anderer Form und auf höherer Stufe", was „symbolisch im Bilde" der „mystischen Hochzeit" dargestellt sei. Hinsichtlich dieses Zusammenhangs sieht die Märchenforscherin „im Seelengrunde" die Aktivität verborgener „Kräfte", die das Spannungsgefüge „zwischen den Elementen und überhaupt alle Gegensätzlichkeit zu versöhnen" trachte. So bildet das alte Ritual der „Heiligen Hochzeit" von Ischtar und Tammuz die vitale Grundlage für Übertragungen ins Literarische wie das „Hohelied Salomonis" und ins Psychologische wie letzte psychotherapeutische Einsichten von C. G. Jung und seinen Schülern.[155]

Die Große Göttin von Babylon ist als Verkörperung des weiblichen Lebensprinzips ganz allgemein in erster Linie die Schutzherrin der Frauen, der Geburt und der Fruchtbarkeit, beherrscht aber auch die gesamte

Spannbreite der Sexualität, vom gewöhnlichen Koitus über die Prostitution bis hin zum erotischen Transvestismus. So soll Ischtar in einigen Texten behaupten, dass sie eine mitleidige „liebende Dirne" sei, wenn sie „im Tor der Herberge" säße. Wirtshaus und Bordell gehörten in der babylonischen Kultur zusammen. Getränkeausschank und Liebesdienst gingen hier fließend ineinander über und waren oft in einer, meist weiblichen Hand. Ischtar trug gelegentlich einen Schleier, der das Zeichen sowohl der Jungfrau als auch der Prostituierten war. Sie galt als die „Größte Dirne", und der entsprechende Dienst in ihrem Tempel wurde als wohlgefällige und quasi „heilige" Tätigkeit allgemein sehr geschätzt. „Geweihte" Kultpriesterinnen lebten in Ischtars Heiligtum oder in dessen Nähe und wirkten dort auch als Prophetinnen und Orakelkünderinnen. Diesen sog. „Gottesschwestern" war die Heirat verboten und dafür die Pflicht auferlegt, sich jederzeit im Tempel ihrer Herrin preiszugeben. Die Einnahmen aus dieser Tätigkeit der „sakralen Prostitution" mussten an die Leitung des Heiligtums abgegeben werden.

Der griechische Historiker Herodot berichtete außerdem im fünften vorchristlichen Jahrhundert von einem Brauch, dass jede Frau in Babylon sich einmal in ihrem Leben innerhalb des Tempels der Göttin einem Fremden hinzugeben und das ihnen von diesem Freier zugeworfene Geld für den Schatz des Heiligtums zu spenden hätte. Danach wäre sie nach Hause zurückgekehrt, um ihr gewohntes Leben fortzusetzen und diese individuelle Form der sakralen Prostitution für immer hinter sich zu lassen. Der Geschlechtsakt erschien in diesem Kontext als kosmisches Mysterium und Quelle der Fruchtbarkeit in Natur und menschlichem Leben und galt als Form der kultischen Verherrlichung des Geheimnisses von Zeugung und Fortpflanzung im Zeichen der Göttin. Der Triebbereich des Es wird hier geheiligt und völlig in die Sphäre des Archetyps der Großen Mutter eingetaucht, damit aber in die Ganzheit des persönlichen Individuationsprozesses hineingestellt, ohne dass dies der Einzelne damals vielleicht mehr oder weniger bewusst wahrgenommen hätte.[156]

Das literarisch bekannteste Beispiel für diesen Vorgang stammt aus dem schon erwähnten „Gilgamesch-Epos". Hier ist Enkidu die dunkle, erdhafte Entsprechung des Helden und damit die Verkörperung seiner triebhaften Schattenseite. Dieser kraftvolle Naturbursche haust draußen in der Steppe und lebt im Einklang mit den wilden Tieren. Ein Jäger sieht ihn und berichtet Gilgamesch in Uruk von dem Ungetüm, das seine Fallen zerstört hat. Der König beauftragt den Forstmann, ein Freudenmädchen mitzunehmen, das mit ihren Künsten den Rohling „becircen" und zähmen solle. Die Prostituierte trägt den Namen „Samhat", der „Schöne" oder „Prächtige" heißt. Sie gehört nicht zum Palast oder zur Straßenszene, sondern zum Tempel von Ischtar. Enkidu ist vom Anblick der schönen nackten Frau sofort fasziniert und lässt sich von ihr leicht verführen. Er verbringt mit ihr sechs Tage und sieben Nächte und wandelt sich in dieser Zeit vom wilden Naturburschen zum zivilisierten Menschen. Danach erkennen ihn die Tiere nicht mehr und fliehen vor ihm. Nun setzt er sich zu Samhats Füßen, schaut ihr verliebt ins Gesicht und vertraut sich ganz ihrer Führung an. Sie lehrt ihn, auf menschliche Weise zu essen und trinken und sich zu kleiden, bringt ihn nach Uruk und verweist ihn an Gilgamesch.

Dies ist in der Weltliteratur die erste Darstellung des heilsamen Einflusses der Anima auf das männliche Bewusstsein. Tiefenpsychologisch gesehen verkörpert Samhat Enkidus weibliches Seelenbild, das ihn durch Sexualität vermenschlicht. Jung spricht hier vom Archetyp des Lebens, Neumann vom Wandlungscharakter des Weiblichen, der den Mann als „Femme inspiratrice" anspornt und ermutigt, den Weg zu seinem Wesen zu suchen. Die Anima vertritt in der Analytischen Psychologie das weibliche Erosprinzip der Bezogenheit und Verbindung sowohl zur Außenwelt als auch zum Selbst als Zentrum des Unbewussten. Samhat kann Enkidu allerdings nur bis zu Gilgamesch geleiten, tritt dann aber wieder in den Hintergrund und kann daher die Schattenseite des Helden nur bis zu einem gewissen Grad beseelen und muss dann den von ihr zivilisierten Naturmenschen seinem Schicksal überlassen, das ihn an der Seite seines Freundes in den Kampf gegen Ischtar treibt und ihn daran zugrunde gehen lässt. Verbittert verflucht Enkidu auf dem Totenbett die Kultpriesterin, wird aber vom Sonnengott Schamasch, der sowohl ein Freund der Menschen als auch ein Vertrauter der Liebesgöttin ist, an die Verdienste der Tempelprostituierten für seine Entwicklung erinnert.

Davon lässt sich der Sterbende besänftigen, segnet nun Samhat und macht so am Ende seinen Frieden mit ihr. Doch Gilgamesch setzt seine Auseinandersetzung mit dem Weiblichen fort, wird aber von ihm durch den Diebstahl der Schlange letztlich doch besiegt. Durch die Ablehnung von Ischtars Werbung nimmt er sich auch die Möglichkeit, die Liebesgöttin als Seelenführerin anzuerkennen und sich von ihr den Weg zu innerer Wandlung und seelischem Wachstum zeigen zu lassen. Doch ist im Epos durch die liebenswerte Gestalt von Samhat das Problem der Anima und des Lebensarchetyps für die Entwicklung des Mannes immerhin angedeutet, wenngleich nicht bis zum harmonischen Ende durchgestaltet, weil der Held doch weitaus eher seiner Angst vor als seiner Liebe zur Frau vertraut und sich damit für seinen eigenen heroischen Untergang und seine Lebenstragödie entscheidet.[157]

4.5 Die allgemeine Angst des Mannes vor der weiblichen Sexualität

Ischtars heiligster Tag wurde „shabattu" oder „sabattu" genannt. Dieser Name bedeutet „Göttin" und bezeichnet das ihr Eigene, das Weibliche an sich. Es war der Tag des Vollmonds, an dem nach babylonischem Glauben Inanna-Ischtar ihre monatliche Blutung innerhalb des weiblichen Zyklus hatte. „Shabattu" hat auch den semantischen Nebenaspekt der „Herzruhe", die der Mond sich nimmt, wenn er voll ist. An diesem Tag, an dem das himmlische Nachtgestirn menstruierte, waren Frau und Mann ähnlichen Einschränkungen unterworfen, wie z. B. irgendeine Arbeit zu verrichten, gekochtes Essen einzunehmen oder eine Reise anzutreten. Wer gegen diese Gebote verstieß, musste damit rechnen, dass dieser Tag für denjenigen „übel" oder „unheilvoll" werden konnte.

Doch die eigentliche Bedeutung der Vollmondnacht war für die damalige Zeit etwas Positives. Der Name der Großen Göttin leitete sich in fast allen Kulturen von „Gebärmutter" oder „Vulva" ab, deren Zyklen in der Antike allmonatlich gefeiert wurden. In der Südsee und bei den Indianern Nordamerikas sind die Worte „Tabu" und „heilig" gleichbedeutend mit „menstruierend". Das Vollmondfest von Ischtar war nicht nur ein Tag der Ruhe, sondern auch der Liebe, der Träumerei, der Poesie und inneren Einkehr.

Die Juden übernahmen das Ritual des babylonischen „shabattu" für ihren „Sabbat" und bezogen ihn allerdings auf ihren Gott Jahwe. Erich Fromm weist in einem frühen Aufsatz auf diesen Zusammenhang hin, interpretiert ihn jedoch freudianisch als „Erinnerung an die Tötung des Vaters und die Gewinnung der Mutter" im Sinne des klassischen Ödipuskomplexes um. Die Israeliten selbst hatten in ihren traditionellen Synkretismus Jahwe als Gefährten von Astarte verehrt, die an ihren Festtag „Sabbath" genannt wurde. Sein Ursprung war jedoch Babylon, wo man bei Vollmond die Menstruation von Ischtar zelebrierte.

Dabei haben nach Auffassung einiger Mythologie-Forscher die Priesterinnen der Göttin alle in Übereinstimmung miteinander und mit dem Mond ihre zyklische Blutung gefeiert. Wahrscheinlich gehörten auch die Prostituierten des Tempels und vielleicht auch der Straße dazu. Zumindest waren sie als Teilnehmerinnen beim „shabattu" zugelassen, weil Ischtar auch als Schutzpatronin der käuflichen Liebe und ihrer Vertreterinnen galt. In „Ursprungsgeschichte des Bewusstseins" betont Erich Neumann „den natürlichen Zusammenhang des Weibes" mit der „Zone" von „Menstruation, Defloration und Geburt", interpretiert ihn aber kritisch als „Wissen von der Blutbezogenheit der Großen Mutter, die als Erdherrin des Lebens und des Todes Blut" fordere und „auf Blut und Blutvergießen angewiesen zu sein" scheine.[158]

Damit wird das schon in der Antike bekannte und oft literarisch verarbeitete Motiv der Angst des Mannes vor der sexuellen Macht des Weiblichen thematisiert. Mythische Gestalten wie Ischtar und Kirke lösten in vielen maskulinen Phantasien die höchst ambivalente Vorstellung der Verknüpfung von Prostituierter, Zauberin und Verführerin aus, die einerseits faszinierte, andererseits aber Grauen erregte. Die assoziative Verbindung von Hexe und Hure fand sich bereits in magischen Texten und Ritualen aus Babylon, tauchte in Griechenland und Rom auf und führte über das Mittelalter bis zu den Frauenpogromen der Frühen Neuzeit.

Vor allem aber das Phänomen der Menstruation löste seit alters her bei vielen Männern panische Angst aus. Die Urmenschen und etliche primitive Naturvölker hielten den weiblichen Zyklus, Schwangerschaft und Geburt für abnorme, unerklärliche Prozesse, die nach deren Aberglauben durch die Einwirkung überirdischer bösartiger Mächte, wie etwa Geistern und Dämonen, bedingt und verursacht seien. Daraus entwickelte sich eine abgrundtiefe Scheu vor dem monatlichen Blut, das als unrein empfunden und im Lauf der Zeit mit vielen Tabus versehen wurde. Etliche frühpatriarchale Kulturen betrachteten es als Unheil und Übel, das bei Berührung damit Befleckung, Ansteckung und Krankheit auslösen konnte. Aus deren Perspektive bedeutete die geschlechtliche Vereinigung mit einer menstruierenden Frau für den beteiligten Mann, dass er ebenfalls unrein wurde und durch sein ausströmendes Sperma in die Vagina der blutflüssigen Partnerin Dämonen zeugte. In Ländern, die von Fruchtbarkeitskulten dominiert wurden, konnte die Einrichtung der Tempelprostitution einen sakralen Abwehrzauber gegen die dämonischen Gefahren des ersten Koitus darstellen, indem sich die Mädchen im Schutz des Heiligtums entjungferten.

Die Angst vor der Verbindung von Samen und Hymenalblut führte auch zu der Sitte, die Braut durch Verwandte, Freunde oder Sklaven deflorieren zu lassen. Nach Auffassung der feministischen Matriarchatsforschung erfüllt die Frau den Mann mit Grauen, weil er sie als feuchten, warmen Schlund empfinde, der sich düster öffne, um ihn zu verschlingen, und weil er das Entsetzen über seine eigene körperliche Zufälligkeit in sie hineinprojiziere. Im Laufe der Patriarchatsentwicklung wären die dunklen Aspekte des Lebens ins Unbewusste verdrängt und die Frau zur Trägerin des „Bösen" gemacht worden. Die Ängste vor der Sexualität und vor dem Tod gestehe sich das männliche Bewusstsein nur ungern ein, übertrage sie stattdessen auf das Weibliche, das von ihm im Laufe der Jahrhunderte immer stärker dämonisiert worden sei. So wären auch reale Vergewaltigungen oder zumindest entsprechende Phantasien entstanden, die als neurotische Furcht patriarchaler Männer vor der souveränen Priesterin oder sexuell eigenständigen Frau zu erklären seien.[159]

Die tiefenpsychologischen Schulen betrachten diese Problematik aus einer etwas anderen Perspektive und setzen bei der Interpretation des Themas ihre eigenen Akzente im Gegensatz zum Feminismus. Die Jung-Analytikerin Esther Harding geht in ihrem Buch über „Frauen-Mysterien" davon aus, dass zur Zeit der Menstruation „die instinktive weibliche Natur" imstande sei, „die Männer zu vernichten". Im Umgang damit müsse „ein Bewusstsein" geschaffen werden, das „eine Vertiefung des psychologischen Verstehens" zum Ziel habe. Vom psychoanalytischen Standpunkt aus sieht Freud in seinem Aufsatz „Das Tabu der Virginität" die maskuline „Scheu" vor dem Femininen „darin begründet", dass die Frau dem Mann „ewig unverständlich und geheimnisvoll, fremdartig und darum feindselig" erscheine. Dieser fürchte, von der „Weiblichkeit" seiner Partnerin

„geschwächt" und „angesteckt zu werden und sich dann untüchtig zu zeigen". Nach Freud entfesselt in der Ehe die Entjungferung „eine archaische Reaktion" von destruktiver Aggression gegen den Mann, was „das Weib" unbewusst „dazu" nötige, „Rache für ihre Defloration zu nehmen". Die Psychoanalytikerin Melitta Schmideberg führt die tiefwurzelnde „Furcht der Primitiven" darauf zurück, dass „den Menstruierenden" die „verschiedensten gefährlichen Wirkungen zugeschrieben" werden, indem sie etwa „die Kräfte der Männer und die Fruchtbarkeit der Vegetation" beeinträchtigten. Diese Angst führe „zu den abergläubischen Schutzmaßnahmen", und „das Schuldgefühl der weiblichen Sündenböcke" bewirke, dass „sie es sich gefallen" ließen.

Die abtrünnige Freud-Schülerin Karen Horney sieht in ihrem Aufsatz „Die Angst vor der Frau" für „das primitive Empfinden" in „den blutigen Manifestationen" des „Weibseins" eine doppelte Unheimlichkeit: die „Berührung" der Menstruierenden bringe „den Tod", und die „Defloration" sei „mit höchsten Gefahren verbunden". Dahinter stehe „die Angst vor der Vagina". Wenn der Knabe „nach dem Penis" der Mutter suche", bemühe er sich krampfhaft, „das unheimliche weibliche Genitale zu verleugnen". Für die Psychoanalytikerin ist „seine ursprüngliche" Furcht „vor dem Weibe" eine „Reaktion auf die Bedrohung seines Selbstgefühls", indem er fühle, dass „sein Penis viel zu klein" für „das mütterliche Genitale" sei und er deshalb von seiner wichtigsten Bezugsperson „abgewiesen, ausgelacht" werde.

Als Kompensation für diesen Minderwertigkeitskomplex habe noch der erwachsene Mann die Tendenz, „das Selbstgefühl der Frau zu schwächen" und herabzuwürdigen. Erich Fromm behandelt die Angst vor dem Weiblichen innerhalb seines Buches „Die Seele des Menschen" und thematisiert sie als inzestuöse „Bindung an die Mutter". Diese negative Emotion entstehe „vor allem durch die Abhängigkeit, die das Gefühl der eigenen Kraft und Unabhängigkeit nicht aufkommen" lasse. Die Furcht, „in den Zustand eines Säuglings" oder in den Uterus „zurückzukehren", verwandle „die Mutter in eine gefährliche Kannibalin oder in ein alles verschlingendes Ungeheuer".

Dann besteht nach Fromm die intensive Angst, von dieser „furchtbaren" Frau „gefressen oder von ihr vernichtet zu werden". Der darunter leidende Mensch könne nur durch „die Befähigung" geheilt werden, „die

Mutterbindung zu durchtrennen" und „seine Eigenständigkeit, seine Freiheit und sein Verantwortungsgefühl" zu stärken.[160]

C. G. Jung äußert in „Symbole der Wandlung" ähnliche Gedanken wie Fromm, nur auf einer anderen Ebene. Für ihn repräsentiert die persönliche Mutter dabei eigentlich nur ihre dahinter stehende überpersönliche Imago oder den Archetyp der Magna Mater und damit das kollektive Unbewusste. Hier werde die Angst „für den heroischen Menschen" so „Forderung und Aufgabe" auf dem Weg zum Selbst als Ziel des Individuationsprozesses. Wenn das Bewusstsein vor diesem Gang in die Tiefe „Furcht" empfinde, zeige sich das Unbewusste in Drachen- oder „Schlangengestalt", die das Ich aufzufressen drohe. Doch die in Bewegung geratene Seelenenergie macht nach Jungs Auffassung auf dieser Stufe „nicht halt", sondern geht von „der Sphäre persönlicher Energie in diejenige der kollektiven Psyche über". So könne sie sich „aus der mütterlichen Umschlingung wieder befreien und eine neue Lebensmöglichkeit an die Oberfläche heraufbringen".

Erich Neumann behandelt diese Thematik nicht nur in seinen beiden Hauptwerken, sondern vor allem auch im Aufsatz „Die Angst vor dem Weiblichen". Nach ihm führen negative Bedingungen der Person und der Welt „zu einem Übergewicht" der „das Unbewusste und die Welt umfassenden" Magna Mater, an die „sich das Ich nun in seiner Angst als ausgeliefert erfährt". Damit ist für den Tiefenpsychologen der negative Aspekt des großen weiblichen Archetyps als „furchtbare Mutter" gemeint, die „nicht loslässt und deren Besitzanspruch sich das unerwachsene Männlich-Sohnhafte nicht zu entziehen wagt".

Diese Einstellung konzentriere sich auf die Angst besonders vor dem „weiblichen Genitale", das „als verschlingend" Grauenhaftes, „Kastrierendes, als vagina dentata gefürchtet werde". Der noch unsichere Sohngeliebte erfahre, etwa als „Don-Juan-Typ", die Große Mutter in ihrer „Ganzheit als so überwältigend", dass der noch unentwickelte junge Mann sich ihr „nicht gewachsen" fühle. Der Furcht vor dem Archetyp der Magna Mater stellt Neumann noch die Angst vor dem „Wandlungscharakter des Weiblichen" gegenüber, der sich im Seelenbild der Anima zeigt, der zur Entwicklung „drängt" und diese auch „bringt" und der auf der inneren Ebene „die Bezogenheit" des männlichen Bewusstseins zum „Gegenüber" der Frau „als dem Fremd-Anderen" ausdrückt. Die Anima sei der für das Maskuline „mit dem Weiblichen verbundene" Aspekt, der

„zum Abenteuer, zur Eroberung des Neuen" verlocke. Nach Auffassung des Tiefenpsychologen entwertet und verwirft der patriarchale „Geist-Mann aller Schattierungen" den Elementar-und den Wandlungscharakter des Femininen als „Versuch einer Überwindung der Angst". Er mache dabei das innere Seelenbild der Frau „zur Magierin, Verführerin und Hexe" und lehne es wegen seiner Irrationalität ab. Die Negativierung des „Weiblichen im Patriarchat" verhindere „das Männliche so", in einen echten „Kontakt" mit dem Femininen in Gestalt einer „wirklichen Frau" und seiner Anima „in ihm selber" zu kommen.

Beide von der Psychologie C. G. Jungs vaterrechtlich festgeschriebene Archetypen sind für die feministische Matriarchatsforschung abgespaltene Werte: „kraftlos, degeneriert und zur Sentimentalität verflacht". Doch die von der Analytischen Psychologie inspirierten Schriftsteller Penelope Shuttle und Peter Redgrove plädieren in ihrem Buch „Die weise Wunde Menstruation" energisch dafür, dass „die verdrängte weibliche Welt" für beide Geschlechter „das Problem" der monatlichen Blutung, „ihres Wesens und ihrer Erscheinungsweise" mit „einschließen" muss und dass gerade auch „die Anima menstruiert". Dieser Hinweis dürfte doch einer „strammen" Feministin entgegenkommen und sie vielleicht ein wenig zum Nachdenken über ihre harte Ablehnung der Methode von Jung und Neumann bringen.[161]

4.6   Die besondere Angst der israelitischen Theologen vor dem Körper der Frau

Ischtar ist die große Symbolfigur der Fruchtbarkeit, der Sexualität, der Prostitution, und der Menstruation im Kulturraum des Alten Orients und der antiken Mittelmeerregion und verkörpert so wie keine andere Göttin die Angst des patriarchalen Mannes vor der matriarchalen Frau. Astarte hatte die monotheistisch fixierten Israeliten schon in Kanaan-Palästina das Fürchten gelehrt. Doch was die geistige Elite des „auserwählten Volkes" hier im Exil erlebte, überstieg ihre Erfahrungen mit dem traditionellen Synkretismus in ihrer Heimat noch um ein Vielfaches. Denn jetzt in der Fremde stand die Liebesgöttin im Zentrum der Mythologie, wurde in etlichen Ritualen und Festen verehrt und gefeiert und war damit ganz in die Formen der den Jahwe-Anhängern weit überlegenen babylonischen

Hochkultur eingebunden. All dies verstärkte die Angst der Israeliten vor dem Weiblichen bis hin zum Dogmatismus und Fanatismus. Die Priester und Schriftgelehrten mussten nun als Trotzreaktion Ischtar und ihre Religion total herabsetzen und verbanden ihre Entwertung mit abgrundtiefem Hass und Abscheu, um sich innerlich nicht mit der „furchtbaren" Angst vor der Großen Mutter und den realen Frauen auseinandersetzen zu müssen.

Die Anima, die das Ich sonst zu Wachstum und Wandlung anspornt, blieb bei dieser reaktionären Regression völlig „auf der Strecke" und wurde durch ein gnadenloses Über-Ich ersetzt, das die Autoren des AT zur überschwänglichen Lobpreisung des israelitischen Gottes Jahwe und zur dämonischen Verteufelung von Weiblichkeit und Sexualität antrieb. Das weibliche Seelenbild kam durch seine Verdrängung noch zu den negativen Gefühlen der Angst, der Minderwertigkeit, der Unsicherheit und Entfremdung in der Psyche des exilierten Bildungsstandes aus Juda hinzu, was zu einer Stauung des destruktiven Potenzials im Unbewussten führte.

Dieser Schatten konnte von der theologischen Elite des „auserwählten Volkes" nicht als negativer Teil der eigenen Struktur akzeptiert werden und wurde projiziert, d. h. nach außen verlegt, und dort als scheinbar „Fremdes" bekämpft. Zu Trägerinnen dieser „Sündenbockübertragung" machte man das ganze weibliche Geschlecht, also nicht nur Ischtar und Astarte, sondern auch alle realen Frauen in Babylon und Israel. Was vorher Ausdruck der Lebens- und Sinnesfreude, des geheiligten Eros und seiner kosmischen Fruchtbarkeit war, wurde nun „unrein", „schändlich", „dämonisch", „huren- und hexenhaft".

Die feministische Forschung nennt diese Verkehrung der Liebesgöttin und ihrer vitalen Werte ins Gegenteil den „matriarchalen Schatten" in der Seele des Mannes. So empfanden die Priester und Schriftgelehrten die Hingabe an die Magna Mater und ihren erotischen Kult als „Hurerei" und „Ehebruch" gegenüber dem „einzigen" und „einzigartigen" Jahwe. In der Phantasie dieser Autoren des AT, die sich besonders bildhaft in den Büchern einiger Propheten ausdrückt, wurde Israel zur „Braut" und sein tyrannischer Stammesgott zum „Bräutigam", der eifer- und rachsüchtig über die „Treue" seiner „Auserwählten" wacht und sie drastisch bestraft, wenn sie sich der „Himmelsgöttin" zuwendet, was sie allerdings immer wieder tat. Wenn die Verfasser der „hebräischen Bibel" die lebenschaffende Sexualität der Fruchtbarkeitskulte zur perversen, genitalen Obszönität macht, dürfte dies nur eine Projektion des eigenen Bildes vom Verhältnis zwischen Gott und seinem Volk sein. Was dafür etwa beim Propheten Ezechiel als Metapher erscheint, ist der Ausdruck einer sadomasochistischen Beziehung, in der ein autoritärer Patriarch von seinem ergebenen Liebesobjekt nichts als absoluten Gehorsam und entsprechende Unterwerfung unter seinen Willen fordert.[162]

Während der Deportation gab es etliche Leute, die wieder dem traditionellen Synkretismus mit kanaanäischen Zügen huldigten, oder auch andere, die nun den babylonischen Gott Marduk anbeteten. Der unverfälschte Glaube an Jahwe beschränkte sich damals nur auf einen kleinen Kreis, der aber noch stärker als je zuvor an ihm festhielt. Die Propheten plädierten bei ihrem Auftreten in dieser Zeit leidenschaftlich für die Desakralisierung der Natur, die Entwertung der kultischen Handlung und die totale Zurückweisung der kosmischen Religiosität sowie vor allem für die geistige Neuschaffung des Menschen durch die endgültige Umkehr zum israelitischen Monotheismus und stärkten so die Gruppe in ihrer Glaubenstreue.

Im Kreis der Bildungselite, die sich hartnäckig immer noch zur „Jahwe-allein-Bewegung" bekannte, bekamen während des babylonischen Exils die Texte des Pentateuch (5 Bücher Mose) und des Deuteronomistischen Geschichtswerks (Bücher Josua, Richter, Samuel und Könige) umfassende Zusätze und wurden umgearbeitet, bis sie im Wesentlichen ihre endgültige Form erhielten. Außerdem entwickelten sich hier neue Strukturen der gemeinschaftlichen Organisation und des Gottesdienstes, die noch jahrhundertelang nachwirkten.

539 v. Chr. kam endlich für das tief gedemütigte Volk Israel die Erlösung, als Kyros, der Begründer des Persischen Reiches, das einst mächtige Babylon eroberte und gleich im ersten Jahr seiner Herrschaft einen Erlass für die Wiederherstellung Judas und Jerusalems mit seinem Tempel herausgab. Danach hieß das einst „gelobte Land" als Provinz der Perser „Jehud" und seine Bewohner „Jehudim" oder „Juden". Um 458 v. Chr. kamen der Schriftgelehrte Esra aus Babylon und um 445 v. Chr. der persische Hofbeamte Nehemia nach Jerusalem. Beide trieben den Wiederaufbau der Stadt und die Niederschrift der Endfassung des AT voran und sorgten für die Erneuerung der deuteronomistischen Gesetze. So

166

verboten sie etwa die Mischehe von Juden mit fremden Frauen, machten die Beschneidung wieder zu einem wichtigen Ritus, der sich von anderen Völkern unterschied, und traten für die Einhaltung der Sabbatruhe sowie für die Ablehnung des Zehnten an die führende Gruppe der Leviten ein. Das Ende der Errichtung des zweiten Tempels um 516 v. Chr. und die Einsetzung der Reform von Esra um 398 v. Chr. waren nur der äußere Ausdruck der inneren Entfaltung des sog. „Heiligkeitsgesetzes", der Sammlung ritueller Vorschriften im Buch Leviticus. Sein Ziel war die Erhaltung der Reinheit Israels, um die ethnische und geistige Identität des Volkes inmitten einer fremden und ungläubigen Welt zu bewahren.[163]

Die Priesterschaft übernahm schon in Babylon die Führung der kleinen Gruppe von aufrechten Jahwe-Anhängern und maßte sich im Verlauf des Exils immer mehr die Einstellung an, dass sie allein das göttliche Recht besäße, den Charakter judäischer Orthodoxie zu bestimmen. Als Heimkehrer in Jehud war sie wieder auch nur eine Minderheit, erhielt aber durch ihren religiösen, sozialen und politischen Rang und ihre konzentrierte Ansammlung in und um Jerusalem schnell sehr viel Macht. Mithilfe einer reichen Sammlung von Gesetzesliteratur und prophetischen Schriften und dank der Beliebtheit des Tempels, in dem die ehemals Deportierten predigten, konnten diese sich bald Autorität über die Bevölkerung von Jehud verschaffen. Auf diese Weise wurde die Priesterschaft im Laufe der Zeit die einzige gesellschaftliche Instanz, die in der Provinz dazu berufen war, die Anwendung des Gesetzes zu überwachen und das religiöse Leben-zumindest in der persischen Periode-zu beherrschen. Die Theologen lagerten als Trenn- und Schutzwall zwischen dem Heiligtum des Tempels und dem Volk, das nun keinen unmittelbaren Zugang mehr zu seinem Gott hatte, sondern sich dafür der Priester als Mittler bedienen musste. So bestimmte die Dimension des Über-Ich oder autoritären Gewissens in Gestalt seiner Repräsentanten das Leben und die Seele der Menschen und unterdrückte dabei alles, was seinem maßlosen Anspruch auf absoluten Gehorsam mit entsprechender Unterwerfung entgegenzustehen schien.[164]

Die israelitische Führungsschicht hatte panische Angst vor den großen Liebesgöttinnen Ischtar und Astarte sowie vor deren Ritualen und Gebräuchen und entwickelte einen abgrundtiefen Hass gegen alles, was im weitesten Sinn mit dem Archetyp der Großen Mutter und der Anima zu tun hatte. Sie projizierte daher diese negativen Gefühle auf alle realen Vertreterinnen des weiblichen Geschlechts. So verabscheute sie die Auffassung der Fruchtbarkeitskulte, dass die Frau den natürlichen Beruf und die religiöse Pflicht hätte, Hetäre zu sein, und fürchtete gleichzeitig, dass dieser „erotische Funke" auf ihre Gattinnen überspringen könnte. Um dies zu verhindern, entwertete sie alles, was weiblich war, auf jeder nur möglichen Ebene. Frauen wurden vom Priestertum und eigentlichen Dienst im Heiligtum ausgeschlossen und durften im zweiten Tempel nur bis zum Vorhof gehen. Während ihrer Periode galten sie als im höchsten Maß kultisch unrein. Auch wurde ihre Gebärfähigkeit teils geleugnet, teils abgewertet.

Nach Meinung der Priester und Schriftgelehrten war die Frau diejenige, die den Mann sexuell verführe und ihn dadurch ins Unheil stürze. Daher musste sie ihm aus der Sicht des Gesetzes untergeordnet sein, wurde im Dekalog lediglich als sein Besitz angesehen und nach dem Haus in eine Linie mit der Dienerschaft und den Tieren gestellt. Wenn sie „nicht Gnade vor seinen Augen" fände, konnte er sie einfach aus dem Eheverband entlassen, indem er ihr-oft aus reiner Willkür-den Scheidebrief übergab. So ist für Erich Fromm das AT „als Grundschrift des jüdischen Monotheismus das Dokument des Sieges über die weiblichen Gottheiten" und das „Siegeslied" der erfolgreichen „Männerreligion" in Bezug auf die „Vernichtung der matriarchalen Reste" in Kultur und Gesellschaft. Nach Erich Neumanns Auffassung sind hier die Grundlagen für die dann tief ins Christentum eingedrungene Einstellung geschaffen worden, dass „im Gegensatz und im Widerstand zum Himmel" von Gott Jahwe „Erde", Weib und „Triebwelt", insbesondere auch „die Sexualität" böse, „verführend und verflucht" sowie gefallen und verdorben seien.[165]

4.7 Eva in der Schöpfungsgeschichte des AT

Damit wäre die vorliegende Studie bei ihrem ersten Beispiel für das Frauenbild im AT angelangt und behandelt nun die biblische Urmutter Eva, die auch als erstes weibliches Wesen in der „Heiligen Schrift" auftritt. Ihre Geschichte wird von Ende Kap. 2 bis Anfang Kap. 4 im Buch „Genesis" dargestellt. Sie wurde wahrscheinlich zwischen 950 und 900 v. Chr. zur Zeit der Königsherrschaft Salomons vom sog. „Jahwisten" verfasst und komponiert, dann mündlich weiter überliefert und im siebten vorchristlichen Jahrhundert in Jerusalem nach dem Ende des Nordreichs Israels niedergeschrieben. Doch arbeiteten die Priester und Schriftgelehrten gerade während des babylonischen Exils intensiv am AT weiter. Dabei waren sie auch mit der dortigen Literatur konfrontiert, lasen dann sicher auch das „Gilgamesch"-Epos und ließen nach der Lektüre wahrscheinlich auch das eine oder andere Motiv aus dieser gewaltigen Dichtung in ihr Werk einfließen, was aber nicht eindeutig bewiesen werden kann.

Eugen Drewermann geht in seiner dreibändigen Abhandlung „Die Strukturen des Bösen" davon aus, dass zwar einerseits das „Gilgamesch"-Epos in keinem seiner Teile eine literarische Quelle der jahwistischen Urgeschichte bilde, dass es aber andererseits bemerkenswerte „Motivanklänge" und Parallelen zwischen beiden Werken gebe. Bei dem nun folgenden Vergleich bezieht sich der Interpret vor allem auf die schon in dieser Studie erwähnten Episoden der Begegnung Enkidus mit Samhat und Ischtars Werben um Gilgamesch.

Die Erschaffung des Naturburschen aus Lehm und sein Leben mit Tieren finden ihre Entsprechungen in der Formung Adams „aus Erde vom Ackerboden" und in der paradiesischen Existenz des ersten Menschenpaares zusammen mir den anderen Lebewesen. Enkidus Verführung durch Samhat weist schon indirekt auf Evas Versuchung durch die Schlange voraus. Sein Erwerb der göttlichen Weisheit und die Bekleidung seiner Nacktheit mit Gewändern in Uruk haben ihre Parallelen im Erkennen von Gut und Böse durch Adam und seine Frau sowie das Herstellen von „Röcken aus Fellen" für die beiden Unbekleideten durch Jahwe nach der Verkündung seiner Urteilssprüche.

Ischtars Zorn über die Ablehnung ihres Liebeswerbens, die den Verlust von Enkidus Leben und Gilgameschs Unsterblichkeit nach sich zieht, zeigt eine gewisse Ähnlichkeit mit Gottes Wut über den Ungehorsam seiner Geschöpfe, die er dann aus seinem „Garten Eden" vertreibt. Bei dieser Gegenüberstellung erhalten Adam und Eva jeweils unterschiedlich gewisse Züge von Enkidu, die Schlange wird dabei auf eine Stufe mit der Tempelprostituierten Samhat gestellt, und Jahwe erscheint hier in fataler Nähe zu Ischtar, was den Redakteuren des AT sicher nicht aufgefallen ist, die ihren „über alles erhabenen" Herrn sonst immer äußerst scharf gegen die von ihnen zutiefst verabscheute „Hure von Babylon" abgrenzten.[166]

Erst nach Gottes Verurteilungen gab Adam seiner Frau einen Namen und nannte sie „Eva (Leben), denn sie wurde die Mutter aller Lebendigen" (Genesis, Kap. 3, Vers 20f). Dieser Titel war eine im Vorderen Orient gebräuchliche Bezeichnung für die Urmutter, die von den Sumerern als „Inanna", von den Babyloniern als „Ischtar" und von den Ägyptern als „Isis" verehrt wurde. Hebräisch heißt Eva „Hawwah", was eine Nebenform zu „Hajjach" im Sinne einer „Lebendigen" oder „Gebärenden" darstellt, und bedeutet arabisch „Mutter" sowie im Syrischen „die Herrin". Im weiteren Sinn konnte damit auch die ugaritische Urmutter gemeint sein, deren bekannteste Namen „Aschera" und „Astarte" sind, „Hawa" heißt auch die phönizische Schlangengöttin, die in der Mythologie auch als „Mutter der Menschen" bezeugt ist.

In Palästina gab es „Jehwa" als Göttin der Erde und der Liebe, die nahe bei Jerusalem über ein Obstgarten-Paradies in Form einer elysischen Jenseitswelt herrschte. Ursprünglich brachte sie alles Leben nur mit einer phallischen Schlange hervor, die in dieser Funktion später von Abdiheba oder Adam abgelöst wurde. Dieser war dann Jehwas Geliebter und Fürst des präsemitischen Jerusalem. In Analogie zu „Hawwah" steht das aramäische und syrische Wort „hiwja", das „Schlange" bedeutet. Alle erwähnten Namen haben Ähnlichkeit mit „Jahwe", der mit der alten Phallusschlange in Menschengestalt identisch gewesen sein könnte.

Daher gibt es die Annahme, dass in einem archaischen Mythos „Hawwah" als „Mutter aller Lebendigen" gemeinsam mit dem späteren Gott der Juden Adam hervorgebracht hätte. Die Psychoanalyse spinnt gemäß ihrer Theorie des Ödipuskomplexes diesen Faden weiter, indem sie den auf diese Weise gezeugten und geborenen Sohn mit seiner Mutter Eva einen Inzest begehen und den erzürnten Jahwe als „geschädigten Dritten" erscheinen lässt. Der revolutionäre Adam sei Kind der Urmutter Erde und des Himmelsgottes und verkehre mit „Hawwah" in Schlangengestalt.

C. G. Jung geht bei seiner Interpretation nicht so weit und deutet Eva als erste der vier Stufen in der Kultur des Eros und der Anima. Für ihn stellt die Urmutter nichts „als das Zubefruchtende" dar, das den rein biologischen, erdhaften, der Fortpflanzung dienenden Aspekt des weiblichen Seelenbildes repräsentiere.[167]

Die Schlange dürfte im Kontext der jawistischen Schöpfungsgeschichte zunächst eine Polemik gegen die kanaanäischen Fruchtbarkeitskulte enthalten und vor allem gegen den sexuell vitalen Baal als Gegenspieler von Israels Gott gerichtet sein. Das Wort für das Reptil im Hebräischen ist männlich geprägt und heißt „nachasch". Es hat seine Wurzel im babylonischen „schachan", das auf einen Leben gebenden, liebevoll begegnenden Gott hinweist. Späterhin wandelten die Autoren des AT diese milde Gestalt in die Figur des Teufels um und diffamierten sie damit als Verkörperung des Bösen. Mose hatte einst in der Wüste eine Schlange aus Kupfer geformt und damit viele Kranke seines Volkes geheilt. Dieses Erzbild wurde „Nehuschtan" genannt, im Tempel von Jerusalem aufgestellt und dort auch verehrt. König Hiskija zerschlug es während seiner Regierungszeit, weil er es in seinem glühenden Reformeifer als heidnisches Fruchtbarkeitssymbol missverstand.

Nehuschtan war bis zur Vernichtung des Standbildes ein matriarchales Symbol der Erneuerung und Wiedergeburt sowie der ärztlichen Heilkraft. Nach dieser Vorstellung scheint die Schlange jedes Jahr einmal zu sterben, sich dann zu häuten und verjüngt zu neuem Leben zu erwachen. Diese Auffassung entwickelte sich analog zum Zyklus des Mondes und der Frau. Auch wurde das Kriechtier durch die Verwendung seines Giftes als Medizin zur Herrin über Leben und Tod, Gesundheit und Krankheit und damit zum Sinnbild von Fruchtbarkeit, weiblicher Macht und matriarchaler Weisheit.[168]

Tiefenpsychologisch ist die Schlange vor allem ein zweigeschlechtliches Symbol für die Sexualität. Freuds Psychoanalyse deutet sie mit Blick auf ihren länglichen Körper besonders als Bild für den Penis. Jungs Analytische Psychologie würde sie gerade unter dem Aspekt des Um-und Verschlingens mit dem weiblichen Vorzeichen der Vagina oder des Uterus versehen und dabei z. B. das Schamdreieck der Frau gelegentlich mit dem dreieckigen Kopf des Reptils gleichsetzen. Die Matriarchatsforschung sieht in Evas Phallusschlange deren „ureigenes Symbol der Kreativität aus Lust". Auch kann die Verführungskraft des Kriechtieres sowohl männlich als auch weiblich interpretiert werden.

Nach Auffassung der christlichen Exegese repräsentiert das Reptil die „Cupiditas", also die „sündhafte Lust und Begierde" der Menschenseele, die „zu Hurerei und Ehebruch" verleite. Psychologisch „auf der Subjektstufe" entspreche es dem „Geist triebhafter Eigenmächtigkeit" und dem „Machttrieb des Menschen" als dem gefährlichsten „Widersacher der

Schöpfung" und dem „Teil" der Seele, der „böse" und „immer auf das engste mit dem Reich des Materiellen verknüpft" sei.

Für die Psychoanalyse erinnert Eva auch an die Göttin der Unterwelt und deren Chaosmächte in Gestalt der Schlange. C. G. Jung sieht das Kriechtier ambivalent als „Symbol der Todesangst" und des Todes, aber auch als „Wächterin des Lebensschatzes" in den Tiefen der Seele und als Sinnbild des „bösen und des guten Dämons", gleicherweise „des Teufels und Christi". Er verbindet das Reptil auch mit den Archetypen der Großen Mutter, der Anima und des Schattens. Dabei lade die Schlange dazu ein, sich auf den dunklen Teil der Psyche einzulassen, der bis dahin als minderwertig und unmoralisch galt. Sie verkörpere daher die Stimme der Versuchung par excellence und der größten Gefahr für den Mann des beginnenden Patriarchats. Dieser hätte dabei auf die eigene Anima hören, sich der eigenen Weiblichkeit bewusst werden und sich so weiterhin eins mit der Frau fühlen können, wenn das aufstrebende männliche Ich-Bewusstsein diese Möglichkeit nicht verhindert hätte.

Für Eugen Drewermann ist das Bild von der Großen Göttin mit den mann-weiblichen Zügen des Kriechtieres aber eine der ältesten Vorstellungen der Menschheit vom Geheimnis der Fruchtbarkeit des Lebens, wobei die Frau mit der Schlange unter Beimischung stark sexueller Komponenten meist als nackte Gottheit der Schöpferkraft und der Liebe in Kunstwerken dargestellt wurde.[169]

Eva gehört schon durch die Namensähnlichkeit mit dem Reptil in den weiteren Zusammenhang der allseits verehrten Großen Göttin und ihres wichtigsten Begleittieres, erscheint im AT allerdings in pervertierter, untergeordneter Form. Das zeigt sich schon in ihrem Titel „Mutter aller Lebendigen", den sie sich nicht selbst gab, sondern der ihr von dem über ihr stehenden Mann Adam verliehen wurde. Der Jahwist hatte mit seinem Schöpfungsbericht das Interesse, die Herrschaft des Königs über Israel zu legitimieren und dabei das Vaterrecht insgesamt zu festigen. Denn in der frühen Königszeit zwischen dem zehnten und dem achten vorchristlichen Jahrhundert war das Patriarchat ein noch nicht ganz etabliertes und erst noch „durchzusetzendes Programm". Zu diesem Zweck griff der Autor matriarchale Ursprungs- und Schöpfungsmythen aus den umgebenden Ländern auf, veränderte sie aber ganz in seinem Sinn mit der Botschaft, von seinen Lesern unbedingten Gehorsam gegen Jahwe zu fordern und den Mann absolut über die Frau zu stellen. Die Kapitel zwei und drei des Buches Genesis sollten das literarische Dokument der Absetzung und Unterdrückung des Großen Weiblichen durch den Gott Israels darstellen. Es war Ausdruck der Angst vor allem, was die Frau mit ihrer Körperlichkeit repräsentierte, und der Abwehr einer einst allmächtigen Muttergottheit und ihrer Werte wie Liebe, Nähe, Wärme und Hingabe, die nun durch Macht und Herrschaft des einen Geschlechts über das andere im Zeichen von Jahwe ersetzt wurden.[170]

Ganz allgemein verkehrte der Verfasser die Abläufe der Natur in ihr Gegenteil. Nicht mehr die Große Göttin trug die Schöpfung in ihrem Schoß und gebar, sondern ein Vatergott formte Mensch und Welt und blies dann allem seinen Lebensatem ein. Zuerst erschuf er Adam, den Menschen, „aus Erde vom Ackerboden" und danach erst die Frau aus der Rippe seines „ersten" Geschöpfes, damit dieses „nicht allein" bleibe und „eine Hilfe" habe, „die ihm" entspreche (Genesis, Kap. 2, Vers 7-22). Wie Adam allen Tieren Namen geben durfte, so hatte er dann auch die göttliche Erlaubnis, die Frau zu benennen. Alle erwähnten Schritte des Formens und Bauens zeigen eine klare Rangfolge auf, wer über wen herrscht.

Man kann zwar versuchen, über die Ausdifferenzierung hebräischer Worte im Text eine Gleichwertigkeit und Ebenbürtigkeit von Mann und Frau zu konstruieren, wird aber durch die dargelegte Hierarchie des Schöpfungsprozesses an eine deutliche Grenze stoßen, die der Jahwist setzt, um sein Interesse an der Legitimierung männlich-patriarchaler Herrschaft darzustellen. Bei ihm bringt Jahwe als Gebärer die Frau zur Welt und macht dabei Adams Rippe symbolisch zum Uterus dieses Geburtsvorganges. Psychoanalytisch gesehen entsteht hier auch die Über-Ich-Instanz, die aus den Triebbereich des Es herkommt und nun über die Sphäre der Libido herrscht. Wenn Gott seinem Menschen nun Eva zuführt, bedeutet dies auf der Subjektivstufe von Jungs Analytischer Psychologie das Auftreten der Anima, die im Bewusstsein des Mannes jetzt erscheint und ihm dabei hilft, seinen Weg ins Leben zu finden.[171]

Nach Auffassung des Jahwisten formte „Gott, der Herr," zuerst den Menschen, legte dann „in Eden" einen „Garten" an und „setzte dorthin" Adam (Genesis, Kap. 2, Vers 7f). Dieser Ort wurde später nach einem altiranischen Lehnwort „Paradies" genannt, und die Hebräer verbanden mit dem Namen „Eden" einen Platz voller „Wonne" im Mittelpunkt der

173

Welt. Der göttliche Gärtner schuf hier einen geheiligten, aus dem Chaos ausgegrenzten Raum überirdischer Freuden und voller Stille, Geborgenheit und Friedfertigkeit aller Geschöpfe, in dem der Mensch ursprünglich dazu berufen war, an Jahwes „Herrlichkeitsoffenbarung" teilzunehmen. Für die feministische Forschung ist mit dem „Paradies" eigentlich das „Goldene Zeitalter" des Matriarchats gemeint, in dem alles in Fülle vorhanden war und der Mensch in unmittelbarer Nähe zur Muttergottheit lebte.

So stellte nach dieser Auffassung der Schöpfungsbericht die patriarchale Übergangszeit dar, in der das Männliche bereits begonnen hatte, die Herrschaft über die Welt anzutreten und den Gehorsam gegenüber seiner Ordnung durchzusetzen. Psychoanalytisch gesehen ist der Garten ein Symbol für die Frau und ihren Organismus und hier besonders für die weibliche Genitale. Die Existenz des Menschen im Paradies bedeutet auf der Ebene von Freuds Lehre das Leben des Säuglings an der Mutterbrust. Dabei dränge das Unbewusste nach Wiederherstellung dieses Zustands und drücke damit nicht nur ein Inzestverlangen im Sinne des Ödipuskomplexes, sondern vor allem auch den Wunsch aus, in den Uterus der Gebärerin zurückzukehren. Denn der mütterliche Schoß biete für den Fötus die vollständige Erfüllung aller Wünsche und dadurch die Verwirklichung des „Goldenen Zeitalters".

C. G. Jung interpretiert das Sinnbild des Paradieses auf der Subjektstufe seiner Methode als Verlangen des Menschen nach Vereinigung mit dem Archetyp der Großen Mutter, d. h. mit den Quellen des eigenen Seelenlebens als Ausdruck der Einheit mit sich selbst. Für ihn ist der Garten Eden das Ziel der Erlösungssehnsucht jedes inneren Suchers und damit ein Symbol der Individuation oder Ganzwerdung, deren Weg in das Selbst als das Zentrum der Gesamtpersönlichkeit einmündet. Führerin bei diesem Gang des Ich-Bewusstseins in die eigenen Tiefen könnte die Anima sein, die in die Natur der männlichen Psyche und damit in sein Unbewusstes eingebettet ist. Erste literarische Darstellung des weiblichen Seelenbildes in der abendländischen Religionsgeschichte war Eva, die Adam zur Entdeckung der eigenen Selbsterkenntnis anregen und ermutigen wollte.[172]

In der Schöpfungsgeschichte ließ „Gott, der Herr," inmitten seines Gartens „den Baum des Lebens und den Baum der Erkenntnis von Gut und Böse" wachsen (Genesis, Kap. 2, Vers 9). Der zuerst Genannte tauchte nur noch einmal am Ende des dritten „Genesis"-Kapitels auf, während der Letztere das Hauptmotiv der Erzählung vom „Sündenfall" darstellt. Der Jahwist stand dabei vor einem Zwiespalt. Einerseits war der Lebensbaum in der altorientalischen Kunst und Literatur mit einer Frau als Große Göttin der Natur verbunden und symbolisierte die zyklische Wiederkehr der Existenz, ewige Verjüngung und Verwandlung sowie die Einheit der Polaritäten des Kosmos und der Seele.

Dieser ganze Zusammenhang war in der damaligen Welt so weit verbreitet, dass der Autor dieses Bildmaterial dazu nicht willkürlich ändern konnte. Andererseits wollte er es in seine patriarchale Darstellung einbauen und erfand daher den Baum der Erkenntnis, dem er am Schluss seiner Geschichte noch das „Gewächs" aus dem allgemeinen altorientalischen Kontext hinzufügte. Er beschreibt in beiden Bäumen nur die innere sich ergänzende Gegensätzlichkeit des e i n e n, der als Symbol Männliches und Weibliches, Gut und Böse, Licht und Schatten, Liebe und Tod, Wissen und Weisheit auf geheimnisvolle Weise miteinander verknüpft. Im Fruchtbarkeitskult von Kanaan war ein sehr wichtiges Sinnbild der „immergrüne" Baum von Aschera-Astarte, an dem oder um den herum in wilden ekstatischen Sexualakten die „Heilige Hochzeit" als Unio mystica mit der Göttin vollzogen wurde.

Diese Feier der palästinensischen Urmutter geschah auch im Zeichen ihrer Menstruation und ihres ganzen Blutzyklus. Der Lebensbaum stand symbolisch für diesen ganzen Ritus, der Adam bei Eva faszinierte, ihn aber gleichzeitig mit Angst und Abwehr erfüllte, weil er sich der rauschhaft aufschäumenden Erregung nicht gewachsen fühlte und fürchtete, von ihr kastriert zu werden. Um damit besser und leichter umgehen zu können, unterstützte ihn indirekt Jahwe, indem dieser die beiden Bäume für das Urelternpaar trennte und so das Frau-Sein mit seiner Periode abwertend aus dem Paradies verbannte.[173]

Diese ethnologische Sicht der Schöpfungsgeschichte war sicher nicht im Sinne des Autors, der mit seiner Fassung des Baumsymbols auf der theologischen Ebene beabsichtigte, zu zeigen, dass die Erkenntnis von Gut und Böse im Menschen die Erwerbung sowohl des geschlechtlichen Verlangens als auch des sittlichen Bewusstseins erzeugte, was sich auch in der Doppeldeutigkeit des entsprechenden hebräischen „jada" ausdrückt und was man psychoanalytisch als Entstehung von Es und Über-Ich bezeichnen könnte.

Nach Freuds Lehre wären die beiden Bäume im Garten Eden ein Sinnbild für den frühen Ödipuskomplex des Kindes, dessen früheste Phantasien vom Koitus der Eltern darin gipfelten, dass der väterliche Penis zusammen mit seinem Besitzer (Baum) der Mutter (Garten) einverleibt werde und dass diese Erkenntnis des Kleinen die Angst vor der Strafe des kopulierenden Paares auslöse.

Nach Auffassung der Analytischen Psychologie ist der Baum des Paradieses mythologisch ein Zeichen der Erdgöttin, objektstufig ein Symbol der persönlichen Mutter und subjektstufig eine Verkörperung des Archetyps der Magna Mater, der gerade auch in Verbindung mit der Schlange ein sehr wichtiger Bestandteil des Prozesses der menschlichen Ganzwerdung mit dem Selbst und seinen Schätzen als Ziel darstellt.[174]

Im Dialog mit der Schlange spricht nun Eva „von den Früchten des Baumes, der in der Mitte des Gartens steht", und fügt hinzu, dass sie und Adam „davon" nicht essen und „daran" nicht rühren dürften. Hier wird das Obst nur ganz allgemein genannt und in keiner Weise spezifiziert (Genesis, Kap. 3, Vers 3). Die Frucht des Baumes der Erkenntnis ist konkret der Sündenfall, diejenige vom Lebensbaum bedeutet Unsterblichkeit. Beide symbolisieren Fruchtbarkeit und sichern den ewigen Kreislauf der Existenz. Sie sind aber auch Totenspeise und umschließen daher Leben und Tod. So bilden sie nicht nur die Ursache der Geschlechtslust und Geburt, sondern auch des Sterbens. Psychoanalytisch repräsentiert die Frucht bei der Frau die mütterliche Brust und beim Mann die Hoden oder den Penis. Wenn sie gegessen wird, ist dies dann ein Bild für den sexuellen Verkehr. Durch diese Inbesitznahme erfolgt eine Einverleibung und damit eine Frühform der Identifikation. Die Aufforderung des Über-Ich, von der Frucht des Weiblichen nicht zu essen, bedeutet für den Sohn das Verbot des sexuellen Umgangs mit der Mutter im Sinne des klassischen Ödipuskomplexes.

C. G. Jung sieht hier auch einen Zusammenhang mit den Brüsten der Frau, bezieht dies aber nicht nur auf die persönliche Mutter, sondern auch auf den Archetyp der Magna Mater und damit letztlich auf sein Konzept der menschlichen Individuation. Für die Matriarchatsforschung ist das Essen von diesen Bäumen kraft- und lebensspendend und erscheint als Sakrament der Großen Göttin. Dessen Ablehnung sei Ungehorsam gegen die Muttergottheit und führe zur Zerstörung des Lebens. Die jüdische

Exegese sieht in der Frucht eine Feige, weil Adam und Eva sich aus deren Blättern Schürzen genäht hätten. Doch die Symbolik verändert sich durch diese Konkretisierung nicht wesentlich. Auch der Feigenbaum verkörpert Fruchtbarkeit und Geschlechtstrieb und vereinigt dabei die Sinnbilder sowohl des männlichen als auch des weiblichen Genitales. In Ägypten war er Wohnort von Isis, Nut und Hathor und verweist damit auch auf den Bereich des Großen Weiblichen. Aber Jung und Neumann sehen in ihm auch phallische Bezüge, vor allem in Indien.[175]

Der Jahwist spricht in seinem Schöpfungsbericht nur allgemein von „Früchten". Doch die Griechen, Kelten, Germanen, Babylonier und Kanaaniter bezeichneten sie in ähnlichen Mythen, die von Göttinnen, Bäumen und Schlangen handeln, konkret als „Äpfel". In frühen matriarchalen Kulten wurden sie als Symbole der Liebe, des Todes, der Auferstehung und der ewigen Jugend verehrt. Inanna lehnt sich in einem sumerischen Text „an den Apfelbaum" und bewundert dabei die „Schönheit" ihrer „wundervollen Vulva". Damit dürfte wohl die Vorbereitung zum Geschlechtsakt mit ihrem Sohngeliebten Dumuzi, dem „Hirten der Schafe", gemeint sein. Aphrodite wählt in uralten griechischen Mythen ihren Heros und „heiligen König" selbst und überreicht ihm dabei den purpurnen Liebes- und Todesapfel. In diesem Zusammenhang wurde die Vorstellung eines Paradieses oder einer Jenseits-und Anderswelt mit dem Bild eines Frucht- oder Obstgartens verknüpft.

Der keltische Sagenbereich nannte diese Sphäre „Avalon", d. h. „Apfelinsel". An diesen Ort brachte die Fee Morgane mit ihren Schwestern den schwer verwundeten König Arthur und heilte dort alle seine Wunden. Die feministische Matriarchatsforschung überträgt nun diese mystische Symbolik auf die Schöpfungsgeschichte und macht aus Eva eine Verkörperung der Großen Göttin, die über den Obstgarten von Eden herrscht. Schon im spätantiken Christentum gaben Künstler der Gottesmutter einen Apfel in die Hand, und die Theologen brachten früh das lateinische Wort „malum" (mit langem „a") in der Bedeutung von Apfel und „malum" (mit kurzem „a") im Sinne von „Fehler, Übel, Leid, Böses" zusammen.

Durch diese Assoziation kam die Frucht der Liebe in Zusammenhang mit dem Sündenfall und so auch mit der Erbsünde. Für die Psychoanalyse ist der Apfel ein Abbild der weiblichen Brust und ein Sinnbild der

Sexualität. In Jungs Tiefenpsychologie wird er zum Symbol des Eros und seines weiblichen Prinzips der Beziehung und Verbindung und zeigt seine Nähe zur Anima, die zwischen Oberfläche und Tiefe der Seele und somit auch zwischen Bewusstsein und Unbewusstem vermittelt. Auf diese Weise repräsentiert der Apfel jene Liebeskraft, die zur Vollendung und Ganzheit führt und alles Leben verjüngt. Als kugelförmige Frucht verkörpert er die Einswerdung der existenziellen Gegensätze und der Gottähnlichkeit und verkörpert so das Selbst des Menschen, das alle Teile der Psyche heilsam, schöpferisch und harmonisch vereinigt. Er gehört damit als Bild für den zentralen Archetyp zum Schatz des Unbewussten mit seinen Inhalten größter Weisheit, über die im Paradies gerade die Schlange als Vertreterin der Ganzheit und Ganzwerdung jedes Einzelnen verfügt.[176]

Im Schöpfungsbericht gebietet zunächst „Gott, der Herr, dem Menschen" Adam, keine Frucht „vom Baum der Erkenntnis" zu essen. Später beginnt die Schlange als schlauestes aller „Tiere des Feldes" das Gespräch mit Eva, indem sie diese Anordnung Schritt für Schritt hinterfragt (Genesis, Kap. 2, Vers 16f + Kap. 3, Vers 1f).

Historisch-kritisch gesehen polemisiert der Jahwist hier wieder gegen den Fruchtbarkeitskult von Kanaan mit seiner Vergötterung der Naturkräfte und brandmarkt ihn in Gestalt der Schlange als Inbegriff des Bösen, das „die Frau" dazu verführen will, die Gesetze des Deuteronomiums nicht zu beachten und zur Religion von Aschera-Astarte zurückzukehren. Für die Psychoanalyse findet in dieser Auflehnung gegen den Vater und dessen Über-Ich-Instanz eine Hinwendung zur symbiotischen Zweieinheit mit der Mutter und damit zum Triebbereich des Es statt. Wenn man die Schöpfungsgeschichte konventionell aus der Sicht des Jahwisten interpretiert, muss man das Gebot ganz allgemein als das Hören auf Gottes Stimme verstehen. Der Ungehorsam dagegen wäre dann die Ursünde, die im Streben nach Gottgleichheit und nach völliger Autonomie bestehe.

Diese totale Selbstbestimmung bedeute eine Grenzüberschreitung des Menschen, der als Geschöpf von Gott geplant und daher gänzlich von ihm abhängig sei. Dessen Auflehnung gegen seinen Schöpfer verrate luziferischen Hochmut, der die Allmacht des eifersüchtigen Gottes in Frage stelle. Eine Deutung des Verhaltens von Eva und Adam nach Freuds Methode weist in diesem Zusammenhang natürlich auch auf den erwachenden Geschlechtstrieb mit seiner sexuellen Neugier hin, die hier mit dem

Gefühl des Verbotenen kämpft und zuletzt-zumindest vorübergehend-siegt. Dann nimmt die Frau „von den Früchten" des Erkenntnisbaumes eine und isst. Sie gibt darauf eine „auch ihrem Mann, der bei ihr" steht (Genesis, Kap. 3, Vers 6). So erscheint sie nach Auffassung des Jahwisten als die Unbeherrschte und Hemmungslose, die den schwachen, widerstandslosen Mann verführe und in sein Unglück stürze. Damit drückt der Verfasser Adams Angst vor Eva, seine Interpretation von ihr als Verderben bringende Versucherin und so auch das klassische patriarchale Weltbild deutlich und drastisch aus.[177]

Nach Auffassung der feministischen Matriarchatsforschung ist „hawwah" als „Mutter aller Lebendigen" mythologisch gesehen die wahre Schöpfergöttin, die Schlange ihr Symboltier und das Paradies mit seinen Äpfeln ihr ureigener Bereich. Auf i h r e phallische Ergänzung höre sie, und von i h r e m Baum hole sie sich die Früchte, die sie in ihrer Göttlichkeit stärkten und auch Adam an Erkenntnis und Weisheit teilnehmen ließen. Sie verhalte sich klüger, mutiger und neugieriger als er, lerne aus dem Disput mit der Weisheit des Reptils etwas Neues, Lebensveränderndes und könne ihre Wissenskompetenz in Einklang mit ihrer weiblichen Identität bringen.

Für die Analytische Psychologie C. G. Jungs verkörpert die Schlange hier die tiefere Schicht von Evas Animus, die für das Weibliche eintritt und es befähigt, die Sinnfrage zu stellen und gemäß dem Wesen des Logos und seines Unterscheidungsprinzips zu verstehen. Mit ihrem männlichen Seelenbild könne die Frau ihre innere Fülle strukturieren, ins Licht des Bewusstseins heben und zu einer geistigen Form gestalten. Dadurch würde sie Selbstvertrauen und Selbstsicherheit gewinnen und Mut zu eigener kreativer Aktivität und Initiative bekommen.

Für Erich Neumann ist der Animus als „Seelenführer" seine „höchste Form" in „der patriarchalen Welt", indem er die Frau in die nächste tiefere „Geist-Schicht" einweiht, in der „Erdhaftes und Himmlisches", Dämonisches und „Engelhaftes" miteinander „verbunden sind". Durch das Gespräch mit dem Reptil, der Verkörperung ihres männlichen Seelenbildes, vermag Eva den Apfel als Symbol ihrer Menstruation zu pflücken und ihre Sexualität von der tierischen Brunstabhängigkeit bewusst zu befreien. Diese Autonomie des Geschlechtslebens gegenüber der Fortpflanzung war im Sinne der Emanzipation des Menschen eine Gnade, aber vor der autoritären Gewissensinstanz eine Sünde, die zur Verfluchung der „Mutter aller Lebendigen" führte.[178]

„Gott, der Herr," schreitet „im Garten gegen den Tagwind" einher (Genesis, Kap. 3, Vers 8). Er ahnt etwas von den „revolutionären" Vorgängen rund um seinen Erkenntnisbaum und sucht die „Aufständischen". Da er seine Macht bedroht sieht, glaubt er, bei diesem „Komplott" eingreifen, die „Verschwörer" zur Rede stellen und sie dann gnadenlos aburteilen zu müssen. Adam und Eva sind durch die aggressiven Fragen ihres Schöpfers so von Angst erfüllt, dass sie die Verantwortung für ihr Handeln auf andere schieben, bis am Ende nur die Schlange übrig bleibt, die gar nicht mehr sprechen darf, sondern gleich für ihre „Verführung" der Frau bestraft wird, künftig „auf dem Bauch" zu kriechen.

In Bezug auf den Mann ist nur der Ackerboden „verflucht", von dem er sich „unter Mühsal" ernähren soll. Der „Spruch des Herrn" trifft Eva gleich dreifach: sie muss „unter Schmerzen" Kinder gebären, Verlangen nach Adam haben und seine Herrschaft über sie erdulden (Genesis, Kap. 3, Verse 14-19). Hier spricht nach feministischer Auffassung in Gestalt des israelitischen Gottes ein verbietendes, kontrollierendes Über-Ich, das sich lebens- und liebesfeindlichen Normen verpflichtet fühlt und von seinen Untergebenen ausschließlich Gehorsam gegenüber seiner patriarchal gebundenen Autorität fordert. Jahwe reiße damit die uralte, aus vielen matriarchalen Kulturen bekannte Einheit von Baum, Göttin und Schlange auseinander und hebe deren Zusammengehörigkeit auf.

So erobere er quasi endgültig das Paradies und spalte damit die Frau zusammen mit ihrem Begleittier und ihrem Heros von ihrem ursprünglichen Besitz. Die elementaren mutterrechtlichen Funktionen werden für die feministische Forschung in ihr negatives Gegenteil pervertiert: Die Schlange verändere sich dabei vom phallischen Eros zum Teufel, Eva von der Liebesgöttin zum sündigen Weib, der Apfel vom Lebens- und Todessymbol zur Versuchung und Adam vom „Helden" der Urmutter zum Herrn über sie.

Durch das Verhalten der Frau im Schöpfungsbericht sei alle Sünde und damit das Unheil in die Welt gekommen. Von da an weise der patriarchale Mann den Vertreterinnen des weiblichen Geschlechts die Schuld für alles Böse und Negative im Leben zu, mache sie zu Sündenböcken für eigene Fehler und schiebe auf sie die Verantwortung für die eigenen zwiespältigen

Entscheidungen. Der radikale Feminismus sieht in Jahwe aber den eigentlichen Sünder und Verführer, der einerseits den Menschen ihre autonome Identität nehme und von ihnen die Anerkennung seines unbegreiflichen Willens verlange und andererseits den Mann dazu verleite, sich auf seine patriarchale Existenz der Ausübung von Macht und Herrschaft zu fixieren und sich nicht zu seiner Ganzheit als Ziel seines persönlichen Wachstums weiterzuentwickeln.[179]

Die Psychoanalyse deutet Gottes Strafsprüche als Dokumentation der Herrschaft des Über-Ich über das Es. Sie interpretiert die Redewendungen „auf dem Bauch kriechen" und „Erde fressen" als symbolische Ausdrücke für den Geschlechtsakt. Nach diesem Muster steht die Erde für „das Weib", der Pflug für den Penis, die Ackerfurche für die Vulva und der Regen für den Samen. Eva habe mit dem Koitus gesündigt, und dafür werde sie mit den Geburtsschmerzen aus der Sicht des Jahwisten bestraft. Nun müsse Adam nach der symbolischen Pflügung seiner Frau jetzt den wirklichen Acker als harte Erde bebauen. Nach psychoanalytischer Auffassung versinnbildlichen Jahwes Flüche eine neue Kulturepoche in vorgeschichtlicher Zeit.

Die Alleinherrschaft der Muttergottheit sei nun gebrochen und die Rückkehr des Mannes in ihren Schoß durch Inzest für alle Zeit verwirkt. Die ins Ich introjizierte Vaterautorität bilde von jetzt an den Kern des Über-Ich. Genitale Sexualität erscheine als Strafe und mit Schmerz und Mühsal verbunden, bedeute auch Kampf der Geschlechter bei Unterwerfung der Frau und nur in Bezug auf Eva so benannt, während mit Adam Kulturarbeit und Zivilisation anfingen.

Die Trias aus Weib, Erotik und Sünde stelle nun einen Grundzug patriarchaler Gesellschaften und Strukturen dar, die in Gott als allmächtige Vater-Imago ihre wichtigste Stütze hätten. Doch drücke sich in den Strafsprüchen unterschwellig auch der tief verdrängte Gebärneid des Jahwisten aus, der ihn wünschen ließe, dass die Frau für diesen Vorzug hinsichtlich ihrer Qualität naturaler Produktivität bei der Geburt mit vermehrten Schmerzen bezahlen müsse.[180]

C. G. Jung gibt der ganzen Schöpfungsgeschichte auf der Subjektstufe seiner Methode noch einmal eine ganz besondere Wendung. Er interpretiert die Szene der Versuchungen als die grundsätzlich notwendige Krise auf dem Weg zum eigenen Selbst sowie als unvermeidliche Differenzierung und Bewusstwerdung der bis dahin unbewussten Gestalten von Anima und Animus. Für den Tiefenpsychologen verkörpert die Frau mit der Schlange ebenso die Notwendigkeit wie die Unheimlichkeit, sich mit dem Leben spendenden, aber auch gefährlichen Unbewussten einzulassen.

Die Erzählung vom Sündenfall erweise sich als Bild der Lebenserweiterung, der Selbstfindung und der Gewinnung höherer göttlicher Weisheit. Nach Jungs Auffassung ist das Böse, das die Schlange dem Menschen nahe legt, im Verlauf des Prozesses seiner Selbstentfaltung nötig und gehört zu ihm. Es muss von ihm akzeptiert und gelebt werden, damit er zu seiner Ganzheit kommen kann. Die zentralen Bilder des Schöpfungsberichtes seien Symbole der Individuation oder Ganzwerdung, die mit der „Deifikation" im göttlichen Selbst ende.

Für den Begründer der Analytischen Psychologie ist die Geschichte der Schlange im Paradies ein positiver „therapeutischer Mythus", der zeige, dass sowohl das Gute als auch das Böse integrale Bestandteile der Existenz seien und in ihrer Gegensätzlichkeit dem Leben seine Energie verliehen. Die Schlange könne dabei ein Heilszeichen sein, die Erkenntnis von Gut und Böse einen Akt der Bewusstwerdung meinen und die Frau das weibliche Seelenbild des Mannes bedeuten, das ihm Glück und Segen bringe. Doch leider ist bei allem auch das genauer Gegenteil möglich. Jung sieht damit die Bilder des Jahwisten als offen für Heil wie Unheil, Lebenssteigerung wie Lebensverlust an und betont so auch das Schillern ihrer gegensätzlichen Ambivalenz.[181]

4.8 Lilith in Bibel, Legende und Mythos

In der Rezeptionsgeschichte des jahwistischen Schöpfungsberichts vom „Sündenfall" erscheint Eva als Adams Verführerin, die ihn zum Essen der verbotenen Frucht und damit zum Bösen verleitete, und so als erste Trägerin der von ihr zu verantwortenden „Erbsünde". Dafür wurde sie von Gott in der Weise bestraft, dass ihr Mann über sie „herrschen" sollte. Da sie aus seiner „Rippe" gebaut und als eine ihm entsprechende „Hilfe" gedacht war, galt sie bei späteren Lesern ihm gegenüber als zweitrangig und minderwertig. Adam gab ihr dann wie vorher den Tieren im Zeichen seiner Macht und Überlegenheit den Namen „Eva", die dadurch zur „Mutter aller Lebendigen" wurde. Nach der Vertreibung aus dem Paradies schwängerte er sie gleich und zeugte so Kain und Abel (Genesis, Kap. 3, Verse 16 u. 20 + Kap. 4, Verse 1 u. 2).

Durch die Geburten setzte sie die Entwicklung des menschlichen Geschlechts in Gang und wurde daher von den Israeliten als „lebensspendend" bezeichnet. Damit repräsentierte sie auch das angepasste und dienliche Werkzeug des Mannes, so dass sie in der jüdischen Theologie immer mehr Achtung genoss und von den negativen Entwicklungen, wie sie im christlichen Bereich durch die stärkere Ausprägung von Begriffen wie „Sündenfall" und „Erbsünde" eine Rolle spielten, weitgehend verschont blieb. Da sie aus Adams Rippe entstanden war, besaß sie einen menschlichen Charakter, der sich auch auf ihre Kinder auswirkte.

Doch das Publikum irritierte immer mehr, dass es in seiner Bibel zwei Schöpfungsberichte gab. Nach Darstellung der Priesterschrift in Genesis, Kap. 1, Verse 26f, schuf Gott das ersten Menschenpaar zur selben Zeit aus der gleichen Erde, während er in der jahwistischen Erzählung (Genesis, Kap. 2, Verse 21f) die Frau am sechsten Tag aus einer Rippe des Mannes baute. Es ergab sich so im Lauf der Zeit die Spekulation, dass Adam zwei Gattinnen gehabt haben müsse und die erste Lilith und die zweite Eva geheißen habe.

Die erste „priesterliche" Schöpfungsgeschichte neige dazu, eine gewisse Gleichberechtigung zwischen den beiden Geschlechtern anzunehmen, die zweite des Jahwisten spiegle aber eine mehr patriarchale Haltung bezüglich der Herrschaft des Mannes über die Frau wider. Daher müsse die erste Gattin einen rebellischen, dämonischen Charakter gehabt haben, der Adam das Fürchten gelehrt habe. In einer weiteren Variante der Legendenbildung habe sich Lilith ursprünglich in die Schlange verwandelt und in dieser Gestalt Eva dazu überredet, Früchte vom Baum der Erkenntnis zu essen. Es gibt im jüdischen Feminismus sogar eine Version, in der die beiden Frauen sich in schwesterlicher Solidarität gegen die Herrschaft des Vaterrechts verbinden. Doch die Mehrzahl der Interpretinnen stellt die Begegnung der Gattinnen als Scheitern dar, weil Eva durch das Gift, das Adam, Jahwe und Satan in sie „eingespritzt" hätten, unfähig gewesen wäre, Lilith als „dunkle Schwester" zu erkennen und zu verstehen.[182]

Die „ursprüngliche" Frau des „ersten Menschen" wird in der Bibel ein einziges Mal erwähnt. Der Prophet Jesaja nannte sie in seinem um 700 v. Chr. geschriebenen Buch innerhalb einer Vision von Jahwes Rache am

Land Edom, das südlich vom „Toten Meer" lag und mit Israel verfeindet war. Die Ankündigung des göttlichen Gerichts sieht den Untergang des benachbarten Reiches voraus und gibt in Kapitel 34, Vers 14 folgendes Beispiel für die dann stattfindende Verödung:

Wüstenhunde und Hyänen treffen sich hier,
die Bocksgeister begegnen einander.
Auch Lilith (das Nachtgespenst) ruht sich dort aus
und findet für sich eine Bleibe.

Luther übersetzt den Namen mit „Kobold", englische und amerikanische Bibelausgaben mit „Schleiereule" und „Nacht-Ungeheuer", und in neueren Editionen der „Heiligen Schrift" findet die Gestalt meist keinen Eingang mehr. Gemäß der patriarchalen Mythenumschreibung wird Lilith in den Kontext von Wüste, Zerstörung und Seelenlosigkeit gestellt. Hinter den „ Bocksgeistern", die der „große" Reformator als „Feldteufel" bezeichnet, stehen die in Kanaan als Naturgottheiten verehrten „sedim", die für Jesaja im Gegensatz zur menschlichen Zivilisation die von Tod und Unheil behaftete Einöde der Wüste verkörpern. Diese heidnischen Wesen konnten nicht in das strenge, verengte Gottesbild von Jahwe integriert werden und wurden daher dämonisiert, abgespalten und in unfruchtbare, unwegsame Bereiche des Lebens (außen wie innen) „verbannt". Ihre Degradierung und Entwertung vollzogen sich von den Ebenen der Götter über die Stadien der Geister und Dämonen bis zu den Abgründen der Teufel. Auch Lilith wurde innerhalb dieses Prozesses der negativen Veränderung zu einem farblosen Nachtgespenst und einer destruktiven Spukgestalt.[183]

Zunächst einmal muss der Oberbegriff zur näheren Charakterisierung der Seinsweise dieser Frau allgemein definiert werden. Danach sind Dämonen als übernatürliche Wesen niederen Ranges zu verstehen, die zwischen Göttern und Menschen stehen und mit heilsamen oder schädlichen Kräften ausgestattet sind. Die Bedrohung durch sie kann als Ausgeliefertsein an unpersönliche Einflüsse wie etwa „Unreinheit", Naturkatastrophen, Krankheit, Tod, Unglück oder Frevel empfunden werden. Dämonen halten sich bevorzugt am Rand oder außerhalb der humanen

Zivilisation auf und erscheinen häufig optisch abschreckend als Misch-wesen von halb tierischer und halb menschlicher Gestalt. Im Grenzbereich zwischen Leben und Tod repräsentieren sie Chaos und Unordnung.

Die Israeliten stellten sich ihre Geister manchmal als gutartige und hilfreiche, aber meist als Unheil stiftende und gefährliche Wesen vor und nannten sie „sedim". Diese verkörperten vor allem die unverfügbare, bedrohliche und damit unheimliche Seite der Umwelt und bewirkten nach Auffassung des Aberglaubens besonders alle Übel, die den Menschen betrafen. Zur Gruppe dieser Dämonen gehörte auch Lilith, deren Name bereits im siebten vorchristlichen Jahrhundert belegt ist und die den Charakter als „sed" durch die ganze jüdische Tradition beibehielt.

In Jesaja, Kap. 34, V. 14 wird sie künftig in den Ruinen von Edom hausen und damit die Effizienz des göttlichen Gerichts über die Gegner Israels symbolisieren. Psychologisch gesehen wandelt sich so die ursprüng-liche Vertreterin der destruktiven Triebwelt des „Es" in eine Reprä-sentantin von Jahwes Dimension des „Über-Ich". An der Oberfläche wird sie hier aus dem Lebenskreis der Menschen vertrieben und in die unbewohnte Zone des „Draußen" zurückgedrängt, der sie entstammt. Die Wüste als ihr liebster Aufenthaltsort ist ein Sinnbild der Unterwelt und des Unbewussten, das seinem Wesen nach höchst ambivalent in Erscheinung tritt und sowohl Verlassenheit und Zerstörung, aber auch Kontemplation und göttliche Offenbarung bedeuten kann.

Das erste Gottesbild des Volkes Israel entstand während der jahrelangen Wanderung durch die Einöde von Sinai, die hier als eine Art Ursprung diente. Für die Propheten war die Wüste das Ideal von Stille und Einkehr, wo sie immer innerlich zu Jahwe und damit zur Quelle neuer Weisheit finden konnten. Bei Jesaja gehört somit Lilith einerseits zum Inventar einer negativ geprägten Gegenwelt des Todes, trägt aber schon andererseits unterschwellig Züge einer Anwältin und Zeugin der Macht des göttlichen Willens in sich und bringt so die Doppeldeutigkeit des Dämonischen zum Ausdruck.[184]

Die Etymologie des Namens verweist wieder einmal auf die damals führende altorientalische Kultur des Zweistromlandes, die viele israeliti-sche Theologen besonders während der langen Zeit des Babylonischen Exils sehr gut kennen lernten. Zum ersten Mal erscheint Lilith im Frag-ment einer sumerischen Version des Gilgamesch-Epos, das aus dem vierten vorchristlichen Jahrtausend stammt. Hier erscheint sie als dunkle Dämonin, die den „Huluppu-Baum" der lichten Himmels-und Liebesgöttin Inanna besetzt hält. Der Held Gilgamesch vertreibt darauf die finstere Bewohnerin, die in die Wüste entfliehen muss, fällt aber dann das von der jugendlichen Gärtnerin liebevoll gepflegte Gewächs, was diese nicht sonderlich erfreut. Immerhin werden die beiden Göttinnen unterschwellig als Gegenpole und damit als zwei innerlich zusammengehörige Seiten des Großen Weiblichen in Mesopotamien angedeutet.

In diesem Text heißt die Dämonin ausführlich „Ki-sikil-lil-la-ke", was „Mädchen, Geliebte, Gefährtin oder Magd des Lil-lu" bedeutet. Dieser männliche Begleiter der „ständig kreischenden" jungen Frau, die aber auch „Erfreuerin aller Herzen" genannt wurde, war eine Art Sturmdämon oder Windgott und Vater von Gilgamesch. Seine weibliche Entsprechung hatte sumerisch den Namen „Lilla", der später in das babylonisch-assyrische Wort „Lilith" im Sinne von „Frau als Windgeist" umgewandelt wurde.

Die jüdische Kultur stellte hier auch eine Verbindung zum hebräisch-arabischen „Laila", d. h. „Nacht", her und empfand die in diesem Zusammenhang stehende Dämonin der Dunkelheit als albtraumartiges Nachtgespenst. Außerdem existierte noch das sumerisch-babylonische Wort „Lilu" in der Bedeutung von „Lotus", der allgemein als Symbol für die Fruchtbarkeit der Vagina, Wiedergeburt und spirituelle Reinheit galt. Doch diese positive Namenstradition kam bei der Entwicklung des allmählich immer negativer vorgestellten Daseins der ursprünglichen Göttin als bösartige Dämonin immer weniger zum Tragen.[185]

Lilith erscheint bereits im babylonischen Schrifttum personifiziert, aus dem sich im Lauf der Zeit die Gestalt der jüdischen Dämonin herauskristallisiert hat. Am auffallendsten ist dabei ihre Ähnlichkeit mit der Göttin Lamaschtu, der wohl bekanntesten bösartigen weiblichen Figur in mesopotamischen Mythen. Sie war die Tochter des Himmelsherrschers Anu, gehörte damit ursprünglich der göttlichen Sphäre an, wurde aber wegen ihrer destruktiven Taten von ihrem Vater auf die Erde verstoßen, wo sie vor allem als Unheil bringende Dämonin wirkte.

Darauf deutet schon ihre Darstellung als Mischwesen mit tierischen Attributen hin, die bei den alten Orientalen als unrein galten. Ihr Körper wird stets nackt gezeigt, und ihre Brüste haben zwar menschliche Formen, sind aber in Blut getränkt. Lamaschtu versucht, die schwangere Frau zu schädigen und ihr das neugeborene Kind zu rauben. Wenn ihr dies gelingt, frisst sie daraufhin den Säugling und trinkt sein Blut. Außerdem ist sie laut einiger Quellen auch unfruchtbar, und die Milch ihrer Brüste wird als vergiftet bezeichnet. Aber auch Männer überfällt sie, um sie impotent zu machen.

Diese Kindbett- und Krankheitsdämonin zeichnet sich durch absolute Lebensfeindlichkeit aus, deren pervertierte Sexualität die Menschen damals in Angst und Schrecken versetzte. Der Glaube an ihre Nekrophilie beeinflusste auch spätere weibliche Dämonengestalten und stärkte so auf verhängnisvolle Weise die patriarchale Auffassung vom grundsätzlich bösartigen, minderwertigen Charakter der Frau.[186]

Neben dem Lamaschtu-Aspekt der würgenden Kindesmörderin entwickelte Lilith auch Züge, die ursprünglich Inanna-Ischtar allein besaß. Die altorientalische Himmelskönigin war vor allem die Göttin der erotischen Liebe, der Verführung und Prostitution. In diesem Sinn wird Lilitu-Lilith in mesopotamischen Texten als Kultpriesterin der Liebe bezeichnet, die schon in sumerischen Zeiten von ihrer Herrin-zuerst Inanna und später Ischtar-weggeschickt wurde, um auf den Straßen und Feldern Männer entweder gleich zu verführen oder in den Tempel zum Vollzug des „heiligen" Aktes zu bringen. So wirkte sie im Bereich der sakralen Prostitution als „Hand der Inanna" sowohl sinnbildlich als auch ganz real.

Lilith galt auch als große sexuelle Versucherin, die nachts zu ihren maskulinen Opfern kommt, in ihren Träumen erscheint, dort deren Pollutionen verursacht und mit den dabei entstehenden Samen für die Zeugung von Dämonen sorgt. Als spezielle Verkörperung der Ischtar erscheint sie in Gestalt der babylonischen Dämonin Kilili, deren Namen eine Kurzform von „Ki-sikil-lil-la-ke" darstellen könnte. Übersetzt ist sie die Göttin, „die sich aus dem Fenster lehnt", um nach Männern Ausschau zu halten. Parallel dazu gibt es die auf Zypern verehrte „Aphrodite Parakyptusa", die oben aus ihrer Wohnung pfeift, um Liebhaber anzulocken. Hier gehen die Bedeutungen von Ischtar als Göttin der Sexualität und von Lilith als deren Kultpriesterin in der Schutzfunktion im Hinblick auf die Prostituierten fließend ineinander über.

Ihr wichtigstes Begleittier stellt die Eule dar, die auf die nächtliche Lebensweise der Liebesdienerinnen anspielen könnte. Das AT stellt Kilili in Gestalt der bösartigen Königin Jezebel dar, die den in die Stadt einziehenden Usurpator Jehu in der erotischen Positur von Lilith-Ischtar als „der sich aus dem Fenster lehnenden" Göttin empfängt (2. Buch Könige, Kap. 9, Verse 30-32).[187]

Auch die Tiefenpsychologie trägt dem Doppelcharakter dieser zwiespältigen Frauengestalt Rechnung und stellt ihn als besondere Erscheinungsform der archetypischen Dimension des Großen Weiblichen dar. Sein Lamaschtu-Aspekt zeigt sich in einer besonders destruktiven Ausprägung der „furchtbaren Mutter", die vor allem gegen die Frau und ihr kleines Kind wütet. C. G. Jung nennt ihn in „Symbole der Wandlung" ein „dämonisches Weib namens Lilith", das mit Adam „um die Herrschaft rang". Erich Neumann bezeichnet in der „Ursprungsgeschichte des Bewusstseins" das „Wasser der Tiefe" als „Herrschaftsgebiet der furchtbaren Mutter", in dessen „Schlund" sich die „kinderfressende Lilith, die Feindin des Mannes", stürze und zurückziehe.

Ihr Ischtar-Aspekt tritt nach Auffassung der Tiefenpsychologie dem Mann in Gestalt der „göttlichen Dirne" als Archetyp der verführerischen Anima entgegen. So zählt Neumann in „Die Große Mutter" Lilith neben Kirke zum „negativen Wandlungscharakter" von seinem „Schema III" sowie zu den „verlockenden" Gestalten der „verhängnisvollen Bezauberung" und reiht sie wie „die Loreley" in die Gruppe der „Gespenster" ein. In seiner Interpretation hat „diese mesopotamische Göttin" den „gleichen negativen Charakter" wie die ganze „berückend-verführende, orgiastisch-traumhafte Form des Weiblichen", deren „allzu große Macht und Faszination" beim Ich „bewusstseinsauflösend" wirke und „deswegen" als „destruktiv erfahren" werde.

Doch Neumann sieht die Anima gegenüber der furchtbaren Mutter dynamischer und potenziell offener für Veränderung. Auch da, wo für ihn „die Wandlungsnatur des Weiblichen als negatives, feindlich abwehrendes" Element „der Persönlichkeit" des Mannes gegenübertrete, zwinge sie diese „zur Anspannung" und stimuliere so die „Fähigkeit" des Ich „zur schöpferischen Wandlung". So hält Neumann sogar bei der völlig negativ und tödlich scheinenden Anima „das Umschlagen ins Positive" für möglich und nennt als Beispiel „die Zauberin Kirke" aus der „Odyssee" und die vielen Rätselprinzessinnen aus den Märchen. Das Gleiche dürfte auch prinzipiell für Lilith gelten. Wer ihre Aufgaben nicht löst, ist des Todes, und wer ihre

Prüfung besteht, wird von ihr belohnt. Diesem Helden schenkt sie sich als Geliebte, „Muse" und „Führerin"-zumindest potenziell.[188]

Die jüdischen Schriftgelehrten erfuhren in Babylon von den beiden Göttinnen Lamaschtu und Ischtar und brachten sie aus dem Exil etwa um 540 v. Chr. und später nach Israel und vermischten im Lauf der nächsten Jahrhunderte die Geschichten von der Kindesmörderin und der Verführerin zu einer einzigen Erzählung. Zusätzliches Material fanden sie zu Hause auch in Mythen um Astarte und Anat, die ja Parallelgestalten zur babylonischen Liebesgöttin waren. Dabei beschäftigten sie sich außerdem mit dem Gegensatz zwischen den beiden Schöpfungsberichten und versuchten ihn einer Lösung zuzuführen.

Diese ergab sich erst im sog. „Alphabeth des Ben Sira", einer Erzählsammlung, die wahrscheinlich erst im neunten oder zehnten nachchristlichen Jahrhundert von einem unbekannten Verfasser niedergeschrieben wurde. In einer Rahmenhandlung ruft der babylonische König Nebukadnezar das Wunderkind Ben Sira zu sich, um seine Klugheit zu prüfen und ihm 22 Fragen nach Anzahl der Buchstaben des hebräischen Alphabeths zu stellen. Der intelligente Knabe antwortet mit Geschichten, zu denen auch die Legende von Lilith gehört.[189]

In der Darstellung des Erzählers schuf Gott Mann und Frau gleichermaßen aus Erde und wollte damit die Ebenbürtigkeit beider Geschlechter begründen. Sehr bald machte jedoch Adam seinen Herrschaftsanspruch gegenüber Lilith geltend, die sich dies nicht gefallen ließ und sich mit ihm über ihre Meinungsverschiedenheiten auseinandersetzte. Der Streit entzündete sich vor allem an der Sexualität.

Die Frau weigerte sich dabei, „unten" zu liegen, was der Mann von ihr verlangte. Dies artete in einen heftigen Machtkampf aus, wobei Lilith nicht Überlegenheit, sondern nur Gleichberechtigung zwischen beiden beanspruchte. Da Adam uneinsichtig blieb, verließ ihn die Frau und floh durch die Wüste an das Rote Meer. Der Mann bat danach Gott um Hilfe, worauf dieser drei Engel aussandte, die Lilith zurückbringen sollten. Die Verfolgte blieb jedoch halsstarrig und wurde nun von ihren drei „Jägern" mit dem Tod durch Ertränken bedroht.

Dann antwortete die Frau darauf, dass sie kleine Kinder verderben und über Knaben acht Tage sowie über Mädchen zwanzig Tage Gewalt haben werde. Die Engel bestanden aber auf der Forderung nach ihrem

Gehorsam. Lilith versprach ihnen jetzt, dass die Namen der drei auf Amulette geschrieben werden könnten, damit das Kind keinen Schaden davontrüge. Als Strafe für ihre Hartnäckigkeit musste es Lilith jedoch auf sich nehmen, dass jeden Tag 100 ihrer Sprösslinge sterben würden, die sie in zügellosen Ausschweifungen mit lüsternen Dämonen zur Welt brächte.[190]

Der Verfasser des „Alphabeths" wollte in Gestalt des Wunderkindes Ben Sira durch die kleine Erzählung die dämonische Bösartigkeit des Weiblichen darstellen und zeigen, wohin es führt, wenn die Frau sich dem männlich-patriarchalen Machtanspruch verweigert. Dann muss sie als Strafe in der trostlosen, vom realen Leben abgeschnittenen Wüste des Unbewussten völlig isoliert hausen, jeden Tag 100 zum Sterben verurteilte Kinder gebären und einzig als lieblose Verführerin und grausame Kindesmörderin existieren.

Doch nebenbei verschweigt der Autor nicht, dass es Lilith weniger um Überlegenheit als um Ebenbürtigkeit geht, die sich daraus ergibt, dass Mann und Frau aus dem gleichen Stoff der Erde geschaffen wurden. Adam hört ihr nicht zu, wenn er ihre Ablehnung, beim Geschlechtsverkehr nur unten liegen zu müssen, einseitig als Herrschaftswunsch interpretiert. Er fühlt sich durch sie von seiner wilden, feurigen Anima völlig überfordert, und umgekehrt spürt sie die Unfähigkeit ihres phantasielosen, insensiblen Animus in ihm. So merkt er nicht, dass sie sich nur von seinem Joch befreien will, damit ihr weibliches Erosprinzip der Beziehung und Verbindung zwischen ihnen beiden zum Durchbruch kommen und liebevoll wirken könne. Als Verkörperung einer „tödlich" scheinenden Anima möchte sie ihn zur „Veränderung und Steigerung" seines Ich-Bewusstseins drängen und ihn zu seelischem Wachstum inspirieren.

Nichts anderes bedeutet ihr Bedürfnis, beim Koitus in der Reiterstellung zu sitzen. Wenn Adam bereit wäre, diese Bedingung zu erfüllen, würde sie ihm gern ihre volle Liebe schenken. Doch da er vor ihrer Forderung zurückschreckt und ihr gegenüber kläglich versagt, bleibt ihr nur übrig, den Kampfplatz der sinnlos gewordenen erotischen Auseinandersetzung zu räumen und ihren Anspruch auf Eigenständigkeit mit in die Wüste der Einsamkeit zu nehmen.[191]

Das aufgeblasene männliche Ich fällt nach dem Abgang der Frau oder Anima in sich zusammen und wendet sich nun in seiner Hilflosigkeit an

Gott Jahwe, der nach jüdischem Verständnis die Dimension des Selbst repräsentiert, aber nach psychoanalytischer Auffassung hier nur die Instanz des Über-Ich oder autoritären Gewissens ausdrückt.

Der höchste Vertreter dieses Bereiches lässt sich nicht lange bitten und schickt dem abtrünnigen Geschöpf drei Engel hinterher, die laut Vorgeschichte der Legende „ausersehen sind, zu heilen", was im Sinne des Herrn real meint, seine Rebellin mit allen Mitteln wieder zu absolutem Gehorsam zu zwingen. Die „Boten" des „Richters" über Himmel und Erde finden die abtrünnige Frau im „reißenden Wasser" des Roten Meeres und drohen ihr die Tötung an, worauf die in die äußerste Enge Getriebene sich widerwillig und trotzig als künftige Schädigerin von Kindern präsentiert.

Als Ergebnis der „Verhandlung" einigen sich beide Seiten auf den Kompromiss, dass Säuglinge vom Verderben verschont blieben, wenn sie Amulette mit den Namen der Engel trügen. Jahwe stiftet also Lilith indirekt zum Mord oder zumindest zur schweren Verletzung von kleinen Kindern an und lässt dafür täglich 100 ihrer Kinder sterben. Er bestraft sie für ihren Ungehorsam damit doppelt, will aber dafür nicht die Verantwortung übernehmen und „wäscht" sich zusammen mit seinem Geschöpf Adam die „schmutzigen Hände rein".

Sicher hat er sich vorher auch darüber geärgert, weil Lilith es vorher während des Streites mit ihrem Mann gewagt hat, seinen Namen, den ein frommer Jude nicht aussprechen darf, zu erinnern und zu nennen, so dass sie sich in die Luft erheben und fliehen konnte. Sie rebelliert durch ihre Weigerung gegen das ganze herrschende Patriarchat und schafft sich so fünf namhafte männliche Feinde, nämlich Adam, Jahwe und dessen drei Engel.

Diese sind allesamt Vertreter der destruktiven Über-Ich-Instanz, die nur das Machtprinzip kennt und alle seiner Herrschaft unterwerfen will. Ungehorsam gegen ihren absoluten autoritären Willen wird von ihr doppelt und dreifach bestraft. Der aufbegehrenden Frau bleibt nur der Gang in die Einsamkeit der Wüste oder des Wassers, wo sie sich regenerieren und ihren ganz eigenen Weg zur Selbstwerdung finden kann.[192]

Das Rote Meer, in das Lilith sich zurückzieht, symbolisiert zunächst das Unbewusste. Aus diesem Bereich tauchte sie einst auf, und nun versinkt sie wieder darin. Das „Wasser der Tiefe" war im jüdisch-kanaanäischen Mythos das Herrschaftsgebiet der furchtbaren Mutter wie in den Gestalten der Göttinnen Astarte, Aphrodite und Derketo, die oft als fischschwänzige Nixen erscheinen und ihre Opfer in den „Schlund" ihres Elementes hinabziehen. Wenn das Rote Meer nun zum „Unbewussten des Weiblichen" wird, liegt es nahe, es auch als roten „Ozean des Blutes" zu bezeichnen, „der alle Dinge" hervorbringe. Damit steht Lilith in Zusammenhang mit der Menstruation und deren zyklischem Geschehen. Da die patriarchale jüdische Gesellschaft den Kreislauf des weiblichen Blutes fürchtete, machte sie die Göttin dieser Sphäre zum Sinnbild der Zerstörung, der Versuchung und des Todes, das Eva verführt und dadurch in ihr die monatliche Regelblutung erweckt habe.

Nach Auffassung der feministischen Matriarchatsforschung repräsentiert das Rote Meer als „Urkessel allen Lebens" auch „die Gebärmutter mit dem Menstruationsblut". Lilith ist der Ausdruck der instinkthaften, irdischen Seite des Weiblichen und die belebende Verkörperung von Adams Lust, die ihren Höhepunkt vor dem Eisprung der Frau findet. Sie erscheine nach tiefenpsychologischer Auffassung dann als dämonische Göttin der Menstruation und Masturbation, die das Kind in der Wiege quäle, wenn die Mutter zu lange das zyklische Geschehen in ihrem Körper vernachlässigt habe.

Damit wird das würgende Nachtgespenst als Verkörperung der furchtbaren Seite des Großen Weiblichen zur Hüterin der monatlichen Blutung, die darüber wacht, dass die Periode in ihrem Verlauf nicht beeinträchtigt werden darf. Diese Schutzfunktion der Dämonin bezüglich der menstruierenden Frau erzeugte im Über-Ich der jüdischen Theologen Angst- und Horrorgefühle, die nur durch Tabus und Verbote einigermaßen beruhigt werden konnten.

Den Rabbinern war der Geschlechtsverkehr an Tagen, an denen das Blut flösse, strengstens untersagt, weil daraus Monster entstünden, die das destruktive Tun von Adams „dunkler Braut" noch unterstützen und verstärken würden. Damit wird wie in vielen patriarchalen Gesellschaften bis heute die „rote" Hälfte der weiblichen Natur entwertet und dämonisiert. Da man hier die Archetypen der Großen Mutter und der Anima als etwas Bedrohliches empfindet und daher abwehrt, übt in solchen vaterrechtlich organisierten Kulturen die autoritäre Gewissensinstanz eine Herrschaft des psychischen Terrors über die Menschen aus-und nicht die vermeintlich furchtbare Seite der Magna Mater.[193]

Lilith erschien im Alphabeth des Ben Sira" schon zwiespältig als Rebellin und Kindesmörderin. Doch das „Sefer ha-Sohar", das „Buch des Glanzes", das Ende des 13. Jahrhunderts in Spanien entstand, als Hauptwerk der jüdischen Mystik des Spätmittelalters gilt und eine großangelegte Meditation über das AT in fünf Bänden darstellt, behandelt die Dämonin noch ausführlicher, differenzierter, aber auch widersprüchlicher. Diese tritt hier einerseits als Verführerin und Hure, andererseits jedoch als Teil des göttlichen Selbst im Sinn des Judentums auf.

Grundsätzlich erklärt der „Sohar" die Geister der „Unreinheit" ausdrücklich als Repräsentanten einer zügellosen Sexualität, die jeder Perversion die Tore öffne, und warnt alle Leser männlichen Geschlechts vor deren Macht in Gestalt schöner Frauen. Eine Geschichte aus dem ersten Teil des „Sohar" in Kapitel 148 a-b verdeutlicht diese Tendenz an Liliths zwiespältiger Existenz als Prostituierter und Henkerin im Auftrag des Himmels: Geschmückt steht die Dämonin an Kreuzwegen, um Männer zu verführen. Dort ergreift sie jeden „Narren", der sich ihr nähert, küsst ihn und gibt ihm Wein mit Schlangengift als Bodensatz zu trinken. Sobald er ihr verfallen ist, treibt sie „Unzucht" und „Hurerei" mit ihm. Dabei sind ihre langen Haare und ihre Lippen rosenrot, ihre Kleider scharlachfarben und ihre 39 Schmuckstücke glanzvoll.

Während der „Narr" auf ihrem Ruhebett schläft, erhebt sich Lilith zum Himmel, berichtet dort Böses über ihn und erwirkt die Erlaubnis, das göttliche Strafgericht an ihm zu vollziehen. Als unten der Liebhaber erwacht, legt sie ihren Schmuck ab, zieht ein feuriges Gewand aus Flammen an und nimmt ein scharfes Schwert. Damit tötet sie den nun völlig verängstigten „Narren" und wirft ihn in die Hölle hinunter.[194]

Nach Auffassung der feministischen Matriarchatsforschung schimmern in dieser Geschichte noch mutterrechtliche Kultvorstellungen und Ritualtexte durch, in denen die Schönheit, der reiche Schmuck und die kostbare Kleidung der Kultpriesterin verherrlicht wurden. Aber die Ekstase der Feste dieser Zeit, die in der „Heiligen Hochzeit" von Göttin und König gipfelten, pervertiere hier in der mittelalterlichen Erzählung zum bewusstseinsauflösenden Rausch und anschließend zum Strafgericht des christlich-jüdischen Gottes.

Tiefenpsychologisch wandelt sich Lilith hier von der verführenden Anima zur todbringenden furchtbaren Mutter oder anders ausgedrückt:

zum dunklen, rächenden weiblichen Seelenbild des Herrn über Himmel und Erde. Der „Sohar" und andere kabbalistische Mythen lassen dabei Lilith aus Gottes machtvollem Aspekt mit seiner Tendenz zur strengen Beurteilung und konsequenten Bestrafung entstehen, weil dieser Bereich eine gewisse Ähnlichkeit mit dem Bereich des Bösen als „Bodensatz des Weines" hätte, aus dem die Dämonin hervorgekommen sei.

Dieser Zusammenhang spielt auch in die erwähnte Geschichte durch die innere Verbindung von vergiftetem Kelch, Geschlechtsverkehr und Tod hinein. Lilith wird deswegen auch „das Lodern des kreisenden Schwerts" genannt, das Jahwe nach der Vertreibung von Adam und Eva neben den „Kerubim" an den Eingang des Paradieses gestellt hatte., um den „Weg zum Baum des Lebens" zu bewachen (Genesis, Kap. 3, Vers 24).

Seit jener Zeit wurde die Dämonin vom strengen himmlischen Gericht damit beauftragt, über jene Menschen zu herrschen, die vor Gott sündigen, und sie für ihre Übertretungen hart zu bestrafen. Hier zeigt sie sich deutlich als gnadenlose Repräsentantin der grausamen Über-Ich-Instanz, die sich nach Freud in einem jahrhundertelangen Prozess allmählich aus der Triebkraft des „Es" herausentwickelt hat und seither durch ihre moralischen Forderungen Macht über deren Energie auszuüben versucht.

Nicht trotz, sondern gerade wegen ihrer zerstörerischen Faszination scheint Lilith die maskulinen Phantasien zu beflügeln, weil sie für diese sowohl begehrenswert als auch gefährlich ist. Ein Mann, der sich von ihr verführen lässt, ist seinem Todesengel verfallen und insofern verloren, was bei ihm zu völliger Anima-Besessenheit mit entsprechendem Ich-Verlust führt. Die erste Frau von Adam wurde von Jahwe zunächst in die Unterwelt hinabgestoßen und dann hinaufgehoben, um zur Geißel des Himmelsherrschers über die sündigen Menschen zu werden.

Im Bild des lodernden Schwertes am Tor des Paradieses wird noch einmal Liliths ursprüngliches Wesen deutlich, das einmal Göttin und Dämonin, dann Versucherin und Mörderin und schließlich Satans Braut und Gottes Gefährtin umfasst. Diese schillernde Doppeldeutigkeit lässt noch einmal viel von Glanz und Macht der alten Göttin über Geburt, Leben und Tod durchschimmern.[195]

Der „Sohar" lässt aber nicht nur Lilith, sondern auch den Teufel aus dem strengen, strafenden Aspekt von Jahwe hervorgehen. Schon in den alttestamentlichen Büchern „Hiob" und „Sacharja" wird Satan aus

194

dem Gottesbild herauslöst und vertritt als Ankläger der Menschen die Gerechtigkeit des Schöpfers, die von dessen Erbarmen und Liebe getrennt ist, wie auch später der Wüstendämon Asasel in der jüdischen Legende zum Träger des göttlichen Zornes wird.

Die Abspaltung des Über-Ich aus dem Es nach Freud zieht sich wie ein „roter Faden" durch die Religionsgeschichte des Volkes Israel und steht für das Böse einer dogmatischen Einseitigkeit, die nur das Sündhafte des Einzelnen sieht und gnadenlos bestraft. Da die Dämonin und der Teufel aus dieser gleichen „trüben" Quelle stammen, verlieben sie sich ineinander, akzeptieren sich gegenseitig und leben in der „Gehenna", der alttestamentlichen „Hölle".

Im „Sohar" heißt Satan/Luzifer als Anführer der gefallenen Engel Samael, und Lilith wird durch seine Liebe zur Herrin der Unterwelt. In der babylonischen Mythologie ist ihre Vorläuferin Ereschkigal, und bei den Griechen verkörpert diese Funktion Persephone. Beide haben in den oberen „himmlischen" Sphären Entsprechungen, die allgemein als Liebesgöttinnen bekannt sind: im einen Fall Inanna/Ischtar, im anderen Aphrodite. Die Babylonierin hat Dumuzi/Tammuz, die Griechin Adonis als Heros und Sohngeliebten, um den sie sich mit ihren „dunklen" Schwestern streiten.

In beiden Mythen bleiben die jungen Liebhaber ein halbes Jahr auf der Erde und ein halbes in der Unterwelt. Ereschkigal und Persephone werden von ihren Ehemännern Enlil und Hades immer mal wieder vergewaltigt, was von Lilith in ihrer Unterwelt nicht bekannt ist. Allerdings stellt der „Sohar" die Dämonenkönigin nicht als eigenständige Persönlichkeit, sondern nur als Teilaspekt oder Anima von Samael dar und verfährt nach dem gleichen Prinzip auch in der Strukturierung des „oberen" Paares von Jahwe und Schechina sowie der „mittleren" Beziehung von Adam und Eva, in denen die Frau immer nur das weibliche Seelenbild des Männlichen verkörpert. Darüber hinaus nennt das „Buch des Glanzes" die Herrin des unterirdischen Reiches meist nicht mit ihrem Namen, sondern bezeichnet sie oft einfach nur als „Gefährtin" des Teufels.[196]

Wie schon oben ausführlich dargestellt, verehrten die Israeliten während des jahrhundertelangen Kulturkampfes gegen die matriarchalen Fruchtbarkeitsreligionen bis zur Zeit nach dem Babylonischen Exil synkretistisch neben Jahwe auch Gottheiten wie Astarte und Anat und waren dabei tiefenpsychologisch auf der Suche nach einer weiblichen Form des Selbst: Lilith verkörpert nun jenen Teil der Großen Göttin, der als Ergebnis der schwerwiegenden Auseinandersetzungen in den nachbiblischen Epochen abgelehnt und ausgestoßen wurde. So besitzt sie eine Verbindung mit den Zyklen des Lebens und der Natur, die Instinkthaftigkeit des Körpers und der Sexualität, intuitives inneres Wissen und Weisheit sowie ureigentlich weibliches Schöpfertum. Auf diese Weise repräsentiert sie die „rote" Mutter Erde der weiblichen Natur und des ihr entsprechenden femininen Selbst.

Das biblisch-rabbinische Judentum war sich immer-zumindest unterschwellig-des Mangels dieser fehlenden Dimension durchaus bewusst und umschrieb ihn erst noch recht zaghaft mit dem Begriff „Schechina", der ursprünglich eine Bezeichnung für den inmitten seines Volkes einwohnenden und anwesenden Gott war und dessen „Glanz", „Funke" oder „Geist" ausdrückte, um das Aussprechen des Namens „Jahwe" zu vermeiden.

Die Kabbala entwickelte diese Idee weiter, indem sie das Weibliche in die Gottheit einbezog und es auch gelegentlich personifiziert vorstellte. Die Schechina wurde nun „Herrin", „oberste Frau", „Königin", „Tochter und Braut Gottes" sowie „Lichtjungfrau" genannt, in der das „Geheimnis" des Femininen gründe. Sie stellte mit diesen Titeln eine Kompensation der Entwertung des Weiblichen im Judentum und damit eine Erhöhung der Wertschätzung dieses Bereichs innerhalb des monotheistischen Patriarchats dar. Jahwe und Schechina bilden zusammen das „heilige Paar", dem biblisch die Beziehung von Adam und Eva und auf der irdischen Ebene die Ehe von Mann und Frau entspricht. Der Gegenpol zur höheren Sphäre ist die untere Tiefendimension mit der Verbindung von Samuel und Lilith, die beide ein „unheiliges Paar" und damit Gegenspieler von Gott und der Verkörperung seiner weiblichen Seite werden.[197]

Mit Schechinas Gestalt setzte sich im Kult wieder der personale Charakter des Archetyps der Großen Mutter durch. Ein anderer Name für ihre Person war „Sabbath", der zu jenem Festtag von Freitagabend bis zum Ende des Samstags wurde, an welchem nach alten jüdischen Vorstellungen der weibliche Geist Gottes in das Haus herabstieg, dort in der Nacht wohnte und den Beischlaf von Mann und Frau inspirierte. Leider wurde im Judentum der ursprüngliche Sinn des Fests der Liebe unter dem Schutz der Göttin allmählich vergessen und durch eine bloße, starre Form ersetzt, in der die Erfüllung von Pflicht und Gesetz den Ablauf bestimmten.

Die Theologen vertrieben die Schechina, die in die Unterwelt, d. h. ins Unbewusste verschwand. Auch dämonisierten sie Eros und Sexualität, indem sie ihren Hass und Abscheu gegen diesen elementaren Bereich auf leidenschaftliche Frauen wie Lilith übertrugen, die zur Kindesmörderin, Verführerin und Verkörperung der Bösen im Sinne einer umfassenden „Femme fatale" gemacht wurde und damit als ideale Projektionsfläche für die panische Angst der Schriftgelehrten vor der Sexualität und den Zyklen des weiblichen Körpers diente. In der Kabbala erscheint jedoch die vitale Erotikerin als Gegenpol der Schechina, repräsentiert damit deren dunkle Seite und wird so positiv in das Gesamtbild integriert.

Hier tritt gleichberechtigt der chthonischen „Mutter aller Dämonen" die geistige „Mutter Israels" gegenüber. Wer auf dem inneren Weg zur „Lichtjungfrau" gelangen will, muss zuerst ihrem „finsteren" Aspekt begegnen und diesen in sich aufnehmen, bevor er den „Glanz" des göttlichen Geistes immer deutlicher wahrnehmen kann. Während des Individuationsprozesses muss sich der Mann mit der verführerischen Macht seiner „tödlich" scheinenden Anima und die Frau mit der Schattenseite ihres Archetyps des Großen Weiblichen in Gestalt der furchtbaren Mutter auseinandersetzen und diese in sich integrieren, ehe er oder sie den Schatz des Selbst ins Bewusstsein heben kann. Lilith vermag somit den Menschen auf dem Weg zur Ganzwerdung auf die Probe zu stellen und kritisch zu prüfen, ihm damit aber für seine innere Wandlung wertvolle Dienste zu leisten.[198]

Im Mittelalter wurde die „Mutter aller Dämonen" mit der Königin von Saba in Verbindung gebracht. Die Bibel stellte die legendäre Herrscherin aus dem Jemen noch positiv als weise, würdige und reizvolle Partnerin und weibliches Gegenstück zu Salomo dar, der damals als vollkommenster aller Männer galt. Aber schon im „Koran" erschien sie als Anhängerin eines fremden Kultes, die sich dem Islam zu unterwerfen hatte. An dieser ansatzweise kritischen Skizzierung knüpften im Judentum die Kabbalisten an und machten aus der aufgeklärten, weltoffenen Königin analog zu Lilith eine satanische Kindeswürgerin und dämonische Verführerin.

In der schon erwähnten Erzählsammlung „Alphabeth des Ben Sira" besiegt Salomo im Rätselwettstreit seine Kontrahentin aus Saba und triumphiert anschließend auch im Bett über sie. Doch die Frucht dieser Liebesnacht ist Nebukadnezar, der spätere Herrscher von Babylon, der Israel und seine Hauptstadt zerstört und nun erstaunt die Geschichte seiner Geburt aus dem Mund des Wunderkindes Ben-Sira hört. Dieser hat die geistige und erotische Niederlage seiner Mutter gerächt und nachträglich in einen Sieg verwandelt, indem er der von David begründeten Dynastie ein Ende gesetzt hat. Die Begegnung der einst so weisen Herrscher wird hier nur auf Sexualität mit fatalen Folgen reduziert, die Sabas Herrscherin in den Augen der jüdischen Autoren zur Gebärerin eines Monsters degradieren. Hier und in anderen mittelalterlichen Erzählungen erkennt Salomo durch eine List die behaarten Beine der Königin, die sie zu einer Dämonin machen. Auch ihre Herkunft aus der Wüste ist ein Charakterzug, den sie mit Lilith teilt.[199]

Auch haben beide Frauen nach Auffassung des Judentums ihre angeblich schöpfungsgemäße Geschlechtsrolle verlassen, sich dem Mann nicht untergeordnet und ihre Rolle als Mutter nicht angemessen wahrgenommen. Im „Alphabeth des Ben Sira" wehrt sich Lilith gegen Adams Herrschaftsanspruch und verlässt ihn. Doch im „Koran" und in der von ihm beeinflussten jüdischen Erzählsammlung „Targum Scheni" muss die Königin vor Salomo den Frevel ihres Irrglaubens bekennen und zum Islam übertreten, womit sie zum Bekehrungsobjekt des Propheten Mohammed in Gestalt des weisen Magiers aus Jerusalem erniedrigt wird. Sie bleibt zwar in der weiteren jüdischen Legendentradition sich selbst und ihrer Eigenständigkeit treu, gleicht sich dabei aber immer mehr Lilith an.

In einer Geschichte aus der Wormser Judengemeinde soll sie einen armen Bürger dort verführt und anschließend seine Kinder erwürgt haben. Nach Darstellung einer anderen Erzählung hat Salomo nicht nur die behaarten Beine, sondern auch den Tierfuß der Königin erkannt, was aber auch ein symbolischer Hinweis auf den vom Herrscher bemerkten monatlichen Blutfluss unter ihrem Rock gewesen sein könnte. Außerdem haben die weise Frau aus Saba und Lilith eine braune Hautfarbe, was sie auch mit der Schechina und der Braut Sulamit aus dem „Hohelied der Liebe" verbindet, dessen glühende Erotik nur durch eine abstrahierende allegorische Auslegung Eingang in die Bibel fand.

Alle zuletzt ausgeführten Erörterungen sind wieder einmal nur Ausdruck der panischen Angst des patriarchalen Mannes vor der eigenständigen

Frau und ihren körperlichen Vorgängen. Tiefenpsychologisch zeigt die Gleichsetzung der Königin mit Lilith somit im Übergang von der Antike zum Mittelalter einen negativen Prozess der Entwicklung des jüdischen Frauenbildes an, in dem die weiblichen Archetypen sich von der guten zur furchtbaren Mutter und von der inspirierenden zur verführenden Anima veränderten und dabei immer groteskere Formen annahmen.[200]

Die beiden Dämoninnen haben auch in der griechischen Mythologie ihre Entsprechungen. Am augenfälligsten sind diese Parallelen bei der Sphinx zu finden, die vor der Stadt Theben sitzt und jedem Vorübergehenden ein Rätsel aufgibt. Wenn er es nicht lösen kann, wird er von ihr verschlungen. Ihr Name bedeutet im Griechischen „Würgerin", und mit ihrem Frauenkopf und ihrem geflügelten Löwenkörper ist sie ein menschlich-tierisches Zwitterwesen, das auch dämonische Vorfahren besitzt und aus dem Saba benachbarten Äthiopien stammt. Die Sphinx hat solange dämonische Macht, bis Ödipus ihr Rätsel löst und sie damit zum Selbstmord treibt. Diesen Zug teilt sie mit der Königin von Saba, die allerdings nach ihrer Niederlage im geistigen Wettstreit sich Salomo unterwirft, das Bett mit ihm teilt und dann in Frieden von ihm geht.

Damit enthält sie nach Neumanns Auffassung genau wie Kirke als „tödlich" scheinende Anima auch die positive Möglichkeit des Wandlungscharakters. Doch die Sphinx ist gerade dadurch, dass sie sich nach der Lösung ihres Rätsels in den Abgrund stürzt, für C. G. Jung ein eindrucksvolles Beispiel für den Archetyp der furchtbaren oder verschlingenden Mutter. Da Ödipus auf dem Weg nach Theben seinen ihm unbekannten Vater Laios getötet hat und nun nach dem Sieg über das Ungeheuer seine Mutter Jokaste heiraten muss, begründet Sigmund Freud auf diesem Verlauf des Mythos seine Theorie des sog. „Ödipuskomplexes". Erich Fromm deutet die Sphinx als Vertreterin des matriarchalen Systems, die durch ihren Freitod den Niedergang des Mutterrechts und den Sieg des Patriarchats einleitete.[201]

Eine weitere wichtige Parallele zu den beiden altorientalisch-jüdischen Dämoninnen zeigt sich am Ende des Mythos von Medea, der größten, aber auch finstersten Zauberin des griechischen Sagenkosmos. Ihr Name heißt übersetzt: „die Göttin mit dem weisen Rat". Diese Gabe kann sie überall da einsetzen, wo sie sich geschätzt und geliebt fühlt. Sie ist ihrem Mann Jason an leidenschaftlicher Liebesfähigkeit weit überlegen und erstrebt in der Beziehung genau wie Lilith und Sabas Königin Ebenbürtigkeit und Gleichrangigkeit. Doch ihr Partner hält die starke emotionale Kraft seiner Zauberfrau auf Dauer nicht aus und findet in der korinthischen Königstochter Glauke die weichere, gefügigere Geliebte, für die er seine Gattin verlässt. Deren intensive Zuneigung schlägt nun in leidenschaftlichen Hass um, der sie dazu drängt, sich furchtbar zu rächen. Medea tötet nicht nur ihre Nebenbuhlerin auf grausame Art und Weise, sondern erdolcht auch in einem Anfall von Raserei ihre beiden Söhne und zieht dann ruhelos umher, um überall zu intrigieren und zu morden.

So geht es auch Lilith und in manchen Erzählvarianten auch der Königin von Saba, die zu „Würgerinnen" werden, wenn sie sich nicht mehr als ebenbürtige Partnerinnen ihrer Männer geschätzt fühlen. C. G. Jung sieht Medea im Dunkelkreis des Machtbereichs der furchtbaren Mutter, und Erich Neumann interpretiert sie als Gestalt des untergehenden Matriarchats, die vom Patriarchat bereits entwertet und ins nur Persönliche negativ verkleinert werde. Sie sei wie Kirke ursprünglich eine Göttin gewesen, aber im vaterrechtlich gefärbten Mythos zur bitterbösen Hexe geworden.[202]

Die babylonische Dämonin Lamaschtu geht in die griechische Mythologie als „Lamia" ein, deren Name „Verschlingerin" bedeutet und die im Volksglauben zum menschenfeindlichen Gespenst und Vampir wird. Vor allem raubt sie den Leuten deren kleine Kinder, saugt ihren Opfern das Blut aus und frisst ihre Herzen, führt so auch Siechtum und Tod herbei. Dies alles belegt ihre große Nähe zu Lilith und lässt beider Identitäten fließend ineinander übergehen. C. G. Jung spricht hier von einem „Parallelmythus", in dem beide „Nachtgespenster" die Kinder erschreckten.

Der Sage nach war Lamia die schöne Tochter von Belos und Libye und hauste in einer Höhle Libyens. Hier entdeckte sie der Göttervater Zeus, verliebte sich in sie und zeugte mit ihr mehrere Sprösslinge. Als seine Schwestergattin Hera davon erfuhr, wurde sie – wie -so oft bei ähnlichen Ereignissen – rasend vor Zorn und Eifersucht. Sie suchte die Rivalin auf und machte sie mit ihrer Zauberkraft wahnsinnig, worauf diese in einem Anfall geistiger Umnachtung ihre eigenen Kinder tötete.

Vor lauter Kummer darüber verlor sie ihre Schönheit und die Fähigkeit, zu schlafen, und raubte von nun an aus Neid und Rachsucht anderen Müttern die Sprösslinge, die sie anschließend verschlang. Lilith verhielt sich ähnlich, als sie von Adams Verbindung mit Eva erfuhr. Beide Dämoninnen sollen auch schlafende Männer verführt und deren Blut getrunken haben. Lamia hat außerdem als Nachtgespenst die Eigentümlichkeit, ihre Opfer im Traum und dann auch in der Realität zu reiten. Man stellte sie sich als ein Mischwesen mit dem Kopf einer schönen Frau und dem Leib einer Schlange vor. Eng verwandt mit ihr sind Empusa, Mormo und die Stringes.

Diese Gestalten treten einzeln oder in Vielzahl auf, die dann den potenzierten Ausdruck der schon genannten Angst des Mannes vor der Frau darstellt. Tiefenpsychologisch verkörpern die Lamien die Archetypen sowohl der furchtbaren Mutter als auch der verführerischen Anima und werden von Erich Neumann als „negativ dämonische weibliche Figuren" bezeichnet, „die regressiv, von den herrschenden Götterfiguren verdrängt, zu einer primitiveren" vorgestalteten „Form abgesunken" seien.[203]

Es fällt auf, dass in allen Erzählungen von den erwähnten drei Dämoninnen die Göttermutter Hera eine Rolle spielt. So schickt sie die Sphinx nach Theben, weil sie die Stadt hasst. Die Königstochter Semele stammt von dort und wird von Zeus geschwängert, was später die Geburt des Dionysos zur Folge hat. Aus Eifersucht lässt die Göttin ihre Rivalin durch eine List in den Tod gehen. Auch ist sie Jasons Schutzpatronin und erreicht mit Aphrodites Hilfe, dass sich Medea in den Helden verliebt und ihm hilft, das „Goldene Vlies" zu stehlen. In Korinths Tempel entsteht eine Kultgemeinschaft der beiden Frauen aufgrund ihrer Wesensverwandtschaft bezüglich ihrer Eheauffassung.

Wie schon erwähnt, macht Hera die Lamia wegen ihrer Beziehung zu Zeus wahnsinnig. Rachedurst, Eifersucht Neid und Hass sind die Triebfedern ihres Handelns gegen ihre Rivalinnen und deren Kinder, aber nicht, weil sie von Grund auf bösartig und destruktiv ist, sondern weil sie sehr darunter leidet, dass ihr Gemahl sie ständig betrügt und dadurch demütigt. Doch einst war sie in matriarchaler Vorzeit auf Kreta die große Mutter- und Liebesgöttin, die von ihrem jüngeren Bruder Zeus zunächst erfolglos umworben, dann von ihm vergewaltigt und zur Heirat gezwungen wurde.

Mit dieser Geschichte ist der Übergang vom „Paradies" des Mutterrechts zur Epoche des olympischen Patriarchats vollzogen. Der Streit zwischen Zeus und Hera drückt mythologisch die Auseinandersetzung zwischen dem nachwirkenden Matriarchat und der beginnenden vaterrechtlichen

Ordnung aus. Der oberste olympische Gott spielt von nun an jederzeit seine überlegene Macht über die Gattin aus und benutzt jede sich bietende Gelegenheit, um sie zu kränken. Als einmal seine arrogante Willkür unerträglich wird, wagt Hera, deren Name „Herrin" bedeutet, zusammen mit anderen Göttern wie Poseidon und Apollo den Aufstand. Doch Zeus kann die Rebellion niederschlagen und lässt seine Frau so lange am Himmel aufhängen, bis diese und die anderen Aufrührer ihm künftig absoluten Gehorsam schwören.

Seitdem lässt die Göttin ihren Zorn nicht mehr an ihrem Mann, sondern nur noch an dessen Geliebten und vor allem an deren männlichen Kindern aus. Das bekannteste Opfer ihrer Rachsucht ist Herakles, der Sohn von Zeus und Alkmene und der bedeutendste Heros des griechischen Mythos. Hera verfolgt ihn mit gnadenloser Hassliebe und zwingt ihn, immer anstrengendere Heldentaten zu bestehen, die aber nur seinen Ruhm im ganzen Land begründen und vermehren.

C. G. Jung interpretiert Hera zunächst als Verkörperung des Archetyps der furchtbaren Mutter, bezeichnet sie aber dann als „gestrenge Herrin Seele", die „ihren Helden mit dem schwersten Werke" belaste. Auf diesem Weg zu seiner Individuation gehe dieser entweder unter oder werde zum Heros der Psyche. Wenn die Mutter nach Jung „der Dämon" sei, der „den Helden zu Taten" herausfordere, dann rückt sie in die Nähe von Neumanns „tödlich" scheinender Anima im Sinne des ins Positive umschlagenden Wandlungscharakters und prüft ihren Liebling nur, um sich ihm am Ende doch hinzugeben. Die Göttermutter lässt Herakles, dessen Name „Ruhm der Hera" bedeutet, nach seinem Tod zum Lohn für seine übermenschlichen Leistungen unter die Olympier aufnehmen, söhnt sich mit ihm aus und gibt ihm ihre Tochter Hebe zur Gemahlin.[204]

Was Hera mit Lilith und den anderen erwähnten Frauengestalten der jüdischen und griechischen Mythologie verbindet, ist die Sehnsucht nach Ebenbürtigkeit in der Beziehung und die Auseinandersetzung deswegen mit dem Mann. Meist endet dieser Kampf mit der Niederlage und Demütigung des Weiblichen. Liliths Rebellion misslingt, weil hinter Adam Jahwe mit seinen drei Engeln steht, und Heras Aufstand scheitert, weil sie Zeus unterschwellig letztlich doch die überlegene Position zubilligt. Im Fall von Medea geschieht prinzipiell das Gleiche, weil sie sich nicht direkt an Jason rächt, und die Königin von Saba unterwirft sich sogar-zumindest im Koran-Salomons Herrschaftsanspruch. Auch bei der Sphinx schimmert die Sehnsucht nach Anerkennung ihrer Ebenbürtigkeit durch, weil die Lösung ihres Rätsels untergründig ihre eigene Person ist, und die Löwenfrau tötet sich selbst, als Ödipus sie durchschaut.

Lamia dürfte ebenso ein solches Streben nach Wertschätzung ihrer Liebe in sich getragen haben, wurde aber durch Heras destruktive Intervention brutal aus ihrem Traum herausgerissen. Doch die Göttin und ihre Rivalin sind letztlich beide nur Opfer der egozentrischen Machtspiele von Zeus, der nur seine eigenen Bedürfnisse durchsetzt und die Rechte seiner Frauen missachtet. Gegenüber den anderen weiblichen Beispielfällen scheint Lilith noch die beste Wahl getroffen zu haben, indem sie sich in der Unterwelt mit Samuel vermählt und mit ihm zusammen die „untere" Opposition in Bezug auf das „obere" Paar Jahwe und Schechina bildet.

Die Unterdrückung der Frauen ist also nicht nur auf das Judentum begrenzt, sondern findet allgemein im ganzen europäischen und orientalischen Kulturraum statt. Gerade im Übergang von der Antike zum Mittelalter verstärkt sich die Angst des Patriarchats vor dem eigenständigen Weiblichen dermaßen, dass es um jeden Preis abgewehrt, entwertet und dämonisiert werden muss. Lilith stellt dafür die symbolische Hauptgestalt dar, deren Wesen solche Horrorformen annimmt, dass ihm alle schützenden, nährenden und liebenden Funktionen völlig abgehen. Hier dominieren nur die Archetypen der furchtbaren Mutter und der verführenden Anima, die dann bösartig zusammenspielen, um das destruktive Werk der unterdrückenden Über-Ich-Instanz grausam zu vollenden.[205]

4.9   Tamar in Genesis 38: Tamar G.

Nun wendet sich die vorliegende Studie einem weiteren Beispiel für das Frauenbild des AT zu. Hier gibt es zwei weibliche Gestalten, die den gleichen Namen tragen. Daher ist zunächst nach der Bedeutung von dessen Symbolik zu fragen. „Tamar" heißt übersetzt „Dattelpalme" und trägt männliche und weibliche Bezüge in sich. Der Baum kann etwa für Dumuzi/Tammuz aus Sumer/Babylon, Osiris aus Ägypten und Baal aus Kanaan stehen.

Diese Götter sind alle Sohn- oder Bruder-Geliebte und damit erotische Partner der kosmischen Großen Göttinnen, auf die sie sich beziehen:

Zuerst ist damit Inanna/Ischtar, dann Isis und schließlich Astarte gemeint, die als Baum erscheinen und in dieser Gestalt ihre jungen Männer umschließen oder sie sogar aus sich hervorgehen lassen können, so dass hier die weibliche Bedeutung die männliche überragt. Die Dattelpalme ist die wichtigste Symbolform der Großen Göttin oder des Archetyps der Magna Mater vor allem in Wüsten und wüstenähnlichen Gebirgen des Vorderen Orients, wie z. B. im Land Juda.

Dort herrscht Tamar in ihrer Baumgestalt segnend über die Oasen, spendet den Menschen reale und seelische Nahrung, trägt ständig immer als „grün Bekleidete" auch im Alter noch gute Früchte und symbolisiert daher Langlebigkeit und Altersweisheit. Nach Auffassung des Mythologie-Forschers Robert von Ranke-Graves war sie „das hebräische Äquivalent der großen Göttin Ischtar", die auf akkadischen Rollsiegeln sich besonders gern als Palme präsentierte.[206]

Wie ihr babylonisches Vorbild war Tamar ihrem Wesen nach auch eine Himmelsgöttin, die als solche in den Städten Judas und auch in Jerusalem sowie in den Baumkulten auf den Höhen und in den heiligen Hainen verehrt wurde. Sie taucht als Vergleichsbild im „Hohen Lied Salomonis" (Kap. 7, Vers 8-9) auf, wenn der Kultpriester zu seiner Geliebten sagt, dass ihr Wuchs „wie eine Palme" sei, die er „ersteigen" wolle.

Damit wird auf den Geschlechtsakt im Vollzug der „Heiligen Hochzeit" und ihrer kultischen Feier angespielt. So erhält der Name „Tamar" auch einen starken erotischen Bezug und lässt seine Trägerin zu einer Repräsentantin der altorientalischen Liebesgöttin werden, die in den Mythen von Sumer und Babylon erstmals personifiziert erscheint. Die Palme wächst immer aufrecht und wird somit auch zur Verkörperung der Säule, die gerade durch ihre strotzende Vitalität auch Merkmale stolzer, erhabener Schönheit und Größe aufweist.

In der Bildsymbolik des Alten Orients ist sie letzlich ein Urbild des Lebens mit all seiner Kraft und Fruchtbarkeit und eine Repräsentantin des Lebensbaumes, der Götter, Könige und Menschen beschützen soll und von dem aus besonders die Liebesgöttinnen ihren Zauber wirken lassen. In der Bibel gehört Tamar auch zum Typus der Wunschnamen, die ausdrücken, das Kind möge so wie sein Träger werden, d. h. hier so schön und fruchtbringend wie eine Dattelpalme aufblühen und sich entsprechend entfalten.[207]

Tiefenpsychologisch verkörpert die Göttin, die aus diesem Baum heraus wirkt und ihre Kraft den Menschen spendet, wie kaum eine andere den Archetyp der Magna Mater in ihrer Funktion als „gute Mutter" und positiven Elementarcharakter des Großen Weiblichen. Sie steht in der Nachfolge von Ischtar und lässt daher ihre vitale Energie auch im Bereich der Liebe und Sexualität fließen. Ihr „Geist" durchweht das ganze „Hohelied" und beschützt das Zusammensein von Sulamith und ihres Geliebten im Fest der „Heiligen Hochzeit".

Die Göttin der Dattelpalme erscheint innerhalb des AT in Gestalt von gleich zwei Frauen, die den Namen „Tamar" tragen: einmal in der Genesis, Kapitel 38, und dann im zweiten Buch Samuel, Kapitel 13. Die vorliegende Studie möchte die Geschichte der beiden Figuren interpretieren und gerade auch ihre polare Gegensätzlichkeit dabei herausstellen. Die erste könnte im zehnten vorchristlichen Jahrhundert, die zweite im neunten, also etwas später, entstanden sein. Allerdings dürften beide Erzählungen den Hauptredaktoren des AT während ihres Exils in Babylon schriftlich vorgelegen haben, so dass sie kompositorisch durchaus aufeinander bezogen sein könnten. Die Episode aus der Genesis wird im Allgemeinen ursprünglich dem sog. Jahwisten, das Kapitel aus dem zweiten Buch Samuel den Verfassern des Deuteronomistischen Geschichtswerks zugeschrieben.[208]

Um beide Frauen voneinander unterscheiden zu können, nennt der Autor dieser Arbeit die eine aus dem ersten Buch Mose von nun an „Tamar G.", die andere aus dem zweiten Werk des bedeutenden Propheten „Tamar S.". Der Name kommt jeweils nur in Bezug auf David vor.

In Genesis 38 setzt die weibliche Hauptfigur durch einen ihrer Söhne den Stammbaum fort, der bis zum wichtigsten König Israels führt, im zweiten Buch Samuel ist die leidende Heldin selbst eine Tochter des „großen" Herrschers. Deren Nichte und damit auch eine Enkeltochter des Monarchen trägt den gleichen Namen wie ihre Tante. Die beiden Kapitel stehen jeweils im Kontext längerer Erzähleinheiten. Genesis 38 unterbricht den Zusammenhang von 1. Mose 37 und 39 und wurde wahrscheinlich nachträglich in die sog. „Josefsgeschichte" (Gen. 37-50) eingefügt.

Die einzige Figur, die sowohl in der genannten Episode als auch in anderen Teilen des Geschehens um Jakobs Lieblingssohn vorkommt, ist Juda, der vierte männliche Spross des kinderreichen israelitischen „Erzvaters". Ob Kapitel 38 eine eigene isolierte Erzählung darstellt oder in

Verbindung mit dem ganzen „Josef-Komplex" steht, wird in der Forschung kontrovers diskutiert. Aber unbestritten ist die Einbettung von 2. Samuel 13 in den Kontext von König Davids „Hofgeschichte" oder „Thronfolge-erzählung" (2. Sam. 11 – 1. Könige 2). Hier repräsentiert Tamar S. nach Batseba die einzige Frau, die in den ansonsten von Männern beherrschten mörderischen Konflikt auf tragische Weise verstrickt wird.[209]

In der vorliegenden Arbeit sollte es auch um eine tiefenpsychologische Auslegung der beiden Geschichten gehen. Zu 2. Samuel 13 liegen dazu drei Interpretationen vor, die eine gute Grundlage für die Deutung dieser Studie bilden können. Anders sieht es bei Genesis 38 aus. Hier gibt es in der vom Autor bevorzugten einschlägigen Richtung nur einen Aufsatz von Eugen Drewermann, der in diesem Fall jedoch nicht Freud oder Jung, sondern Thomas Mann öfter zitiert.

Dieser bedeutende Schriftsteller hat sich intensiv mit dem Begründer der Psychoanalyse beschäftigt, über ihn auch mehrere Schriften verfasst und ist in seinem Werk sicher auch stark von ihm beeinflusst worden, hat aber auch der rigorosen Anwendung von dessen Methode auf Kunst und Dichtung kritisch gegenübergestanden. Nun hat Mann von Anfang Dezember 1941 bis Mitte Januar 1942 eine Geschichte über Tamar G. geschrieben und sie als „fünftes Hauptstück" im letzten Teil seiner Tetra-logie „Joseph und seine Brüder" eingefügt.

Diesem vierten Roman seiner ganzen Serie gab er den Titel „Joseph der Ernährer", den er dann 1943 erstmals bei Bermann-Fischer in Stock-holm auf Deutsch veröffentlichte. Während des ganzen Zeitraums der Abfassung seiner Version des „Josef"-Stoffes zwischen 1933 und 1943 setzte er sich nicht nur mit biblischen, sondern auch mit ägyptischen und mesopotamischen Mythen auseinander und ließ bei der Niederschrift seiner Inspirationen neben Freuds Triebtheorie auch C. G. Jungs Arche-typenlehre mit einfließen, die ihm vor allem der ungarische Religions-wissenschaftler Karl Kerényi vermittelt hatte.

Dies ist für die vorliegende Studie Grund genug, Manns Novelle bei der Interpretation von Genesis 38 zu berücksichtigen, um daraus verstärkt tiefenpsychologische Einsichten gewinnen zu können. Am Ende der Deutung dieses Kapitels soll die eigene Position des Dichters in Bezug auf seine eingeschaltete Erzählung dargelegt und durch Einbeziehung der biographischen Einflüsse auf das Werk ergänzt werden. Diese Untersuchung übernimmt Manns Schreibweise von „Thamar" und „Jaakob", wenn sie dessen Novelle interpretiert, um so auch dadurch die Auslegung des AT-Kapitels abzugrenzen. Nach dem Vergleich von biblischem und literarischem Werk erfolgt die eigenständige Deutung von 2. Samuel 13 ohne Hinzuziehung einer modernen Version des Stoffes. Der „rote Faden", wie er sich durch die Interpretation der beiden genannten Erzählungen des AT und der „Einschaltung" in Manns „Joseph der Ernährer" durchzieht, sollte immer wieder auf die Namenssymbolik der weiblichen Hauptfigur zurückkommen und sich die Frage stellen, wie das Sinnbild des Lebens und der Liebe in der jeweiligen Geschichte zur Entfaltung gelangt.[210]

Bei Genesis 38 handelt es sich um eine Familiensage, die sich mit den Wurzeln des Stammes Juda beschäftigt und zu diesem Zweck Tamar G. nach und nach in den Mittelpunkt stellt. Das Kapitel gliedert sich in drei Teile: von den Versen 1-11 über die Verse 12-26 bis hin zu den Versen 27-30. Der erste Abschnitt bildet die Vorgeschichte zur zentralen Handlung und lässt Jakobs vierten Sohn im Vordergrund stehen.

Dieser präsentiert sich hier als der scheinbare „Held", der alle Register seiner Persönlichkeit ziehen und aktiv das Geschehen bestimmen darf. Er verlässt eigenständig seine Brüder, geht ins kanaanäische Hügelland, nimmt sich dort eine Frau, die namenlos bleibt, und zeugt mit ihr drei Söhne: Er, Onan und Schela. Dem Erstgeborenen gibt er aus seinem Umfeld Tamar G. zur Ehe und bestimmt nach dessen frühen Tod Onan auf der Grundlage des Leviratsgesetzes aus dem Buch Deuteronomium (Kap.25, Vers 5-10), den Beischlaf mit seiner Schwägerin zu vollziehen und so Er zu einem legitimen Nachkommen zu verhelfen. Als dabei auch der Zweitgeborene stirbt, schickt Juda seine Schwiegertochter willkürlich in das Haus ihres Vaters zurück. Er benimmt sich in all diesen Fällen als selbstherrlicher Patriarch, der sich das Recht herausnimmt, über alle von ihm abhängigen Familienangehörigen zu verfügen, wie es ihm beliebt, und erweist sich damit als tyrannischer Vertreter der Über-Ich-Instanz oder des autoritären Gewissens.

Mit diesem Verhalten steht er aber im Einklang mit Jahwe, der die beiden Söhne rein aus seiner göttlichen Machtvollkommenheit einfach tötet. Der Erstgeborene missfällt ihm, ohne dass ein Grund angegeben wird; Onan zieht seinen Unwillen an sich, weil er seine Levirats- oder Schwagerpflicht nicht vollzieht, sondern nur „coitus interruptus" praktiziert und seinen

Samen auf den Boden fallen lässt, anstatt ihn in die Vagina seiner Schwägerin hineinfließen zu lassen. Wenn auf die Übertretung dieses Gesetzes ein Todesurteil des himmlischen „Richters" erfolgt, handelt dieser Gott wie ein Diktator, der die Menschen nach Lust und Laune tötet, wenn sie ihm nicht bis ins Kleinste gehorchen. Juda verkörpert hier auf Erden die gleiche autoritäre Willkür wie sein Vorbild von „oben". Er erwartet selbstverständlich, dass sich seine Familienmitglieder wie seine Marionetten verhalten, und bestraft sie wie Tamar G. bei Zuwiderhandlung gegen das Gesetz seines Über-Ich gnadenlos.[211]

Die Interpreten, die Genesis 38 als integralen Bestandteil der ganzen Josefsgeschichte ansehen, stützen ihre Theorie vor allem mit dem Argument, dass Juda von Anfang bis zum letzten Drittel der Handlung eine tiefgreifende Wandlung durchmache. In Kapitel 37 handle er aus rein egoistischer Profitgier in Verbindung mit subtiler Tötungsabsicht, indem er den von ihm und seinen Brüdern gehassten Josef als Sklaven verkaufen, ihn auf diese Weise loswerden und dafür noch Geld kassieren wolle

. Dabei unterstellen diese Ausleger Juda zusätzlich noch ein unterschwelliges Schuldgefühl, das allerdings nirgends im Text deutlich ausgesprochen werde. Genesis 38 führe ihn durch Tamar G.'s geschickte List zu Selbsterkenntnis und Einsicht in sein Unrecht. Dies sei die innere Voraussetzung dafür, dass er in Kapitel 44 aus Selbstlosigkeit und Mitmenschlichkeit heraus handle, vor dem noch unerkannten Josef, der in der Maske des stellvertretenden Pharao Strenge vortäusche, um Gnade für seinen jüngsten Bruder Benjamin bitte und sich selbst als Sklaven anbiete.

Dieses vorbildliche Verhalten werde dann in Genesis 49 durch den Segensspruch des sterbenden Jakob belohnt, der Juda zum geistigen Nachfolger des Erzvaters bestimme, obwohl er nur der vierte und nicht der erstgeborene Sohn sei. Diese Deutung erscheint auf den ersten Blick in sich schlüssig, folgerichtig und gut nachvollziehbar.

Bei näherem Hinschauen wirken die einzelnen Schritte der behaupteten „Wandlung" allerdings psychologisch recht unglaubwürdig. Im Übergang von Kapitel 37 zu 38 wird aus dem geldgierigen Egoisten ein rechthaberischer Patriarch, der willkürlich mit seinen Angehörigen umspringt, aber am Ende immerhin so viel inneres Rückgrat besitzt, dass er fähig ist, sein Unrecht gegenüber Tamar G. öffentlich zu bekennen. Immerhin soll nach Auffassung der Interpreten des „integrativen" Ansatzes der autoritäre

Stellvertreter von Jahwe in dieser Dorfgemeinschaft des Hügellandes von Kanaan von einem Schuldgefühl bezüglich seiner Untat gegenüber dem jungen Josef unbewusst geplagt werden, was durch Tamar G.'s brillante Intrige sensibel vertieft werde und schließlich zu seinem humanen Einsatz für Benjamin in Genesis 44 ganz aus der Dimension des Zentrums der Seele führe. So schnell kann man in C. G. Jungs methodischem Konzept nicht von der Über-Ich-Instanz zur Sphäre des Selbst gelangen, die nur durch einen langwierigen Wandlungsprozess zu erreichen ist.[212]

Thomas Mann zeichnet in seiner Novelle Juda psychologisch viel differenzierter und brüchiger als die theologischen Bibelinterpreten. Für ihn leidet Jaakobs vierter Sohn tragisch am Leben, das er als Fluch aus der Tiefe empfindet. Einerseits ist er viel sensibler als seine Brüder und empfindet im Gegensatz zu ihnen eine Mitschuld am Verkauf von Josef in die Sklaverei. Dabei blickt er „mit Geringschätzung" auf diese, die „dank ihrer Dickfelligkeit" ungeplagt bleiben, was nach Meinung des Dichters „von einem seltsamen Hochmut des Gewissens zeugt".

Andererseits steht er in einem Hörigkeits- und Abhängigkeitsverhältnis zur Liebesgöttin Astarte, die im Text „Astaroth" genannt wird und die kanaanäische Variante der babylonischen Ischtar ausdrückt. Er kann ihren Versuchungen in Gestalt von Tempelprostituierten oder „Freudennonnen" nicht widerstehen, die ihn in die „Geschlechtshölle" hinabziehen und ihn immer wieder den Fruchtbarkeitsriten ihrer Göttin nahe bringen.

Astaroth verkörpert den Archetyp der Großen Mutter in ihrem furchtbaren Aspekt und stellt in Manns Perspektive die unerbittliche „Herrin" dar, die ihren Sklaven Juda zur Strafe für die versuchte Tötung des Bruder-Rivalen Joseph in ihrer Triebwelt der „Heiligen Hochzeit" büßen lässt. Sie plagt ihn nach seinem Gefühl doppelt, weil ihm die Sphäre des „Geistes" sowohl im moralischen als auch im religiösen Sinne noch nicht fremd geworden ist. So hat er einen „Riss in seiner Seele" und ist zwischen Über-Ich und Es innerlich zutiefst gespalten. Je schärfer sich sein Scham- und Schuldgefühl in ihm entwickeln, desto stärker wird sein „Durst nach Reinheit".

Diesen kann er auch in seiner Ehe nicht „stillen", weil seine Frau eine Anhängerin des Fruchtbarkeitskultes ist und seine drei Söhne in diesem Sinn beeinflusst. Seine Religiosität erscheint von Selbsthass und Schuldbewusstsein zur Beschwichtigung des Gewissens geprägt, das immer autoritär bestimmt bleibt und sich nicht in seiner humanistischen Form entfalten kann. Auf der anderen Seite besteht auch weiterhin sein Drang nach unbändiger Sinnlichkeit. Die Unfähigkeit, seine inneren Widersprüche aufzulösen, erfüllt ihn mit Schwermut und lässt ihn bis zum Ende leiden. Bei Mann macht Juda also keine Wandlung durch, sondern bleibt seelisch zerrissen und entwickelt sich im Verlauf des ganzen Romans nicht weiter.[213]

In Genesis 38 muss Tamar G.'s Verhalten zunächst auf der sozialgeschichtlichen Ebene interpretiert werde. Die damalige patriarchale Gesellschaft in Israel verstand die Frau immer als Besitz eines Mannes: zuerst ihres Vaters, dann ihres Gatten und nach dessen Tod ihres Schwiegervaters. So sah der weibliche Mensch Sinn und Zweck seines Lebens in der Geburt von Kindern, vor allem von Söhnen. Davon hing seine Ehre im Haus und in der Gemeinschaft ab, weil Kinderlosigkeit als Schande betrachtet wurde und das schlimmste Los der Frau war, als Witwe ohne Anhang in ihre Ursprungsfamilie zurückgeschickt zu werden, wie dies Juda mit Tamar G. gemacht hat.

Ohne Ehemann oder Sohn gilt sie in der israelischen Gesellschaft nichts und gehört zusammen mit den Waisen zur Gruppe mit dem niedrigsten sozialen Status. Von dieser Perspektive aus gesehen, ist das Levirat ein Rechtsanspruch, um die Situation dieser Frau zu verbessern. Durch diesen Brauch soll der Name des Verstorbenen erhalten und der Witwe ein männlicher Nachkomme verschafft werden. Tamar G. verfolgt allein das Ziel, einen Sohn zu gebären, damit sie dadurch nicht nur ihr öffentliches Ansehen wiedererlange, sondern auch eine gesicherte Altersversorgung bekomme. Sie setzt alles daran, die Linie und den Namen des Geschlechts von Juda weiterzuführen und ihren Platz in seiner Familie zu behaupten.

Doch ihre ganzen Versuche, im Sinne ihres verstorbenen Mannes zu handeln und für ihn posthum Söhne zur Welt zu bringen, führen letztendlich für sie zu nichts, weil ihre Kinder im Sinne der Genealogie am Schluss nicht ihr, sondern Juda zugerechnet werden.

Nichtsdestotrotz schickt er sie nach Ers und Onans plötzlichem Dahinscheiden in ihr Elternhaus zurück und begeht dadurch an ihr mehrfaches Unrecht: Er verweigert ihr die durch das Levirat zustehende Versorgung, schiebt ihr die Schuld am Tod seiner Söhne aus erster Ehe einseitig „in die Schuhe" und spricht ihr auch die Vorteile der Witwenschaft ab, die es ihr

210

ermöglichen würden, die Ehe mit einem frei gewählten Mann außerhalb der Familie einzugehen. So behält er sie als autoritärer Patriarch weiterhin in seiner Machtsphäre, kommt aber feige seiner Verantwortung nicht nach, sich um die von ihm abhängige Frau zu kümmern. Die kinderlose und damit unnütze Witwe wird nun an ihren Vater und ursprünglichen Besitzer abgeschoben und fällt dann der allgemeinen Schande anheim, die sie auch einige Zeit passiv hinnimmt und erträgt.[214]

Wie schon erwähnt, macht der Autor von Genesis 38 aus Ers und Onans plötzlichem Tod Jahwes Urteil und Tat. Die Mehrzahl der theologischen Interpreten hinterfragt diese Darstellung nicht, sondern sucht oft vergeblich nach „guten" Gründen für Gottes geheimnisvolle Entscheidungen. Nur eine Minderheit versucht dieses Sterben anders zu verstehen und entsprechend zu deuten. Für die nüchternen Sagenerzähler des alten Israel sei dabei „alles mit rechten Dingen zugegangen".

Ein tieferer Grund für den Tod der beiden jungen Männer könne auch ein „Mangel an Solidarität unter Brüdern" gewesen sein. Allerorten hätte „ein früher Tod damals als Strafe" gegolten, die mit „der Gerechtigkeit Gottes" in Zusammenhang gebracht worden sei. Aus „Sorge um das Weiterbestehen seines Hauses" hätte Juda sich von einer „irrealen Angst" in Bezug auf seine Schwiegertochter bestimmen lassen. Zaghaft wird auch gefragt, ob nicht die Schuld am Dahinscheiden der beiden Partner von Tamar G. auch „bei den Söhnen selbst liegen könnte" und „das Böse" an ihnen „vielleicht als Angst vor der Sexualität" interpretiert werden müsse.

In diesem Kontext erscheint die junge Witwe nach Auffassung ihres Schwiegervaters als „unheimliche Frau, der schon zwei Männer zum Opfer gefallen" seien. Dies erinnere auch an die Geschichten von Lilith, die beim geschlechtlichen Vollzug „den Tod" bringe, aber auch an „die uralte Angst des Mannes vor der weiblichen Sexualität", die für ihn „sogar tödlich sein könnte". Allerdings komme dieses Motiv nicht nur bei den Juden, sondern auch „in den Mythen aller Völker" vor.

Der patriarchale Mann habe „eine unbewältigte Angst vor Liebe und Hingabe" und projiziere sie als „Schuld an Sexualität und Tod auf die Frau". Auch die antike Prostitutionsforschung bestätigt diesen Befund und spricht hier von einer „sehr alten Vorstellung", die aus der „männlichen" Furcht in Bezug auf die „sexuelle Macht der Frau hervorgegangen" sei. Damit ist die vorliegende Studie wieder einmal an einem wichtigen

Punkt und „roten Faden" ihrer Untersuchung angelangt, den sie ausführlich im Rahmen ihrer Darstellung der Menstruation von Ischtar dargelegt hat. Erinnert sei nochmals besonders an die Erörterungen Neumanns und Horneys zur Angst des Mannes vor der Großen Mutter, der Anima und der Vagina. Hier ergänzen sich Argumentationen der Tiefenpsychologie von Jung und der Psychoanalyse mit Gedanken der feministischen Forschung.[215]

Nun hat Thomas Mann in seiner Novelle eine eigene literarische Lösung für das Problem von Ers und Onans plötzlichem Tod gefunden. Der Dichter bezeichnet die beiden älteren Söhne von Juda als „kränklich", „übel", „ausgepicht", „dabei hübsch und frech, kurzum ein Leidwesen in Israel". Er stellt sie als dekadente junge Männer dar, die für ihn am Ende einer langen Geschlechterfolge aufträten und deshalb in einer „Gründerzeit" wie derjenigen von Jaakob und Thamar fehl am Platz seien, womit er ihren frühen Tod literarisch im Werk motiviert.

Der ältere Bruder Er besitzt nach Mann „jugendliche Entnervtheit, die keiner ernsten Lebensprobe gewachsen" ist, und stirbt in den Armen seiner Frau „an einem Blutsturz". Onan, Judas zweiter Sohn, hat „viel Eigenliebe", schmückt und schminkt sich „stutzerhaft" und ist für den Autor mit seiner „Hübschheit und Nettheit" nur einer, „über den es nicht weitergeht". Im Bett mit der Partnerin erfasst ihn „plötzliche Lebenslähmung", die „ihm" das „Gehirn" stillstehen lässt. Thamar auf der anderen Seite ist von „astartisch gerüstetem", „geschichtlich" ausgerichtetem „Ehrgeiz" geprägt, der einem dunkel instinkthaften Geist entspringt und mit unerschütterlicher Entschlossenheit nach dem Ziel strebt, in der Familie zu bleiben und diese dadurch neuen Äonen der Menschheitsentwicklung entgegenzuführen. Sie ist von dem Wunsch erfüllt, Königsmutter zu werden, der die Person des Gatten nebensächlich erscheint und der es nur um das im Geschlechtsverkehr gezeugte Kind geht.

Nach Manns Auffassung repräsentiert sie den Typus der „Herrin", die für ihn körperlich „ein Herr in Weibergestalt" und geistig „ein Weib von herrenhaftem Gepräge" darstellt und die mythologisch im Bild der „Ischtar barbata", also der Liebesgöttin mit Bart, auftritt. Diese Definition des Dichters entspricht tiefenpsychologisch dem Archetyp der Magna Mater in ihrem furchtbaren Aspekt.[216]

So bringt Thamar den beiden unreifen, schwächlichen Männern, die untauglich dafür sind, mit ihr zusammen den Königsweg der Verheißung zu gehen, indirekt den plötzlichen Tod. Sie wirkt mit ihrer entschlossenen Zielstrebigkeit auf die pubertären Jünglinge als verschlingende Dämonin, die ihnen panische Angst einflößt und deren mythischer Größe sie in keiner Weise gewachsen sind.

Hinzu kommt sicher noch die erwähnte Furcht vor der weiblichen Sexualität, die Er und Onan nicht verkraften und die beim einen den Blutsturz und beim anderen den Gehirnstillstand auslöst. Dafür macht Juda dann aber nicht die unreife, pubertäre Einstellung seiner Söhne, sondern seine Schwiegertochter verantwortlich, die er bezichtigt, eine „Ischtar-Figur zu sein, die ihre Liebsten" vernichte und „eine Jünglingsfresserin" von „unersättlicher Gier" verkörpere. Der Erzähler, hinter dem wohl Thomas Mann selbst steht, rückt diesen Vorwurf zurecht und bezeichnet ihn als „ungerecht sicher in hohem Maße".

Damit zeigen alle Männer der Familie die damals allgemein verbreitete Angst vor dem Weiblichen und seiner Sexualität und entsprechen damit nach Neumann den sog. „widerstrebenden" Sohngeliebten, die vor der Großen Mutter fliehen und so deren Liebesverlangen abwehren wollen. Bei mythischen Jünglingsgestalten wie Attis, Narziß und Hyppolytos führt dieses Verhalten zum Tod. Tiefenpsychologisch ist ihre „Zentroversion, Selbstgestaltung" und „Ichfestigkeit" noch zu schwach, um der Magna Mater widerstehen zu können, so dass sie ihr schließlich doch zum Opfer fallen. Nach diesem archaischen Verhaltensmuster erfüllt sich das Schicksal von Er und Onan, dem Juda nur knapp entgeht, weil er für Thamars Königsweg nützlich ist und dafür unbedingt gebraucht wird.[217]

Der erste Abschnitt von Genesis 38, Verse 1-11, stellt Tamar G. primär als Objekt und Besitz der Patriarchen dar, von denen sie abhängig ist. Sie wird als eigenständige Frau von den Männern, besonders von Juda immer wieder übergangen, bleibt aber dabei passiv und in ihrem Verhalten von den erwähnten sozialgeschichtlichen Motiven bestimmt. Die Verse 12-16 bilden den zweiten Abschnitt des Kapitels, zeigen dessen eigentliche Haupthandlung und stellen nun eindeutig Tamar G. in den Mittelpunkt des Geschehens.

Diese wartet nun viele Jahre in ihrem Elternhaus vergeblich auf eine befreiende Botschaft von Juda, nimmt aber dabei aus der Ferne sehr wohl die Vorgänge im Heim ihres Schwiegervaters wahr. So bemerkt sie, dass dessen jüngster Sohn Schela nun herangewachsen ist, ihr aber nicht-wie ursprünglich versprochen-zur Ehe gegeben wird. Nun weiß Tamar G. endgültig, dass Juda nicht gewillt ist, ihr das Recht auf einen männlichen Nachkommen für ihren dahingeschiedenen Mann Er, für sich und die Familie zu gewähren. Auch erfährt sie weiterhin, dass ihre Schwiegermutter in der Zwischenzeit gestorben ist und dass deren Ehegatte nach Ablauf der Trauerzeit jetzt zur Schafschur in das nahegelegene Timna gehen will, um sich über den Tod seiner Frau hinwegzutrösten.

Tamar G., selbst eine Liebe entbehrende Witwe, versucht sich nun in die einsame Situation ihres sexuell bedürftigen Schwiegervaters hineinzuversetzen und einen verwegenen, aber doch genau berechneten Plan zu entwickeln, der sie zu aktivem Handeln antreibt. Dabei lässt sie die ihr angeborene Lebenskraft der „Dattelpalme" in sich aufsteigen, übertritt damit das patriarchale, ihr enge Grenzen setzende Gebot ihres autoritären Gewissens und stärkt damit entscheidend ihr jetzt sich schnell entwickelndes Ich-Bewusstsein mit dem dafür nötigen Selbstvertrauen.[218]

Nach all den genannten Beobachtungen und Überlegungen sieht Tamar G. jetzt endlich die Zeit gekommen, ihr Schicksal aktiv selbst in die Hand zu nehmen und zur Tat überzugehen. Sie zieht „ihre Witwenkleider aus", legt „einen Schleier über", verhüllt „sich" und setzt sich „dann" an das Tor oder „den Ortseingang von Enajim", an dem Juda auf dem Weg nach Timna vorbeigehen muss. Etliche Theologen interpretieren die Verkleidung der mutigen Frau als Bemühung, ihre Identität zu verbergen und sich für ihren Schwiegervater unkenntlich zu machen, damit dieser sich auf ihren Plan einlässt, der sonst gescheitert wäre.

Der Schleier wird dann von diesen Auslegern als Zeichen der Keuschheit gedeutet, durch den Tamar G. „sich selbst" mit einem „Trick dem Juda als Braut" zuführe. Es gibt aber von religionsgeschichtlicher, tiefenpsychologischer und assyriologischer Seite her auch andere Auffassungen, die das verhüllende Kleidungsstück in Zusammenhang mit den Tempelpriesterinnen der Fruchtbarkeitskulte sehen.

Wie die vorliegende Studie schon in ihren Ausführungen über die babylonische Liebesgöttin darlegte, war der Schleier ein Attribut von Ischtar und wurde sowohl von Jungfrauen wie auch von Prostituierten getragen. Wenn die Himmelskönigin als „liebende Dirne" im „Tor der

Herberge" des Bordells sitzt, so ahmt Tamar G die Herrin der Liebe äußerlich nach und lässt sich am Ortseingang von Enajim nieder, um verhüllt an diesem „Tor" ihren Schwiegervater zu erwarten. Sie wird von Juda zwar als gewöhnliche Hure („zonah") angesehen, aber von seinem Freund Hira als Kultpriesterin („kedesche") bezeichnet. Tiefenpsychologisch handelt sie an der Oberfläche im Zeichen des Archetyps der Großen Mutter und des Triebbereiches, um in der Tiefe ihr am Ich und Über-Ich orientiertes Ziel zu erreichen, dessen Plan im Folgenden aufzugehen scheint.[219]

Juda ist an sich schon sexuell sehr bedürftig und wird in diesem Bereich von seinem Es bestimmt. Nach dem Tod seiner Frau dürfte er in geschlechtlicher Hinsicht einen gewissen Nachholbedarf haben und vom Fest rund um die Schafschur in Timna in eine gute Stimmung versetzt worden sein. Dann sieht er die Frau am Ortseingang von Enajim sitzen, geht zu ihr hin und verhandelt mit ihr, damit sie ihn zu sich „kommen" lässt. Er merkt nicht, wer sie in Wahrheit ist, weder als er sie ansieht, noch als er mit ihr spricht.

Auch gehen ihm später nicht „die Augen" auf, als er hört, dass es in der Gegend keine Kultprostituierte gebe und seine Schwiegertochter schwanger sei. Die jüdische Legende erklärt diese Merkwürdigkeiten so, dass Tamar G. in Judas Haus immer schweigsam und verschleiert gewesen sei und er sie nun nicht erkenne, weil er gar nicht wisse, wie sie spreche oder aussehe. Die vermeintliche Tempelpriesterin fordert bei den Verhandlungen für ihre Liebesdienste von ihrem „Kunden" drei Pfänder: Siegelring, Schnur und Stab. Das alles sind Insignien eines reichen, vornehmen Israeliten, die ihn identifizieren und legitimieren. Seine Begierde macht Juda von Tamar G. ganz abhängig und liefert ihn an sie völlig aus. Im Rausch der Sinne vergisst er sein übliches Realitätsbewusstsein und verdrängt dabei seine autoritäre patriarchale Grundeinstellung.

Für die Dauer der geschlechtlichen Vereinigung herrscht der Triebbereich des Es über die richtende Instanz des Über-Ich und macht aus dem sonst befehlenden Mann des Familienverbandes einen bittenden Diener des Eros und der Hingabe. Thomas Mann und Eugen Drewermann deuten eine starke unbewusste Liebe zwischen Tamar G. und Juda an. Beide sind in der Tiefe ihres Gefühls eng miteinander verbunden, müssen aber an der Oberfläche des Bewusstseins wegen gesellschaftlicher Konventionen der „Persona"-Ebene und verschiedener Einstellungen des Ich-Bewusstseins getrennte Wege gehen. Nur der Koitus unter dem Umstand der Verhüllung und Verkennung vereint sie für einen flüchtigen Augenblick, der das erotische Geheimnis der Tiefe kurzzeitig offenlegt, aber danach im Rahmen des AT für immer verschließt. Erst im Mittelalter hat die jüdische Literatur eine Legende erdichtet, die am Ende die Liebe der beiden in eine Ehe einmünden lässt, die der Engel Gabriel durch ein Wunder gegen die Intrige des teuflischen Samael stiftet.[220]

Doch im Gegensatz dazu spitzt sich in Genesis 38 nach dem uneigentlichen Beischlaf die Situation für die beiden Hauptfiguren dramatisch zu. In der Welt dieses Kapitels bestimmen nicht Eros und Sexualität, sondern Persona und Über-Ich das Geschehen des gesellschaftlichen Lebens. Drei Monate nach der „Liebesnacht" am „Tor" von Enajim wird äußerlich deutlich sichtbar, dass Tamar G. schwanger ist, was bald darauf Juda gemeldet und als „Unzucht" interpretiert wird.

Die öffentliche Meinung der damaligen Zeit wertet das „freudige Ereignis" moralisch und macht aus der sich für ihr Recht einsetzenden Frau eine Verbrecherin, die das Gesetz der Ehe und Witwenschaft gebrochen habe. Nun entdeckt der Schwiegervater auf einmal wieder in sich die Instanz des autoritären Gewissens und fällt in seine alte Rolle des selbstherrlichen Patriarchen zurück, der über Leben und Tod seiner Familienmitglieder entscheidet. Eigentlich wollte er Tamar G. für den Rest ihrer Existenz unversorgt in ihr Elternhaus abschieben, und jetzt legt er auf einmal Wert darauf, sie nicht aus dem Levirat entlassen zu haben und sie weiterhin als Witwe von Er und Verlobte von Schela anzusehen.

Darum betrachtet er die bei ihr vorausgesetzte Unzucht als Ehebruch, auf den nach alter Rechtsauffassung als Strafe Steinigung oder bei besonders schweren Vergehen auch Verbrennung steht, was beides außerhalb der Stadtmauern vollzogen wird. Da die Schwiegertochter nicht als rechtsfähig, sondern als vom Familienoberhaupt abhängig gilt, findet keine Gerichtsverhandlung am Tor wie bei einem Rechtsstreit zwischen Männern statt, sondern Juda als ihr legitimer Besitzer bestimmt die Strafe und zwar hier die härtest mögliche.

Damit vollzieht er die letzte Steigerung der Verstrickung in die Abgründe seiner Über-Ich-Instanz, die völlig verblendet beim gleichen Verhalten von Mann und Frau in moralischer Hinsicht genau entgegengesetzte Maßstäbe ansetzt. Er darf sich das Recht auf außerehelichen Beischlaf herausnehmen, seine Schwiegertochter aber nicht. So will er sie als unwürdigen „Besitz" am liebsten „brennen" sehen und vermag es nicht, seine eigene Widersprüchlichkeit zu hinterfragen und ihr zuzugestehen, dass sie ein eigenes Leben führen darf. Die Spannung zwischen dem selbstherrlichen Patriarchen und seiner selbstbewussten Untergebenen, zwischen dem Vertreter des autoritären Gewissens und der Repräsentantin des sich langsam davon emanzipierenden Mutterarchetyps, nimmt bis zu dem Augenblick immer mehr zu, wo die vermeintliche Ehebrecherin zur Vollstreckung des Todesurteils vor die Stadt geführt wird.[221]

Im Übergang von Vers 24 auf 25 des 38. Genesis-Kapitels erfolgen Peripetie und Enantiodromie des Geschehens; d. h. der dramatische Wendepunkt der Handlung bringt auch psychologisch ihre Verkehrung ins Gegenteil, und die sich scheinbar anbahnende Katastrophe schlägt in ihren heilenden Schluss um. Am Hinrichtungsplatz holt Tamar G. endlich ihre drei Pfänder hervor und lässt sie durch Boten zu Juda bringen, der sie sich genau anschauen soll, was dieser auch tut.

Die Verurteilte gibt dazu die Erklärung, dass sie von dem Mann, dem diese Dinge gehörten, schwanger sei. Ihr Schwiegervater prüft den Sachverhalt und erkennt jetzt erst die Zusammenhänge. Dann bekennt er sehr schnell, dass Tamar G. ihm gegenüber „im Recht" sei, weil er sie nach Ers und Onans Tod seinem dritten „Sohn Schela nicht zur Frau gegeben" habe. Seine Kontrahentin hat mit der Herausgabe ihres dreifachen Pfandes so lange gewartet, damit sie das Sippenoberhaupt, den höchsten Richter des Familienverbandes, öffentlich überführen und ihn damit zwingen kann, sich vor Zeugen zu seiner Vaterschaft zu bekennen.

Mit dieser Einsicht wird seine vorhergehende Über-Ich-Einstellung durch eine Haltung des bereuenden Ich-Bewusstseins ersetzt, das selbstkritisch seine eigenen Schattenseiten wahrnimmt. Ob sich Juda gerade durch die Hilfe seiner Schwiegertochter bis zu seinem selbstlosen Einsatz für Benjamin vor Josef in Kapitel 44 grundlegend wandelt, sei dahingestellt. Es wird noch in Bezug auf die beiden Hauptfiguren abschließend mitgeteilt, dass er später „mit ihr nicht mehr" sexuell verkehre. Damit zeigt sich noch einmal, dass seine eigentliche Schuld nicht seine Begierde zu der ihm weiter unheimlich vorkommenden Frau, sondern seine Angst vor ihr ist. Tamar G. wird wohl als Witwe im Familienverband geblieben sein, sei es, dass sie dann im Haus ihres Schwiegervaters, oder sei es, dass sie weiterhin im Heim ihrer Eltern den Rest ihres Lebens verbringen werde. Der letzte Abschnitt von Genesis 38, die Verse 27-30, schildern kurz die Geburt der Zwillinge Perez und Serach. Tiefenpsychologisch bedeutet dies das Erscheinen des „göttlichen Kindes" in doppelter Gestalt auf der Welt. Der Archetyp des Selbst tritt damit ein weiteres Mal ans Licht der Bewusstseinsentwicklung des AT, das allgemein bei Adam entsteht und erstmals spezifisch bei Abraham aufleuchtet. Perez wird Judas Linie fortführen und Tamar G. zur Stammmutter Davids machen.[222]

Genesis 38 kann im ganzen Verlauf bis zum Ende als Stellungnahme gegen eine rigorose ethnische Abgrenzung nach außen und als Votum gegen ein äußerst strenges Exogamieverbot verstanden werden, das noch die Erzvätererzählungen der Kapitel 12-36 bestimmt. In der Geschichte von Jakobs viertem Sohn und seiner Schwiegertochter stoßen die Fruchtbarkeitsriten der Ureinwohner Kanaans und die engen sexuellen Normen des Volkes Israel aufeinander. Diese Erzählung verschmilzt beide Kulturen und integriert den Kult von Astarte in Jahwes Religion.

Das ihr Fremde, der Geschlechtsverkehr am Wegesrand und das Opfer an die alte Liebesgöttin, wird in die Politik des Stammes Juda einbezogen. Tamar G., die auf die Traditionen ihrer Heimat listig zurückgreift, wird nicht als Götzendienerin ausgegrenzt und verurteilt, sondern über ihren Sohn Perez als Begründerin einer Familiendynastie anerkannt und geehrt. An der Oberfläche scheint ihr Handeln auf die während des Matriarchats vorherrschende aktive Rolle der Frau in der Sphäre des Eros und der Sexualität zu verweisen. Doch im Kern ist sie keine kühne frühe Feministin, sondern tut alles, um die patriarchale Ordnung zu erhalten.

So gehorcht Tamar G. bis zur letzten Konsequenz dem Gesetz des Levirats, das sie zwingt, für ihren toten Mann durch den Beischlaf mit dessen Bruder und dann insgeheim mit dessen Vater einen Sohn zu gebären. Dabei hat sie nur ein einziges Mal Geschlechtsverkehr, der zur Schwangerschaft führt, um ihrer Bestimmung als Frau in der jüdischen Gesellschaft zu entsprechen. So ist sie letztlich nicht dem Triebbereich des Es, sondern der autoritären Instanz des Über-Ich mit seiner Persona unterworfen, die sie dazu treibt, die „Maske" der Kultprostituierten aufzusetzen, damit sie ihr Ziel erreicht, einen Sohn zu gebären.

In dieser Konstellation hat ihre unbewusste Liebe zu Juda keine Chance, bewusst zu werden, und muss nach dem Zusammensein am „Tor" von

Enajim endgültig im Schattenreich der seelischen Tiefen versinken. Tamar G. kann ihre Lebenskraft, die in ihrem Namen symbolisiert ist, nur in der Welt des jüdischen Patriarchats einmal ausleben und verwirklichen. Sie schiebt dabei genau wie Lots Töchter die Inzestschranke souverän beiseite und handelt nach Astartes Grundsatz, dass die Zeugung und damit die Erhaltung des Stammes oberstes Gesetz sei. Die Weitergabe des Lebens der Sippe steht so vor jeder anderen Forderung sexualethischer Art. Auch Jahwe segnet den Menschen, der seine Energie dafür einsetzt, dass Recht im Sinne von Gott geschieht. Tiefenpsychologisch vereint Tamar G.'s Vitalität den Archetyp der Großen Mutter aus dem Fruchtbarkeitskult mit der Instanz des Über-Ich aus der Religion des Volkes Israel.[223]

4.10 Tamar G. in der Interpretation von Thomas Manns Novelle „Thamar"

Der Verfasser von Kapitel 38 des Genesis-Buches richtet seinen Blick nur auf die äußeren Abläufe und stellt in seiner Geschichte lediglich einen familiären Rechtsfall dar, der durch das Brauchtum der Leviratsehe gelöst werden soll. So erklärt er etwa Tamar G.'s Motiv, sich Juda als Kultpriesterin anzubieten, nur beiläufig damit, dass er ihr Schela verweigert. Dabei sehe sie dies als Anfechtung ihres Rechts, das sie nun mit allen Mitteln für sich durchsetzen wolle. Ihre innere Einstellung wird ausschließlich an ihren Handlungen deutlich.

Die ganze Erzählung erwähnt nur Judas Gedanken und Ängste, aber nicht die Gefühle von Tamar G., über die kein einziges Wort ausgesagt wird. Hier setzt Thomas Mann bei seiner literarischen Neuinterpretation von Genesis 38 an, indem er aus dem rechtlichen Problem die Erzählung einer theologischen Inspiration macht und diese psychologisch motiviert. Dabei spürt er den inneren Vorgängen nach, die Thamar bewogen haben könnten, sich beharrlich um jeden Preis einen Platz in der biblischen Heilsgeschichte zu verschaffen. Nachdem er Rahel in Band eins und zwei seiner Romantetralogie und Potifars Gattin Mut-em-enet in Band drei als weibliche Hauptfiguren dargestellt hat, braucht er im vierten Teil eine weitere Frau, die einen Gegenpol zu Josef bilden soll, und findet diese Gestalt in Thamar. Bei der Niederschrift dürfte der Dichter auch von seiner Kenntnis der traditionell starken Rolle des Weiblichen in den

USA beeinflusst worden sein, weil er die biblische Erzählung in ein Lehrstück der Frauenemanzipation verwandelt, die den realen Verhältnissen im Alten Orient Hohn spricht. Er schaltet sie nicht wie im ersten Buch Mose zu Beginn der Josefsgeschichte, sondern erst im vierten Band seines Werkes ein und deutet sie auch von Genesis 49 aus, das die letzten Worte des sterbenden Jakob an seine zwölf Söhne behandelt und in der Dichtung des Autors „Die Sterbeversammlung" heißt.[224]

Thomas Mann lässt seine Novelle mit einer ureigenen Erfindung beginnen, die keine Stütze in den Quellen der jüdischen Überlieferung hat. Bei ihm stammt Thamar von kanaanitischen Ackerbauern ab, die Baal und Astarte anbeten und ihre Tochter mit Käse und anderen Produkten zum Patriarchen Jaakob, dem „Geschichtenreichen", in den Hain „Mamre" schicken. Sie kommt aus anderem Anlass wieder, setzt sich zu seinen „Füßen" und hört unbeweglich und sehr konzentriert seinen geistlichen Ausführungen zu. Dabei wird sie zu seiner gelehrigen „Schülerin in der Welt-und Gotteskunde". Er erzählt ihr von der Schöpfungsgeschichte, der Sintflut,

Abrahams Bund mit Gott, dem Geheimnis der Zeit und von Shilo, dem künftigen, gesalbten Messias und Friedensfürsten. Jaakob verkörpert hier den Archetypen des alten Weisen, der durch die lange Trauer um seinen Lieblingssohn Joseph vereinsamt ist und sich instinktiv nach einem Ersatz sehnt. Er findet ihn in seiner „Verehrerin" Thamar, in die er sich „sogar ein wenig verliebt". Ihre Erscheinung lässt auch seine Anima aus dem Unbewussten auftauchen und ihn dadurch innerlich aufblühen. Umgekehrt machen seine religiösen Unterweisungen großen Eindruck auf die junge Frau, die alles in ihrer aufmerksamen Seele bewegt und dabei nach reiflicher Überlegung allmählich zu dem Entschluss gelangt, sich um jeden Preis in dieses Königsgeschlecht „einschalten" zu wollen.

Der Dichter charakterisiert „Thamars Wesen" als eigentümliche Mischung „aus Strenge und geistlicher Strebsamkeit" sowie aus „dem seelisch-körperlichen Geheimnis astartischer Anziehungskraft". Ihre stolze Schönheit erinnert an die kanaanäische Liebesgöttin, hat aber auch etwas Dämonisches und Hexenhaftes an sich, das auf Distanz hält und Respekt einfordert. Die junge Frau ist auf der Suche nach etwas Höherem, das über den Wald-und-Wiesen-Naturglauben ihres schlichten Elternhauses hinausgeht, und von einer Unruhe nach dem neuen Gott der Hebräer und einem Willen erfüllt ist, sich in dessen Geschichte zu drängen. Dabei fühlt sie, dass Jaakob ihre nach Wahrheit strebende Seele auf den für sie rechten inneren Pfad lenken kann. Sie integriert in sich die verführerische Astarte, die entschlossen zum Judentum übertretene Ruth, die Urmutter Eva und die Jungfrau Maria und steht damit für das Weibliche schlechthin mit seiner ganzen Ambivalenz als „Mittel des Falles und Schoß des Heils". So vereinigt sie in sich die Gegensätzlichkeit von Über-Ich-Instanz und Es-Triebbereich und verkörpert den Archetyp der Magna Mater in all seiner Bandbreite, die sowohl die „furchtbaren" als auch die „guten" Aspekte seines Elementarcharakters enthält.[225]

Thamar wandelt sich durch Jaakobs Belehrungen von einer passiven, ihm zu Füßen sitzenden und ihm lauschenden Schülerin, zu einer aktiven, entschlossenen, die Initiative energisch ergreifenden und dabei alle Möglichkeiten bedenkenden Strategin. Seine Unterweisungen lassen sie zu einer Frau heranreifen, die um ihre Rolle in der Geschichte weiß und sich in diese auch willensstark einzuschalten versteht.

Der Erzvater, der die junge Kanaaniterin auf ihre Bahn gebracht hat, tritt zunehmend in den Hintergrund und steht immer mehr im Schatten seiner einstigen Verehrerin, die ihn nach und nach für ihr Ziel einspannt, „eine Vor-Mutter Shilo's" zu werden, der Israel den ersehnten Frieden bringen wird. Zu diesem Zweck erfindet sie die Institution der Schwagerehe und drängt mit dieser Begründung Jaakob dazu, Juda dafür zu gewinnen, dass dieser ihr seine Söhne Er und Onan nacheinander zur Ehe gibt.

Der Repräsentant des alten Weisen übernimmt mehr und mehr die Funktion des hilfreichen Animus, der später aus der Erzählung ausscheidet, als er zur Erfüllung ihres Weges bezüglich der Einschaltung in die Linie des göttlichen Stammbaums von Israel nichts mehr beitragen kann. Danach integriert Thamar ihr männliches Seelenbild in sich selbst und setzt ihre Bahn konsequent weiterhin fort. Sie verkörpert so im Sinne von Thomas Mann „Geist" als Verbindung von Großer Mutter und Animus mit dem Ich-Bewusstsein.

Der Gegensatz dazu wäre „Leben", das hier Juda vertritt und durch seinen Zwiespalt von Über-Ich und Es Fluch der Tiefe bedeutet. Thamar begehrt in der Novelle das Männliche, das von Jaakobs viertem Sohn und seinen beiden ältesten Kindern repräsentiert wird, nicht um des Besitzes, der Versorgung als Witwe, des eigenen Triebes oder gar „um seiner selbst willen, vielmehr" aus Ehrgeiz „so ganz um einer Idee willen". Thomas Mann bezeichnet diese „Liebe, die nicht aus dem Fleische", sondern „aus dem Gedanken" kommt, als „dämonisch". Der „furchtbare" Aspekt dieses Eros der Großen Mutter als Verknüpfung von Liebe, Empfängnis und Tod zeigt sich vor allem im Schicksal von Er und Onan, die in der Hochzeitsnacht dem „astartischen" Wesen der jungen Kanaaniterin zum Opfer fallen.[226]

Die „gute" Seite der Liebe des Archetyps der Magna Mater in Thamar wird besonders an Judas Weg aus Verstrickung, Zerrissenheit und Leid zur Verheißung sichtbar. Denn gerade die Heimsuchung durch Astartes Welt des Triebbereiches macht ihn umso mehr und tiefer als Joseph erlösungsbedürftig und am Ende empfänglich für den geistlichen Segen des sterbenden Jaakob. Doch nur durch die Entschlossenheit seiner Schwiegertochter wird er auf die Bahn gebracht, die ihn zum Licht des Selbst führt.

Die Vertreterin der Großen Mutter in ihrem umfassenden Sinn muss dafür ihre Frauenwürde erniedrigen und in den Abgrund der „Geschlechtshölle" hinabsteigen, um den Samen des mit sich selbst zerstrittenen Erbträgers zu empfangen und damit ihren Schoß zu segnen.

Bei Thomas Mann ist hier der Triumph des Geistes schon angedeutet, der das Leben nicht mehr als seinen Gegensatz, sondern als Mittel und Gefährte ansieht, um seine Ziele zu erreichen. In der Spannung des erotischen Spiels zwischen den beiden Polen bleibt Judas Rolle von Widerwärtigkeit und Passivität geprägt, während Thamar die treibende Kraft und produktive Regisseurin ihrer eigenen Inszenierung ist. Auf dem Höhepunkt ihres Dramas kauert sie als dessen Hauptdarstellerin „am Tore" von Enajim und hüllt sich „in ein Ketonet paspasim, das Schleiergewand der Bestrickenden", die für Thomas Mann ein poetischer Ausdruck für die dem Dienst der Ischtar geweihte Tempelprostituierte ist.

Die Thomas-Mann-Forschung richtet sich nach dieser Auffassung des Dichters und interpretiert entsprechend eindeutig die Erscheinung der jungen Kanaaniterin am Dorfeingang als „kedesche" im Gegensatz zur Bibelexegese von Genesis 38, die mehrheitlich eher dazu neigt, die verhüllte Gestalt von Enajim als „zonah" zu deuten. Juda ist in diesem Spiel nur vordergründig „der König" mit dem phallischen „Befehlsgeber zwischen den Füßen", eigentlich aber nur Knecht der Erwählung von Thamar, die als Herrin sich aktiv in das ganze Geschehen einschaltet und sich von ihrem passiven Sklaven den Schoß segnen lässt. Tiefen-psychologisch gesehen findet hier die „Heilige Hochzeit" der Großen Mutter mit ihrem „kleinen" Animus oder Sohngeliebten statt. Ironisch betrachtet könnte man hier von der Geschichte einer Frau sprechen, deren theologische Kenntnisse sie verführen, selbst zur „Heiligen" werden zu wollen. Letztlich hat sich Thamar nicht dem Tod, sondern dem Leben verschrieben, ist durch den einmaligen Geschlechtsakt am Dorfeingang selbst zum Segen für die Königslinie des Volkes Israel geworden und hat auch Juda als Partner in das Heilsgeschehen mit einbezogen, das einen familienrechtlichen Problemfall nach Auffassung von Mann zu einer welt-geschichtlich bedeutenden Entwicklung erweitert. [227]

Vom Handlungsverlauf her gesehen spielt sich das Ende der Novelle ähnlich wie der Schluss von Genesis 38 ab. Allerdings gibt es kleine Unter-schiede, die Thamars Stellung gegenüber Juda im Werk des Dichters verstärken und erhöhen. In der Bibel hat Jaakobs vierter Sohn wenigstens noch die Größe, sein Unrecht gegen seine Schwiegertochter und auch den Grund dafür öffentlich zu bekennen. Bei Thomas Mann macht er sich eigentlich nur zum Gespött.

Die ihn umgebenden Menschen durchschauen die Zusammen-hänge der Liebesnacht von Enajim und lachen ihn als getäuschten Freier einer vermeintlichen Tempelprostituierten aus. Thamars letztes an Juda gerichtetes Wort lässt sie durch Boten verkünden und ihm ausrichten, dass sie „die Frau nicht" sei, die „vom Erbe Gottes" vertilgt werden könne. Dies zeugt von selbstbewusster Überlegenheit, die nach der Geburt des Zwillingspaares noch deutlicher sichtbar wird.

Während er bis zum Schluss im Zeichen der autoritären Gewissens-instanz von Selbsthass und Schuldgefühl zerrissen bleibt, steht sie als über-höhte Verkörperung des Archetyps der Großen Mutter am Ende trium-phierend da und schaut „ins urbane Land hinaus" und noch weiter in die „Strahlenglorie" des Lichts als Symbol der Sphäre des Selbst.

Doch Thamar verschwindet nun nicht wie ihre biblische Schwester aus dem Verlauf der weiteren Handlung, sondern erscheint nach dem Ende ihrer Novelle noch dreimal in den Schlusskapiteln von „Joseph der Ernährer". Immer wird sie dabei von ihren „weidlichen" Söhnen Perez und Serach begleitet und dokumentiert damit ihre Stellung als Auserwählte innerhalb von Jaakobs Familie, die „ihrer siebzig" sich nach Ägypten zum scheinbar verloren gegangenen Lieblingssohn des Erzvaters aufmacht. Dabei ist auch die „Entschlossene" mit dem „ihr eigentümlichen auf Fernes", d. h, auf die Geburt des Friedenfürsten Shilo, „eingestellten Blick". Bei der Begegnung mit Joseph denkt sie „in ihrem Herzen", dass er nur glitzere, sie aber im Gegensatz zu ihm „auf der Bahn" in Richtung der Verheißung sei. Vor dem Zelt der „Sterbeversammlung" wartet sie „als stolzer Schattenriss" darauf, dass Jakoob Juda den Segen erteilt und ihn damit zu seinem Erben macht, der zum geistlichen Führer der Familie wird.

So kann er von seiner inneren Zerrissenheit erlöst und geheilt werden. Die Berufung zu diesem Weg hat er allein Thamar zu verdanken, die ihn mit der unermüdlichen Energie des Archetyps der Großen Mutter und dessen Fruchtbarkeit auf diese Bahn gegen seinen bewussten Willen gebracht hat. Die Kanaaniterin, in deren Hand alle Fäden zusammenlaufen, ist somit nicht nur die weibliche Hauptfigur des fünften Hauptstücks, sondern auch des ganzen vierten Teils der Romantetralogie.[228]

So wie hier bei Thomas Mann wird in keinem anderen literarischen Werk des 20. Jahrhunderts die Rolle einer biblischen Frau dermaßen stark herausgestellt. Dies erscheint an ihrem Bezug zur männlichen Titelfigur der Tetralogie noch einmal umso deutlicher. Da Juda durch Thamars tatkräftige Einschaltung zu Jaakobs geistlichem Erbe wird, bleibt für Joseph nur der weltliche Segen des Sterbenden und die Führung der Familie bloß im säkularen Bereich übrig. Beide Hauptgestalten tragen Merkmale beiderlei Geschlechts in sich und sind sowohl von verführerischer Schönheit als auch produktiver Zielstrebigkeit jeweils auf verschiedenen Ebenen geprägt.

Die Androgynität als Vereinigung der weiblichen mit den männlichen Seelenelementen ist nach C. G. Jung das Ziel des Individuationsprozesses, in dem der Mensch vor allem durch seine Verbindung mit dem Selbst seine Ganzheit erreicht. Thomas Mann hat die Idee des Zwiegeschlechtlichen schon früh in seinem Werk gestaltet, eignet sie sich aber nun durch die Lektüre von Jungs Schriften psychologisch an und wendet sie sehr bewusst auf die Tetralogie an. „Nur sanfte Männlichkeit" und „nur selbständige Weiblichkeit", wie sie in Joseph und Thamar verkörpert erscheinen, sind für den Dichter „die echte, wahre und schöne" Realisierung des von ihm dargestellten Menschentums. Der Liebeskampf des Titelhelden mit Potifars Ehefrau Mut-em-enet endet mit einem Sieg des Geistes im Sinne des

Über-Ich über die Herrschaft des Fleisches oder des Es, über den Wildwuchs der Gefühle und über die Gefährdung der männlich-patriarchalen Ordnung. In der Novelle triumphiert das Geistige über das Zwiespältige der „Geschlechtshölle" durch eine produktive Verbindung, die mit dem Sohn Perez die Königslinie des Volkes Israel fortsetzt. Jaakobs gesamter Segen ruht also letztlich auf dem „glitzernden" Joseph und der „schattenhaften" Thamar, die hinter dem eigentlichen Erben Juda steht.

Doch der weibliche „Geist" siegt über das männliche „Leben" nicht durch asketische Überwindung, wie im Falle des Titelhelden und Potifars Gattin, sondern durch fruchtbare (wenn auch nur kurzzeitige) Partnerschaft. So verkörpert Thamar nach Manns Auffassung als Repräsentantin der Großen Mutter in ihrem „guten" Aspekt die höchste moralische Instanz der Menschlichkeit im gesamten Roman. Der Autor sieht besonders in ihr sein Verständnis von Humanismus und dessen entsprechender aufgeklärter Weltanschauung verwirklicht. Mit Gestalten wie Thamar und Joseph will er dem Faschismus „den Mythos wegnehmen und ihn ins Humane umfunktionieren" sowie mit dem Symbolwort „Shilo" in der Unheilszeit des Zweiten Weltkrieges seine Hoffnung auf eine bessere Zukunft Deutschlands unter dem „Stern des Friedens, der Brüderlichkeit und des Rechtes" zum Ausdruck bringen.[229]

Die tiefste biographische Wurzel für die Gestaltung von Thamars Figur dürfte wohl im ambivalenten Verhältnis des Dichters zu seiner Mutter bestehen. Diese wurde 1851 als Tochter eines Plantagenbesitzers aus Lübeck und einer portugiesischen Kreolin in Brasilien geboren und erhielt den Namen Julia. Als Fünfjährige verlor sie ihre Mutter durch frühzeitigen Tod und als Siebenjährige ihre Heimat, weil ihr Vater sie nach Lübeck schickte, wo sie bei einem Onkel aufwuchs. Dort wurde sie bald vom portugiesischen Katholizismus zum lutherischen Protestantismus bekehrt und umgetauft.

Diese ganzen Abschiede von den Menschen und Dingen, die sie in ihrer frühen Kindheit geliebt hatte, verursachten schwere innere Traumatisierungen, was sie sich äußerlich nicht anmerken ließ. 1875 kam Thomas Mann als zweiter Sohn nach Heinrich zur Welt und wurde sehr verwöhnt, wirkte freundlich und weichlich. Julias Persönlichkeit sprengte den engen Rahmen des Lübecker Bürgertums und förderte durch ihre Musikalität und exotische Ausstrahlung des „Weither-Seins" gegen den ausdrücklichen

Willen ihres Mannes die Entfaltung der literarischen Begabungen ihrer beiden Erstgeborenen. Andererseits war die Mutter auf ihre Eigenständigkeit bedacht, achtete auf Distanz zu ihren Mitmenschen und erteilte durch die Betonung ihres Künstlertums der Kaufmannswelt ihres Mannes immer stärker eine Absage. Ihren Kindern zeigte sie einen ständigen Wechsel von Nähe und Entzug, was sie ihnen gegenüber unzugänglich machte, so dass sie ihnen mitunter als feindlich erschien.

Thomas Mann interpretierte 1939 in einem Brief an Agnes E. Meyer dieses Verhalten als „eigentümliche Kälte ihres Charakters", die ihn selbst in Bezug auf persönliche Beziehungen zutiefst geprägt hat, worunter er Zeit seines Lebens zu leiden glaubte, was er einerseits an sich selbst hinterfragte, andererseits aber auch immer mit seiner literarischen Produktivität begründete. Seine Ambivalenz zur exotischen Mutterwelt ließ in ihm die Verheißung der Kunst entstehen und ihn zugleich in kritische Distanz zu sich selbst treten. So ist sein Werk von der Darstellung doppeldeutiger Frauen geprägt, die eine gewisse Ähnlichkeit mit Julia Mann zeigen. Aus der Fülle dieser Reihe der „Femme fatales" seien in der vorliegenden Arbeit nur einige wenige Beispiele angeführt, die den mütterlichen Einfluss auf den Autor besonders verdeutlichen.[230]

Im Frühwerk des Dichters kommen zwei Frauen mit dem gleichen Vornamen „Gerda" vor: einmal Frau von Rinnlingen in „Der kleine Herr Friedemann" aus einem Novellenband, der 1898 mit dem Titel der Erzählung publiziert wurde, und zum anderen die Gattin von Thomas Buddenbrook in Manns erstem Roman „Buddenbrooks", der 1901 in zwei Bänden veröffentlicht worden ist. Beide weibliche Gestalten haben gewisse Ähnlichkeiten mit Julia Mann und verkörpern tiefenpsychologisch den Archetyp der Großen Mutter in ihrem furchtbaren Aspekt.

Friedemann hat in der frühen Kindheit durch die Schuld seiner Amme einen schweren Unfall erlitten, der eine Rückgratverkrümmung zur Folge hatte. In seinem späteren Leben versucht er sein Gebrechen durch sein großes Interesse für Kunst und Natur zu kompensieren und seine Triebe auf diese Weise zu sublimieren. Dieses äußerlich so mühsam behütete Leben bricht zusammen, als der „kleine Herr" sich leidenschaftlich in die Offiziersgattin Gerda von Rinnlingen verliebt, sich von ihr total abhängig macht und sich ihr durch Niederknien bedingungslos ausliefert. Doch sie stößt ihn zurück und geht weg, was ihn zum Selbstmord treibt. Von einem äußeren Standpunkt aus gesehen, nutzt sie skrupellos ihre erotische Macht aus und treibt ein sadistisches Spiel mit ihm bis zu seinem Tod. Doch ist ihre tiefe Zwiespältigkeit nur der Anlass für seinen Zusammenbruch.

Der eigentliche Grund für seine Selbstauslöschung dürfte die Gewalt verdrängter Sexualität sein, die sich hier eruptiv äußert und, da sie nicht gelebt werden kann, sich gegen das Ich selbst richtet. Außerdem ist Frau von Rinnlingen selbst seelisch krank und hat einen „nervösen" Charakter mit den „merkwürdigsten Zuständen". So erkennt sie in Friedemann einen Leidensgenossen, ist aber durch ihren eitlen Stolz unfähig, ihre Gemeinsamkeiten wahrhaben zu wollen, was ihn wiederum veranlasst, ihr problematisches Verhalten aus seinem Narzissmus heraus absolut negativ nur auf sich zu beziehen. Hier liegt also keine moralische Schuld aus reiner Bösartigkeit, sondern eine tragische Verstrickung zweier unglücklicher Seelen vor, die in der Begegnung mit dem anderen keine Heilung, sondern nur Vertiefung des eigenen Leidens gefunden haben.[231]

Thomas Mann scheint Frau von Rinnlingen aus der Novelle in den ersten Roman übernommen zu haben, indem er ihre Erscheinung, ihre Sprechweise und ihren Vornamen dort auf eine der weiblichen Hauptfiguren überträgt. Gerda Arnoldsen wirkt schon in Amsterdam durch ihre eigentümliche Mischung von verführerischer, exotischer Schönheit und irritierender, nervöser Kälte geheimnisvoll und unnahbar. Thomas Buddenbrook, der letzte Inhaber einer Lübecker Handelsfirma, ist von ihr abgrundtief fasziniert und heiratet sie.

In der Forschung wird ihre Ausstrahlung mit Hera, Aphrodite, Helena, der Schneekönigin und einer Sirene verglichen. Die Herrin des Hauses Buddenbrook kann im Zeichen des Über-Ich zwar auch die Rolle der distinguierten Gastgeberin spielen, die ihr Gatte als „sehr brav" lobt und für die er sich „nicht zu schämen" braucht. Aber sie reagiert mit strafender Kühle und Unnahbarkeit auf die „Herrschaft" des Mannes, der in ihr nur die Dienerin seiner Macht- und Geschäftsinteressen sieht. Sie zieht sich immer wieder in die eigene Sphäre der Kunst und Musik zurück, die Thomas nicht betreten darf.

Dieses Verbot gilt auch dann, als Gerda nicht mehr allein oder nur mit dem Sohn Hanno, sondern vor allem dann mit Leutnant von Throta musiziert, den sie sich nach und nach als Liebhaber nimmt und mit dem sie in ihrem Zimmer auch schläft. Der Hausherr wehrt sich gegen die

Dreistigkeit des chaotischen Eros nicht, sondern frisst die Aggression melancholisch so stark in sich hinein, dass er an einem kranken Zahn stirbt. Hanno entscheidet sich zwar gegen die Geschäftswelt für die künstlerische Sphäre der Mutter, die sich aber immer weniger um ihn kümmert und ihn auch nicht mehr entsprechend fördert, so dass dieser an Einsamkeit und dekadenter Hypersensibilität genauso wie sein Vater zugrunde geht. Gerda äußert niemals ihre tieferen Gefühle und Gedanken, beobachtet scheinbar teilnahmslos den Untergang dreier männlicher Buddenbrooks und kehrt dann – äußerlich unberührt vom Verfall der Familie – zu ihrem alten Vater heim, um wie einst mit ihm wieder zu musizieren.

An der Oberfläche ist sie eine Verderben bringende Schönheit, die mit ihrer Kunst verführt und dadurch die Kaufmannsdynastie in den Sog des Abgrunds zieht. Ihre Dämonie mag aber vielleicht auch damit zu tun haben, dass sie von Thomas niemals als gleichberechtigte, ebenbürtige Partnerin angesehen wurde, die Ermutigung gebraucht hätte, um aus ihrer infantilen Rolle der gehorsamen Vatertochter herauszuwachsen und eine reife, selbstbestimmte Frau zu werden. Das Gleiche gilt auch für Gerda von Rinnlingen und Julia Mann.[232]

Der Dichter gestaltet die Ambivalenz der Mutterfigur in der Tetralogie seines Spätwerks nicht nur durch die Darstellung von Thamar am Ende des Werkes, sondern auch – und dies besonders ausführlich – im dritten Teil der Romanfolge durch das Porträt von Potifars Gattin, der er den Namen Mut-em-enet gibt. Er greift zwar die Geschichte von Genesis 39, Vers 7-20 inhaltlich auf, deutet sie aber psychologisch völlig um. Er macht aus ihr keine plakative Warnung vor der Frau als Evas Tochter und ewigen Verführerin, sondern die Tragödie einer ägyptischen Aristokratin als Opfer der Heimsuchung durch den dionysischen Eros und sichert ihr so beim Leser Verständnis und Mitgefühl. Genau wie Thamar zeigt er sie als „Herrin", die mit ihrem männlich-phallischen Einschlag im Spiel der Liebe die aktiv-erobernde Rolle übernimmt. Zunächst einmal führt Mut-em-enet in ihrem Haus ein erotisch unbefriedigtes Leben, das sie selbst erst gar nicht so wahrnimmt.

Ihr Gemahl, der im Roman Petepre heißt, ist schon in frühester Jugend von seinen Eltern entmannt worden, und sie selbst existiert als Priesterin des Staatsgottes Amun und als Mitglied des Ordens der Himmelsherrscherin Hathor stolz, unnahbar und lieblos an der Seite ihres kastrierten Gatten.

228

Joseph, der sich in Ägypten Osarsiph nennt, hält sich schon sieben Jahre im Hause von Petepre auf, als die zutiefst frustrierte Frau ein Auge auf ihren schönen Diener wirft und von der Gewalt des triebhaften Eros heimgesucht wird, die sich in ihr zu einer regelrechten Liebeskrankheit steigert und ihr mühsam im Zeichen des Über-Ich aufgebautes Leben zugunsten des chaotischen Es immer mehr zerstört. Im ersten Jahr ihrer Affäre ringt Mut verzweifelt mit ihrer Leidenschaft und versucht, sie Osarsiph gegenüber zu verbergen, im zweiten gibt sie ihm diese zu erkennen und deutet sie leise an, im dritten trägt sie ihm diese aktiv an und wird dabei immer ungestümer und ungehemmter. Ihre Raserei erreicht ihren entfesselten Höhepunkt, indem sie nicht davor zurückschreckt, für ihren Geliebten den ihr jetzt im Wege stehenden Ehemann töten zu wollen.

Im Augenblick höchster Not, als Osarsiph schon bereit ist, sich der Leidenschaft seiner Herrin hinzugeben, sieht er innerlich das Bild des Vaters als Symbol seiner Über-Ich-Instanz, das ihm die Kraft gibt, „sich loszureißen und von ihr hinauszufliehen". Danach nimmt das Geschehen einen ähnlichen Verlauf wie in Genesis 39. Mut-em-enet verleumdet den schönen Diener bei ihrem ungeliebten Ehemann, der daraufhin nur höchst widerstrebend seinen bisher sehr geschätzten Verwalter ins Gefängnis schicken muss, wo allerdings Osarsiphs Aufstieg als Traumdeuter bis zum Stellvertreter des Pharao beginnt. Die zutiefst Gekränkte kehrt enttäuscht in ihr altes Leben als strenge Amun-Priesterin und kühle „Mond-Nonne" unter der Oberhoheit des autoritären Gewissens zurück, erinnert sich aber „in den trüben Tagen ihrer Entsagung" immer wieder gern an die drei Jahre ihrer Affäre mit dem „Bewusstsein, dass sie geblüht und geglüht, dass sie geliebt und gelitten" habe.[233]

Thomas Mann hat die Ambivalenz seiner Muttererfahrung in seinem Werk tiefenpsychologisch als Darstellung des Archetyps der Großen Mutter mit vielfältigen Verkörperungen gestaltet. Zuerst beherrscht die Magna Mater in ihrem furchtbaren Aspekt als „Femme fatale" die Szene. Die beiden Frauenfiguren mit dem gleichen Vornamen Gerda aus „Der kleine Herr Friedemann" und aus „Buddenbrooks" seien hier als Beispiele des Frühwerks erwähnt. Später differenziert der Dichter vor allem in seiner Tetralogie „Joseph und seine Brüder" das Bild der Frau als Repräsentantin des Mutterarchetyps immer mehr. Mut-em-enet erscheint noch einmal als Gestaltung des „furchtbaren" Typs in Form der Herrin, die aber von Mann in der Tiefe ihres Leidens unter der Liebeskrankheit mit so viel Verständnis gezeichnet wird, dass sie mehr als Opfer denn als Täterin auf den Leser wirkt. Bei Thamar schlägt die dämonische Seite am Schluss durch die Geburt der beiden Söhne endgültig in den positiven Aspekt der Magna Mater um. Die Kanaaniterin ist im Spätwerk des Autors die erste weibliche Hauptgestalt, die bei aller Zwiespältigkeit am Anfang letztlich doch als Verkörperung der „guten Mutter" auftritt.

In Manns letztem Roman „Bekenntnisse des Hochstaplers Felix Krull" von 1954 erfährt diese Darstellung noch einmal eine großartige Steigerung. Überhaupt herrscht in dieser Erzählung eine Atmosphäre von „Allsympathie" und „Durchheiterung" im Sinne der Realitätsüberwindung vor, wie sie vorher im Werk des Dichters unbekannt war. Der junge Held kämpft nicht wie viele seiner Vorgänger mit der Wirklichkeit, sondern meistert sein Leben spielerisch und mühelos, was natürlich als Parodie des deutschen Bildungsromans aufzufassen ist.

Krull befindet sich auf dem Weg nach Portugal, dem Ursprungsland der brasilianischen Sprache, die Julia Mann als Kind gesprochen hat. Dabei lernt er den Museumsdirektor Kuckuck, seine Tochter Zouzou und seine Frau Maria kennen. Zuerst verliebt er sich in die jüngere, dann aber in die ältere Madame Kuckuck, deren wogender „königlicher Busen" ihn am Romanschluss „ins Reich der Wonne" trägt. Erst hier wird die Magna Mater für den Sohngeliebten unmittelbare Partnerin und Segensbringerin. In seinem Spätwerk hat Thomas Mann durch lebenslange Arbeit an sich und seinen Schöpfungen den inneren Frieden mit seiner Mutter finden und die ambivalente Erfahrung der Nähe und Kälte von ihrer Person her in eine glückselige Liebe der seelischen Vereinigung verwandeln können.[234]

Es gibt im Leben des Dichters eine Frau, die ihn zur Figur der Thamar direkt inspiriert hat. Es ist die amerikanische Journalistin Agnes E. Meyer, deren Vorfahren mit Namen Ernst protestantische Pastoren deutscher Abstammung waren und deren jüdischer Ehemann Eugene die einflussreiche Zeitschrift „Washington Post" besitzt.

Die engagierte reiche Frau wird zu Manns bedeutendster Gönnerin, Verehrerin und Freundin während seines Aufenthaltes in den USA. Wie in der Novelle Thamar zu Füßen Jaakobs sitzt und seinen Geschichten lauscht, so verhält sich in der Realität Agnes ihrem Dichter gegenüber und hört begeistert seinen Vorträgen und Lesungen zu. Der Erzvater verliebt sich im Roman in seine Schülerin, während im wirklichen Leben die Rezensentin ihrem Autor verfällt. Agnes sieht in ihm eine Vaterfigur, und er betrachtet sie als eine Tochtergestalt, die einen Gegenpol zu seiner Mutter darstellt. Thomas erwähnt in einem Brief an die Journalistin die „eigentümliche Kälte" von Julias „Charakter" und genießt die Bewunderung seiner Freundin, die von einem „Fanatismus der Hingabe" ihm gegenüber beseelt ist. Doch mit der Zeit bedrängt Agnes ihren Dichter wie Mut-emenet ihren Diener Joseph leidenschaftlich und bekennt ihm immer offener ihre Liebe, die er aber nicht erwidert.

So verkörpert sie durch ihre besitzergreifende, verschlingende Art die Große Mutter vordergründig in ihrem furchtbaren Aspekt, der aber immer wieder durch die vielfältige Förderung von Manns Werk und Familie in die positive nährende Seite umschlägt.[235]

Die vom kühlen Wesen des Autors bitter enttäuschte Frau wirft ihm vor, dass er „nie die Liebe gekannt" habe und er „noch immer im Bann der Mutter" stehe, der er „den schweren Teil" an seinem Leben „verzeihen" müsse. Thomas kontert mit der Bemerkung, „ohne Liebe" sei sein „Werk" nicht möglich. Er sieht sie wie Thamar, die fest entschlossen ist, sich mit Hilfe ihres Weibtums in die Geschichte der Welt einzuschalten. Agnes versucht dies von ihrer Seite her, indem sie ihn von der Furcht befreien und erlösen will, dass die Frau eine Verführerin sei. Ihre wohlgemeinte Absicht scheitert an Manns Widerstand.

Der Dichter ärgert sich öfter über die offenherzige Distanzlosigkeit seiner Verehrerin, die ihm „auf die Nerven" geht, lenkt aber diplomatisch immer wieder ein und bedankt sich heuchlerisch für ihre Wohltaten, die er aber existenziell auch braucht und durchaus sehr schätzt. Am Ende seines Lebens und damit auch der Brieffreundschaft spielen für ihn ihre Schulmeisterei und ihr Drang nach seiner Nähe keine Rolle mehr.

Er akzeptiert ihre Liebe, auch wenn er sie nicht nach außen zu erwidern mag. So schließt er auch mit dieser Vertreterin des furchtbaren Aspekts der Magna Mater genauso wie mit seiner eigenen Mutter innerlich Frieden, indem er ihrer Zwiespältigkeit immer mehr positive Seiten abgewinnen kann. Ihm gelingt dies durch sein Werk, Beschäftigung mit Tiefenpsychologie, kritische Selbstanalyse und deren Umsetzung in Beziehungen. Das seelische Wachstum daran macht die „ganze" Lebensleistung des Autors aus, die vom humanistischen Standpunkt aus großen Respekt verdient.

Die Figur der Thamar steht dabei an einer wichtigen Nahtstelle des inneren Schaffens-und Persönlichkeitsprozesses von Thomas Mann.[236]

4.11 Tamar im 2. Buch Samuel 13: Tamar S.

Nun wendet sich die vorliegende Arbeit der Gestalt von Tamar S. zu, deren Schicksal das AT im zweiten Buch Samuel, Kapitel 13, Verse 1-22, schildert. Ihre Geschichte steht im Zusammenhang der sog. „Thronfolgeerzählung", die größtenteils das zweite Werk des großen Propheten durchzieht und zu Beginn des ersten Königsbuches endet. David macht bis zu diesem Punkt schon eine negative Entwicklung vom Liebling des Volkes zum skrupellosen Krieger, unersättlichen Verführer und zwiespältigen Vater durch, so dass seine Schattenseite immer dunklere, bedrohlichere Ausmaße annimmt.

Die Kapitel 11 und 12 von 2. Samuel stellen ihn auf dem Höhepunkt seiner Macht und Herrschaft dar. Batseba ist die letzte Frau, die er sexuell, Rabba die letzte Stadt, die er militärisch erobert. Dabei lädt er durch Ehebruch und Mord schwere Schuld auf sich, die Jahwe, hier einmal als Vertreter des humanistischen Gewissens, durch das Wort seines Propheten Natan bestrafen lässt, wonach „jetzt das Schwert auf ewig nicht mehr" von seinem Haus „weichen" solle. Dieser Spruch fasst das psychoanalytische Gesetz des Wiederholungszwangs und des Todestriebes in einem Satz zusammen und löst eine Kette von tragischen Ereignissen aus, in denen die Söhne des Königs dessen Verbrechen auf andere Weise immer wieder von neuem begehen.

Auf die Zeit des Aufbaus und der Machterweiterung folgt eine Phase der Auseinandersetzungen um die Herrschaft über das Land. Hier streiten sich als älteste Söhne aus Davids Nachkommenschaft vor allem Amnon und Abschalom, zwischen denen der zögerliche Vater nicht vermitteln kann. Frauen, die in diese Konfrontationen unfreiwillig hineingeraten, werden von den machtgierigen Kontrahenten gnadenlos benutzt und funktionalisiert. Davon handelt 2. Samuel 13 auf besonders drastische Weise.[237]

Im Zentrum des Kapitels stehen drei Kinder von David. Amnon ist sein erstgeborener Sohn, den er mit Ahinoam aus Jesreel gezeugt hat. Maacha aus Geschur hat dem König Tamar S. und Abschalom geboren, der in der Thronfolge an dritter Stelle kommt. Die beiden Halbbrüder sind als Rivalen auf ihre Schwester bezogen, die im Text als „schön" bezeichnet wird und deren Name genau wie derjenige ihrer Vorgängerin in Genesis 38 auf die babylonische Liebesgöttin, den Archetyp der Großen Mutter in seinem „guten" Aspekt und den Lebensbaum mit seiner Vitalkraft sowie auf den erotischen Kult der „Heiligen Hochzeit" verweist. Außerdem wird Tamar S. zu Beginn ihrer Geschichte auch „Jungfrau" genannt, was ihren Halbbruder Amnon erst einmal daran hindert, „ihr etwas anzutun". Im Matriarchat bedeutete diese Zuschreibung noch Unbezogenheit, Selbstständigkeit und Unabhängigkeit der Frau von jedem Mann.

Hier war die Große Göttin eine Hetäre, die niemanden angehörte, aber sich bereitwillig jedem hingab. Das Patriarchat macht daraus genau das Gegenteil, indem nun die „Jungfrau" nur sexuell unberührt in die künftige Ehe eingehen darf. Diese Vorgabe entstammt den Ansprüchen der an männlichen Interessen orientierten israelitischen Gesellschaft. In diesem Sozialgefüge sind Mädchen und Frauen, deren intakte Virginität bei der Verheiratung ihren Marktwert hebt, nur willenlose Objekte in der Hand ihrer jeweiligen Herren und Herrscher. Dabei bedeutet ihre Vergewaltigung nur ein Eigentumsdelikt im Sinne einer Schädigung oder Wertminderung des Besitzes von Vater, Bruder oder Ehemann.

Das jungfräuliche Mädchen Tamar S. steht hier unter dem Schutz, aber auch der Verfügungsgewalt des Königs, womit der sexuelle Missbrauch schon potenziell im Raum steht. Denn gerade David hat im Fall von Batseba seinen Söhnen vorgelebt, wie er mit Frauen umgeht, die er begehrt. Amnon meint, seinen Vater als Vorbild nehmen und seine Halbschwester als reines Sexualobjekt betrachten zu müssen, das er sich einfach folgenlos nehmen kann. Die Über-Ich-Instanz wird dabei völlig außer Kraft gesetzt, so dass die egozentrische Willkür des Es-Bereiches total ungehemmt in der Seele des Kronprinzen triumphieren kann.[238]

Der Erstgeborene stand bisher völlig im Mittelpunkt der Aufmerksamkeit des Vaters und der ganzen Familie. So wurden ihm alle Wünsche von den Augen abgelesen, und er ist damit sehr verwöhnt worden. Nun erlebt er als Junge, dass David mit Batseba eine junge schöne Frau in sein Haus holt und für sie eine Leidenschaft empfindet, die den Kleinen erschreckt und ihm das bisherige Vorbild entfremdet. Der Knabe fühlt sich nicht nur entthront, sondern auch seine Liebe in Frage gestellt, so dass er sie von seiner Ganzheit abspaltet und unterdrückt. Von da an lebt Amnon erst recht nur seine Launen und Wünsche aus, ohne sie in irgendeiner Form realistisch verwirklichen und die Verantwortung für die Folgen der Umsetzung seiner infantil-pubertären Phantasien übernehmen zu können. Er trägt in sich eine gefährliche Mischung aus Gier nach dem Thron und Angst vor den Frauen und projiziert diese explosive Gemengelage auf Tamar S., die er zum reinen Sexualobjekt degradiert.

In seiner Tagtraumphantasie, bei der jede psychische Steuerung durch das Über-Ich fehlt, macht er aus ihr ein Jagdwild, das – koste es, was es wolle – unter allen Umständen zur Strecke gebracht werden muss. Noch dazu findet er zu seinem wahnwitzigen Vorhaben Unterstützung bei seinem Freund Jonadab, der als Neffe des Königs auch zur Familie gehört und eine ähnliche Einstellung zu Frauen wie sein „Kumpan" hat, aber doch viel gerissener als der Kronprinz ist. Zynisch gibt er dem „Rasenden" einen listigen Rat, wie er das nur dem autoritären Gewissen geschuldete Tabu der Jungfräulichkeit raffiniert umgehen und zu seinem gewalt-tätigen Ziel gelangen könne. In diesen destruktiven Plan wird auch David eingespannt, der zwar an der Oberfläche unwissend ist, aber im Grunde nur seinen Sohn liebt und seiner Tochter gleichgültig gegenübersteht. Denn er bittet sie nicht persönlich, zu Amnon zu gehen, sondern befiehlt es ihr durch einen Boten.

Abschalom hält sich wohl aus ähnlichen Gründen aus der ganzen Sache heraus, bis die Untat geschehen ist. Hier bildet sich eine fatale, unselige Verschwörung von männlichen Narzissten, die halb bewusst, halb unbewusst mitmachen. Gegen dieses bösartige Komplott aus pubertärem Wahnsinn, unterschwelliger Frauenfeindschaft, dämonischer Kumpanei und arroganter Distanz hat die einzige weibliche Figur der Geschichte keine Chance und muss ihm unterliegen.[239]

Tamar S. ist die einzige Lichtgestalt inmitten einer düsteren Konstel-lation von egozentrischen Männern, die nur Schattenseiten zu besitzen und diese bedenkenlos auszuleben scheinen. Die Schönheit der jungen Königstochter bezieht sich nicht nur auf ihr Äußeres, sondern hat auch eine innere Entsprechung, die sich positiv und vertrauensvoll dem Leben öffnet. Diese Frau weiß um ihre erotische Ausstrahlung, die es ihr ermög-lichen würde, ihre Gunst an denjenigen zu verschenken, der ihr gefiele, zeigt dies auch Amnon mit einem diskreten lockenden Werben, das sich

234

mit Liebesfähigkeit, Hilfsbereitschaft und Weisheit auf das Angenehmste verbindet.

So ist Tamar S. von ihrem Wesen her eine würdige Verkörperung des Symbols der Lebenskraft und des Archetyps der Großen Mutter in ihrem „guten" Aspekt. Liebevoll und arglos backt sie vor den Augen des scheinbar kranken Halbbruders den von ihm gewünschten „Herzkuchen", der im Hebräischen nicht Nahrung für das Gefühl, sondern Stärkung für Wille, Verstand und Entscheidungskraft bedeutet.

Doch Amnon ist nicht am Essen, sondern nur an der kurzfristigen Befriedigung seiner Begierde interessiert. Daher verfolgt er Tamar S.'s Koch- und Backkünste mit dem Blick des Voyeurs, der letztlich nur der Vorbereitung seines brutalen sexuellen Übergriffs dient. Als er die Halbschwester damit unmissverständlich konfrontiert, gehorcht sie nun nicht mehr wie bisher den Befehlen der Männer, sondern wehrt sich mit Argumenten der Vernunft und Weisheit. So weist sie ihn einerseits auf die katastrophalen Folgen der Vergewaltigung für sie beide bezüglich der gesellschaftlichen Ächtung hin, deutet aber andererseits eine Lösung für sein triebhaftes Begehren an, wenn er den König bitten könnte, dass dieser einer Verbindung von ihnen zustimmen würde.

Die brillante Rhetorik von Tamar S.'s Gedanken entspringt hier weniger der Über-Ich-Instanz als dem Realitätsbewusstsein, das bei der jungen Frau sehr stark ausgeprägt ist und auf besondere Weise in dieser existenziell äußerst schwierigen Situation den vitalen Reifegrad ihrer „schönen Seele" ausdrückt.[240]

Zwar redet die Prinzessin „goldene" Worte und versucht dadurch, ihrem Halbbruder ständig „Brücken zu bauen", um seinen wahnsinnigen Rausch liebevoll wieder in die Wirklichkeit zurückzuholen. Doch Amnon ist seiner Halbschwester intellektuell und moralisch weit unterlegen. Er versteht gar nicht, was sie sagt, und will es auch gar nicht hören, sondern nur seinen sexuellen Drang befriedigen.

Doch aus seiner egozentrischen Perspektive erfolgt dann eine große Enttäuschung, weil die begehrte Frau nicht so reagiert, wie er es gerne gehabt hätte. In Stefan Heyms Roman „Der König David Bericht" von 1974 liegt Tamar S. nur steif da und zeigt sich keineswegs willig und begeistert über das Ansinnen seiner Liebe, so dass ihm nichts anderes übrig bleibt, als sie wirklich brutal zu vergewaltigen. Dieser passive Widerstand beleidigt seinen männlichen Stolz, der nun in Widerwillen umschlägt, was dann dazu führt, dass der gekränkte Liebhaber sein vorher scheinbar sehr geschätztes Sexualobjekt grausam verstößt.

Der bösartige Narzisst sieht in seiner Verblendung gar nicht die völlige Hilflosigkeit seines Opfers, das er mit seinem Gewaltakt für immer traumatisiert hat. Unbewusst merkt Amnon nun, was er getan hat, doch er empfindet keine Reue, sondern nur Selbsthass, den er dann auf die unschuldige Schwester projiziert. Seine schwache Bewusstseinsinstanz ist der massiven chaotischen Mischung von Es und Über-Ich in seinem Inneren nicht gewachsen und flieht vor der Wahrnehmung, welchen Schaden seine verbrecherische Tat im Seelenleben der geschändeten Frau angerichtet hat, und wird jetzt nur noch zwanghaft von dem Wunsch beherrscht, die gequälte Prinzessin nie mehr sehen zu wollen.[241]

Die Königstochter ist durch die Brutalität ihres Halbbruders äußerlich entehrt und innerlich tief erniedrigt. Da sie nun keine Jungfrau mehr ist, gilt sie als nicht mehr heiratsfähig. Sie kann nun nicht mehr die standesgemäße Braut eines großen Herrschers werden, sondern muss ihr weiteres Leben als unbedeutendes Anhängsel und Schandfleck der Familie irgendwo im Verborgenen kümmerlich fristen.

Jetzt streut sie sich Asche auf das Haupt, zerreißt ihr Ärmelkleid, das sie als Zeichen ihrer Virginität getragen hat, legt eine Hand auf ihren Kopf und geht schreiend weg (2. Samuel 13, Vers 19). Dies sind traditionelle Riten im Israel des AT als Ausdruck von Trauer, Schmerz und Verzweiflung, und bezeichnen eine sog. „Selbstminderung", bei der sich die Handelnden in ohnmächtiger Wut selbst herabsetzen.

Tamar S. richtet dabei ihre Aggressionen masochistisch gegen ihre eigene Person und verinnerlicht die allgemeine Entwertung als Urteil über sich selbst. Ihr Schreien klagt aber auch impliziert den Vergewaltiger und seine männlichen Mittäter an. David regt sich über das Verbrechen zwar vordergründig auf, tut aber weiter nichts, weil er seinen Erstgeborenen angeblich zu sehr liebt. Abschalom als leiblicher Bruder der Geschändeten erteilt ihr ausdrücklich Redeverbot und nimmt sie stillschweigend in sein Haus auf, wo sie einsam und trostlos in sozialer Isolation und Beziehungslosigkeit „dahinvegetieren" muss.

Damit ist die Verkörperung der Lebenskraft des Großen Weiblichen an der patriarchalen Verschwörung von nur an Macht- und Besitzgier

236

interessierten Männern zugrunde gegangen und ihr Licht im Dunkel der Destruktivität maskuliner Schattenexistenzen erloschen.[242]

Die glänzende Welt des königlichen Hofes wurde schon nach Davids Verbrechen an Batsebas Ehemann Urija durch Natans Spruch vom nicht mehr weichenden „Schwert" im Ansatz verfinstert. Eine weitere Steigerung auf dem Weg in den dämonischen Abgrund des chaotischen Triebbereiches stellt die brutale Vergewaltigung der Prinzessin durch Amnon dar. Die Repräsentantin der göttlichen „Dattelpalme" kann nun nicht mehr ihren Segen in der seelischen „Einöde" des davidischen Hauses spenden, weil sie durch das völlig egoistische Verhalten ihrer beiden Brüder nun selbst verwüstet ist.

Jetzt herrscht im Kampf um die Thronfolge nur noch einseitig die Dimension des Schattens, der Machtgier und des männlich-patriarchalen Prinzips, die blutrünstig in „Mord und Totschlag" regiert. Zwei Jahre nach Verstoßung und Absperrung von Tamar S. bringt Abschalom bei einem Schafschurfest Amnon um, aber nicht, weil er die Vergewaltigung seiner leiblichen Schwester rächen, sondern weil er einen lästigen Mitbewerber, der als Erstgeborener ein besonderes Anrecht auf den Thron hat, beseitigen will. Der schöne Mörder geht für drei Jahre in die Verbannung und kehrt danach triumphal zurück, um seinem Vater die Herrschaft streitig zu machen.

Zunächst ist er dabei sehr erfolgreich und zwingt den König aus Jerusalem zu fliehen und seine zehn Nebenfrauen zurückzulassen, die nun angeblich „das Haus bewachen" sollen. Auf dem Dach des Palastes, vom dem aus David einst Batseba gesehen und in sein Bett geholt hat, schläft Abschalom mit diesen untergeordneten Gattinnen seines Vaters vor den „Augen" ganz Israels, um dadurch seinen Anspruch auf den Thron zu demonstrieren. Als der König später in seine Hauptstadt zurückkommt, sperrt er rachsüchtig seine Nebenfrauen quasi als Witwen noch zu Lebzeiten ihres Mannes bis zu ihrem Tod ein. Dies ist wieder ein Beleg dafür, welche demütigenden Rollen weibliche Wesen im patriarchalen Machtgefüge dieser egozentrischen Männer spielen.

Schließlich gewinnt David die Entscheidungsschlacht gegen seinen abtrünnigen Sohn, der auf unglückselige Weise im Kampf fällt. Am Ende seines Lebens heiratet der König die junge Abischag aus Schunem, vermag es aber nicht mehr, mit ihr die „Heilige Hochzeit" zu feiern. Nach dem in

237

dieser Hinsicht kläglichen Tod des einstigen „großen" Liebhabers streiten seine für die Thronfolge später geborenen Söhne Salomo und Adonija um die Macht. Dabei bittet eines Tages der Letztere den Ersteren um die Hand Abischags, worauf dieser einen Anspruch auf die Herrschaft heraushört und bald darauf seinen Mitbewerber ermorden lässt.

Damit ist der jahrelange Kampf um Davids Nachfolge beendet, und Salomo wandelt sich auf wunderbare Weise vom skrupellosen Machtmenschen, wie es alle seine Brüder gewesen sind, zum klugen König, der für eine gewisse Zeit sein Volk gerecht und mildtätig regiert. Hier geht aber das Licht der Weisheit von einer schönen, aber unglückseligen Frau wie Tamar S. auf einen schon in jungen Jahren reifen Mann über, wie es der Einstellung des Patriarchats gegenüber dem Weiblichen genau entspricht.[243]

Wie schon mehrmals erwähnt, ist die Dattelpalme ein Symbol für den Lebensbaum, die alt-orientalische Liebesgöttin und den Archetyp der Großen Mutter in ihrem „guten" Aspekt, dessen Segen die Welt lebendig erhält. Die Geschichten der beiden Frauen gleichen Namens zeigen zwar verschiedene Möglichkeiten des Schicksals der genannten Vitalkraft in der israelitischen Gesellschaft auf, sind aber doch polar aufeinander bezogen. Genesis 38 erzählt den Weg von Tamar G., die sich auf ungewöhnliche Weise das ihr vom Schwiegervater vorenthaltene Recht verschafft, eigene Kinder, insbesondere Söhne zu gebären. Da dies durch den Tod ihrer beiden Männer in der Hochzeitsnacht misslingt, schlüpft sie in die Rolle einer verschleierten Kultprostituierten und verführt so Juda.

Die Geburt von zwei männlichen Zwillingen rechtfertigt ihr an sich unmoralisches Vorgehen und gibt ihr einen Platz im davidischen Stammbaum. Daher besitzt sie nun innerhalb der Familie eine geachtete Stellung, kann aber ihrer Liebeskraft nur einmal eine Erfüllung verleihen, die zur Schwangerschaft führt, und muss den Rest ihres Lebens allein und damit einsam verbringen. Tamar S. hat die gleiche Vitalenergie wie ihre Namensschwester, kann sie aber in der brutalen männlich-patriarchalen Hofgesellschaft ihres Vaters in keiner Weise verwirklichen. Sie tut zwar alles Mögliche, der Vergewaltigung durch ihren Halbbruder mit Vernunft und Weisheit positive Aspekte abzugewinnen, scheitert damit aber total an der völligen Uneinsichtigkeit und Insensibilität ihrer maskulinen Umgebung. Jeder dieser Männer trägt auf seine Weise dazu bei, dass Tamar S. am Ende innerlich „verwüstet" ist und bis zu ihrem Tod in gänzlicher Isolation äußerst depressiv in Abschaloms Haus leben muss.

Die beiden Frauen erfahren bis auf gewisse Ähnlichkeiten am Schluss zwar unterschiedliche Möglichkeiten ihres Schicksals. Doch die israelitische Gesellschaft, in der sie existieren, ist und bleibt die gleiche, in deren hartem Patriarchat die Liebes-und Lebenskraft des Großen Weiblichen keine Chance hat, sich erotisch, vital und segensreich zu entfalten. Doch es gibt dabei ein kurzes Aufblitzen der Hoffnung durch ein Zeichen, dass die Prinzessin letztlich doch nicht sinnlos gelebt und gewirkt hat. Abschalom gibt seiner einzigen Tochter den Namen seiner Schwester, der er damit ein lebendiges Denkmal setzt. Von der Tante geht dann auch die Schönheit auf die Nichte über, so dass Vergewaltigung und Trostlosigkeit nicht das letzte Wort in dieser Geschichte von Tamar S. haben.[244]

5.   Das Märchenhafte und das Frauenbild im Buch Tobit

5.1   Religionsgeschichtliche Voraussetzungen

Das alttestamentliche Buch Tobit ist etwa um 200 v. Chr. in Westsyrien oder Ägypten verfasst worden. Vor der eigentlichen inhaltlichen Betrachtung des Werkes möchte die vorliegende Studie kurz geistesgeschichtliche Entwicklungslinien der Entstehungszeit skizzieren. Während der auf das Babylonische Exil folgenden Zeit der Perserherrschaft (537-332 v. Chr.) verlief das religiöse und politische Leben der Juden relativ ruhig und gesichert. Dies änderte sich, als Alexander der Große 332 v. Chr. Palästina eroberte und die spätgriechische Gedankenwelt in den gesamten Orient eindrang.

Die Konfrontation mit der Überfremdung durch den Hellenismus bedeutete die größte kulturelle Herausforderung für das Judentum bis ca. 63 v. Chr., als die Römer das Land besetzten. Die Aristokratie und das wohlhabende Bürgertum bemühten sich, die von der spätgriechischen Aufklärung hervorgebrachten universalen Welt- und Weisheitsideen aufzunehmen und dem eigenen Glauben anzuverwandeln. Diese liberale kosmopolitische Haltung bedrohte die nationale Identität und wurde von religiös-konservativen Kreisen abgelehnt.

Eines der wichtigsten literarischen Ergebnisse des Hellenismus war die griechische Übersetzung der hebräischen Bibel, die sog. „Septuaginta", die im dritten Jahrhundert begonnen und um 200 v. Chr. fertiggestellt wurde. Nun sprach die ganze gebildete Welt griechisch und verstand immer weniger die überlieferten Texte. Etwa ab dem späten dritten Jahrhundert v. Chr. entstanden neben der „Septuaginta" auch andere zahlreiche sog. „apokryphe" Schriften, die später nicht kanonisiert, d. h. nicht verbindlich in die Bibel aufgenommen wurden, die aber doch einen großen Einfluss auf das gesamte geistige Leben der Zeit ausübten und die alle in griechischer Sprache geschrieben waren. Zu diesen Werken gehörte auch das Buch Tobit.[245]

In diesen Texten gab es verschiedene theologische Argumente, die Gott vorgebracht haben sollte, um die Unterordnung und Minderwertigkeit der Frau zu begründen. Zwei Strömungen dieser Zeit potenzierten sich gegenseitig auf verhängnisvolle Weise in ihrer negativen Auswirkung gegen das weibliche Geschlecht. Dies waren einmal die Erotisierung der alten Erzählungen und dann die Dämonisierung von Eros und Schönheit. Die Verdoppelung dieser Effekte führte dazu, dass die Frau durch ihre Ausstrahlungskraft zu einer Gefahr für den Mann wurde und als Verführerin galt, vor der man auf der „Hut" sein musste. Diese Angstvorstellung, auf der auch die Geringschätzung des Weiblichen beruhte, zeigte sich noch im späthellenistischen Judentum bei Philo von Alexandria (25 v. Chr. bis 50 n. Chr.), der die Frau als das Prinzip des Bösen und als das Symbol der Sinnlichkeit im Gegensatz zum Mann bezeichnete, der für ihn den Verstand repräsentierte. Maskuline Geburten seien für diesen Philosophen Ausdruck von „Freude und Tugend", während der „weibliche Spross" für „Laster und Leidenschaft" stehe.

Außerdem bringt der Hellenismus die Frauen mehr mit dem Bereich der Dämonen und die Männer mehr mit der Sphäre des Engelhaften in Verbindung. Dämonologien und Angelologien entwickelten sich zuerst im Iran und kamen von dort in das griechisch sprechende Gebiet des Vorderen Orients. Beides sollte für das Buch Tobit noch eine bedeutende Rolle spielen und tiefenpsychologisch nicht nur für den Gegensatz von Über-Ich und Es stehen, sondern auch das Spannungsfeld des Hellenismus zwischen dem autoritären Gewissen und dem Archetyp der Großen Mutter auf eine besondere Weise ausdrücken.[246]

Das Buch Tobit wurde nicht in den Kanon der Hebräischen Bibel aufgenommen und nur in griechischer Sprache überliefert, wobei es zwei voneinander abweichende Fassungen gibt: in einer längeren, schlichteren im „Codex Sinaiticus" und in einem kürzeren, anspruchsvolleren im „Codex Vaticanus". Seine ursprünglich semitisch sprachige Originalversion ging verloren. Im Katholizismus gilt das Werk als eine deuterokanonische, d. h. der „Septuaginta", nicht aber der Hebräischen Bibel zugehörige Schrift, für das Judentum und den Protestantismus ist es ein apokryphes Buch.

Die im Hellenismus entstandene Erzählung wird durch eine historisierende Fiktion in eine Zeit vor dem Babylonischen Exil auf das Ende des achten vorchristlichen Jahrhunderts zurückdatiert. Ihre Handlung spielt im irakischen Ninive und im iranischen Ekbatana. Die beiden weit entfernten Schauplätze werden durch eine Reise verklammert, die Tobias, der Sohn des alten Titelhelden Tobit, unternimmt, um das im medischen Rages hinterlegte Geld des Vaters und quasi fast ganz nebenbei sich eine Frau aus der eigenen Verwandtschaft zu holen. Eine kurze Inhaltsbeschreibung der Geschichte könnte etwa folgendermaßen wiedergegeben werden:

Der in die Verbannung weggeführte Jude Tobit aus dem Stamm Nephtali hat in Ninive wieder einmal einen auf dem Markt liegenden Leichnam begraben und ist danach blind geworden. Sein Verwandter Raguël in Ekbatana hat eine Tochter namens Sara, der nacheinander in der Hochzeitsnacht sieben Verlobte wegstarben. Diese wurden dabei durch den Dämon Asmodäus ermordet. Beide beten gleichzeitig zu Gott und bitten ihn darum, ihrem Leben ein Ende zu machen. Jahwe erhört die Gebete der zwei Unglücklichen und sendet seinen Erzengel Rafael aus, um ihnen zu helfen. Unerkannt begleitet dieser als Reisegefährte den jungen Tobias auf seiner Reise nach Rages. Unterwegs will ein Fisch Tobits Sohn beim Baden im Fluss Tigris verschlingen.

Doch der Angegriffene passt auf, fängt auf Befehl des Engels das kleine Ungeheuer, schneidet es dann auf und nimmt Herz, Leber und Galle heraus. Rafael ermutigt in Ekbatana dann auch seinen Schützling, um Sara zu werben und sich auf das Abenteuer der Hochzeitsnacht einzulassen. Im Brautgemach legt Tobias auf Weisung des Engels Herz und Leber des Fisches auf glühende Kohlen, was der Dämon nicht riechen kann. Vor dem Geruch flieht Asmodäus nach Ägypten, wo Rafael ihn fesselt. Darauf kehrt der junge Ehemann mit seiner jungen Frau nach Ninive zurück und heilt dort mit der Fischgalle die Augen seines Vaters. Am Ende gibt sich der Engel zu erkennen und entschwindet in den Himmel.[247]

5.2 Das Element des Märchens in Tobit

Das kleine deuterokanonische Werk enthält gewisse märchenhafte Züge und zeigt vor allem Ähnlichkeiten mit dem Motivkomplex des dankbaren Toten. Dessen Ausgangssituation besteht darin, dass der Held auf seiner Wanderung einen Leichnam trifft, dem wegen seiner Schulden die Bestattung verweigert wird. Der Spaziergänger kauft den Toten frei und lässt ihn begraben, wofür er sein ganzes Geld hingibt. Danach wird die

Leiche wieder lebendig und erweist sich auf vielfältige Weise dankbar. Die allgemeine Grundsituation ist am deutlichsten im Märchentyp AaTh 505 „Der tote Mann als Helfer" sichtbar, in dem der „lebende Leichnam" den Helden dabei unterstützt, die Hand einer Königstochter zu gewinnen. Die vorliegende Studie hat die Konstellation ausführlich am Beispiel der beiden Varianten AaTh 507 A „Die Braut des Unholds" und AaTh 507 C „Das Schlangenmädchen" untersucht.

In der ersten Erzählung geht es um eine Prinzessin, die in einen Zauberer verliebt ist. Hier hilft der Tote seinem Schützling, die Aufgaben der besessenen jungen Frau zu lösen, ihren Hexenmeister umzubringen und sie von ihrem Zauberbann zu befreien. Die zweite Geschichte handelt von der Tochter eines reichen Mannes, die der Held heiratet. In der Hochzeitsnacht erschlägt der Tote die Schlange, die aus dem Mund der Braut kriecht, um den Ehemann zu erwürgen. Dann reinigt er sie von den übrigen Reptilien, die noch in ihrem Körper sind. Beide Frauen gehören zum Typ der „Femme fatale", die entweder ihre bisherigen Freier oder ihre früheren Verlobten töten lässt. Ihren positiven Gegenpol bildet der jenseitige dankbare Retter, der nach seiner Erlösungstat dem unglücklichen Mädchen und ihrem Bräutigam es ermöglicht, in einer „guten" Ehe zu leben.[248]

Nun besitzt die Tobias-Geschichte gewisse Übereinstimmungen mit dem erwähnten Motivkomplex. Sie enthält auch wie die genannten Märchentypen die Themen der Totenbestattung, der übernatürlichen Belohnung für die gute Tat, des Teilens „zur Hälfte" sowie der Braut des Unholds bzw. der Symbiose mit einem Schlangenwesen, der oder das im biblischen Werk durch den Dämon repräsentiert wird. In beiden Gattungsbereichen gibt sich der übernatürliche Helfer am Ende selbst zu erkennen. Neben diesen eher formalen Gemeinsamkeiten mit den Märchen gibt es aber auch erhebliche inhaltliche Unterschiede zwischen den Texten. Die personellen Konstellationen haben sich im religiösen „Buch" um eine Generation verschoben. Tobit begräbt heimlich unter Lebensgefahr jüdische Stammesgenossen.

Den Dank für diese gute Handlung erhält aber nicht er, sondern sein Sohn Tobias, dem Jahwe einen Engel namens Rafael als Reisebegleiter schickt. Bei dem jenseitigen Retter handelt es sich nicht um einen der begrabenen Toten, sondern um eine in der Glaubenswelt fest umrissene,

244

quasi „göttliche" Gestalt. Auch hilft Tobit nicht irgendeinem Fremden, sondern seinen Stammesbrüdern. Außerdem opfert er bei seinen Aktionen nicht sein ganzes Geld, sondern sein Augenlicht durch Erblindung. Zwar stellt das Buch Tobit den ältesten Beleg für eine Erzählung aus dem Motivkomplex des dankbaren Toten dar, wurzelt aber doch in den wesentlich älteren Märchen vom toten Helfer, die in sich geschlossener als die alttestamentliche Geschichte wirken. Hier gibt es auch ein Erschrecken vor dem Mysterium des Numinosen, während in den Vorlagen das Jenseitige eindimensional ganz real und irdisch auftritt. Das kleine religiöse Werk bindet das ganze Geschehen in das Familien- und Sippengefüge des Volkes Israel innerhalb des Rahmens der Diaspora ein.

Im Gegensatz dazu lösen die „weltlichen" Erzählungen ihre Gestalten aus allen Bindungen heraus und zeigen sie in ihrer ganzen Isolation gegenüber der Umwelt. Auch herrscht in ihnen magisches, heidnisches Denken vor, das in der biblischen Geschichte zu einem strengen jüdischen Monotheismus umgeformt wird. Tiefenpsychologisch erweitert das Buch Tobit die Spannung zwischen dem Über-Ich des dankbaren Toten und dem Es-Bereich der „Femme fatale" in den Märchenvorlagen zu einem Gegensatz zwischen der Schattenwelt des Dämons und dem göttlichen Selbst unter dem Vorzeichen der autoritären Gewissensinstanz.[249]

Das märchenhafteste Motiv der biblischen Geschichte erscheint am Anfang von Kapitel sechs, „als der junge Tobias im Fluss baden" möchte, in dem „ein Fisch aus dem Wasser" hochschießt und ihn „verschlingen" will. Es handelt sich hier um „den Tigris", wo „die Reisenden" zu übernachten beabsichtigen. Das Wasser ist Sinnbild des Fließenden und noch nicht Geformten und gilt als Ursprung des Lebens, der sowohl mit dem Mütterlich-Gebärenden als auch mit dem Inneren der Seele verbunden scheint. Seine Oberfläche bildet die Grenze zur jenseitigen Welt des Unbewussten, dem alles Wirkliche entsteigt und das aber auch dieses Reale überflutend verschlingen kann.

Doch hier ruht auch die schöpferische Kraft der Tiefe, die den Schatz des Selbst beherbergt und dazu verlockt, diesen zu finden und ans Licht des Bewusstseins zu heben. Wasser in dieser Dimension kann auch mit dem Reich der Toten assoziiert werden, die Wohnung übernatürlicher Wesen darstellen und eng mit der Großen Mutter in Verbindung treten. Der Fluss hat aber auch eine männliche Symbolseite, indem er bei regelmäßig anschwellender Flut, die er auf das Land ergießt, der lebenserschaffenden Kraft des menschlichen Phallus gleichgesetzt wird. Im indischen und keltischen Kulturbereich vermag er allerdings auch die Gestalt von Göttinnen anzunehmen. Der Tigris spielt übrigens schon früh in der altorientalischen Mythologie eine gewisse Rolle. In einem hurritischen Epos heißt der Held Gurparanzah, dessen Name von dem babylonischen Fluss abgeleitet wird. Außerdem erzählt der hethitische Mythos vom Königreich im Himmel, wie Kumarbi den Penis von Anu verschlingt und mit Tigris schwanger wird.

Auch erzählt man sich in Sumer die Geschichte, in der sich der babylonische Fluss in eine Kuh und der Wassergott Enki in einen Stier verwandelt und beide sich in diesen Tiergestalten miteinander gepaart hätten. All die genannten Symbolbedeutungen voller erotischer Vitalenergie schwingen beim Leser unbewusst mit, als „der junge Tobias im Fluss baden" will.[250]

Das kleine Seeungeheuer, das Tobias zu Beginn des Abschnitts verschlingen will, erinnert zunächst einmal an den großen Fisch im Buch des Propheten Jona, der am Ende des Tobit-Werkes in Kap. 14, Vers 4, erwähnt wird.

Für Drewermann verkörpert es im Bereich des persönlichen Unbewussten „die Gestalt der behütenden Mutter", die den Sohn mit ihrer Liebe aufsaugen würde, wenn er sie nicht innerlich für sich vernichtete, um frei ins Leben zu treten. C. G. Jung spricht in diesem Zusammenhang vom „Jona-Walfisch-Komplex", der viele Varianten habe, vor allem aber das Motiv der „Nachtmeerfahrt", deren Ziel und Ende die „Wiederherstellung des Lebens" und die „Todüberwindung" sei.

Hier ist der gefräßige Fisch für die Analytische Psychologie ein Bild der furchtbaren Mutter und eine Personifikation ihrer Sphäre der Unterwelt. Das Verschlungenwerden vom Wal bedeutet eine Wiedergeburt aus dem mütterlichen Monstrum und ein zeitweiliges Eingehen ins kollektive Unbewusste, um dort das innere Licht des Selbst zu entdecken.

Nach C. G. Jung sieht Jona im Bauch des Ungetüms das „Mysterium" der „schwer erreichbaren Kostbarkeit", die als leuchtende Perle erscheint. Tiefenpsychologisch bedeutet das Ringen mit dem Fischungeheuer die „Befreiung des Ichbewusstseins aus der tödlichen Umschlingung des Unbewussten" sowie dann das Heraustreten aus dem „Bauch" der Initiation in ein neues Leben und damit Auferstehung. Doch ist der Wal ein

246

Säugetier, das aus den Abgründen des Meeres immer wieder an die Oberfläche kommen muss, um Atem zu schöpfen, und symbolisch also seelische Tiefe und die Ebene des menschlichen Alltags miteinander verbinden kann, damit aber auf jeden Fall auch positive Aspekte besitzt.[251]

Der Fisch ist an sich ein universelles Sinnbild, das hier nicht erschöpfend dargelegt werden kann. Im Zusammenhang seines Auftretens im Buch Tobit ist vor allem seine sexuelle Bedeutung interessant. Durch seine reiche Vermehrung wird er zum Symbol der Fruchtbarkeit und durch seine Form außerdem zum Bild des Phallus. Wenn ihn die Märchenheldin isst, löst er ihre Schwangerschaft aus. In Volkserzählungen spielt er nicht selten die Rolle des Bräutigams, Ehemanns oder Verführers. Oder er dient auch als Hilfsmittel beim Liebeszauber und wirkt als Heilbringer.

Ebenso stellt er ein Attribut von so schönen erotischen Göttinnen wie der griechischen Aphrodite, der altnordischen Freyja oder der syrophönizischen Atargatis dar. Sigmund Freud deutet ihn vor allem „in Mythologie und Folklore als rein männliches Sexualsymbol", C. G. Jung erweitert diese Interpretation um die Dimension des Selbst als eines unbewussten Inhalts, der sich durch „triebhafte Impulse" kundtue, und sieht den Fisch im Kontext von Erneuerung und Wiedergeburt.

Doch das bösartige Wassertier in der biblischen Legende erscheint als Bild einer dunklen, anonymen Energie, die aus unzugänglicher Tiefe kommt und ihr Opfer in das Chaos ungestalteter Abgründe mitnehmen will. Hier repräsentiert es die Triebe im Sinne der Kräfte des Unbewussten und der Ursprungsmächte des Natürlichen, die den selbstherrlichen Menschen erbarmungslos verschlingen. Wenn man sein aggressives „Hochschießen" allerdings im oben genannten Sinn als „Nachtmeerfahrt" auslegt, besteht die Möglichkeit des Umschlagens in sein positives Gegenteil, was C. G. Jung Enantiodromie nennt. Dies erfolgt jetzt sofort durch die Sphäre des Himmels bzw. dessen Vertreter, der noch unerkannt Tobias auf seiner Reise begleitet.[252]

In der hellenistischen Epoche treten im Judentum Engelvorstellungen durch Einflüsse aus dem Osten, vor allem aus dem Iran, vermehrt hervor. Das Buch Tobit liegt an einer Schnittstelle dieser Entwicklung beim Übergang vom kanonisierten AT zu den sog. deuterokanonischen Schriften um 200 v. Chr. Den Engeln kommen ursprünglich drei grundlegende Aufgaben zu: Boten Jahwes bei den Menschen zu sein, den Kampf mit den Mächten der Finsternis zu bestehen und besonders Gott anzubeten. Das himmlische Wesen in der hier behandelten Erzählung heißt „Rafael", d. h. „Gott heilt", nennt sich aber bei den humanen Akteuren auf der Erde „Asarja", d. h. „Gott hilft". Im Kap. 3, Vers 17, sendet Jahwe den Engel auf die Erde, um Tobit von seiner Blindheit zu befreien, Sara mit Tobias zu verheiraten und den Dämon Aschmodai zu fesseln. Außerdem fungiert er als Reisebegleiter, beschützt seine Anvertrauten bei Gefahren und vermittelt zwischen ihnen und dem Höchsten.

Allgemein wirkt er auch als Patron der Apotheker, Bergknappen, Dachdecker, Schiffer, Pilger, Eheleute und Pestkranken. Tiefenpsychologisch ist der Engel ein Symbol der Weisung des Weges zu sich selbst und der gefahrvollen Suchwanderung zum Glück des eigenen Lebens. Er steht für die Kraft der eigenen Persönlichkeit, deren „Wesensgewissen" und Wahrheit ihres Seins. Rafael erscheint in menschlicher Gestalt als spiritueller Vertreter einer zum Heil führenden Humanität und stellt so ein Geschöpf des Geistes und der Gnade dar.

Nach C. G. Jung repräsentiert er den lichten Aspekt des Selbst, des zentralen Archetyps der Seele, und damit Glanz und Strahlung der quasi „göttlichen Mitte" in uns. Der Engel als Bote dieser inneren Dimension dränge uns dazu, uns dem Kern unserer Person möglichst dicht anzunähern und uns schrittweise in dieses Zentrum hinein zu verwandeln.[253]

Dies geschieht hier bei Tobias im Augenblick höchster Gefahr, als der Fisch den jungen Mann zu verschlingen droht. Rafael-Asarja ruft seinem Schützling zu, das kleine Ungeheuer zu „packen". Dies tut der Reisende instinktiv, ohne nachzudenken, und wirft das gefährliche Tier dann noch „ans Ufer".

Psychologisch gesehen befiehlt das Selbst im Text dem Ich, vor dem plötzlichen Überfall des Triebbereichs der „furchtbaren" Mutter nicht in Angst zu erstarren, sondern aktiv zu werden, das Geschehen in die „Hand" zu nehmen und den dämonischen Vertreter des Unbewussten ins Bewusstsein zu heben. Auf Anweisung des Engels soll Tobias dann den Fisch aufschneiden, aus ihm Herz, Leber und Galle herausnehmen und „gut" aufbewahren sowie danach den Rest des Tieres braten und essen.

Das Ich des Helden muss nun seine Triebkräfte zerlegen, das Wesentliche vom Unwichtigen nach dem männlichen Logos-Prinzip unterscheiden und all dies in sich integrieren. Herz und Leber des Fisches sollen in einem magischen Ritus verbrannt werden, um Dämonen zu vertreiben. Das erste Organ gilt als zentrale Weisheit des Fühlens, Symbol der profanen wie der spirituellen Liebe, Sitz des mystischen „Lebensfeuers" und in diesem Sinne auch des Tempels von Gott. Als Ergänzung dazu wird das zweite Organ vor allem in der Antike als Quintessenz des Lebensprinzips, der Seele und der Vitalkraft angesehen. Im Räuchern muss Stoffliches in Geistiges verwandelt werden, damit Licht und Schatten, konstruktive und destruktive Aspekte besser voneinander geschieden werden können.

Die Anwendung der Fischgalle zur Behandlung von Augenkrankheiten entstammt der Heilkunst von Ägypten und Mesopotamien. Nach alter heidnischer Auffassung, die das Mittelalter übernahm, beherrscht dieses dritte Organ das Temperament und die Leidenschaften, besonders Zorn und Bitterkeit. Gerade diese „finsteren" Emotionen sollen helfen, das innere Dunkel der Blindheit wieder dem Licht der Sehfähigkeit zuzuführen. Rafael gibt hier etliche Befehle, denen Tobias sofort gehorcht. Damit hat der Repräsentant des Selbst gewisse autoritäre Züge, so dass der zentrale Archetyp hier auch im Zeichen des Über-Ich handelt.[254]

Ein weiteres Märchenmotiv in der Erzählung betrifft Tobits Erblindung. Der fromme Jude, der immer übereifrig danach trachtet, die göttlichen Gesetze und die sich daraus ergebenden Verpflichtungen genau zu erfüllen, hat wieder einmal gemäß seiner peniblen Treue zur biblischen Moral unter Lebensgefahr in Ninive einen Toten begraben und ist in seinen Hof zurückgekehrt, als Sperlinge „ihren warmen Kot" in seine „offenen Augen fallen" lassen, worauf er blind wird.

Dieses Motiv ist sehr verbreitet und kommt in etlichen internationalen Erzählungen vor. So geht z. B. zu Beginn des Märchens „Die Frau, die auszog, sich ihren Mann zurückzuerobern" aus Mallorca ein König in seinem Garten spazieren und schaut „in die Luft hinauf", als „ihm Kot in die Augen" fällt und er darauf erblindet. In seinen Gedanken ist er nur an Macht interessiert und hat vor allem den Wunsch, „weiter herrschen" zu wollen, übersieht dabei, dass er „schon fast etwas alt" ist und es somit an der Zeit wäre, die Regierungsgeschäfte seinem ältesten Sohn zu übergeben.

Auch Tobit ist für die Erkenntnis seiner inneren Situation blind. Dies wird besonders deutlich, wenn man die Symbolik des seinen „warmen Kot" fallen lassenden Tieres genauer betrachtet. „Sperling" ist ein Verkleinerungswort und mit griechisch spairo „zucken, zappeln" ebenso wie mit sperma „Samen" verwandt. Der „kleine Zappler" hat damit eine unübersehbare erotische Bedeutung, die ihn mit Aphrodite und anderen orientalischen Liebesgöttinnen in Verbindung bringt. Dabei repräsentiert er ihren irdischen Aspekt der gemeinen Sinnlichkeit, die sich vor allem in ihrem Bezug zu den Hetären ausdrückt, und wird daher „Venusbube" genannt. So gehört er auch zum Archetyp der furchtbaren Mutter in seiner harmlosen Variante als „Herrin der Tiere", deren Funktion Aphrodite in ihrer Liebesfeier mit dem trojanischen Helden Anchises übernimmt.

Insgesamt hat der Sperling in der Mythologie einen schlechten Ruf und gilt als geil, fressgierig, schwatzhaft, frech, prahlerisch, diebisch und zänkisch. Er hat eine niedrige Gesinnung, die aber allgemein als Ausdruck seiner Bedeutungslosigkeit angesehen wird. Seine „Zappelei" macht ihn zu einem primitiven Penissymbol und Vertreter reiner Wollust.[255]

Von der Logik des Märchens und der Symbolik her gesehen bedeutet die Erblindung unterdrückte Sexualität und ungelebtes Triebleben. Tobit wird von seiner Über-Ich-Instanz total beherrscht und ist von ihrem destruktiven Denken so besessen, dass er absolute Pflichterfüllung, Nekrophilie und Reinheitsvorstellungen weitaus mehr als die Liebe zum Leben, zum Körper und zu seinen Mitmenschen schätzt. Dabei ist er auf seine Dogmen, Ideale und Rituale so sehr fixiert, dass er völlig unfähig ist, den vitalen Zusammenhang zwischen Triebunterdrückung und Erblindung wahrzunehmen.

Übrigens erkennen die theologischen Forscher diesen augenfälligen Kontext auch nicht. Zwar spüren die tiefenpsychologischen Interpreten ihn sehr wohl, machen aber nichts daraus für den weiteren Verlauf ihrer Deutungen. Die Fischgalle heilt Tobit nur rein äußerlich, verwandelt ihn aber nicht in einem umfassenden Sinn. Sie ist ein Bild der Vitalität, das die Gefühle sowohl der Sexualität als auch der Aggression beinhaltet.

Doch nach der Heilung beachtet der Gesetzesfromme weiterhin nicht die Emotionen, die aus dem Triebbereich stammen, sondern bleibt auch künftig seiner Welt des autoritären Gewissens treu, der er nun noch eifriger denn je dienen und gehorchen will. Die Erblindung deutet er mehrmals als Züchtigung durch Jahwe, der jetzt geruht, sein Erbarmen walten zu lassen. Gott wollte Tobit lediglich ebenso wie Abraham prüfen, ob seine auserwählten „Knechte" die tyrannischen Befehle des „höchsten Herrn" willfährig ausführen oder sich auflehnen.

Die beiden „Prüflinge" bestehen nach dem Urteil des obersten Richters ihr „Examen" mit der „Bestnote", so dass sie anschließend mit der göttlichen Gnade beschenkt werden. Tobit steigert sich schließlich in einen „Lobgesang" des überirdischen Vertreters der Über-Ich-Instanz hinein, der eher einem freudigen Masochismus bezüglich der Unterwürfigkeit unter die größte Autorität als einem selbstbewussten Vertrauen auf den eigenen zentralen Archetyp gleicht. Diese radikale humanistische Deutung wird weder von den theologischen noch den tiefenpsychologischen Interpreten geteilt, die alle mehr oder weniger versuchen, die Auffassung des Autors der Erzählung mit ihren jeweiligen Auslegungen zu bestätigen, als sie kritisch zu hinterfragen, wie es die vorliegende Studie tut.[256]

Ein eher beiläufiges Erzählmotiv im Buch Tobit ist der Hund, der einmal in Kap. 5, V. 17 als Begleiter von Tobias und Rafael auf ihrer Reise nach Ekbatana erscheint und dann in Kap. 11, V. 4 auf dem Rückweg nach Ninive kurz vor der Heilung des Blinden wieder auftaucht. Im Fruchtbarkeitskult von Kanaan gilt das Tier als Attribut von Astarte und wird daher von den alten Israeliten abgelehnt, die es nicht positiv in das AT aufnehmen, sondern immer nur kurz seine Unreinheit erwähnen. In der Zeit des Hellenismus ändert sich diese negative Einstellung, indem der Hund bei den Diasporajuden zu einem notwendigen Haustier wird.

Die griechische Antike macht ihn zu einem Begleittier von Hekate und Asklepios und damit zu einem Wächter an der Grenze zwischen Leben und Tod, Gesundheit und Krankheit, Bewusstsein und Unbewusstem. Das Buch Tobit sorgt durch die zweimalige Erwähnung dafür, dass der Hund, der bisher nur eher negativ in Märchen und Mythen des Altertums aufgetreten ist, nun in die Welt der Religion und höheren Literatur quasi als „salonfähig" aufgenommen wird. Die Zähmung verwandelt das einst wild umherstreunende Tier zu einer „treuen Seele", die Person, Familie und Eigentum ihres Herrn bedingungslos beschützt.

Dies ist ein gutes Beispiel für den von Freud immer wieder thematisierten Übergang vom Es zum Über-Ich. In der biblischen Erzählung bilden auf der Reise und dem Rückweg Rafael, Tobias und der Hund eine dreifaltige Einheit, wobei das Ich genau zwischen dem autoritären Gewissen und dem gezähmten Es steht. „Gehorchen" prägt nicht nur die Beziehungsstruktur der drei Gestalten untereinander, sondern auch das Verhältnis aller Figuren des Buches unter Jahwes Oberherrschaft, die

251

all denen ihren Segen gibt, die sich ihr unterwerfen. Das Tier gehorcht dem Menschen und dieser wiederum dem Engel, was eine klare Hierarchie andeutet. Tobias befolgt genau Rafaels Befehle ebenso wie die Anweisungen seines Vaters. Denn er macht sich auf den Weg, den dieser wegen seiner starren „blinden" Gesetzestreue nicht gehen kann. Doch er verwandelt sich dabei nicht und bleibt der Über-Ich-Prägung seiner ganzen Familie bis zum Schluss treu. Insofern handelt er als „verlängerter Arm" und verjüngte „Version" von Tobit, dessen Willen er sich bedingungslos unterordnet. Erst recht gilt dies für sein Verhältnis zum Engel, der ja als himmlischer Repräsentant des „höchsten Herrn" hier auf Erden erscheint. Im übertragenen Sinn könnte man daher Tobias wegen seiner starken Fixierung auf das autoritäre Gewissen symbolisch als „Hund" von Rafael bezeichnen, der brav die Befehle seines Besitzers befolgt, ohne sie jeweils zu hinterfragen oder gar zu kritisieren.[257]

5.3 Die Rolle der Frau in Tobit

Aus der Darstellung des strengen Patriarchats im Buch Tobit ergibt sich auch ein entsprechendes Frauenbild. Rein äußerlich gesehen hat keine weibliche Gestalt im Werk einen Namen mit Bezug auf Gott. Im Gegensatz dazu ist dies aber bei sämtlichen Männern der Fall. Rafael spricht nie mit einer Frau, sondern nur mit den Vertretern der maskulinen Welt. Dies allein zeigt schon, dass es in der hellenistischen Zeit des zweiten vorchristlichen Jahrhunderts eine Geschlechtertrennung gibt.

Die Repräsentantinnen der weiblichen Sphäre sind im Buch aus dem religiösen und öffentlichen Raum ausgeschlossen, der nur den Männern vorbehalten bleibt. Nur diese sind mit der himmlischen Dimension verbunden, ihre Gattinnen aber bloß auf ihren irdischen Aufgabenbereich beschränkt. Die Festlegung der Frau auf die familiäre Rolle bringt es zwangsläufig mit sich, dass sie sich mit ihren Kindern mehr beschäftigt und identifiziert als der Vater.

Außerdem kann sie als Gemahlin, der die Spiritualität versagt ist, nur als Mutter eines Sohnes Ehre erlangen. Auch sind die Männer immer besser informiert und haben den vollen Überblick. Die Frauen erfahren nur das, was ihre Gatten ihnen mitteilen oder was sie intuitiv erraten, und sind somit immer in der schlechteren Position. In dieser patriarchalen

Welt, die von den Instanzen des Über-Ich und der Persona beherrscht wird, müssen sie eine ganz abhängige und untergeordnete Rolle spielen und dürfen keine Chance haben, ihre Persönlichkeit voll zu entfalten. Nur Tobits Frau Hanna durchbricht eigenwillig die ihr gesellschaftlich eng gesetzten Grenzen und arbeitet außerhalb ihres Hauses aus Not, weil die Familie sonst verhungern müsste. Dies passt ihrem blinden Mann nicht, der es als Mangel ansieht, dass sie zu einer Tätigkeit außerhalb ihres Rahmens gezwungen ist, was auch der allgemeinen Rollenverteilung in der damaligen Zeit widerspricht.

Doch zum ersten Mal in ihrer Ehe lebt sie ganz aus ihrem selbstbestimmten Ich heraus, während er sich in seine erstarrte Über-Ich-Haltung noch weiter hineinsteigert. Als sie einmal von ihrer Arbeit ein Ziegenböckchen mitbringt, das zu meckern anfängt, eskaliert die bedrückende Situation zwischen beiden zu einer aggressiven Auseinandersetzung.[258]

Der „Stein des Anstoßes" hatte eine große Bedeutung im Fruchtbarkeitskult von Kanaan, was auch bei der Belohnung der vermeintlichen Tempelprostituierten Tamar in Genesis 38 eine gewisse Rolle spielte. Das Ziegenböckchen war das Lieblingstier von Astarte und galt als angemessener Preis für eine sexuelle Begegnung mit einer der Liebesgöttin geweihten Kultpriesterin, die meist anschließend das Tier als Reinigungsopfer ihrer Herrin darbrachte. Wenn es erwachsen war, bedeutete es überschäumende Lebenskraft, schöpferische Energie und zeugende Begierde. Auch wurde es mit dem Lebensbaum in Verbindung gebracht und symbolisierte dessen Vitalität.

In den Todes- und Auferstehungsriten der Fruchtbarkeitsreligionen nahm man es anstelle des sterbenden Gottes Baal und feierte in seinem Opfer die Wiedergeburt des Lebens. Das Judentum interpretierte die ganzen Vorgänge bei der kultischen „Konkurrenz" als Unzucht, vergaß aber im Lauf der Jahrhunderte ihre ursprüngliche Bedeutung. Sonst hätte Tobit seine Frau als Ehebrecherin angeklagt und an seine Glaubensgenossen zur Steinigung ausgeliefert. 200 v. Chr. erscheint das Ziegenböckchen in der Erzählung nur noch als Geschenk oder Delikatesse. Die Auftraggeber von Hanna in Kap. 2, V. 12 sind mit der Arbeit ihrer Untergebenen so zufrieden, dass sie ihr zusätzlich zum Lohn noch als Zugabe das kleine Tier schenken. Obwohl der misstrauische Tobit nicht an die sexuelle Assoziation denkt, findet er doch beim Hören des Meckerns einen Grund, seine Frau zu kritisieren und zu beschimpfen.[259]

Hanna ist bei ihren Webarbeiten ganz bei sich, schafft so aus der Tiefe des Archetyps der Großen Mutter kleine Kunstwerke, die gefallen, und erhält das Ziegenböckchen, das im übertragenen Sinn als „Sohngeliebter" die Symbolik der Großen Göttin gut ergänzt. Der Eros des Urweiblichen als Schicksalsmacht schimmert hier durch und lässt die Frau in ihrem Tun aufblühen.

Dieses Übergewicht seiner Frau auf allen Ebenen erträgt der gesetzestreue blinde Patriarch nicht, der nun versucht, durch alle möglichen Vorwürfe seine alte Herrschaft wieder durchzusetzen. Es geht ihm dabei nicht nur um das ethische Vergehen des Diebstahls, den er seiner Gattin unterstellt, sondern auch – und dies vor allem – um das Verbot, etwas Unreines zu essen. Ethische und rituelle Argumentation kommen hier zusammen, um Hanna abzuwerten und ins Unrecht zu setzen. Vaterrechtliches Über-Ich und matriarchal bestimmte Selbstliebe stehen jetzt unversöhnlich gegeneinander und liefern sich einen unerbittlichen Ehekrieg.

Die angegriffene Frau schluckt die Aggression des innerlich Erstarrten nicht, sondern hat inzwischen genug Selbstvertrauen, um zurückzuschlagen und zu kontern. Sie fragt ironisch nach dem Lohn für Tobits „Gerechtigkeit" und bringt darauf seine Erblindung ins Spiel. Dadurch wird der dogmatisch Fixierte und Besessene tief gekränkt. Sein Bemühen, sich frei zu kämpfen, schlägt ins Gegenteil der Depression um, und er will sterben. Hanna hat sich gegen seine demütigende Anmaßung erfolgreich gewehrt und in der Beurteilung des Sachverhaltes „den Nagel auf den Kopf getroffen".

Doch die meist männlichen theologischen Interpreten der Szene setzen die Ehefrau ins Unrecht und deuten ihr Verhalten in der Weise, dass sie ihren Mann nur verspotten wolle, um ihn weiter ins Unglück zu treiben. Dass es hier vor allem um die Selbstbehauptung des Weiblich-Matriarchalen gegen die zynische Abwertung durch einen höchst narzisstischen vereinnahmenden Patriarchen geht, fällt diesen Apologeten des männlichen Herrschaftsanspruchs nicht ein.[260]

Der Autor des Buchs lässt Hanna noch zweimal auftreten, einmal in Kap. 5, V. 18-23 und dann in Kap. 11, V. 5-9. Ihm scheint es dabei vor allem darum zu gehen, Tobits Überlegenheit gegenüber seiner Frau zu betonen. Während sie trauert und sich beklagt, weil sie um das Leben ihres Sohnes fürchtet, wirkt er jetzt voller Zuversicht wie „ein Fels in der Brandung". Sie handelt primär aus ihrer Mutterliebe heraus, die den Menschen in den Vordergrund stellt und der das ausgeliehene Geld nicht so wichtig ist. Ihrer puren Emotion setzt Tobit sein scheinbar unerschütterliches Gottvertrauen und seine darauf gründende Zuversicht entgegen.

Doch er allein gibt Befehle, Ratschläge, Belehrungen und Empfehlungen. Da Jahwe selbst die Verkörperung der Über-Ich-Instanz ist, verhält sich auch sein „Knecht", den er blind gemacht hat, um ihn zu züchtigen, wie ein autoritärer Patriarchat, der verblendet seiner Frau den Rat gibt, mit dem Weinen aufzuhören, worauf sie diesem „Befehl" sofort gehorcht. Tobias gelingt es zwar im Laufe seiner Reise, sich von der fürsorglichen Vereinnahmung durch die Mutter zu lösen; aber er vermag es nicht, sich von dem drückenden Übergewicht des Vaters zu befreien.

Er wird am Ende kein eigenständiger, individuierter Mann, sondern bleibt immer bis zum Schluss Tobits Sohn, der seinen Anweisungen bis zum Tod folgt. Bei der Rückkehr sitzt Hanna am Weg getreu ihrem starken Gefühl, das ihrem Mann zu fehlen scheint. Dieser wartet zu Hause in seiner „blinden" Zuversicht als Patriarchat, auf den die anderen zugehen müssen. Hanna hat inzwischen als liebende Mutter Tobias umarmt und mit ihm geweint. Nun geruht sogar der Herr des Hauses sich aufzumachen, stolpert aber an der Tür, weil er nichts sieht. Der Ohnmacht des Vaters eilt flugs der Sohn zu Hilfe und bestreicht dessen Augen mit Fischgalle.

Darauf preist der Geheilte das Erbarmen seines Gottes, das er wieder einmal masochistisch als Züchtigung für seine Sünden auffasst. Nun sind die beiden Männer zusammen mit dem Engel unter sich und bestimmen bis zum Verschwinden des himmlischen Wesens allein das Geschehen. Nach Auffassung des Autors hat die Ehefrau im Sinne des Patriarchats ihre Schuldigkeit getan und kann nun endlich ins Dunkel zurücktreten.[261]

Hanna bildet in dieser Hinsicht einen polaren Gegensatz zu Tobit und reiht sich erst am Ende in die Ordnung ein, die ihr das Vaterrecht innerhalb ihrer Gemeinschaft setzt. Raguëls Gattin in Ekbatana, Edna, ist von Anfang an in die patriarchale Gesellschaft vollständig integriert und bleibt es bis zum Schluss, ohne je einen individuellen Aspekt zu zeigen oder gar zu entwickeln. Ihr Name wird nur an einigen wenigen Stellen erwähnt und kommt auch sonst in der Bibel nicht mehr vor. Edna hält sich anders als Hanna immer im Haus auf und kümmert sich ausschließlich um ihre Familie. Sie erscheint als gute Mutter und immer um das Wohl ihrer Tochter besorgt, kann ihr aber nicht wirklich helfen. Meist handelt sie auf Anweisung ihres Mannes Raguël und gerät nicht in Konflikt mit ihm. Sie lebt nur aus einem „Wir"-Gefühl als ein Teil des Paares heraus, aber nicht als eigenständiger Mensch und wird auch nie nach ihrer Meinung gefragt. Ebenso lässt sie sich ganz und gar vom Glück oder Unglück der ihr Anvertrauten leiten und denkt nicht an ihr eigenes Wohlergehen.

So stellt sie ganz das Muster einer guten Mutter und idealen Ehefrau dar und existiert völlig aus dem Amt oder der Rolle, die sie ausübt. C. G. Jung nennt diese Einstellung „Persona", die ohne ausgereifte Individualität des Ich sinnlos oder tragisch enden kann. Die gegenteilige Haltung besitzen im Haus die Mägde, die aus Boshaftigkeit die Tochter des Ehepaares beschimpfen und ihre unreflektierten Aggressionen an dem arglosen Mädchen ausagieren, das dieser Niedertracht nicht gewachsen ist und darauf sehr depressiv reagiert. Beide handeln nur aus dem sog. „Schatten" ihrer schäbigen Persönlichkeit heraus und sind unfähig, diese ihre dunkle Seite in ihr Bewusstsein integrieren zu können. Am Morgen nach der Hochzeitsnacht schickt Raguël seine Magd ins Brautzimmer, um zu sehen, ob Tobias noch lebt. Als sie dies bestätigen muss, wird sie beschämt und enttäuscht, ändert aber danach ihre bösartige Grundeinstellung mit Sicherheit nicht.[262]

Nun gelangt die vorliegende Arbeit zur wichtigsten, aber auch am meisten angepassten und passivsten Frauengestalt des Buches Tobit. Sara, die Tochter von Raguël in Ekbatana, hat im Grunde nur zu Beginn des Werkes einen „großen Auftritt", einmal durch ihre Auseinandersetzung mit den Mägden und dann durch ihr anschließendes Gebet (Kap. 3, V. 7-15). Ihr Name lautet übersetzt „Fürstin" und enthält eine gewisse Ironie in Bezug auf ihr Schicksal, weil sie gleich am Anfang von ihren Hausangestellten gedemütigt wird.

Hohn und Spott gelten allgemein im Alten Orient als etwas sehr Schimpfliches, werden mehr als ein tätlicher Angriff gefürchtet und treffen besonders hart fromme Menschen wie die junge Frau und den alten Tobit in Ninive. Die Mägde werfen Sara vor, dass sie sieben Ehemänner gehabt habe, die alle in der Hochzeitsnacht umgekommen seien, weil der Dämon Aschmodai sie vor dem Vollzug der Ehe getötet habe. Aber die

256

Hausangestellten verschweigen diesen Umstand, bezeichnen die ehemalige Braut als Mörderin und werten sie als Tochter ihres Vaters, Ehefrau und mögliche Mutter völlig ab. Sara wehrt sich nicht, sondern wird schwer depressiv und denkt an Selbstmord. Nur ihre Über-Ich-Instanz hält sie davon ab, indem sie ihr zu bedenken gibt, dass ihr Freitod eine „große Schande" für ihren Vater sei.

Es wirkt nur merkwürdig, dass ausgerechnet dieses schüchterne jungfräuliche Mädchen schon siebenmal verheiratet worden sein soll. Dies könnte mit einem alten Brauch zu tun haben, der bis in die sumerische Zeit zurückgeht und noch in der Epoche des Hellenismus ausgeführt wurde. Es handelt sich um das Motiv von „den sieben Brautführern" und ihrem „ius primae noctis", d. h. ihrem Recht auf die erste Nacht mit der Neuvermählten. Im Buch Tobit liegt wohl eine Umbildung dieses Themas der Siebenzahl von Freiern vor, die sterben müssen, weil sie bei der Braut liegen und darum von der Rache des Dämons betroffen sind. Auf jüdischem Boden ist diese Sitte unbekannt und würde auch der Forderung des mosaischen Gesetzes widersprechen, dass die Frau unberührt in die Ehe gehen solle.

Der Autor des Werkes könnte diesen Brauch mit den „sieben Brautführern" in seinem heidnischen Umfeld vorgefunden und für die Bedürfnisse der Diasporajuden in seiner Gemeinde umgeformt haben, so dass eine spannende Episode entsteht, die einerseits die Neugier der Leser entfacht, andererseits aber ihr Über-Ich befriedigt.[263]

Neben der volkskundlichen Deutung hat die Zahl „sieben" auch eine eigene Symbolik. Vom vaterrechtlichen Standpunkt aus gesehen, ist sie die Verbindung der göttlichen Drei mit der irdischen Vier, wobei die spirituelle Sphäre den materiellen Bereich beeinflusst und beherrscht.

Dies deutet die Verwirklichung eines immanenten Entwicklungsvorganges an, in dessen Verlauf nach Bachofen dem ungebändigten Trieb das regelnde Gesetz gegeben wird. Im patriarchalen Mithras-Kult aus dem Iran symbolisieren die Türen, Altäre und Sprossen einer Leiter die sieben Grade der Einführung in die Mysterien, die den initiierten Mann der Vollkommenheit des Gottes annähern sollen. Insgesamt bedeutet die „heilige" Zahl Stufenfolge, Entfaltung und Wandlung in Richtung auf die Acht als die Erfüllung der Ganzheit. Wenn Tobias dann der achte Ehemann von Sara wäre, könnte man ihn als Verkörperung dieser anvisierten Totalität interpretieren. „Sieben" darf auch als Jungfräulichkeit im Sinne der Großen Mutter ausgelegt werden. In diesem Kontext wäre Saras Name als „Fürstin" anzusehen, die auch die weibliche Fülle der Magna Mater potenziell in sich trägt.

Schließlich tritt der siebenköpfige Drache in Mythen des Orients, des Mittelmeers und des Keltentums auf und weist als zweideutiger, besitzergreifender und tödlicher Wächter der bedauernswerten Braut auf den Märchentypus des „Schlangenmädchens" hin. All diese symbolischen Bezüge passen gut zur bedrohlichen Situation der armen Sara aus der biblischen Erzählung. Die Besessenheit der jungen Frau wird tiefenpsychologisch weniger durch einen von außen kommenden Dämon als durch eine Konstellation im Inneren des Weiblichen erklärt.

C. G. Jung nennt diese psychische Figur „Animus", der bei femininer Ausprägung männliche Gestalt annimmt und als Seelengefährte und unsichtbarer Begleiter mit der Frau durch das Leben geht. Die Jung-Analytikerin Esther Harding gebraucht in diesem Zusammenhang eher den Ausdruck „Schattengeliebter", wenn dieser sich auf die Psyche des Weiblichen vor allem destruktiv auswirkt. Dann lockt er sein Opfer aus der Realität hinweg, verheißt ihm in einer anderen Welt Glückseligkeit und verführt es, ihm in dieses jenseitige Reich zu folgen. Stellen sich ihm und seiner Absicht reale Männer in den Weg, kann es durchaus geschehen, dass sie umgebracht werden oder sonst auf irgendeine Weise um ihr Leben kommen.[264]

In der Zeit des Hellenismus dringen aus dem Iran Vorstellungen nicht nur von Engeln, sondern auch von Dämonen verstärkt ins Judentum ein. Die persische Religion hat durch ihren Stifter Zarathustra einige ältere Gottheiten umgedeutet, indem sie die „daevas" dämonisierte und die „ahuras" vergöttlichte. Die ersteren werden in personifizierter Form zu Vertretern der widergöttlichen Welt gemacht, die dann später in der jüdischen Überlieferung weiterleben.

Im Buch Tobit (Kap. 3, V. 8) erscheint der „böse Dämon Aschmodai" als Mörder von Saras Männern in der Hochzeitsnacht. Der Name wird von der jüdischen Tradition mit dem hebräischen Zeitwort „hischmid" in Verbindung gebracht und als „Verderber" gedeutet, stammt aber aus dem Iran und heißt dort „Aesma Daeva", was mit „Dämon des Zorns" übersetzt wird. Eine andere Übertragung dieser Bezeichnung ist „Abergeist".

Im Persischen gilt er als Vorkämpfer des bösen Prinzips und Widersacher des patriarchalen Gottes Mithras, und in den Texten vom Toten Meer erscheint er als „Engel der Finsternis". Das „Testamentum Salomonis", das im ersten nachchristlichen Jahrhundert niedergeschrieben wird, zeigt ihn als Dämon, der den Beischlaf Neuvermählter verhindert und ihre Herzen entfremdet.

In der rabbinischen Literatur wird er zum „König der Dämonen", und in den Mythen um Lilith geht er fließend mit Samuel als Partner der sog. „Kindesmörderin" ineinander über. Somit wird Aschmodai schon frühzeitig mit dem Teufel gleichgesetzt, so dass man ihn tiefenpsychologisch als Verkörperung des kollektiven Schattens der Menschheit auffassen kann, der in der Hochzeitsnacht während des Sexualaktes in die Braut eindringen will, um so ihre Nachkommenschaft durch seine destruktive Begierde zu verderben.[265]

C. G. Jung deutet am Ende seines Aufsatzes „Die Bedeutung des Vaters für das Schicksal des Einzelnen" von 1909 den Patriarchen Raguël in seiner Ambivalenz „als besorgten Brautvater einerseits und als vorsorglichen Totengräber des Schwiegersohns andererseits". Den negativen Part dieser Doppeldeutigkeit übernimmt in der Erzählung Aschmodai, der „die Rolle eines eifersüchtigen Vaters" spiele. Dieser wolle „seine geliebte Tochter nicht herausgeben" und „erst dann" zurücktreten, als „er sich auf seinen positiven Aspekt" besinne und Sara „endlich einen zusagenden Bräutigam" schenke. Dieser sei Tobias, „bezeichnenderweise der achte" Ehemann, d. h. die „letzte und höchste Stufe" in der Werberreihe, während der Dämon die destruktive Seite des „Vaterarchetypus" darstelle.

Da Raguël Sara für sich behalten möchte, liegt psychoanalytisch gesehen das Inzestmotiv hier in der Umkehrung des Ödipuskomplexes vor, die C. G. Jung nach der weiblichen Heldin aus der Atridentragödie „Elektrakomplex" nennt. Aschmodai personifiziert nach dieser Interpretation Saras unfertige, an Raguël fixierte Sexualität, und Tobias muss mit ihr auf zwei Ebenen umgehen und diese streng nach dem Logos-Prinzip unterscheiden: Einmal hat er seine eigene Bindung an Hanna zu bearbeiten und zum anderen seine Braut von ihrem Vaterkomplex zu befreien.

Dies schafft er nur mit der Hilfe von Rafael und damit Jahwes „verlängertem Arm". Gott vertritt damit im Gegensatz zur Schattengestalt des Dämons das Licht der positiven Seite des Vaterarchetyps, das

Aschmodai völlig überstrahlt und dessen verderbliches Tun in Heil und Heilung verwandelt. Dass er dies vor allem in Form von Befehlen und Anweisungen tut, denen die an ihn glaubenden Menschen gehorchen müssen, zeigt seinen autoritären Charakter, der hinter der leuchtenden Kraft des Selbst durchschimmert.[266]

Die überwiegende Mehrheit der Interpreten deutet die Existenz des Dämons unabhängig von der Persönlichkeit des Mädchens und als eigenständige metaphysische Größe, die im Gegensatz zu Jahwe und Rafael steht. Dabei betont sie immer wieder Saras völlige Unschuld, deren bewusste Lebenseinstellung und Charakter absolut nichts mit Aschmodai zu tun hätten. Nur eine Minderheit hinterfragt diese Auslegung und erwägt, ob es in Raguëls Tochter nicht einen unterschwelligen Anteil gebe, der die Begehrlichkeit des Dämons erwecke.

Oder man unterstellt ihr vereinzelt eine „naturhafte Weiblichkeit", die „ganz unschuldig eine verhexende Macht über den Mann ausüben" und ihn so „symbolisch" töten könne. Dazu würde innerlich passen, dass in zahlreichen Märchen, die der Geschichte des Tobias ähneln, nicht nur ein „böser Geist", sondern auch die Frau selbst alle Männer tötet, die sich ihr sexuell nähern. So existieren etwa Varianten dieses Typus, in denen die Prinzessin um den geliebten Unhold trauert und ein Schwert oder Messer unter dem Bett verbirgt, um damit in der Hochzeitsnacht den Helden zu töten.

Nach dieser Auslegung wäre dann Aschmodai tiefenpsychologisch Saras Animus als „Schattengeliebter", der in der Ganzheit der Gesamtpersönlichkeit integriert werden müsste. Der „Dämon des Zorns" in der Frau wäre psychoanalytisch ihr Männerhass, der sich nach Freud vor allem am Gatten beim ersten Geschlechtsakt entlade und der die junge Gemahlin dazu nötige, aus ihrer unreifen Einstellung zur Sexualität heraus „Rache für ihre Defloration zu nehmen". Karen Horney begründet diesen weiblichen „Zorn" mit der ersten Liebesenttäuschung am Vater und deren Wiederholung in der ersten erotischen Erfahrung, in welcher der Geliebte unbewusst mit dem eigenen Erzeuger gleichgesetzt wird.

Erich Neumann sieht den „Hass" der Frauen in enger Verbindung mit der Angst des Mannes vor dem Weiblichen in Bezug sowohl auf die Mutter als auch auf die Anima. Die feminine Aggressivität steht für den Tiefenpsychologen auf der Ebene des kollektiven Unbewussten im

Zusammenhang mit der „wild-emotionalen Leidenschaftsnatur" des Arche-typs der Magna Mater, die in ihrer „Losgelassenheit" für den Mann und seine Bewusstseinshaltung „furchtbar" sei. Diese „weibliche Ungehemmt-heit" wird für Neumann im Patriarchat „unterdrückt, verkannt und illu-sionistisch verkleinert", ruht aber „als Angst" in „jeder männlichen Tiefe" und „wirkt gerade da überall vergiftend", wo „ein verdrängendes und fälschendes" männliches Bewusstsein „diese Schicht und Wirklichkeit" nicht wahrhaben wolle.[267]

Die Israeliten haben diesen leidenschaftlichen Eros des Weiblichen jahrhundertelang bei den Fruchtbarkeitskulten von Kanaan in Gestalten wie Astarte, Aschera und Anat erlebt, ihn als bedrohlich empfunden und erbittert bekämpft. Dann erfuhren sie noch im Babylonischen Exil 50 Jahre lang die Liebesgöttin Ischtar als Konzentrat und Vorbild weiblicher Hemmungslosigkeit, was sie schließlich dazu bewog, aus ihrem Frauenhass heraus einen Großteil des AT niederzuschreiben. Vor allem in den fünf Büchern Mose sind alle Gesetze, Ge- und Verbote schriftlich fixiert, die das Wesen des weiblichen Geschlechts abwerteten, es in seiner Ganzheit ablehnten und es in seinem Handlungsspielraum erheblich einschränkten. Besonders das zyklische Geschehen im Körper der Frau wurde als unrein empfunden und im Buch Leviticus strengen Vorschriften unterworfen.

Eine Menstruierende durfte mit ihrem Mann keinen Geschlechtsver-kehr haben und einem Rabbi nicht die Hand reichen. Außerdem musste sie während ihrer periodischen Blutung den religiösen Feiern im Tempel fernbleiben und sich nach dieser Zeit einem regelrechten Reinigungs-ritual in dafür vorgesehenen Bädern unterziehen. Wenn ein Mann trotz Verboten mit einer Frau in der Zeit ihrer monatlichen Regel sexuell verkehrte, wurde er genauso unrein wie sie und musste sterben, wenn er sich nicht wie sie reinigte.

Die Menstruation diente dem strengen Judentum letztlich als Vorwand, um das ganze weibliche Geschlecht vom religiösen, politischen und ökonomischen Leben fernzuhalten, während die Beschneidung als rituelle Form der maskulinen Blutung das sichtbare Zeichen für die Bevorzugung des Mannes in der jüdischen Gesellschaft galt. Der „Dämon des Zorns" darf sich nur in Saras Unbewusstem zeigen, in dem die ganzen Aggres-sionen gegen die Diskriminierung der Frau sich aufstauen, aber nicht in ihr Bewusstsein vordringen, was zu innerer Spaltung und Depression führt. Das Bollwerk der Über-Ich-Instanz ist in Sara, Edna und Hanna tief und fest verankert und bringt sie scheinbar ganz „natürlich" dazu, widerspruchslos den Männern zu gehorchen und sich ihnen unterzuordnen, weil sie sich einfach gegenüber den „Herren der Schöpfung" minderwertig fühlen. Der einmalige Protest von Hanna wird vom Autor des Buches nachträglich verurteilt, indem das Werk implizit immer stärker Tobits Vorbildlichkeit betont. Auf dem Hintergrund all dieser Ge- und Verbote gegen die Frauen sind der unterschwellige weibliche Männerhass und damit Aschmodais Existenz verstehbar und nachvollziehbar.[268]

Den Gegenpol zu diesen femininen Aggressionen bildet die maskuline Angst vor den Frauen. Dies betrifft nicht nur deren Körpervorgänge und deren ekstatische Leidenschaftlichkeit, sondern auch die eigene weibliche Seite des Mannes, die sein Ich-Bewusstsein ständig zu Wandlung und Erneuerung antreiben will. Doch hat es meist große Furcht vor dieser Aktivität seiner Anima und wehrt sich dagegen mit einem großangelegten Kontroll-und Reglementierungswerk von Gesetzen und Verordnungen, um sich gegen die Gefahr von innen und außen behaupten zu können. An sich möchte auch der Animus dazu beitragen, die seelische Produktivität der Frau zu steigern. Doch wenn er sich durch die eigene und die allgemeine autoritäre Gewissensinstanz abgelehnt fühlt, wird er destruktiv und „tötet" seine vermeintlichen äußeren Rivalen.

Die Zahl „sieben" wirkt real äußerst übertrieben und ist nur als symbolischer Hinweis auf Tobias als „achten" und damit „echten", „richtigen" Bräutigam zu verstehen. Die bisherigen Ehekandidaten sind wohl am geheimnisvollen Wesen von Sara „irre" geworden. Ihre Erscheinung ist zwar sehr schön, doch ihre Seele ist zwischen Über-Ich und Es aufgespalten, so dass die junge Frau nach außen schüchtern, introvertiert und depressiv wirkt. Wenn nun aber in der Hochzeitsnacht ihr Animus mit seiner aufgestauten Leidenschaftlichkeit durchbricht, wird so mancher Freier zu Tode erschrocken sein und einen Schlaganfall erlitten haben.

Wieder ein anderer mag bei dieser Gefühlseruption panisch die Flucht ergriffen haben und in der Familie daher als „tot" im Sinne von „vermisst" gelten. Vielleicht könnte auch der eifersüchtige Vater Raguël im einen oder anderen Fall seine Hand im Spiel und beim Verschwinden der lästigen Konkurrenten um die Liebe seiner Tochter mehr oder weniger etwas nachgeholfen haben. So oder so hat jedenfalls bisher Aschmodai als

Verkörperung von Saras unbewussten dämonischen Aggressionen über die früheren Hochzeitsarrangements triumphiert und dafür gesorgt, dass die „siebenmalige" Braut immer noch Jungfrau ist.[269]

Doch gegen Tobias hat der „mörderische Unhold" keine Chance. Denn der junge „Held" ist mit Jahwe im Bunde und wird von dessen „Boten" Rafael geschützt. Der oberste Repräsentant der allgemeinen „himmlischen" Über-Ich-Instanz gibt hier seine Befehle und Anweisungen, die der Engel verkündet und die Tobias ausführt, ohne sie zu hinterfragen.

Der Fisch verschluckt dann nicht wie im Fall von Jona den Initianden und dient nicht als Wandlungsraum für den Individuationsweg des männlichen Ich, an dessen Ende es den Schatz des Selbst findet und birgt, sondern wird von dem Einzuweihenden auf Anordnung seines „Lehrers" Rafael getötet und zerlegt. Tobias nimmt aus dessen Körper Herz und Leber, um damit den Dämon auszuräuchern und „in den hintersten Winkel Ägyptens" zu vertreiben, wo er vom Engel „gefesselt" wird. Die Kräfte des autoritären Gewissens spielen hier die Energieträger des kollektiven Unbewussten gegeneinander aus, vernichten sie oder nehmen sie gefangen. Immerhin wird Aschmodai von der Macht des Himmels nicht einfach umgebracht, sondern nur in die ägyptische Wüste verbannt, um einige Jahrhunderte später in der jüdischen Legende als Samael wieder aufzuerstehen und seine „Hochzeit" mit Lilith zu „feiern".

Nach seinem auf Gehorsam beruhenden Sieg über den Dämon preist Tobias in einem Gebet seinen Gott und dessen „Erbarmen". Dabei beruft er sich auf die jahwistische Schöpfungsgeschichte und bezeichnet in diesem Zusammenhang Eva als Frau, die Adam „hilft und ihn ergänzt" sowie „zu ihm passt". Es ist klar, dass er die Urgeschichte auf seine Ehe überträgt und mit der „Mutter aller Lebendigen" eigentlich Sara meint, die für ihn nicht seine „Fürstin", sondern nur seine Gehilfin ist, die sich ihm unterzuordnen hat und kein Recht auf eine ebenbürtige Existenz an seiner Seite hat. Beim Gebet steht sie stumm neben ihm und sagt am Schluss „zusammen mit ihm: Amen".

Dies ist das letzte Wort, das sie in der Erzählung spricht. Sonst tut sie nur noch schweigsam, was die Männer von ihr erwarten oder verlangen. Damit übertrifft sie noch ihre Mutter Edna an Anpassungsfähigkeit und wird zur idealen Partnerin in einer streng patriarchalen Ehe. Rafael und Tobias haben ihr mit der Hilfe des zerlegten Fisches jedenfalls den Dämon gründlich mit dem Resultat ausgetrieben, dass diese Beziehung auf totaler vaterrechtlicher Basis ohne erotische Höhepunkte und lebendige seelische Tiefe langweilig „dahinplätschern" wird, was sicher mit Jahwes Einverständnis ganz im Sinne von Tobias, Tobit und Raguël sein dürfte.[270]

Die Familien der beiden Patriarchen leben in Ninive und Ekbatana und damit in der Diaspora. Hier in der Isolation des Exils steigert sich ihre Angst vor den heidnischen Kulten und dem Weiblichen außen wie innen ins Unermessliche und zwingt sie nach ihrer Auffassung, die Gesetze aus dem dritten Buch Mose noch strenger als ihre Glaubensgenossen in Israel auslegen zu müssen. So dürfen bei ihnen Ehen nur endogam innerhalb des Familien- und Sippenverbandes geschlossen werden. Wenn dies wie bei den ersten Heiratsversuchen der Tochter Sara nicht ganz so eng gefasst wird, kommt der böse „Engel der Finsternis" als Ausdruck des familiären „schlechten Gewissens" und lässt alle sieben Freier verschwinden.

Erst als der einzig „richtige" Kandidat Tobias im Sinne des Endogamie-Gebotes erscheint, greift auch die Macht des Himmels ein und stiftet ganz in Übereinstimmung mit den Prinzipien ihrer Über-Ich-Instanz die Ehe der beiden jungen Leute. Dass der Dämon auch die unterschwelligen Aggressionen der Frauen gegen ihre Unterdrückung repräsentiert, wird dabei geflissentlich übersehen und ins Unbewusste verdrängt. Doch auch Aschmodais Verbannung, kann die Angst vor dem Weiblichen nicht ungeschehen machen, sondern lässt sie immer wieder ins Bewusstsein treten. Um sie zu beschwichtigen, muss Tobit als Wortführer der beiden Familien Jubelgesänge auf Jahwe als „Zuchtmeister" und auf seine „heilige Stadt" Jerusalem, als Zielort der Sehnsucht nach Rückkehr ins „gelobte Land" anstimmen.

Hier wird die „stramme" patriarchale Grundauffassung der Diaspora-Juden durch einen hymnisch vorgetragenen Nationalismus ergänzt, der für Erich Fromm einen destruktiven Gruppennarzissmus darstellt. Diese Einstellung drückt sich im nekrophilen Wunsch nach Vernichtung der babylonischen Stadt Ninive aus, die im Buch Jona von Jahwe noch verschont wurde, weil die Einwohner ihre Sünden damals bereuten. Doch nun gibt es keine Vergebung und Gnade mehr, so dass in der Vision des erzpatriarchalen Beters Gott endlich wieder seine dunkle Seite der Rachsucht hervorkehren kann. Kurz vor seinem Tod darf Tobias noch den Untergang der Stadt erfahren und sich über ihren Fall freuen. Am Schluss wird seine Frau mit keinem Wort mehr erwähnt. Sie hat ihre Schuldigkeit getan und immer nach dem Willen der Männer gehandelt. Ihre innere Tragödie nach der Verbannung des Dämons interessiert den Erzähler nicht mehr, dem es nur um die Verherrlichung der an den Himmel projizierten und ins Kosmische gesteigerten patriarchalen Über-Ich-Instanz geht.[271]

Besonders die Beschreibung der Hochzeitsnacht von Tobias und Sara hat frühe christliche Autoren zu Umdeutungen angeregt, die das Bild der Frau und die Vorstellung von Sexualität noch weiter abwerteten, als dies ursprünglich gemeint war. Nach der Vertreibung des Dämons betet im Buch Tobit der Bräutigam zu Jahwe und bittet mit Verweis auf Adam und Eva um das göttliche Erbarmen. Am Ende gibt die Braut ihr „Amen" dazu, und dann schlafen beide „die Nacht über miteinander".

Um 400 n. Chr. übertrug der Kirchenlehrer Hieronymus (348-420) die Bibel aus verschiedenen Vorlagen ins Lateinische und nannte sein Werk „Vulgata" („die Verbreitete"). Er übersetzte den ursprünglichen Text nicht wortgetreu, sondern interpretierte ihn im Sinne seiner strengen christlichen Auffassung. Bei ihm schlafen Tobias und Sara nicht gleich nach der Bitte um Erbarmen miteinander, sondern wachen und beten drei Nächte lang und haben dabei noch keinen Geschlechtsverkehr, den sie erst danach vollziehen. Der Bräutigam bezeichnet sich zusammen mit seiner Frau als „Söhne von Heiligen", die sich nicht „wie Heiden" vereinigen dürfen.

Diese Deutung wurde in der nachfolgenden christlichen Rezeption unter dem Begriff der „Tobiasnächte" gefasst und als Vorbild für maßvolles und züchtiges Verhalten von Eheleuten vorgestellt. Während im alttestamentlichen Buch Sexualität noch einigermaßen unbefangen als positiver Bestandteil des Lebens angesehen wurde, erfuhr sie bei Hieronymus eine starke Abwertung.

Alle späteren moralisierenden Auslegungen orientierten sich am Text der „Vulgata" und entwickelten immer rigidere leibfeindliche Tendenzen, die sich negativ auf die Einstellungen zur Frau und zur Geschlechtlichkeit auswirkten und noch bis ins 20. Jahrhundert anhielten. Noch die Psychoanalyse spricht im Zusammenhang mit dem „ius primae noctis" des mittelalterlichen Gutsherrn von der „Tobiasehe" und interpretiert sie als Anerkennung der Vorrechte des Patriarchen (Vater, König, Priester) in Bezug auf die Überlassung der Braut eines Untergeordneten in den ersten drei Nächten.[272]

Wie Hieronymus durch seine eigenwillige Übertragung des AT und insbesondere des Buches Tobit zur allgemeinen Frauenfeindlichkeit des Christentums auf verhängnisvolle Weise mit beitrug, so hat sein Zeitgenosse Augustinus (354-430), der bedeutendste Theologe im Übergang von der Antike zum Mittelalter, diese negative Einstellung in seinen Schriften noch stärker gefördert und beeinflusst. Er betrachtet den Lauf der Geschichte nur vom Standpunkt des Mannes aus und sieht ihn von Adams Sündenfall und der Erlösung des Menschen durch Christus in Gang gesetzt.

Nach seiner Auffassung wurde der „erste Mann" von seiner „Gehilfin" zum Geschlechtsakt verführt, der die „Erbsünde" in die Welt gebracht habe. Daher war für ihn die Frau der Ursprung und die Ursache allen Übels, das sie dadurch vermehre und weitergebe, indem sie menschliches Leben gebäre. So stellt Augustinus der unheilbringenden Eva die heilbringende Maria gegenüber, die den Erlöser als Jungfrau zur Welt gebracht habe. Für ihn kann die Frau nur Gleichwertigkeit finden, wenn sie auf ihre Sexualität als Trägerin der „Erbsünde" verzichtet, dadurch dass sie ihre Virginität im Geist wie ein Mann lebe.

Das weibliche Geschlecht werde zwar durch die Mutter des Christus geehrt, bleibe aber doch insgesamt schwach, sündig und verführerisch. Es ist nach Meinung des „großen" Theologen dazu bestimmt, dem Mann zu dienen und von ihm beherrscht zu werden. Wegen ihrer untergeordneten Stellung ist für ihn die Frau unfähig, ein kirchliches oder weltliches Amt zu bekleiden. Ein Priester sollte sie meiden, niemals allein mit ihr sprechen oder unter einem Dach mit ihr wohnen. Diese Angst vor der Frau hat nicht nur mit Augustins persönlichem Trauma zu tun, sondern zieht sich als „roter Faden" durch die ganze Geschichte des Patriarchats, das im Buch Tobit einen schönen, aber auch deutlichen literarischen Ausdruck findet. Der Dämon Aschmodai steht hier für die ganze Misogynie und Frauenphobie der damaligen Zeit, die noch jahrhundertelang fatal weitergewirkt hat. Tiefenpsychologisch musste dabei die männliche Instanz des autoritären Gewissens dauernd irgendwelche „Triumphe" über den Archetyp der Großen Mutter „feiern", um die panische Angst vor dem Weiblichen zu beschwichtigen und zu unterdrücken, was dazu geführt hat, die Magna Mater primär unter ihrem „furchtbaren" Aspekt wahrzunehmen und durch diese Dämonisierung ihre fruchtbare Fülle zu verdrängen.[273]

6. Zusammenfassung der Einzelinterpretationen

In der Deutung des deutschen und des kurdischen Märchens ging es um die Entfaltung des Motivkomplexes bezüglich des dankbaren Toten einschließlich der Vorbilder und Varianten. Die Ausgangssituation ist immer männlich-patriarchal geprägt. In „Die verwünschte Prinzessin" verlässt der Sohn Peter seinen Vater, um sein Glück zu suchen. Bei Andersen in „Der Reisekamerad" stirbt der Erzeuger von Johannes und beschützt danach vom Himmel aus zusammen mit Gott den weiteren Weg seines Sprösslings. Das kurdische Märchen „Rothaarig-Grünäugig" lässt zu Beginn einen Kaufmann erblinden, der seinen Sohn nach Damaskus schickt, um dort Waren zu verkaufen.

Nun kommt im Erzähltyp AaTh 507 A der dankbare Tote ins Spiel und erscheint wieder lebendig auf der Bühne des Geschehens, weil der junge Held die Kosten des Begräbnisses eines ihm unbekannten Leichnams bezahlt. Der Reisegefährte hilft jetzt seinem Schützling bei der Werbung um eine gefährliche Prinzessin, die ihren Freiern die Köpfe abschlagen lässt, wenn sie nicht die drei Rätsel der „Femme fatale" lösen können. Bei diesem Versuch gerät er in Konflikt mit dem dämonischen Zauberer, von dem die Königstochter besessen ist.

Der jenseitige Helfer steht in Verbindung mit den Kräften des Himmels, die psychoanalytisch auch als Energien der Über-Ich-Instanz interpretiert werden können und besonders bei Andersen eine betont christliche Ausprägung erfahren. Auf der Kehrseite des Spannungsfeldes erscheint der Hexenmeister als Ausgeburt des Schattenbereichs der teuflischen Hölle. In der Auseinandersetzung gewinnt am Ende natürlich das „Gute" über das „Böse", und dem Helden gelingt es, mit der Hilfe seines übermenschlichen Reisegefährten die drei Aufgaben der Prinzessin zu lösen und ihr zuletzt das abgeschlagene Haupt ihres Geliebten zu präsentieren.

Das Finale besteht in einer grausamen Züchtigung der besessenen Königstochter, der in dieser brutalen Prozedur der letzte Rest weiblich-matriarchaler Widerständigkeit ausgetrieben wird und die schließlich als von allen heidnischen Übeln vollständig gereinigte, nun „wahrhaft" christliche Braut vor den Traualtar tritt. Damit wird der Held für seine

Treue gegenüber dem autoritären Gewissen königlich belohnt, und der Helfer kann zufrieden in seine jenseitig-engelhaften Gefilde zurückkehren. Das Märchen endet in allen drei Variationen des Typs AaTh 507 A mit einer extremen patriarchalen Lösung, bei der sich die beteiligten Männer glückselig „die Hände reiben und reichen", während die einzige Frau des Geschehens als „reines" Opfer und tragische Existenz auf der „Strecke bleibt".

In der islamisch geprägten Version des Erzähltyps AaTh 507 C sieht es in Bezug auf das Schicksal des Weiblichen nicht besser, sondern eher noch schlimmer aus. Hier bleiben die Männer während der ganzen Handlung weitgehend unter sich. Gegen Ende taucht dann eher beiläufig die ungeliebte Tochter des Sultans auf, die dem forschen Kaufmannssohn quasi nebenbei zur Frau gegeben und für die er vom Vater bedauert wird.

Als „Superstar" der maskulinen Gesellschaft erweist sich immer mehr Rothaarig-Grünäugig, der stets gute Ratschläge gibt und immer die richtigen Entscheidungen trifft, aber vor allem hervorragend mit dem Schwert umgehen kann. Wenn er auf einen Drachen oder die Schlangen der Braut trifft, „fackelt" er nicht lange, sondern „fuchtelt" mit seiner Waffe herum und haut den Vertretern des weiblich-matriarchalen Bereichs gleich reihenweise die Köpfe ab. Auf diese Weise droht er auch das Mädchen zu töten, dem in seiner Todesangst gleich zwei Schlangen aus der Nase schlüpfen.

Der gewalttätige Diener entsorgt die Reptilien auf seine bekannte Weise und übergibt seinem Herrn eine „gereinigte" Ehefrau, die nun noch nicht einmal unbewusst mehr einen „Funken" von Eigenwillen besitzt und gegenüber ihrem Mann nur noch das Gehorchen kennt. Hinter der Gestalt des geschickten Schwertkämpfers steht nicht nur der dankbare Tote aus dem Motivkomplex der genannten Märchentypen, sondern religionsgeschichtlich auch Chadir, eine Art mystischer „Heiliger" des Islam, der einerseits für Frauen, deren Fruchtbarkeit und Schwangerschaft zuständig war, andererseits aber durch seinen verwegenen militärischen Einsatz eine so manch verloren geglaubte Schlacht quasi in „letzter Minute" noch für die Sache des Propheten oder seiner Kalifen entscheiden konnte.

Nicht weit entfernt von seinen Kultstätten wurde der „Heilige" Georg verehrt, der genauso unverdrossen und brutal wie sein Kollege aus der „Bruder"-Religion gegen Drachen und andere Ungeheuer der matriarchalen Vorzeit kämpfte und diese auch kompromisslos abschlachtete.

Eine Integration des fremden Weiblichen und Unbewussten in die eigene monotheistische Kultur, wie dies ansatzweise die Legende von der heiligen Martha versucht, gibt es für Chadir und St. Georg nicht. Die Interpretation der beiden Märchen des genannten Motivkomplexes zeigt, wie Christentum und Islam Seite an Seite innen wie außen mit dem Bereich des Femininen umgegangen sind. Die Gesetze der Über-Ich-Instanz dienen als Schutzschilde im Kampf gegen die Lockungen des Archetyps der Großen Mutter und müssen um jeden Preis durchgesetzt werden.

Das Judentum liefert nicht nur den ältesten literarischen Beleg für die Erzähltypen bezüglich des dankbaren Toten, sondern bildet auch die Wurzel für alle Religionen, die nur an einen einzigen männlichen Gott glauben. Hier ergibt ein historisch-kritischer Blick auf die Entstehungsgeschichte des AT ein klares Bild.

Die „Heilige Schrift" ist das Dokument eines jahrhundertelangen, erbarmungslos geführten Kulturkampfes gegen den weiblich dominierten Fruchtbarkeitskult von Kanaan. Höhepunkt dieser literarischen Auseinandersetzung war die Konfrontation der israelitischen Führungsschicht im Exil mit den religiösen Praktiken der babylonischen Liebesgöttin Ischtar. Der hier aufgestaute Hass gegen alles Weibliche und gleichzeitig die Angst vor ihm fanden Eingang in die Geschichtsbücher des AT.

Dies zeigte sich gleich im Schöpfungsbericht des Jahwisten, in dem Eva sich von der Schlange verführen lässt und Adam dazu bringt, eine Frucht vom Baum der Erkenntnis zu essen. Das erste Menschenpaar übertritt damit gemeinsam das Verbot des Schöpfergottes, der jedoch vor allem die Frau bestraft, indem sie von nun an ihrem Mann gehorchen muss. Historisch-kritisch gesehen polemisiert die Geschichte vom „Sündenfall" gegen den Fruchtbarkeitskult von Kanaan, indem Eva und ihre Schlange die Liebesgöttin Astarte und ihren Bruder-Geliebten Baal verkörpern.

Im Paradies gehören beide ursprünglich zusammen und sind in „ewiger" Kohabitation miteinander verbunden. Jahwe als Erzeuger der Über-Ich-Instanz trennt Adam von seiner früheren Schlangenexistenz ab und macht ihn zu seinem treuen Gefolgsmann, der nun über die einstige „Himmelskönigin" herrschen soll. Eva nimmt diese Demütigung klaglos hin und gehorcht dem neuen patriarchalen „Ober-Gott" und seinem Vasallen. Sie wird zur „Mutter aller Lebendigen" und gebiert ihrem Mann Kain, Abel und andere Kinder, die jetzt die Erde bevölkern. Da sie ihre

Rebellion gegen Jahwe aufgibt und sich seinem göttlichen Gesetz letztlich bedingungslos unterwirft, erwirbt sie sich dafür im Volk Israel große Achtung.

Doch dieser Triumph über die Verkörperung der Großen Mutter reicht der unersättlich rachsüchtigen jüdischen Elite und ihren Schriftgelehrten nicht aus. Ihr aufgestauter Frauenhass sucht nun wieder eine neue Projektionsfigur, an der er sich literarisch entladen kann, und findet sie in Lilith. Nur weil diese der Legende nach erste Frau Adams beim Spiel der sexuellen Stellungen ihre Ebenbürtigkeit demonstrieren will, wird sie von Jahwe und seinen Engeln verfolgt und verflucht. Sie trifft die ganze Angst einer patriarchalen Gesellschaft, die jede eigenwillige Strebung einer Frau als Bedrohung ihrer Existenz ansieht und entsprechend aggressiv darauf reagiert. So wird Lilith in der paranoiden Phantasie jüdischer Autoren zur Dämonin, Kindesmörderin, tödlichen Verführerin oder sonst einer Horrorgestalt, die ein ideales Ventil für übermäßige männliche Ängste darstellt.

Die Kabbala versucht dann, die Ausgeburt negativer weiblicher Energien in ihr patriarchales Weltbild zu integrieren, indem sie Lilith zur erbarmungslosen heimtückischen Vollstreckerin der göttlichen Gerechtigkeit macht oder ihr den Teufel mit Namen Samael als Ehegatten gibt, mit dem zusammen sie das untere Paar der Hölle im Gegensatz zur himmlischen Verbindung von Jahwe und Schechina bildet. Doch auch im weiteren Verlauf der jüdischen Geistesgeschichte bleibt diese Dämonin die beispiellose Symbolfigur der „Femme fatale", die den Hass jüdischer Schriftsteller auf sich zieht.

Ähnliche Vorgänge spielen sich auch in der griechischen Mythologie wie z. B. bei Medea ab. Auch dort werden weibliche Bemühungen um Ebenbürtigkeit brutal unterdrückt, was der Göttervater Zeus höchstselbst an seiner aufmüpfigen, doch im Grunde bemitleidenswerten Gattin Hera auf zynische Weise vorführt. So siegt überall die brachiale Gewalt des autoritären Gewissens über die immer tiefer erniedrigte erotische Vitalität weiblicher Archetypen.

Eine andere Variante der „Femme fatale" aus den ersten fünf Büchern Mose ist Tamar in Genesis 38, daher Tamar G genannt, deren zwei Ehemänner in der Hochzeitsnacht von Jahwe getötet werden. Ihr Schwiegervater Juda entwickelt nun in sich die schon sattsam bekannte

Angst vor der Frau, weigert sich jetzt, die in seinen Augen gefährliche Witwe seinem dritten Sohn zu geben, und schickt sie in ihr Elternhaus zurück. Hier entwickelt sie einen schlauen Plan, den sie umsetzt, als Juda nach einem Schafschurfest bei ihr in der Nähe vorbeikommt. Sie verkleidet sich als Tempelprostituierte und präsentiert sich vor dem Ortseingang in dieser Aufmachung ihrem Schwiegervater, der bald darauf mit ihr schläft, ohne sie zu erkennen.

Die Frucht dieser Begegnung ist neun Monate später die Geburt von männlichen Zwillingen, die Tamar G. zu einer der Stammmütter im Hause David macht. Sie verschafft sich ihr Recht und stellt ihren Schwiegervater dafür öffentlich bloß, findet aber kein Lebensglück. Denn Juda heiratet sie nach der Auseinandersetzung nicht und gibt ihr auch seinen dritten Sohn nicht zur Ehe. Tamar G. wächst durch ihre Geschicklichkeit zwar immer mehr in die Dimension der Archentypen des Selbst und der Großen Mutter hinein, kann aber deren Energiereichtum nicht entfalten, weil sie für die israelitische Gesellschaft trotz aller Achtung, die sie durch die Geburt ihrer Söhne erfährt, letztlich doch immer eine „Femme fatale" bleibt.

Thomas Mann hat sie im letzten Teil seine Romantetralogie „Joseph und seine Brüder" zur weiblichen Hauptfigur gemacht und sie „Thamar" genannt. Hier wird sie zur zentralen Gestalt, die immer wieder als Motor die Handlung in Gang setzt und bei der alle wesentlichen Fäden des Geschehens zusammenlaufen. Am Ende verkörpert sie die segensreiche Fülle der Magna Mater, die auch den öffentlich verspotteten Schwiegervater in ihr Erbarmen einschließt. Durch ihre freundschaftliche Beziehung zu ihrem einstigen Lehrer Jaakob erreicht sie indirekt, dass am Sterbebett des Erzvaters Juda dessen Segen erhält, damit die geistliche Führung der ganzen Sippe erhält und so von seiner innerlichen Zwiespältigkeit erlöst werden kann.

Der Romanautor hat mit Thamar und vielen anderen weiblichen Figuren seine Mutterproblematik und deren tiefe Ambivalenz zu verarbeiten versucht. Am Schluss seines langen literarischen Weges dürfte ihm dies auch gelungen sein. Thamar war eine wichtige Zwischenstufe für das Erreichen dieses letzten Zieles. Mann konnte auch mit dem realen Vorbild seiner weiblichen Hauptfigur aus „Joseph der Ernährer", seiner Gönnerin und Verehrerin Agnes Meyer, die ihn jahrelang mit ihrer besitzergreifenden Liebe bedrängt hat, am Ende seinen Frieden finden. So wird

Thamar letztlich auch für den Dichter persönlich zum Symbol für den Segen der produktiven Fülle seines Schaffens überhaupt.

Ein besonders dunkles Kapitel für den Umgang des Patriarchats mit Frauen in der Bibel ist die Tragödie der Königstochter Tamar im zweiten Buch Samuel 13, kurz Tamar S. genannt. Diese ist schön, klug, hilfsbereit und arglos und besitzt damit alle Eigenschaften, die ein zur vollendeten weiblichen Blüte herangereiftes Mädchen besitzen kann. Doch die Vollkommenheit der Anhäufung wunderbarer Attribute lockt in den Männern der königlichen Familie nur bösartige Schattenseiten hervor, die begierig darauf bedacht sind, sich des schönen harmlosen „Objekts" so schnell wie möglich bemächtigen zu können. Tamar wird vor allem ihre Gutmütigkeit zum Verhängnis, was sie in umgekehrtem Sinn zur „Femme fatale" für den Ausbruch von Amnons unberechenbaren infantilen Launen macht.

Ihr Halbbruder ist der erste Anwärter auf Davids Thron und meint deswegen, seine Halbschwester ohne schwerwiegende Folgen für sich vergewaltigen zu können. Dadurch zieht er auch die anderen Männer seiner Familie in den Sog dieses Verbrechens, dem sich sogar der König nicht zu entziehen vermag. Das Patriarchat ist nun ohne weibliches Korrektiv der Frauen und der entsprechenden Archetypen von Großer Mutter und Anima hilflos seiner eigenen inneren Destruktivität in Form skrupelloser Machtgier ausgeliefert, die nur Mord und Totschlag kennt, um sich brutal durchsetzen zu können.

Es kommt erst wieder zur Ruhe, als Salomo mit der Hilfe seiner Mutter Batseba den Thron besteigt und seine eigene persönliche Art der Weisheit entwickelt. Tamar S. vegetiert verzweifelt und depressiv im Haus ihres leiblichen Bruders Abschalom dahin, lebt aber unterschwellig in ihrer schönen gleichnamigen Nichte weiter. Trotzdem ist ihr Schicksal ein drastisches Beispiel für die Lieblosigkeit des israelitischen Patriarchats, die sich darin äußert, dass sie die Beziehung zu Frauen nur durch Unterdrückung gestalten zu können glaubt.

Im biblischen Spätwerk des Buches Tobit fällt die Abwertungstendenz gegenüber dem Weiblichen gar nicht mehr auf. Die vaterrechtliche Struktur der Gesellschaft wird zumindest im Bereich der Diasporajuden als gottgefällig betrachtet und entsprechend verehrt. Jahwe thront mit seinen Engeln unangefochten über dieser Welt und erlässt seine Gesetze, die seine Schützlinge widerspruchslos befolgen müssen. Zwischendurch züchtigt er einen von ihnen etwa mit Blindheit, damit dieser ihn umso stärker lobt und preist. Tobit befindet sich in dieser Situation und bittet seinen Gott im Gebet um Hilfe, die er auch in Gestalt des „heilenden" Erzengels Rafael erhält. Einige Requisiten aus dem Bereich des Märchens können nicht darüber hinwegtäuschen, dass es sich in der Erzählung um eine harte, in sich geschlossene Männerwelt handelt, in der Frauen keine Chance erhalten, eine eigenständige Rolle zu spielen, sondern sich nur anpassen können.

Die „Fürstin" Sara ist von ihrem Wesen her ein blasses, introvertiertes, nettes Mädchen, das nur durch den Dämon interessant und geheimnisvoll wirkt und so eine persönliche unverwechselbare Farbe bekommt, die sie von den anderen unterscheidet. Doch die Führungsspitze dieses erzpatriarchalen Kosmos setzt alles daran, Aschmodai noch mehr als bisher von Saras Seele abzuspalten und in die Wüste des kollektiven Unbewussten zu schicken, wo er sich endlich mit der ihm gemäßen Dämonin Lilith vermählen kann. Damit ist oben wie unten in dieser vaterrechtlichen Welt alles wieder in Ordnung, und die junge Frau kann ihr unscheinbares Leben ohne Höhe- und Tiefpunkte an der Seite ihres „Herrn und Gebieters" Tobias trostlos zu Ende führen. Zwischendurch darf sie zu seinen Gebeten noch das „Amen" zusammen mit ihm anfügen, hat aber ansonsten nichts mehr zu sagen, sondern in seinem Beisein nur zu schweigen.

Der Dämon steht in einer Reihe mit anderen dunklen, in der vorliegenden Arbeit schon interpretierten Animus-Gestaltungen, wie dem Unhold, der Schlange oder dem Drachen. Diese „Schattengeliebten" werden in den hier gedeuteten Werken ausgelöscht oder sonst irgendwie entfernt, aber keineswegs in das Wesen der Frau integriert. Nur seelisch amputiert darf das Weibliche im strengen Patriarchat kümmerlich seine Existenz fristen. Nur wenn die „Fatalität" wegoperiert ist, bleibt „Reinheit" übrig, in der Frauen am öffentlichen Leben der Männer teilnehmen.

Die konkrete Dimension dieser Ausführungen besteht im weiblichen Zyklus und seinem Blut, was der maskulinen Welt des Monotheismus bis heute Angst und Schrecken einflößt. Im Judentum wird Eva durch ihre Geburten zur braven Gattin, dafür aber Lilith zur zügellosen Furie gemacht. Die Dattelpalme erscheint andeutungsweise als Bild weiblicher Ganzheit, die aber in den Texten nicht wirklich ausgelebt werden darf. Tamar G. erreicht diese ansatzweise nur durch das ambivalente Requisit des verhüllenden Schleiers der Tempelprostituierten, und Tamar S. scheitert beim Versuch, ihre Totalität zu verwirklichen, an der Bösartigkeit des brutalen Patriarchats ihrer Umgebung und wird von ihr innerlich zerstört. Thomas Mann setzt der Verkörperung des Dattelbaumes im letzten Teil seiner Tetralogie ein bis in die Moderne reichendes literarisches Denkmal und erhält dafür als inneren Lohn die Versöhnung mit dem Bereich des Weiblich-Mütterlichen.

Das Buch Tobit will von so etwas nichts wissen, sondern grenzt den Dämon aus, feiert sein Patriarchat im Loblied der „heiligen Stadt" Jerusalem und in der Freude über den Untergang des heidnischen, als „teuflisch" empfundenen Ninive. Die liebevolle Integration der „Femme fatale" in einem vaterrechtlich geprägten, vom Über-Ich beherrschten Kosmos bleibt eine Utopie, weil dafür die völlige Einbeziehung weiblicher Totalität und damit auch der umfassenden Dimension des Selbst nötig wäre, was bis heute angesichts des unumstößlichen Charakters der Reinheitsvorstellungen des Patriarchats in vielen Teilen der Welt unmöglich erscheinen würde. Damit endet die Bemühung, einige „rote Fäden" durch die Komplexität der Gedankengänge des vorliegenden „Fragments" zu ziehen und das Phänomen der „Femme fatale" in Märchen und Bibel annäherungsweise zu umkreisen.

Anmerkungen

1. Siehe: Liljeblad, S. 7f., 20f., 28f., 35f. und 39-42. – EM, Bd. 3, S. 307-09. –
   Schröder, Nixe, S. 34 u. 84 Anm. 17. – Schröder, Hänsel, S. 50 u. 159 Anm. 21
2. Siehe: Kast, Prinzessin, S. 67f. u. 89 Anm. 1. – Liljeblad, S. 40 u. 201 Anm.
   27. – Frenzel: Stoffe, S. 63 u. 520. – EM, Bd. 3, S. 307. – Diederichs, S. 270. –
   Zaunert/Moser-Rath: S. 349 Anm. 26. – von Beit, Bd. 2, S. 168. – Ninck, S. 133f.
   – Wägner, S. 116
3. Siehe: Liljeblad, S. 34f., 41f., 171f. u. 247f. – EM, Bd. 2, S. 1206 + Bd. 3, S. 308
   + Bd. 5, S. 1240. – Wentzel/Spies, S. 195-97, 272, 281 Anm. 20 u. 284 Nr. 20.
   – Kast, Wege, S. 146, 149f. u. 208 Anm. 24. – von Beit, Bd. 1, S. 347f. + Bd. 2,
   S. 177f. – Riedel, Farben S. 31, 105, 114f. u. 119
4. Siehe: EM, Bd. 1, S. 435f., 629 u. 633f. + Bd. 3, S. 312-14. + Bd. 6, S. 299-301 +
   Bd. 13, S. 684-86. – Liljeblad, S. 41, 44 Anm. 1, 157-60, 242f. u. 245f. – KNLL,
   Bd. 18, S. 269f. – KLL, 3. Aufl., Bd. 2, S. 499-501. – RGG, 3. Aufl., Bd. 1,
   S. 584f. + Bd. 6, S. 907. – RGG, 4. Aufl., Bd. 1, S. 600f. + Bd. 8, S. 425f. – Kast,
   Wege, S. 167 u. 208 Anm. 26. – Gunkel, S. 98-100. – Drewermann/Neuhaus,
   S. 5f. – Hannah, S. 11f.
5. Siehe: Schröder, Schlange, S. 13-20 u. 113 Anm. 2-10. – Riedel, Tabu, S. 22-24
   u. 141-43. – Neumann, Bedeutung, S. 14 u. 38f. – EM, Bd. 5, S. 1242 + Bd. 12,
   S. 41-43. – Bilder-Lexikon, Bd. 1, S. 749 + Bd. 4, S. 710. – Gray, S. 63-65. – Voss,
   S. 48f.
6. Siehe: Schröder, Nixe, S. 52-54 u. 85 Anm. 35-36. – Schröder, Schlange, S. 20f. u.
   113 Anm. 11. – Eliade, Religionen, S. 192-98. – Shuttle/Redgrove, S. 137-42. –
   Neumann, Psychologie, S. 78-82. – Schlehe, S. 198-201. – Bilder-Lexikon, Bd. 1,
   S. 620-22 + Bd. 4, S. 495. – Delaney/Lupton/Toth, S. 4f. u. 94f. – Reuße/Holler
   S. 24f. – Harding, Frauen-Mysterien, S. 44f. – EM, Bd. 9, S. 795f. – de Beauvoir,
   S. 173
7. Siehe: Schlehe, S. 13-18 u. 29-32. – Ausserer, S. 21-23 u. 26f. – Fischer-
   Homberger, S. 36-42. – Schadewald, T. 1, S. 87-90 + T. 2, S. 24 u. 26. – Püschel,
   S. 16f. u. 21f. – Hauser/Mambourg, S. 473 u. 476f. – Hering/Maierhof., S. 14f.
   u. 19f. – Bergler, S. 19-21. – Enz. Med. Gesch., S. 98f. u. 971. – Delaney/Lupton/
   Toth, S. 4 u. 20f. – Bilder-Lexikon, Bd. 1, S. 607. – Winterer, S. 53
8. Siehe: Püschel, S. 5-12, 47f. u. 93f. – Delaney/Lupton/Toth, S. 17-19. – Bergler,
   S. 20 u.24f . – Hering/Maierhof., S. 15f. – Schlehe, S. 16f. – Winterer, S. 53f. –
   Heiler, S. 132
9. Siehe: Heiler, S. 50f., 55-59, 73-76, 84f., 134-36, 141f. u. 145-48. – Kühn, S. 16,
   30f., 69f., 74f., 84-88, 90f. u. 94f. – Rieplhuber, S. 38f., 92-96, 132-39, 148-50,
   237-41 u. 274-80. – Schröder, Drama, S. 30f., 66f., 87f., 186 Anm. 26-27, 189
   Anm. 24, 190 Anm. 25 u. 193 Anm. 18-19. – Baudler, S. 265-75, 282-87 u. 393-
   97 – Zingsem, Himmel, S. 278f.. – Winterer, S. 55f.
10. Siehe: Shuttle/Redgrove, S. 29, 107, 111f., 115, 123, 128-30 u. 132f. – Neumann,
    Ursprungsgeschichte, S. 69-72. – Neumann, Mutter, S. 45f. – Harding, Frauen-
    Mysterien, S. 257f. u. 260f.
11. Siehe: Schmideberg, S. 190f. u. 194 f. – Daly, S. 29f. u. 63 f. – Shuttle/Redgrove,
    S. 54f. u. 93. – Freud, GW, Bd. 12, S. 166

12. Siehe: Shuttle/Redgrove, S. 69f., 227f. u. 271f.. – Daly, S. 30f. u. 45f. – Harding, Frauen-Mysterien, S. 48-50 u. 271-273. – Freud, GW, Bd. 12, S. 167f. – Schmideberg, S. 195f. – Neumann, Ursprungsgeschichte, S. 68f. – Gniech, S. 16f.

13. Siehe: Neumann, Angst, S. 77, 79f., 88,90,92 u. 94f. – Horney, Angst, S. 9f., 13, 15 u. 17. – Horney, Misstrauen, S. 534f. – Schröder, Drama, S. 63, 89f., 189 Anm. 20 u. 193 Anm. 20-21. – Fromm, GA, Bd. 2, S. 227f. – Bilder-Lexikon, Bd. 4, S. 488f.

14. Siehe: Voss, S. 101f., 105 u. 107. – Heiler, S. 138f., 144 u. 146f.. – Mernissi, S. 26-28. – Baudler, S. 270f. u. 273. – Schröder, Drama, S. 62f., 88, 189 Anm. 19 u. 193 Anm. 18-19. – Horney, Misstrauen, S. 528f.. – Daly, S. 46. – Neumann, Ursprungsgeschichte, S. 72. – Neumann, Angst, S. 99

15. Siehe: von Franz, C. G. Jung, S. 19f. u. 27f. – Riedel, Konzepte, S. 273f. – Kast, Paare, S. 168f. – Harding, Weg, S. 63f. – Shuttle/Redgrove, S. 128f. – Neumann, Psychologie, S. 85f.

16. Siehe: von Wilpert, Sachwörterbuch, S. 494f. u. 541f. – EM, Bd. 9, S. 250-53. – von der Leyen, S. 22-24. – RGG, 3. Aufl., Bd. 4, S. 581f.

17. Siehe: EM, Bd. 8, S. 855f. u. Bd. 11, S. 1017-21. – Ranke, S. X-XIV. – RGG, 3. Aufl., Bd. 5, S. 1300-02. – von Wilpert, Sachwörterbuch, S. 454 u. 714. – von Beit, Bd. 1, S. 16f. – Müller, S. 274

18. Siehe: Liljeblad, S. 39 u. 40f. – EM, Bd. 3, S. 307f.

19. Siehe: Liljeblad, S. 160-63 u. 201 Anm. 25. – Diederichs, S. 268-70. – Scherf, Lexikon, S. 310-12. – Scherf, Märchenlexikon, Bd. 2, S. 981f. – Lüthi, S. 89f. u. 98. – Gerould, S. 66-68. – E. Hartmann, S. 160f. – Köhler, S. 225f. – Bolte/Polivka, Bd. 3, S. 83 u. 515f. – Röhrich, S. 115. – EM, Bd. 3, S. 308

20. Siehe: Zaunert/Moser-Rath: S. 144-152. – Scherf, Lexikon, S. 312 u.397f. – Scherf, Märchenlexikon, Bd. 2, S. 982 u. 1266-68. – von Beit, Bd. 1, S. 168f. – Gerould, S. 69f. – Bolte/Polivka, Bd. 3, S. 83f. – Liljeblad, S. 46f u. 201 Anm. 27. – Diederichs, S. 270f

21. Siehe: E. Hartmann, S. 30f., 46f. u. 86f. – Liljeblad, S. 191-94. – EM, Bd. 13, S. 965f. u. 1190. – Kvideland, S. 11f. – Diederichs, S. 342f. – Gravier, S. 353 f.

22. Siehe: von Beit, Bd. 1, S. 47f., 68 u. 277f. u. Bd. 2, S. 258. – EM, Bd. 4, S. 43 u. 45. – J. Grimm, DM, Bd. 2, S. 794f.. – Ninck, S. 132.

23. Siehe: von Beit, Bd. 1, S. 48 Anm. 2, 108, 109 Anm. 1 u. 217 u. Bd. 2, S. 336. – E. Jung/von Franz, S. 202f., 217 u. 385 – Ninck, S. 132f., 136f. Anm. 3 u. 140f. – Kuckartz, S. 192f. u. 195. – Schröder, Schlange, S. 30f. u. 114 Anm. 19. – Schröder, Drama, S. 149 u. 201 Anm. 8. – E. Jung, Anima, S. 84 u. 113. – HdA, Bd. 1, S. 1046 u. 1068f.. – Wägner, S. 116. – J. Grimm, DM, Bd. 3, S. 287 Anm. S. 803

24. Siehe: von Beit, Bd.1, S. 67f. Anm. 5, S. 424, 525f., 538 u. 678 – Schröder, Hänsel, S. 25f., 28 u. 157 Anm. 7 u. 8. – E. Jung, Anima, 113f. – Laiblin, S. 139f. – J. Grimm, DM, Bd. 2, S. 795f. – Wägner, S. 115f. – HdM, Bd. 2, S. 217f.

25. Siehe: HdA, Bd. 1, S. 1058-66 u. Bd. 6, S. 1483. – J. Grimm, DM, Bd. 1, S. 126f. u. Bd. 2, S. 796-802. – EM, Bd. 2, S. 143f. u. Bd. 4, S. 44, 49 u. 53f. u. Bd. 5, S. 160. – Frenzel, Stoffe, S. 226-29 u. 402. – Petzoldt, S. 96-100. – Ninck, S. 133-36. – W. M. Woeller, S. 139-43. – Wägner, S. 83f. u. 116f. – Kampers, S. 138f. u. 141. – HdM, Bd. 2, S. 2178. – von Beit, Bd. 1, S. 122 Anm. 1.

26. Siehe: W. u. M. Woeller, S. 134-39. – E. Jung, Anima, S. 106-09. – Frenzel, Stoffe, S. 731-33. – J. Grimm, DM, Bd. 2, S. 780f., 780 Anm. 1, 781 Anm. 1 u. 795. – E. Jung/von Franz, S. 128f., 128 Anm. 24 u. 405f. – Wägner, S. 118f. – HdA, Bd. 6, S. 1482f.

27. Siehe: Kampers, S. 135-39. – EM, Bd. 1, S. 829f. u. Bd. 4, S. 951, 955-57 u. 959f. – W. u. M. Woeller, S. 80-82. – E. Jung/von Franz, S. 24f., 354f. u. 392. – Baumer, S. 22, 61 u. 99f. – Frenzel, Stoffe, S. 62f. – E. Jung, Anima, S. 104f. – Schröder, Nixe, S. 26f. – Schröder, Schlange, S. 92f. – Kuckartz, S. 203f. – J. Grimm, DM, Bd. 2, S. 802f. – von Beit, Bd. 1, S. 67 Anm. 3 u. 273 Anm. 1

28. Siehe: Baumer, S. 119, 153-58 u. 265. – Göttner-Abendroth, Göttin, S. 101-03, 223-25 u. 246f. – E. Jung/von Franz, S. 146f., 289 u. 404. – Bog, S. 112-14. – EM, Bd. 1, S. 830f. u. Bd. 4, S. 950 u. 957f. – Schröder, Nixe, S. 26 u. 83 Anm. 10. – Schröder, Schlange, S. 93f. u. 123 Anm. 80. – Kuckartz, S. 203f. – Zingsem, Himmel, S. 251f.

29. Siehe: Kuckartz, S. 114-16, 221-24 u. 230-33. – Baumer, S. 132, 143, 148-52 u. 158. – EM, Bd. 4, S. 953 u. Bd. 8, S. 749 u. 751. – Frenzel, Stoffe, S. 432 u. 520. – von Franz, Dimensionen, S. 44f. u. 45 Anm. 30. – E. Jung/von Franz, S. 405

30. Siehe: Kast, Paare, S. 104, 107f., 111, 113-15 u. 117f. – Kuckartz, S. 120f., 209f., 222, 225-28, 230 u. 233f. – Baumer, S. 124f. u. 146-48. – E. Jung/von Franz, S. 358f., 404 u. 406. – von Franz, Dimensionen, S. 45f. – E. Jung, Anima, S. 105f. – Bog, S. 116f. – von Beit, Bd. 1, S. 105 u. 278 Anm. 1. – EM , Bd. 4, S. 952f. – Frenzel, Stoffe, S. 520f. – Krohn S. 82f

31. Siehe: Müller, S. 24f., 284-86, 439-42, 458f. u. 464f. – Göttner-Abendroth, Göttin, S. 6, 13, 17-20, 101-03 u. 225-27. – Kuckartz, S. 191-95, 203f. u. 223-30. – Kast, Paare, S. 104-18. – Baumer, S. 146-161. – W. u. M. Woeller, S. 80-82 u. 134-43. – J. Grimm, DM, Bd. 2, S. 795-804. – Ninck, S. 133-37. – Wägner, S. 83-85 u.116. – E. Jung/von Franz, S. 146f. u. 202f. – von Beit, Bd. 1, S. 678 u. Bd. 2, S. 258

32. Siehe: E. Hartmann, S. 88f., 136f., 160, 162 u. 164. – Liljeblad, S. 163, 192f., 196-201 u. 224f. – Gravier, S. 354f. – Lüthi, S. 97f. – Kast, Prinzessin, S. 67 u. 79. – von Beit, Bd. 2, S. 180

33. Siehe: Zaunert/Moser-Rath, S. 144. – H. C. Andersen, Bd. 1, S. 80. – J. Andersen, S. 464-67, 470f., 483f. u. 486f. – Drewermann, Seele, S. 99f. u. 119f. – Perlet, S. 10f. – Schmitz, S. 74f.

34. Siehe: Zaunert/Moser-Rath, S. 144f. – Kast, Prinzessin, S. 75f. – von Beit, Bd. 2, S. 168. – Schröder, Schlange, S. 50f. u. 117 Anm. 41 u. 42. – Duden, Etymologie, S. 64, 282 u. 462. – Jacobi, S. 188 Anm. 131 u. 198. – Schliephacke, S. 31f.

35. Siehe: H. C. Andersen, Bd. 1, S. 80-83. – Schröder, Drama, S. 90 u. 193 Anm.22. – Müller, S. 434f. – Fromm, GA, Bd. 2, S. 93f. – Schmitz, S. 71-73 u. 134. – J. Andersen, S. 486f. u. 683f. – H. C. Andersen, Bd.2, S. 624f. – Rattner/Danzer, S. 13f. – Grundzüge, S. 106f. – Perlet, S. 10. – Drewermann, Seele, S. 100. – Scherf, Lexikon, S. 312. – Scherf, Märchenlexikon, Bd. 2, S. 982

36. Siehe: von Beit, Bd. 2, S. 165f. u. 169-71. – Zaunert/Moser-Rath, S. 144f. – H. C. Andersen, Bd. 1, S. 86f. – Lüthi, S. 86f. – Scherf, Lexikon, S. 310 u. 397. – Scherf, Märchenlexikon, Bd. 2, S. 981 u. 1267. – Diederichs, S. 268f. – Kast, Prinzessin, S. 76. – Müller, S. 367f. – Norwegische Volksmärchen, S. 317 Anm. 7

37. Siehe: von Beit, Bd. 2, S. 166, 170 Anm. 1 u. S. 177-80. – Kast, Prinzessin, S. 76f. – Müller, S. 376f. u. 441f. – Zaunert/Moser-Rath, S. 145. – H. C. Andersen, Bd. 1, S. 88. – Scherf, Lexikon, S. 310f. – Scherf, Märchenlexikon, Bd. 2, S. 981f. – Diederichs, S. 269. – Lüthi, S. 87. – EM, Bd. 3, S. 318f. – Bolte, Märchen, S. 49f. – Bolte/Polivka, Bd. 3, S. 515. – Liljeblad, S. 160

38. Siehe: EM, Bd. 3, S. 314-17. – Kahn, S. 32-35. – Bolte, Märchen, S. 47f. – Lüthi, S. 87f. – Müller, S. 280f. – von Beit, Bd. 2, S. 171 Anm. 1. – H. C. Andersen, Bd. 1, S. 86-88 u. Bd. 2, S. 625. – J. Andersen, S. 486-88 u. 686f. – Schmitz, S. 71f. – Rattner/Danzer, S. 13. – M. Jung, S. 70

39. Siehe: Zaunert/Moser-Rath, S. 145. – H. C. Andersen, Bd. 1, S. 94. – von Beit, Bd. 1, S. 388 u. Bd. 2, S. 166. – Schröder, Schlange, S. 11 u. 72. – J. Grimm, DM, Bd. 2, S. 794. – Ninck, S. 137

40. Siehe: von Beit, Bd. 1, S. 335f., 391f. u. 431f. – C. G: Jung, GW, Bd. 5, S. 262f. u. 270. – Neumann, Mutter, S. 57 u. 268f. – Schröder, Schlange, S. 71f. u. 120 Anm. 61. – Müller, S. 162 u. 377. – Riedel, Farben, S. 159, 162, 164 u. 167f. – Cooper, S. 18, 52, 75 u. 166. – von Bonin, S. 57, 102 u. 107. – Schliephacke, S. 18 u. 54. – E. Hartmann, S. 163. – Gravier, S. 355

41. Siehe: Zaunert/Moser-Rath, S. 145. – EM, Bd. 10, S. 1313f. u. Bd. 11, S. 286 u. 288-90. – Diederichs, S. 249f., 263f. u. 345f. – von Bonin, S. 89 u. 91f. – Schröder, Schlange, S. 68f., 71-73 u. 120 Anm. 58 u. 60 u. 62. – Snook, S. 133 u. 145. – Müller, S. 23 u. 98. – Kahn, S. 35f. – Wehse, S. 12f. – Schliephacke, S. 37. – Cooper, S. 144. –Bolte/Polivka, Bd. 1, S. 198 u. Bd. 3, S. 84. – Bolte, Märchen, S. 49

42. Siehe: Zaunert/Moser-Rath, S. 145 u. 147f. – von Beit, Bd. 1, S. 97 u. Bd. 2, S. 169, 180 u. 587. – Kast, Prinzessin, S. 77. – Müller, S. 450

43. Siehe: Reuße/Holler, S. 29f., 52-54 u. 63-66. – Voss, S. 31-33 u. 40f. – Delaney/ Lupton/Toth, S. 32-36. – Horney, Verstimmungen, S. 161-63. – Hering/Maierhof., S. 91f.

44. Siehe: Schadewaldt, T. 1, S. 87 u. 89f. – Winterstein, S. 214 u. 255f. – Schmideberg, S. 194f. – Freud, GW, Bd. 12, S. 166. – Fischer, S. 15. – Bergler, S. 19. – Hering/Maierhof., S. 14

45. Siehe: H. C. Andersen, Bd. 1, S. 94-97. – von Beit, Bd. 2, S. 165f. u. 180. – Müller, S. 23. – Liljeblad, S. 161f. – Diederichs, S. 268f.

46. Siehe: H. C. Andersen, Bd. 1, S. 102f. u. 105-07. – Zaunert/Moser-Rath, S. 147. – von Beit, Bd. 2, S. 180f. u. 193. – Drewermann, Seele, S. 128f. u. 131f. – J. Andersen, S. 485 u. 701f. – E. Hartmann, S. 162 u. 166. – Kahn, S. 37

47. Siehe: H. C. Andersen, Bd. 1, S. 95f. – Zaunert/Moser-Rath, S. 146. – Scherf, Lexikon, S. 399f. – Scherf, Märchenlexikon, Bd. 2, S. 1268. – von Beit, Bd. 2, S. 194. – Kast, Prinzessin, S. 86. – Snook, S. 126

48. Siehe: Zaunert/Moser-Rath, S. 147f. – von Beit, Bd. 2, S. 148, 180 u. 429 Anm. 3. – Kast, Prinzessin, S. 87. – Müller, S. 24. – Kahn, S. 37f. – Göttner-Abendroth, Göttin, S. 6, 17 u. 20. – Hunger, S. 110f.

49. Siehe: EM, Bd. 1, S. 996f. u. Bd. 3, S. 856f., 864-66, 881f. u. 885 u. Bd. 5, S. 229 u. 233-35. – Riedel, Bilder, S. 187-89 u. 193. – Riedel, Formen, S. 75. – Röhrich, S. 110f. u. 113. – Cooper, S. 219-21. – Müller, S. 160f. – Schröder, Schlange, S. 48f. – von Bonin, S. 125f. – Kast, Mann, S. 71. – Schliephacke, S. 78

50. Siehe: Göttner-Abendroth, Göttin, S. 5f. u. 17-20. – Riedel, Formen, S. 71-73 u. 84f. – Riedel, Bilder, S. 188. – Schröder, Schlange, S. 49 u. 117 Anm. 40. – Schliephacke, S. 77f. – von Bonin, S. 29f. – Cooper, S. 220

51. Siehe: Kahn, S. 38-40. – Bettelheim, S. 122f. u. 208f. – von Bonin, S. 30. – EM, Bd. 3, S. 858. – Kast, Prinzessin, S. 78. – von Beit, Bd. 2, S. 183

52. Siehe: Neumann, Mutter, S. 217-20 u. 236-38. – Zingsem, Himmel, S. 215-18. – von Bonin, S. 40f., 50f. u. 100. – Cooper, S. 48f., 65f. u. 158. – von Beit, Bd. 2, S. 166f. u. 179. – Schliephacke, S. 25f. – Hunger, S. 260f. – Führer, S. 17f.

278

53. Siehe: H. C. Andersen, Bd. 1, S. 103 u. 105. – J. Andersen, S. 480-83 u. 681-83. – Drewermann, Seele, S. 126, 128f. u. 132f. – Rattner/Danzer, S. 16 u. 30. – von Bonin, S. 43f., 56f. u. 104f. – Schliephacke, S. 20f., 24 u. 54. – Cooper, S. 72f. u. 169. – Duden, Etymologie, S. 267 u. 652. – von Beit, Bd. 1, S. 400 u. 731f.

54. Siehe: Zaunert/Moser-Rath, S. 147-49. – von Beit, Bd. 2, S. 168f. u. 193f. – Kast, Prinzessin, S. 79-81. – Riedel, Farben, S. 177, 180 u. 185f. – Schröder, Schlange, S. 33f., 46f., 115 Anm. 23 u. 117 Anm. 38. – Cooper, S. 52f. u. 138f.. – von Bonin, S. 87f. u. 129f. – Schliephacke, S. 19 u. 48

55. Siehe: Zaunert/Moser-Rath, S. 149f. – von Beit, Bd. 1, S. 401, 495f. u. 496 Anm. 1 u. Bd. 2, S. 169, 179 u. 194. – Schröder, Schlange, S. 66f. u. 119 Anm. 57. – Kast, Prinzessin, S. 82f. – Müller, S. 101f.. – von Bonin, S. 108f. – Cooper, S. 171. – Schliephacke, S. 56

56. Siehe: Zaunert/Moser-Rath, S. 150f. – H. C. Andersen, Bd. 1, S. 107f. – von Beit, Bd. 1, S. 87f. u. 638. u. Bd. 2, S. 167, 194f. u. 615. – Kahn, S. 39-41. – Göttner-Abendroth, Göttin, S. 101 u. 103. – Kast, Prinzessin, S. 83f. – Cooper, S. 94. – von Bonin, S. 70

57. Siehe: Zaunert/Moser-Rath, S. 147 u. 149. – von Beit, Bd. 2, S. 186, 189 u. 443. – Cooper, S. 10f. u. 184f. – von Bonin, S. 116. – Kahn, S. 37. – Kast, Prinzessin, S. 78

58. Siehe: Zaunert/Moser-Rath, S. 149. – von Beit, Bd. 1, S. 29-31, 435 u. 641-43 u. Bd. 2, S. 78 u. 190. – Schröder, Nixe, S. 52-54 u. 85 Anm. 35 u. 36. – Schröder, Schlange, S. 20f. u. 113 Anm. 11. – Cooper, S. 121-23. – von Bonin, S. 78f. – Schliephacke, S. 42

59. Siehe: von Beit, Bd. 1, S. 116, 218, 226f., 406f. u. 497 u. Bd. 2, S. 154, 176, 188, 191 Anm. 1, 206 u. 329. – Schröder, Schlange, S. 51-53, 117 Anm. 43 u. 118 Anm. 44. – Kast, Prinzessin, S. 81f. – Cooper, S. 56f. – von Bonin, S. 44. – Schliephacke, S. 21

60. Siehe: Zaunert/Moser-Rath, S. 150. – von Beit, Bd. 1, S. 429-31, 434f. u. 704 u. Bd. 2, S. 78, 190-92 u. 583. – Cooper, S. 175-77. – von Bonin, S. 110. – Schliephacke, S. 56. – Kahn, S. 38

61. Siehe: von Beit, Bd. 1, S. 146, 275, 355f., 371 u. 663 u. Bd. 2, S. 31, 189f., 193f. Anm. 6, 206 u. 526f. – Cooper, S. 54-56 u. 147f. – von Bonin, S. 42f. u. 91. – Kast, Prinzessin, S. 83f. – Schliephacke, S. 19f. – HdA, Bd. 1, S. 1074

62. Siehe: H. C. Andersen, Bd. 1, S. 102f. u. 107. – von Beit, Bd. 1, S. 185, 602, 633 u. 730 u. Bd. 2, S. 193, u. 196f. – J. Andersen, S. 486-88 u. 701. – E. Hartmann, S. 89f. u. 93. – Schröder, Drama, S. 128 u. 198 Anm. 27. – Cooper, S. 191f. – Schliephacke, S. 60f. – EM, Bd. 13, S. 189-91. – Kahn, S. 37. – Gravier, S. 354. – Neumann, Mutter, S. 281

63. Siehe: von Beit, Bd. 2, S. 166f. – H. C. Andersen, Bd. 1, S. 94 u. 100f. – Zaunert/Moser-Rath, S. 146f. – Cooper, S. 58-60, 169f., 205f. u. 230f. – von Bonin, S. 24, 106 u. 126f. – Schliephacke, S. 55f., 68f. u. 84. – Schröder, Hänsel, S. 102f. u. 163 Anm. 53

64. Siehe: von Beit, Bd. 2, S. 167. – H. C. Andersen, Bd. 1, S. 89, 100f., 103 u. 105-07. – Zaunert/Moser-Rath, S. 146-50

65. Siehe: von Beit, Bd. 2, S. 90, 162, 185, 196, 422 u. 426. – Cooper, S. 27, 153 u. 181. – Schliephacke, S. 14, 51f. u. 59. – von Bonin, S. 23f. u. 113-15. – Kast, Prinzessin, S. 78 u. 86

66. Siehe: von Beit, Bd. 2, S. 167. – H. C. Andersen, Bd. 1, S. 110f. – Zaunert/Moser-Rath, S. 151. – Liljeblad, S. 222-24. – Diederichs, S. 269f. – Kahn, S. 41. – E. Hartmann, S. 162. – Lüthi, S. 97f. – EM, Bd. 3, S. 308. – Kast, Prinzessin, S. 84
67. Siehe: von Beit, Bd. 2, S. 42-46 u. 185. – Scherf, Lexikon, S. 228f., 233 u. 398. – Scherf, Märchenlexikon, Bd. 1, S. 702f. u. 705f. u. Bd. 2, S. 1267f. – Liljeblad, S. 221f. – Röhrich, S. 115. – Diederichs, S. 200f. – Lüthi, S. 98
68. Siehe: von Beit, Bd. 1, S. 448 u. Bd. 2, S. 45f., 164, 167, 185 u. 201. – Lüthi, S. 98f. – Röhrich, S. 115. – Cooper, S. 8 u 121. – von Bonin, S. 17. – Schliephacke, S. 42. – Riedel, Farben, S. 164
69. Siehe: H. C. Andersen, Bd. 1, S. 111. – von Beit, Bd. 1, S. 39f., 282, 397, 438, 535 u. 672 u. Bd. 2, S. 100, 138 u. 394. – Schliephacke, S. 40 u. 71f. – von Bonin, S. 74f. u. 129. – Cooper, S. 209f. – Schröder, Schlange, S. 75 u. 120 Anm. 64. – Schröder, Drama, S. 145f. u. 201 Anm. 4. – Schröder, Hänsel, S. 121 u. 164 Anm. 66
70. Siehe: Cooper, S. 52f., 169f. u. 210. – Schliephacke, S. 18f. u. 55f. – von Bonin, S. 106f. u. 129f. – von Beit, Bd. 1, S. 552f. u. Bd. 2, S. 157f. – Scherf, Lexikon, S. 310 u. 312. – Scherf, Märchenlexikon, Bd. 2, S. 981. – Diederichs, S. 270. – Liljeblad, S. 162f. – Riedel, Farben, S. 164 u. 187f. – Riedel, weise Frau, S. 131f. – Schröder, Nixe, S. 58 u. 85 Anm. 40
71. Siehe: von Beit, Bd. 2, S. 167 u. 200f. – H. C. Andersen, Bd. 1, S. 111f. – Zaunert/Moser-Rath, S. 151f. – Scherf, Lexikon, S. 398f. – Scherf, Märchenlexikon, Bd. 2, S. 1268. – Kast, Prinzessin, S. 84
72. Siehe: Zaunert/Moser-Rath, S. 151f. – von Beit, Bd. 1, S. 204f., 283, 439, 455, 470, 507, 538 u. 713 u. Bd. 2, S. 72f., 201 u. 449. – Schröder, Schlange, S. 59-64 u. 118f. Anm. 50-54. – Cooper, S. 146f u. 192f. – Schliephacke, S. 48f u. 61f. – von Bonin, S. 90 u. 118. – Kast, Prinzessin, S. 84f.
73. Siehe: von Beit, Bd. 2, S. 167f. u. 201f. – H. C. Andersen, Bd. 1, S. 112. – Zaunert/Moser-Rath, S. 145 u. 152. – Scherf, Märchenlexikon, Bd. 2, S. 982. – Scherf, Lexikon, S. 312. – Kast, Prinzessin, S. 87
74. Siehe Voss, S. 52-61 – Göttner-Abendroth, Göttin, S. 5f., 17-20 u. 101-03. – Reuße/Holler, S. 23-25. – W. u. M. Woeller, S. 80-82 u. 139-43. – Frenzel, Stoffe, S. 62f. u. 226-29. – Wägner, S. 83f. u. 116. – E. Jung/von Franz, S. 146f., 202f. 217, 385 u. 404. – Laiblin, S. 138-40. – Zingsem, Himmel, S. 251f. – Müller, S. 284f. – von Beit, Bd. 1, S. 678
75. Siehe: Reuße/Holler, S. 19-21, 25, 29f. u. 33. – Voss, S. 31-33 u. 35f. – Delaney/Lupton/Toth, S. 18f. u. 34f. – Hering/Maierhof., S. 14f. u. 19f. – Kahn, S. 39-41. – Bergler, S. 19f. – Kast, Prinzessin, S. 86f. – von Beit, Bd. 2, S. 180
76. Siehe: H. C. Andersen, Bd. 1, S. 80-83, 93-95 u. 110f. u. Bd. 2, S. 624f. – J. Andersen, S. 683-88, 692f. u. 700-02. – Schmitz, S. 71-75. – Rattner/Danzer, S. 13f. – M. Jung, S. 69f. – Kahn, S. 36f. – Helweg, S. 783
77. Siehe: von Beit, Bd. 2, S. 166-68, 179, 194 Anm. 2, 201f., 557f. u. 587. – Neumann, Mutter, S. 217-20. – Hunger, S. 260f. – Liljeblad, S. 195f. u. 223. – Kahn, S. 39-41. – Lüthi, S. 88
78. Siehe: Zaunert/Moser-Rath, S. 145 u. 149f. – Kast, Prinzessin, S. 77, 79 u. 81-83. – von Beit, Bd. 2, S. 180f., 186f. u. 190-92. – Kahn, S. 36-38 u. 40f.
79. Siehe: Zaunert/Moser-Rath, S. 150-52. – Kast, Prinzessin, S. 85f. u. 88f. – von Beit, Bd. 2, S. 178, 185, 198 u. 203. – Kahn, S. 41-43

80. Siehe: Liljeblad, S. 20f., 25f., 39, 41f., 171f. u. 246-48. – EM, Bd. 3, S. 307f. u. Bd. 5, S. 1240. – Geroult, S. 44f. – Bolte/Polivka, Bd. 3, S. 514f. – Bolte, Märchen, S. 49. – Winterstein, S. 249

81. Siehe: Liljeblad, S. 34f., 54 u. 172. – EM, Bd. 1, S. 799 u. Bd. 6, S. 627. – von Haxthausen, S. 333f. – Köhler, S. 10f. – Winterstein, S. 249f. – Geroult, S. 47. – Bolte/Polivka, Bd. 3, S. 505

82. Siehe: Wentzel/Spies, S. 191-97, 272f., 276, 280f. Anm. 19 u. 20 u. 284 Nr. 20. – Kast, Wege, S. 146-50 u. 208 Anm. 24. – EM, Bd. 8, S. 640 u. 644 Anm. 16

83. Siehe: EM, Bd. 1, S. 795 u. Bd. 8, S. 637. – Wentzel/Spies, S. 266f. u. 270. – Spies, S. 205 u. 217. – Armenische Märchen, S. 237f. – Nebez, Kommentar, S. 246. – von Haxthausen, S. 333

84. Siehe: C. G. Jung, GW, Bd. 5, S. 242f. u. Bd. 9, Hbbd. 1, S. 154f., 157 u. 159 u. Bd. 18, Hbbd. 2, S. 726. – von Beit, Bd. 1, S. 348 u. Bd. 2, S. 177. – Riedel, Farben, S. 114f. – von Franz, Dimensionen, S. 73f. – Kast, Wege, S. 154f

85. Siehe: Franke, S. 2, 42-44, 60, 62-64, 69f. u. 80f. – EM, Bd. 2, S. 1206f. u. Bd. 3, S. 1349f. u. Bd. 8, S. 277 u. Bd. 9, S. 945. – C. G. Jung, GW, Bd. 5, S. 243f. u. Bd. 9, Hbbd. 1, S. 151f. u. Bd. 18, Hbbd. 2, S. 723f. – Friedländer, S. VI, XI, 251f. u. 258-63. – Vollers, S. 237-39 u. 271f. – EI, Bd. 2, S. 923f. – R. Hartmann, Chidher, S. 93f. – Nebez, Märchen, S. 11 u. 134 Anm.7. – Nebez, Kommentar, S. 249. – Spies, S. 207

86. Siehe: Friedländer, S. 10f., 13-15, 28-34, 55-60, 112-16, 241-43 u. 252f. – Franke, S. 45-49. – EM, Bd. 1, S. 277 u. Bd. 2, S. 1207. – Vollers, S. 277 u. 282. – EI, Bd. 2, S. 923 u. 925. – R. Hartmann, Erklärung, S. 314f. – R. Hartmann, Chidher, S. 92f

87. Siehe: Göttner-Abendroth, Göttin, S. 27f., 65-69 u. 79-82. – Vollers, 273f. u. 278-81. – Friedländer, S. 35-38. – R. Hartmann, Chidher, S. 89f., 92 u. 96f. – R. Hartmann, Erklärung, S. 309f. u. 311f. –EI, Bd. 2, S. 923. – von Franz, Dimensionen, S. 74

88. Siehe: von Bonin, S. 54-56. – Schliephacke, S. 28f. – Cooper, S. 69f. – von Beit, Bd. 1, S. 250 u. 330

89. Siehe: von Beit, Bd. 1, S. 325, 329f., 330 Anm. 1, 383 u. 430. – Riedel, Farben, S. 24, 28, 30, 32 u. 43f. – Voss, S. 26f. u. 29. – Schröder, Hänsel, S. 114f. u. 163 Anm. 62. – EM, Bd. 11, S. 850-52. – Cooper, S. 51f. – Schliephacke, S. 18f. – von Bonin, S. 95f. – Kast, Wege, S. 154

90. Siehe: von Beit, Bd. 1, S. 137 Anm. 3, 165f., 560, 660, 671 u. Anm. 1, 678 u. 680 Anm. 1. – Schröder, Hänsel, S. 115f. u. 164 Anm. 63. – Schröder, Nixe, S. 58 u. 85 Anm. 40. – Riedel, Farben, S. 29f. – Göttner-Abendroth, Göttin, S. 5f. – Voss, S. 45. – Laiblin, S. 138

91. Siehe: Hunger, S. 70f., 74f. u. 262. – Schröder, Drama, S. 85-88 u. 192f. Anm. 15-19. – Heller/Mosbahi, S. 20-23, 36f. u. 39f. – Mernissi, S. 26, 29, 43, 50f. u. 53. – Rotter, S. 107f. u. 113-15. – Roellenbleck, S. 15f. u. 167 Anm. 25. – Voss, S. 43. – Bobzin, S. 54

92. Siehe: von Beit, Bd. 1, S. 116-19. – von Bonin, S. 15f. – Cooper, S. 15f. – Kast, Wege, S. 154

93. Siehe: von Beit, Bd. 1, S. 347 Anm. 2 u. 347f. u. Bd. 2, S. 116, 496, 539 u. 569. – Riedel, Farben, S. 105 u. 107-10. – Cooper, S. 50f. – von Bonin, S. 54

94. Siehe: Riedel, Farben, S. 41, 104f., 111f. u. 115. – Franke, S. 80-83, – Kast, Wege, S. 154f. – von Beit, Bd. 1, S. 165. – EI, Bd. 2, S. 926. – R. Hartmann, Chidher, S. 92. – Cooper, S. 51. – Friedländer, S. 114

95. Siehe: von Beit, Bd. 2, S. 174 u. 176. – Wentzel/Spies, S. 191f. – Kast, Wege, S. 151. – von Haxthausen, S. 333. – Liljeblad, S. 33. – Eberhard/Boratav, S. 70

96. Siehe: von Beit, Bd. 2, S. 170f. u. 173. – Wentzel/Spies, S. 192. – von Haxthausen, S. 333. – Kast, Wege, S. 152f. – Kast, Prinzessin, S. 76

97. Siehe: von Beit, Bd. 2, S. 165 u. 176f. – Wentzel/Spies, S. 192. – von Haxthausen, S. 333. – Kast, Wege, S. 153

98. Siehe: von Beit, Bd. 1, S. 417 u. Bd. 2, S. 173f. – Wentzel/Spies, S. 192f. – von Haxthausen, S. 333. – Franke, S. 270f. – C. G. Jung, GW, Bd. 5, S. 473. – Riedel, Formen, S. 45. – Kast, Wege, S. 154f. – Cooper, S. 101. – Duden, Etymologie, S. 387

99. Siehe: C. G. Jung, GW, Bd. 5, S. 470-74 u. Bd. 9, Hbbd. 1, S. 233, 237f., 240 u. 242. – Voss, S. 54 u. 260-63. – Göttner-Abendroth, Göttin, S. 5 u. 35. – Neumann, Mutter, S. 166f. – Hunger, S. 150f. – Riedel, Wandlungen, S. 114. – Riedel, Formen, S. 73. – Riedel, Farben, S. 163. – Wentzel/Spies, S. 193. – Müller, S. 460f. – von Bonin, S. 12f. – Jacobi, Psychologie, S. 188. – E. Jung, Anima, S. 113. – von Beit, Bd. 1, S. 478. – Heller/Mosbahi, S. 22. – Bobzin, S. 54

100. Siehe: Wentzel/Spies, S. 193. – Kast, Wege, S. 155. – Riedel, Farben, S. 31. – von Beit, Bd. 2, S. 177

101. Siehe: HdA, Bd. 2, S. 130-34 u. Bd. 4, S. 473, 475f. u. 487f. – Cooper, S. 32 u. 82-84. – Schenda, S. 43-45 u. 151-55. – EM, Bd. 6, S. 1318-22 u. 1325-27. – C. G. Jung, GW, Bd. 5, S. 304 u. 472. – Hunger, S. 151 u. 217. – Wentzel/Spies, S. 193. – Kast, Wege, S. 156. – Schliephacke, S. 34. – von Bonin, S. 62. – Neumann, Mutter, S. 167

102. Siehe: C. G. Jung, GW, Bd. 5, S. 334, 462 u. Anm. 113 u. 477f. – von Beit, Bd. 1, S. 511 u. Bd. 2, S. 88f. – EM, Bd. 3, S. 788f. u. 794. – HdA, Bd. 2, S. 368-71. – Wentzel/Spies, S. 193f. – Cooper, S. 35f. – Kast, Wege, S. 156f. – von Bonin, S. 27f. – Stamer/Zingsem, S. 245f. – Müller, S. 91

103. Siehe: HdA, Bd. 2, S. 132, 367 u. 379f. u. Bd. 4, S. 481. – EM, Bd. 3, S. 794 u. Bd. 6, S. 1321. – Wentzel/Spies, S. 193f. – von Beit, Bd. 2, S. 173f. – Schliephacke, S. 15. – Cooper, S. 83. – Hunger, S. 69

104. Siehe: Riedel, Farben, S. 30 u. 44. – Müller, S. 260f. – Schröder, Schlange, S. 66 u. 119 Anm. 57. – Schröder, Drama, S. 87 u. 193 Anm. 17. – Heller/Mosbahi, S. 22f. – Rotter, S. 113f. – von Bonin, S. 108f. – Cooper, S. 171. – Schliephacke, S. 56. – Wentzel/Spies, S. 194

105. Siehe: Franke, S. 23f., 72-74, 128f., 258 u. 319-21. – Vollers, S. 238, 243f. u. 246f. – R. Hartmann, Chidher, S. 88f. – EI, Bd. 2, S. 923. – EM, Bd. 2, S. 1207. – C. G. Jung, GW, Bd. 9, Hbbd. 1, S. 155

106. Siehe: EM, Bd. 3, S. 794f., 809, 811 u. 814f. u. Bd. 9, S. 625. – Stamer/Zingsem, S. 244f. u. 250. – Müller, S. 91f. u. 162. – von Beit, Bd. 1, S. 141 u. 336. – Schliephacke, S. 15f. – von Bonin, S. 28. – Cooper, S. 36. – Egli, S. 223. – HdA, Bd. 6, S. 232

107. Siehe: EM, Bd. 2, S. 1208 u. Bd. 3, S. 795f., 802 u. 811 u. Bd. 5, S. 1030-32. – Stamer/Zingsem, 243-45. – Egli, S. 224f. – HdA, Bd. 2, S. 372 u. Bd. 3, S. 647. – R. Hartmann, Chidher, S. 93f. – von Wilpert, dtv-Lexikon, Bd. 2, S. 648f. – EI, Bd. 2, S. 925. – Friedländer, S. 275. – Franke, S. 373. – C. G. Jung, GW, Bd. 18, Hbbd. 2, S. 724

108. Siehe: Stamer/Zingsem, S. 251f. – Egli, S. 225f. – R. Hartmann, Chidher, S. 94f.

109. Siehe: Müller, S. 158, 412 u. 458. – Riedel, Farben, S. 163, 180f., 184 u. 187.
– Riedel, Wandlungen, S. 114f. – Wentzel/Spies, S. 193f. – Cooper, S. 52f. –
C. G. Jung, GW, Bd. 5, S. 473. – Heller/Mosbahi, S. 22. – Hunger, S. 151
110. Siehe: von Beit, Bd. 1, S. 54 u. 282f. u. Bd. 2, S. 177. – Riedel, Farben, S. 108
u. 180. – Franke, S. 24-26 u. 162. – HdA, Bd. 3, S. 647f. u. 653. – R. Hartmann,
Chidher, S. 95f. – von Franz, Dimensionen, S. 75. – EM, Bd. 6, S. 656f. –
Hunger, S. 69f. – C. G. Jung, GW, Bd. 5, S. 304
111. Siehe: von Beit, Bd. 1, S. 366f. u. Bd. 2, S. 174 u. 415. – EM, Bd. 8, S. 135-
137 u. 145f. – Schröder, Schlange, S. 29f. u. 114 Anm. 17 u. 18. – Schliephacke,
S. 36f. – Cooper, S. 93. – von Bonin, S. 70
112. Siehe: Duden, Etymologie, S. 255, 384, 574, 592 u. 648. – von Beit, Bd. 1, S. 487
u. Bd. 2, S. 22 u. 24. – EM, Bd. 8, S. 137-41 u. 144f. – Wentzel/Spies, S. 194-96.
– Müller, S. 255f. – Diederichs, S. 192. – Kast, Wege, S. 158. – Schliephacke, S. 37
113. Siehe: von Beit, Bd. 1, S. 729f. u. Bd. 2, S. 47-50. – Müller, S. 315f. u. 376f. –
Riedel, Farben, S. 31 u. 177f. – Duden, Etymologie, S. 67 u. 335. – Wentzel/Spies,
S. 194f. – Kast, Wege, S. 158f.
114. Siehe: Kast, Wege, S. 159f. – Wentzel/Spies, S. 195. – EM, Bd. 5, S. 105 u. 111f.
u. Bd. 7, S. 782-84. – HdA, Bd. 2, S. 1733, 1738f. u. 1749 u. Bd. 4, S. 841f.
115. Siehe: von Haxthausen, S. 333. – Wentzel/Spies, S. 194f. – Köhler, S. 11. –
Winterstein, S. 250. – Neumann, Bedeutung, S. 14f. – Stamer/Zingsem, S. 245 u.
250. – Müller, S. 276 u. 312. – Egli, S. 225
116. Siehe: Liljeblad, S. 21, 34, 54 u. 246. – Eberhard/Boratav, S. 70-72. – von Beit,
Bd. 2, S. 175. – Wentzel/Spies, S. 195. – Kast, Wege, S. 160
117. Siehe: Schröder, Schlange, S. 13-25 u. 113f. Anm. 2-14. – Schröder, Drama,
S. 13f., 38f., 183 Anm. 4-5 u. 186 Anm. 8. – Püschel, S. 29, 31, 43, 83, 87, 89 u.
91. – Voss, S. 48-51. – Hauser/Mambourg, S. 476f. – Eliade, Religionen, S. 196f.
– Winterstein, S. 212
118. Siehe: EM, Bd. 5, S. 1242 u. Bd. 9, S. 107 u. Bd. 12, S. 38f. u. 42. – Hertz,
S. 195f. u. 211f. – Winterstein, S. 248. – Schmideberg, S. 193. – Eliade,
Religionen, S. 197. – von der Leyen/Schier, S. 36. – Schliephacke, S. 53. – von
Bonin, S. 101. – Müller, S. 285
119. Siehe: Mernissi, S. 13, 30f., 53 u. 85. – Heller/Mosbahi, S. 101, 104-06 u.
231. – Neumann, Bedeutung, S. 12-14. – Püschel, S. 8. – Schwikart, S. 118. –
Wörterbuch, S. 123
120. Siehe: Mernissi, S. 12-15, 23-31, 34-37, 51-54 u. 84f. – Rieplhuber, S. 205-12,
216-25, 229-31 u. 237-41. – Schwikart, S. 117f., 121f., 126 u. 139f. – Schröder,
Drama, S. 87-90 u. 193 Anm. 18-22. – Heller/Mosbahi, S. 37-44 u. 49. – Gost,
S. 52-57. – Wörterbuch, S. 123-25. – Tworuschka, S. 124-26. – Heiler, S. 79 u.
84f. – Baudler, S. 268
121. Siehe: Franke, S. 26, 55-58, 162 u. 191f. – C. G. Jung, GW, Bd. 9, Hbbd. 1,
S. 273f., 282f. u. 289f. – Greenfield, S. 38-41. – Müller, S. 430f. – von Franz,
Dimensionen, S. 76 u. 83. – Vollers, S. 254f. u. 276. – Schröder, Drama, S. 68-70
u. 190 Anm. 27-28. – EI, Bd. 2, S. 926. – R. Hartmann, Chidher, S. 96
122. Siehe: Franke, S. 167, 169, 173 u. 194f. – Neumann, Bedeutung, S. 12, 16f., 22
u. 32. – Bally, S. 79-81. – Egli, S. 225. – EM, Bd. 5, S. 1032
123. Siehe: Liljeblad, S. 21, 34f., 41f., 122f. u. 171. – EM, Bd. 3, S. 308 u. Bd. 5,
S. 1240. – von Haxthausen, S. 333f. – von Beit, Bd. 2, S. 175f.

124. Siehe: Liljeblad, S. 22, 123, 171f., 222 u. 245f. – Scherf, Lexikon, S. 399. – Scherf, Märchenlexikon, Bd. 2, S. 1268. – Diederichs, S. 69. – von Beit, Bd. 1, S. 678. – von Wilpert, dtv-Lexikon, S. 146
125. Siehe: Winterstein, S. 205f., 240 Anm. 5 u. 250f. – Schmideberg, S. 193f. – Bilder-Lexikon, Bd. 1, S. 749 u. Bd. 4, S. 710. – Schröder, Schlange, S. 13 u. 113f. Anm. 2. – Neumann, Bedeutung, S. 28. – Neumann, Mutter, S. 165. – Voss, S. 48 u. 50. – EM, Bd. 5, S. 1242
126. Siehe: Wentzel/Spies, S. 196f. – Kast, Wege, S. 162f. – Duden, Etymologie, S. 431f
127. Siehe: von Beit, Bd. 1, S. 164f., 365 u. 618. – Cooper, S. 69 u. 231. – Schliephacke, S. 46f. – von Bonin, S. 82f. – Hunger, S. 150f
128. Siehe: von Beit, Bd. 1, S. 445 u. 786 u. Bd. 2, S. 170, 176 u. 178. – HdA, Bd. 6, S. 1643f. u. 1660. – Liljeblad, S. 34 u. 246. – Cooper, S. 82 u. 138. – von Haxthausen, S. 334. – Schliephacke, S. 48. – von Bonin, S. 88. – C. G. Jung, GW, Bd. 5, S. 357
129. Siehe: HdA, Bd. 2, S. 132 u. Bd. 4, S. 481. – EM, Bd. 6, S. 1321 u. 1327. – Kast, Wege, S. 163f. – von Beit, Bd. 2, S. 174f. – Wentzel/Spies, S. 197. – Cooper, S. 83. – Schenda, S. 152
130. Siehe: Kast, Wege, S. 164f. – Wentzel/Spies, S. 197. – EM, Bd. 6, S. 1320. – HdA, Bd. 4, S. 487. – von Beit, Bd. 1, S. 348. – Cooper, S. 84. – Schenda, S. 151
131. Siehe: von Beit, Bd. 2, S. 173-76. – Winterstein, S. 249-51. – Kast, Wege, S. 151-53 u. 160f. – Kast, Prinzessin, S. 77f. – Liljeblad, S. 33-35. – Wentzel/Spies, S. 266 u. 270
132. Siehe: Mernissi, S. 12f., 26f. u. 29-31. – Wentzel/Spies, S. 195-97. – Kast, Wege, S. 161, 163f. u. 167. – von Haxthausen, S. 333f. – Wörterbuch, S. 123-25. – Schwikart, S. 117-19. – Voss, S. 48-50. – EM, Bd. 5, S. 1242
133. Siehe: Schröder, Schlange, S. 72-75 u. 120 Anm. 62-63. – R. Hartmann, Chidher, S. 92 u. 96f. – Vollers, S. 278-80. – von Franz, Dimensionen, S. 74 u. 76. – Müller, S. 23f. – Voss, S. 260f. – Wentzel/Spies, S. 197. – Egli, S. 226. – Stamer/ Zingsem, S. 252
134. Siehe: Kompendium, S. 1, 22, 121 u. 407. – Wörterbuch, S. 51, 90, 128 u. 163f. – Schüngel-Straumann, Tobit, S. 43f., 83 u. 135. – Schüngel-Straumann, Tamar, S. 148. – EM, Bd. 8, S. 1080
135. Siehe: Maiberger, S. 201-04 u. 211f. – Stendebach, S. 83, 89, 91, 93, 97f., 107, 110, 116 u. 120f. – Schmidt, S. 77, 80, 86, 89-92, 96, 100f., 108f., 126f. u. 129f. – Einleitung, S. 345, 356, 360f., 364 u. 366. – Bibel, Einheitsübersetzung, S. 3, 167, 398 u. 463
136. Siehe: Finkelstein/Silberman, Posaunen, S. 83f., 109f., 140f., 186f., 234-41, 313-16 u. 319-22. – Finkelstein/Silberman, David, S. 182-84, 263 u. 265. – Finkelstein, Königreich, S. 175f. u. 187f. – Fohrer, S. 116-29, 313-22, u. 367-69. – Kaiser, S. 121-30. – Eliade, Geschichte, Bd. 1, S. 319 u. 322 u. Bd. 2, S. 215f. u. 221. – Miggelbrink, S. 206-08. – Albertz, S. 119f. – Bibel, Einheitsübersetzung, S. 1441-43
137. Siehe: Finkelstein/Silberman, Posaunen, S. 12-14, 260-63, 267-70, 280-85, 296-301, 309-13, 316-19 u. 332-35. – Finkelstein/Silberman, David, S. 19f., 129f., 132-35 u. 177-81. – Finkelstein, Königreich, S. 170-72. – Eliade, Geschichte, Bd. 1, S. 316f., 320f. u. 324f. – Kapelrud, S. 57, 68, 76 u. 82. – Rotter, S. 36f. – Kaiser, S. 119f. – Miggelbrink, S. 126f. – Albertz, S. 129f.

284

138. Siehe: Weiler, Lande, S. 38-42, 45-47, 55f., 62f. u. 68f. – Weiler, Matriarchat, S. 31-36, 39-41, 43f. u. 49f. – Virolleaud, S. 134f., 141f., 145f., 150f. u. 159f. – Rotter, S. 21f. u. 34f. – D. Scherf, S. 47f. – Kapelrud, S. 68f. – Fohrer, S. 34f. – Göttner-Abendroth, Göttin, S. 81f. – Zingsem, Himmel, S. 100f. – Neumann, Ursprungsgeschichte, S. 88f. – Leibbrand, S. 400f. – Roellenbleck, S. 27f. – Hunger, S. 70f.

139. Siehe: Neumann, Ursprungsgeschichte, S. 73, 85f., 88f. u. 176f. – Neumann, Mutter, S. 35, 40, 80a, 81, 83, 87 u. 147. – C. G. Jung, GW, Bd. 5, S. 220, 322 u. 496 u. Bd. 9, Hbbd. 1, S. 96f. – Müller, S. 284-86

140. Siehe: Weiler, Lande, S. 38f., 49, 56f., 198f., 259f. u. 286. – Weiler, Matriarchat, S. 34f., 45, 47, 51, 170f., 238, 279 u. 294. – Virolleaud, S. 157-159.

141. Siehe: Weiler, Matriarchat, S. 55 u. 328-30. – Weiler, Lande, S. 53f. – Göttner-Abendroth, Göttin, S. 17 u. 81f. – Göttner-Abendroth, Matriarchat, S. 167. – Baudler, S. 162-64, 185 u. 190f. – Heine, S. 15, 33f., 37 u. 49 Anm. 2. – Heschel, S. 163f. u. 177f. – Natmessnig, S. 188f., 194f., 196f., 198f., 201, 204f. u. 206. – Eliade, Geschichte, Bd. 1, S. 146. – Kapelrud, S. 69. – Rotter, S. 21. – Schröter, S. 47. – Roellenbleck, S. 27. – Fohrer, S. 35

142. Siehe: Neumann, Ursprungsgeschichte, S. 190-92 u. 201f. – Neumann, Tiefenpsychologie, S. 43-45. – Müller, S. 184f., 434f. u. 449-51. – Bally, S. 77f. u. 86f. – Schröder, Drama, S. 90 u. 193 Anm. 22

143. Siehe: Bibel, Einheitsübersetzung, S. 354-57. – Weiler, Lande, S. 335-40. – Weiler, Matriarchat, S. 283-86. – Finkelstein/Silberman, Posaunen, S. 191-93. – Eliade, Geschichte, Bd. 1, S. 313f. – D. Scherf, S. 47f. – Sorge, S. 53f. – Miggelbrink, S. 130f. – Kaiser, S. 120

144. Siehe: Bibel, Einheitsübersetzung, S. 384 u. 389-91. – Finkelstein/Silberman, Posaunen, S. 253f., 269f. u. 298-300. – Finkelstein/Silberman, David, S. 126-28. – Weiler, Lande, S. 306f. , 314f., 325f. u. 378. – Weiler, Matriarchat, S. 80f. u. 268f. – Kaiser, S. 123f. u. 129f. – Rotter, S. 36f. – D. Scherf, S. 50f. – Sorge, S. 51f. – Albertz, S. 129f

145. Siehe: Fromm, GA, Bd. 2, S. 210-12. – Neumann, Tiefenpsychologie, S. 42f. – Neumann, Bedeutung, S. 14. – Müller, S. 294f. – Rotter, S. 35f. – H. Wöller, S. 74. – Göttner-Abendroth, Göttin, S. 126. – Finkelstein/Silberman, Posaunen, S. 299. – Bibel, Einheitsübersetzung, S. 391

146. Siehe: Bibel, Einheitsübersetzung, S. 393f., 948 u. 1442. – Finkelstein/Silberman, Posaunen, S. 313-16. – Eliade, Geschichte, Bd. 1, S. 71 u. 322f. u. Bd. 2, S. 215. – Fohrer, S. 313-22. – Kaiser, S. 124-26. – Weiler, Lande, S. 59 u. Anm. 43, 85 u. 400. – Haas, S. 13 u. 17. – Prechel, S. 180f

147. Siehe: Haas, S. 12-14, 17-19, 21f. u. 27-30. – Baudler, S. 163, 170f., 192f. u. 221f. – Kersten, S. 28f., 35 u. 37f. – Virolleaud, S. 126-28. – Harding, Frauen-Mysterien, S. 126f. – Perera, Weg, S. 22f. – Rotter, S. 18f. – Zingsem, Himmel, S. 21. – Eliade, Geschichte, Bd. 1, S. 69

148. Siehe: Neumann, Ursprungsgeschichte, S. 61, 67, 69f., 75, 87, 89f. u. 105. – Neumann, Mutter, S. 80a, 86f., 133f., 158, 167, 206f., u. 247f.

149. Siehe: Virolleaud, S. 126-30. – Haas, S. 34-38. – Eliade, Geschichte, Bd. 1, S. 69-72. – KNLL, Bd. 18, S, 792-95. – Kast, Paare, S. 71-74. – Perera, Weg, S. 11-13. – Göttner-Abendroth, Göttin, S. 65-67. – Zingsem, Himmel, S. 18-20. – Harding, Frauen-Mysterien, S. 119-21. – Hunger, S. 7 u. 44. – Schröder, Drama, S. 11f. u. 183 Anm. 2. – von Wilpert, dtv-Lexikon, Bd. 2, S. 638f. – Kersten, S. 34. – EM, Bd. 13, S. 26. – KLL, 3. Aufl., Bd. 15, S, 754

150. Siehe: KNLL, Bd. 18, S, 636-39 u. 641f. u. Bd. 19, S. 855 u. 860. – KLL, 3. Aufl., Bd. 1, S, 187 u. Bd. 6, S. 245f. u. Bd. 15, S. 753. – EM, Bd. 5, S. 1244-49. – Eliade, Geschichte, Bd. 1, S. 80-82. – Kluger-Schärf, S. 194 u. 207-211. – Bog, S. 78-83. – Petriconi, S. 53-55. – Haas, S. 38-42. – Göttner-Abendroth, Göttin, S. 67-69. – Virolleaud, S. 124-26. – Steiner, S. 151f. – von Wilpert, dtv-Lexikon, Bd. 2, S. 481. – Frenzel, Motive, S. 158

151. Siehe: Petriconi, S. 55-57 u. 60f. – Neumann, Ursprungsgeschichte, S. 77f., 103 u. 108f. – Bog, S. 81. – Kluger-Schärf, S. 208. – C. G. Jung, GW, Bd. 5, S. 335f., 338, 378 u. 380. – von Beit, Bd. 1, S. 335f. – Müller, S. 161f

152. Siehe: Kerényi, S. 76-79, 84f. u. 89f. – Neumann, Mutter, S. 48, 87, 260 u. 273. – Voss, S. 202-05. – Bog, S. 60-63. – Hunger, S. 219f., 278 u. 281. – Schröder, Schlange, S. 72f. u. 120 Anm. 62. – Schröder, Drama, S. 12f. u. 183 Anm. 3. – Kluger-Schärf, S. 209. – von Wilpert, dtv-Lexikon, Bd. 2, S. 612. – Haas, S. 38f. – Virolleaud, S. 126. – Göttner-Abendroth, Göttin, S. 67 u. 69. – Stamer/Zingsem, S. 140f. – Eliade, Geschichte, Bd. 1, S. 82f. – KNLL, Bd. 18, S, 643f. – EM, Bd. 5, S. 1250

153. Siehe: Weiler, Lande, S. 256, 270, 273, 281, 300 u.310f. – Weiler, Matriarchat, S. 215, 226, 228, 234, 249 u. 256. – Baudler, S. 144, 180f., 189f., 194f. u. 198f. – Schmökel, S. 9f., 43f. u. 119f. – Römer, S. 411, 416, 418, 421, 423f. u. 427f. – Westenholz, S. 44f., 47-49 u. 52. – Haas, S. 44f., 122-26 u. 132f. – Rotter, S. 21 u. 39. – Eliade, Religionen, S. 406-08. – Göttner-Abendroth, Göttin, S. 69f. – Sorge, S. 51 u. 56

154. Siehe: C. G. Jung, GW, Bd. 5, S. 192f., 202, 310, 346, 435, 547f. u. 551f. – Neumann, Ursprungsgeschichte, S. 65 u. 75f. – Neumann, Mutter, S. 103, 242, 293 u. 299. – Müller, S. 135

155. Siehe: von Beit, Bd. 1, S. 487, 493, 513 u. 608 u. Bd. 2, S. 631 u. Anm. 2. – Müller, S. 77f. u. 169f.

156. Siehe: Harding, Frauen-Mysterien, S. 90f., 117, 182-86, 194 u. 309-12. – Haas, S. 33f., 43f., 56-62 u. 94-96. – Fauth, Prostitution, S. 24-28. – Westenholz, S. 53-57. – Rotter, S. 24-26. – Heiler, S. 21 u. 27-29. – Baudler, S. 225-27. – Kluger-Schärf, S. 197f. – Neumann, Ursprungsgeschichte, S. 74 u. 108. – de Beauvoir, S. 98f. – Kühn, S. 23f. – Stumpp, S. 116f. – von Wilpert, dtv-Lexikon, Bd. 2, S. 586

157. Siehe: Haas, S. 22-24, 60f. u. 84-86. – Kluger-Schärf, S. 200-02 u. 213-15. – Baudler, S. 149-51 u. 226. – KNLL, Bd. 18, S, 640-42. – Steiner, S. 148f. – EM, Bd. 5, S. 1248f. – Fauth, Prostitution, S. 26. – E. Jung, Anima, S. 86, 89 u. 114f. – C. G. Jung, GW, Bd. 9, Hbbd. 1, S. 41f. – Müller, S. 23f. – Neumann, Mutter, S. 46f. – Schröder, Schlange, S. 72f

158. Siehe: Shuttle/Redgrove, S. 137f., 156, 180 u. 237-40. – Harding, Frauen-Mysterien, S. 60-62 u. 116f. – Reuße/Holler, S. 23-25. – Fromm, GA, Bd. 6, S. 6f. u. 9. – Weiler, Lande, S. 367f. – Weiler, Matriarchat S. 302. – Neumann, Ursprungsgeschichte, S. 71f. – Traugott, S. 35. – Stumpp, S. 84. – D. Scherf, S. 169

159. Siehe: Stumpp, S. 80f. – Haas, S. 64f. – Fischer, S. 19f. – Traugott, S. 24f. – Harding, Frauen-Mysterien, S. 48f. – de Beauvoir, S. 169f. – Weiler, Matriarchat S. 27 u. 183

160. Siehe: Harding, Frauen-Mysterien, S. 57 u. 268. – Freud, GW, Bd. 12, S. 168, 177 u. 179. – Schmideberg, S. 191f. u. 196. – Horney, Angst, S. 7, 9f., 13 u. 16f. – Fromm, GA, Bd. 2, S. 227f. u. 233. – Schröder, Drama, S. 63 u. 189 Anm. 20

161. Siehe: C. G. Jung, GW, Bd. 5, S. 383f., 453, 483 u. 531f. – Neumann, Angst, S. 88, 90, 93f. u. 97f. – Neumann, Ursprungsgeschichte, S. 72. – Neumann, Mutter, S. 46, 165 u. 168. – Shuttle/Redgrove, S. 132f. – Schröder, Drama, S. 89f. u. 193 Anm. 20 u. 21. – Weiler, Matriarchat S. 199
162. Siehe: Neumann, Tiefenpsychologie, S. 33-37. – H. Wöller, S. 70-76. – Eliade, Geschichte, Bd. 1, S. 317f. u. 322f. – Rotter, S. 38 u. 44f. – Voss, S. 104f. – Mulack, S. 144. – Roellenbleck, S. 157
163. Siehe: Fohrer, S. 316-21 u. 367-69. – Finkelstein/Silberman, Posaunen, S. 317-22. – Finkelstein/Silberman, David, S. 195f. – Eliade, Geschichte, Bd. 1, S. 324f. u. Bd. 2, S. 220f. – Kaiser, S. 126-29
164. Siehe: Finkelstein/Silberman, Posaunen, S. 320 u. 331. – Finkelstein/Silberman, David, S. 197 u. 200. – Fohrer, S. 366f. u. 369. – Eliade, Geschichte, Bd. 2, S. 221f
165. Siehe: Baudler, S. 270f. u. 273. – Heiler, S. 73-75, Horney, Misstrauen, S. 528f. – Loth, S. 18. – H. Wöller, S. 91. – Voss, S. 133. – Fromm, GA, Bd. 11, S. 192. – Neumann, Bedeutung, S. 14
166. Siehe: Drewermann, Strukturen, Bd. 1, S. 34-36. – Maiberger, S. 204 u. 211. – Finkelstein/Silberman, Posaunen, S. 59f. – Schmidt, S. 77f. – Sorge, S. 104. – D. Scherf, S. 147. – Bibel, Einheitsübersetzung, S. 3. – Einleitung, S. 345. – Stendebach, S. 89
167. Siehe: Schüngel-Straumann, Frau, S. 144-48. – Mulack, S. 146. – Maiberger, S. 47. – Drewermann, Strukturen, Bd. 1, S. 97. – Göttner-Abendroth, Göttin, S. 82f. – Weiler, Lande, S. 117. – Traugott, S. 64. – Große Frauen, S. 14. – Rank, S. 76f. – Fodor, S. 169. – C. G. Jung, GW, Bd. 16, S. 185f. – Müller, S. 24
168. Siehe: Schüngel-Straumann, Frau, S. 112-14. – Bibel, Einheitsübersetzung, S. 149 u. Anm. 21, 9 u. 384. – Kompendium, S. 4. – Weiler, Lande, S. 325f. – Weiler, Matriarchat, S. 268f. – Finkelstein/Silberman, Posaunen, S. 254. – Drewermann, Strukturen, Bd. 1, S. 55. – Roellenbleck, S. 104. – Mulack, S. 146f. – D. Scherf, S. 151. – Sorge, S. 112
169. Siehe: Drewermann, Strukturen, Bd. 2, S. 81, 83, 102 u. 131f. –Schröder, Schlange, S. 14f. u. 113 Anm. 4. – C. G. Jung, GW, Bd. 9, Hbbd. 1, S. 96f. – Mulack, S. 149f. – Traugott, S. 57f. – Kühnholz/Jork, S. 50. – Levy, S. 25. – Göttner-Abendroth, Göttin, S. 83. – Roellenbleck, S. 104f. – Meves, Bibel, S. 19f. – Baudler, S. 215. – Schüngel-Straumann, Frau, S. 115
170. Siehe: Sorge, S. 104-07. – Mulack, S. 139, 143, 162 u. 165. – Kühnholz/Jork, S. 47f. – Fodor, S. 168f. – Fromm, GA, Bd. 11, S. 194f. – Wörterbuch, S. 90. – Schüngel-Straumann, Frau, S. 100. – Drewermann, Strukturen, Bd. 1, S. 9
171. Siehe: Mulack, S. 141, 150, 155, 157, 160 u. 163f. – Drewermann, Strukturen, Bd. 1, S. 20-22 u. Bd. 2, S. 49f. – Schüngel-Straumann, Frau, S. 104-09. – Maiberger, S. 47f. – Sorge, S. 107f. – Fromm, GA, Bd. 11, S. 193f. – D. Scherf, S. 147f. – Wörterbuch, S. 92. – Kompendium, S. 4. – Rank, S. 74. – Fodor, S. 171. – Freud, GW, Bd. 13, S. 267
172. Siehe: Drewermann, Strukturen, Bd. 1, S. 13f. u. Bd. 2, S. 18f. u. 26-28. – Mulack, S. 139f, 149f. u. 164. – Schröder, Schlange, S. 79-81 u. 121 Anm. 67 u. 68. – C. G. Jung, GW, Bd. 9, Hbbd. 1, S. 44 u. 96. – Eliade, Geschichte, Bd. 1, S. 158 u. Anm. 8. – Fodor, S. 170f. – Kühnholz/Jork, S. 48. – Fromm, GA, Bd. 11, S. 194. – Levy, S. 23. – Maiberger, S. 18. – Schüngel-Straumann, Frau, S. 96 Anm. 151

173. Siehe: Roellenbleck, S. 67f. u. 106-08. – Eliade, Religionen, S. 139f. u. 326-28. – Eliade, Geschichte, Bd. 1, S. 158f. – Schüngel-Straumann, Frau, S. 118-20. – Schröder, Schlange, S. 99f. u. 124 Anm. 86. – Levy, S. 21f. – Traugott, S. 67f. – Mulack, S. 142f. – Kompendium, S. 4f. – Wörterbuch, S. 93. – Stamer/Zingsem, S. 257. – Shuttle/Redgrove, S. 145

174. Siehe: Drewermann, Strukturen, Bd. 1, S. 16f. u. 69 u. Bd. 2, S. 59, 62f. u. 68. – Schröder, Schlange, S. 84f., 88f., 100f., 121 Anm. 72, 122 Anm. 76 u. 124 Anm. 87. – Levy, S. 20 u. 24f. – Kühnholz/Jork, S. 49f.

175. Siehe: Drewermann, Strukturen, Bd. 2, S. 54f., 57, 60, 102, 104f., 107f., 112-14, 117 u. 122. – Levy, S. 19 u. 26f. – Cooper, S. 54 u. 61f. – Stamer/Zingsem, S. 253 u. 255. – Mulack, S. 140f. – Fromm, GA, Bd. 11, S. 194. – Kühnholz/Jork, S. 51. – Maiberger, S. 50. – Neumann, Mutter, S. 235 u. Anm. 29. – C. G. Jung, GW, Bd. 5, S. 282 u. Anm. 30. – Meves, Bibel, S. 18

176. Siehe: Schröder, Schlange, S. 92f., 96f., 99 u. 123 Anm. 80 u. 83. – Schröder, Nixe, S. 26f. u. 83 Anm. 10. – von Beit, Bd. 1, S. 274, 439 u. 674 u. Bd. 2, S. 100. – Göttner-Abendroth, Göttin, S. 21, 27f., 83 u. 102. – Stamer/Zingsem, S. 255f. u. 258f. – Levy, S. 19f. u. 24. – Drewermann, Strukturen, Bd. 2, S. 60 u. 122. – D. Scherf, S. 151f. – Maiberger, S. 50f. – Cooper, S. 13. – Mulack, S. 149. – Zingsem, Himmel, S. 23. – Sorge, S, 108

177. Siehe: Drewermann, Strukturen, Bd. 1, S. 55-57 u. 62-64 u. Bd. 2, S. 162. – Maiberger, S. 49f. – Meves, Bibel, S. 16f. – Eliade, Geschichte, Bd. 1, S. 158f. – Schüngel-Straumann, Frau, S. 123f. – Wörterbuch, S. 93f. – Kühnholz/Jork, S. 51f. – Levy, S. 26f. – Fromm, GA, Bd. 11, S. 194f

178. Siehe: Stamer/Zingsem, S. 263f. – D. Scherf, S. 152. – Sorge, S. 108. – Große Frauen, S. 14. – Neumann, Psychologie, S. 85f. – Mulack, S. 150f. – Müller, S. 24. – Shuttle/Redgrove, S. 147

179. Siehe: Drewermann, Strukturen, Bd. 1, S. 88-93. – Schüngel-Straumann, Frau, S. 126-30. – Mulack, S. 154-58. – Sorge, S. 113 u. 116f. – Stamer/Zingsem, S. 264f. – Göttner-Abendroth, Göttin, S. 122. – D. Scherf, S. 154. – H. Wöller, S. 94. – Große Frauen, S. 15. – Kompendium, S. 5. – Wörterbuch, S. 94

180. Siehe: Kühnholz/Jork, S. 52-54. – Levy, S. 28f. – Fodor, S. 171f. – Fromm, GA, Bd. 11, S. 195

181. Siehe: C. G. Jung, GW, Bd. 7, S. 32 u. Bd. 9, Hbbd. 1, S. 36 u. 246 u. Bd. 11, S. 175 u. 213f. u. Bd. 15, S. 59 u. Bd. 16, S. 197 u. Bd. 17, S. 137. – Drewermann, Strukturen, Bd. 2, S. 134-40 u. 236f. – Schröder, Schlange, S. 100-02 u. 124 Anm. 87

182. Siehe: Hurwitz, S. 93f., 136f. u. 164. – Koltuv, S. 23, 29 u. 81. – Zingsem, Lilith, S. 47f. u. 124f. – Trattner, Kinder, S. 16, 25 u. 28-30. – Trattner, Lamastu, S. 114. – Traugott, S. 13 u. 65. – D. Scherf, S. 144 u. 147. – von Heyl, S. 105f. – Roebling, S. 167f. – EM, Bd. 1, S. 91f. – Große Frauen, S. 23. – Wörterbuch, S. 173. – Kompendium, S. 3

183. Siehe: Bibel, Einheitsübersetzung, S. 802 u. 833. – D. Scherf, S. 51f. u. 144. – Trattner, Kinder, S. 11-13. – Trattner, Lamastu, S. 113. – Zingsem, Lilith, S. 32f. – Hurwitz, S. 63f. – di Nola, S. 181 u. 183. – Koltuv, S. 28 u. 40. – Roebling, S. 165f. – Große Frauen, S. 22f. – Weiler, Mythos, S. 140f. – TR, Bd. 8, S. 276. – RGG, 4. Aufl., Bd. 1, S. 535

288

184. Siehe: Hurwitz, S. 21, 37f. u. 166. – TR, Bd. 8, S. 270f. u. 275. – RGG, 4. Aufl., Bd. 1, S. 533, 535f. u. 542. – Cooper, S. 32 u. 216. – EM, Bd. 3, S. 223f. – Trattner, Kinder, S. 13f. – Fischer, S. 15. – Fauth, Liliths, S. 90. – D. Scherf, S. 54. – Weiler, Mythos, S. 146. – Traugott, S. 72. – di Nola, S. 22. – Koltuv, S. 30. – Kleinert, S. 91

185. Siehe: Hurwitz, S. 34-37. – Zingsem, Lilith, S. 11 u. 15-17. – Stamer/Zingsem, S. 129-31 u. 157. – Koltuv, S. 13 u. 37f. – di Nola, S. 159 u. 183. – Weiler, Mythos, S. 138f. – Roebling, S. 163. – D. Scherf, S. 144. – von Heyl, S. 104. – Leibbrand, S. 403. – Beyer, S. 32. – Kleinert, S. 92

186. Siehe: Hurwitz, S. 20-24. – Trattner, Kinder, S. 4-6. – Trattner, Lamastu, S. 110f. – Traugott, S. 34f. – Roebling, S. 165f. – Roellenbleck, S. 114f. – Koltuv, S. 13f. – di Nola, S. 159. – RGG, 4. Aufl., Bd. 2, S. 535. – Wegner, S. 72

187. Siehe: Haas, S. 43f., 49-51, 180 Anm. 68 u. 193. – Weiler, Mythos, S. 153-56. – Hurwitz, S. 40-43. – Schmökel, S. 50f. u. 82f. – Traugott, S. 35f. – Roebling, S. 165. –Koltuv, S. 67. – Harding, Frauen-Mysterien, S. 117. – von Heyl, S. 103

188. Siehe: Hurwitz, S. 19f., 40f., 144f., 159 u. 171f. – Neumann, Mutter, S. 47f., 80a, 87 u. 146 u. Anm. 80. – Neumann, Ursprungsgeschichte, S. 86. – C. G. Jung, GW, Bd. 5, S. 317f. u. 335. – Müller, S. 23f. u. 285. – Schröder, Schlange, S. 72f. u. 120 Anm. 62. – Traugott, S. 34 u. 36. – Zingsem, Lilith, S. 61f. – Weiler, Mythos, S. 139. – Koltuv, S. 55

189. Siehe: EM, Bd. 1, S. 334 u. Bd. 7, S. 691f. – Hurwitz, S. 92f. – Kleinert, S. 87f. – Trattner, Kinder, S. 15f. – Trattner, Lamastu, S. 114. – Koltuv, S. 33. – Weiler, Mythos, S. 142. – Roebling, S. 168. – Vogelsang, S. 207

190. Siehe: Vogelsang, S. 208-10. – Hurwitz, S. 93f. – Koltuv, S. 33f. – Beyer, S. 39f. – Kleinert, S. 93f. – Leibbrand, S. 403f. – D. Scherf, S. 144. – EM, Bd. 8, S. 1080. – Klein-Franke, S. 109. – Zingsem, Lilith, S. 28. – Trattner, Kinder, S. 16. – Trattner, Lamastu, S. 113. – Weiler, Mythos, S. 141. – Traugott, S. 12. – Roebling, S. 167

191. Siehe: Vogelsang, S. 206 u. 209f. – Koltuv, S. 34-37. – Hurwitz, S. 162 u. 171f. – Trattner, Kinder, S. 16f. – Trattner, Lamastu, S. 114. – Traugott, S. 13f. – Neumann, Mutter, S. 47. – Kleinert, S. 93. – Beyer, S. 40

192. Siehe: Vogelsang, S. 209-12. – Koltuv, S. 38-40. – Traugott, S. 14f. – Weiler, Mythos, S. 142. – Beyer, S. 40. – Kleinert, S. 94. – Trattner, Kinder, S. 18. – Hurwitz, S. 94

193. Siehe: Koltuv, S. 22-24 u. 95. – Hurwitz, S. 66 u. 164. – Shuttle/Redgrove, S. 19 u. 242. – Neumann, Ursprungsgeschichte, S. 85f. u. 86 Anm. – Gray, S. 65 – Vogelsang, S. 210f. – Wegner S. 69. – Francia, S. 14. – Traugott, S. 28

194. Siehe: Koltuv, S. 9, 31 Anm. 1 u. 54f. – EM, Bd. 7, S. 829 u. 831 u. Bd. 8, S. 1081. – Zingsem, Lilith, S. 43f. – Hurwitz, S. 105f. – Weiler, Mythos, S. 146f. – di Nola, S. 194

195. Siehe: Koltuv, S. 19, 29f., 54 u. 125. – Hurwitz, S. 106 u. 163f. – Zingsem, Lilith, S. 35f. u. 42f. – Weiler, Mythos, S. 147f. – Freud, GW, Bd. 13, S. 264f. – Bally, S. 91f.

196. Siehe: Kluger-Schärf, S. 294f. u. 300-03. – Zingsem, Lilith, S. 37f. u. 176f. – D. Scherf, S. 52f. u. 144f. – Hunger, S. 7, 44 u. 101f. – Traugott, S. 13 u. 40. – Roebling, S. 168 u. 170. – Koltuv, S. 47f. – Perera, Sündenbock, S. 25f. – Perera, Weg, S. 29f. – Trattner, Kinder, S. 17f. – Hurwitz, S. 107. – Stamer/Zingsem, S. 156. – von Heyl, S. 106

197. Siehe: Koltuv, S. 131f. u. 135f. – Schipflinger, S. 239-42. – Neumann, Ursprungsgeschichte, S. 134f. – Neumann, Mutter, S. 86f. – Fromm, GA, Bd. 6, S. 373f. u. Bd. 9, S. 637. – Hurwitz, S. 109f. – Zingsem, Lilith, S. 36
198. Siehe: Shuttle/Redgrove, S. 237f. u. 240. – Hurwitz, S. 172f. – Roebling, S. 170f. – Vogelsang, S. 213f. – Neumann, Mutter, S. 308f. – EM, Bd. 8, S. 1081. – Koltuv, S. 136. – Schipflinger, S. 243
199. Siehe: Kleinert, S. 87-91. – Beyer, S. 28-32. – EM, Bd. 11, S. 955-58. – Koltuv, S. 41, 43 u. 116f. – Klein-Franke, S. 108f. – Traugott, S. 54. – Zingsem, Lilith, S. 31. – von Heyl, S. 104
200. Siehe: Beyer, S. 36-39, 48f. u. 118. – Kleinert, S. 93-95. – Shuttle/Redgrove, S. 129f. u. 241f. – EM, Bd. 11, S. 958f. – Hurwitz, S. 118f. – Koltuv, S. 86
201. Siehe: C. G. Jung, GW, Bd. 5, S. 225, 228f. u. 233. – Fromm, GA, Bd. 9, S. 280-82. – Hunger, S. 286f. u. 382. – Beyer, S. 113f. – Kleinert, S. 86f. – Bally, S. 45f. – Neumann, Mutter, S. 48
202. Siehe: Bog, S. 65-70. – Kerényi, S. 92, 100 u. 102. – Neumann, Mutter, S. 87 u. 273. – Kleinert, S. 94f. – Hunger, S. 244f. – Bolen, S. 237f. – Zingsem, Lilith, S. 170f. – C. G. Jung, GW, Bd. 5, S. 472
203. Siehe: Hunger, S. 122, 229f., 262 u. 386. – Hurwitz, S. 29-31. – C. G. Jung, GW, Bd. 5, S. 318f. u. 335. – Koltuv, S. 95f. – EM, Bd. 8, S. 738f. – Wegner, S. 73f. – Trattner, Kinder, S. 19f. – Trattner, Lamastu, S. 115. – Neumann, Mutter, S. 87
204. Siehe: Hunger, S. 148, 160f., 163, 167, 245 u. 373. – Göttner-Abendroth, Göttin, S. 41, 45f., 124 u. 242f. – Kast, Paare, S. 88, 90 u. 92-94. – Bolen, S. 207-11 u. 216. – C. G. Jung, GW, Bd. 5, S. 228, 387 u. 445f. – Kerényi, S. 109f., 123, 126, 128, 130f., 137f. u. 142f
205. Siehe: Hurwitz, S. 139f. – Traugott, S. 13f. – Trattner, Kinder, S. 17f. – Bog, S. 68f. – Bolen, S. 238f. – Beyer, S. 114f. – Kleinert, S. 86. – Vogelsang, S. 209. – Zingsem, Lilith, S. 65. – Kast, Paare, S. 92. – Göttner-Abendroth, Göttin, S. 124. – Wegner, S. 73
206. Siehe: Weiler, Göttin, S. 95-99, 109, 128 u. 130. – Cooper, S. 32 u. 134. – Neumann, Mutter, S. 230f. – von Beit, Bd. 1, S. 129f. – Schüngel-Straumann, Tamar, S. 153 Anm. 15. – von Ranke-Graves, S. 221. – Haas, S. 37
207. Siehe: Weiler, Lande, S. 142f., 261 u. 298f. – Weiler, Matriarchat, S. 73, 218 u. 248. – Weiler, Göttin, S. 108 u. 134. – Schmökel, S. 80f. – Carlebach, S. 239f. – Ohler, S. 54f. – Reif., S. 33. – Heilig, S. 129. – Georgi/Jost, S. 41. – Drewermann, Botschaft, S. 26. – Schüngel-Straumann, Tobit, S. 84. – Ebach, S. 125 – Syfuß, S. 145
208. Siehe: Finkelstein/Silberman, David, S. 96, 99f. u. 102. – Bibel, Einheitsübersetzung, S. 166 u. 269. – Schüngel-Straumann, Tamar, S. 149. – Reif., S. 36. – Georgi/Jost, S. 43. – Rüegger-Haller, S. 39
209. Siehe: Kompendium, S. 22 u. 121. – Weimar, S. 66f. – Schüngel-Straumann, Tamar, S. 148f. – Georgi/Jost, S. 40. – Engelmann, S. 120. – Reif., S. 30. – Heilig, S. 129. – Rüegger-Haller, S. 38. – Weiler, Lande, S. 142. – Ebach, S. 153. – Stromberg, Thomas Mann, Mythos, S. 205
210. Siehe: Thomas-Mann-Handbuch, S. 284-86, 292-99, 303f. u. 460f. – Ridley/Vogt, S. 58-60 u. 103. – Drewermann, Botschaft, S. 23-28. – Golka, S. 16, 93 u. 95. – Hamburger, S. 211-13. – Assmann, S. 141f. – Berger, S. 202f. – Stromberg, Thomas Mann, Mythos, S. 205f. – Dettmering, S. 9f. –. Ebach, S. 193. – Syfuß, S. 145 Anm. 261

211. Siehe: Salm, S. 94f., 116f., 137-43 u. 151-53. – Ohler, S. 45-51. – Weimar, S. 40-44. – Ebach, S. 124-29. – Levin, S. 131-34. – Reif., S. 30-32. – Bal/van Dijk Hemmes/van Ginneken, S. 64-66. – Rüegger-Haller, S. 32-34. – Krüger, S. 210-12. – Schüngel-Straumann, Tamar, S. 150f. – Schüngel-Straumann, Tobit, S. 83. – Golka, S. 69f. – Georgi/Jost, S. 40f. – Boecker, S. 55f. – Willi-Plein, S. 255f. – Leibbrand, S. 387f. – Hilbrands, S. 98. – Kompendium, S. 22

212. Siehe: Weimar, S. 35-39. – Boecker, S. 51-54. – Hilbrands, S. 99-102. – Golka, S. 20-22. – Ebach, S. 119-21. – Salm, S. 118-20. – Willi-Plein, S. 252f. – Krüger, S. 225f.

213. Siehe: Mann, Gr. komm. Frankf. Ausg., Bd. 8, Hbbd. 1, S. 1622-25 u. Bd. 8, Hbbd. 2, S. 1470. – Mieth, S. 137-39. – Weimar, S. 14-16. – Hamburger, S. 208-10. – Marquardt, S. 231f. – Dettmering, S. 57. – Drewermann, Botschaft, S. 24. – Große Frauen, S. 93. – Carlebach, S. 238. – Berger, S. 133. – Runge, S. 112. – Hilbrands, S. 118

214. Siehe: Georgi/Jost, S. 40f. – Salm, S. 110f. – Kompendium, S. 12f. – Reif., S. 32f. – Krüger, S. 211 u. Anm. 28. – Rüegger-Haller, S. 35. – Große Frauen, S. 91. – Weiler, Göttin, S. 78. – Schäfer-Bossert, S. 73

215. Siehe: Schröder, Drama, S. 89f. u. 193 Anm. 21. – Schüngel-Straumann, Tobit, S. 83f. – Schüngel-Straumann, Tamar, S. 151. – Neumann, Angst, S. 84 u.90. – Weiler, Göttin, S. 74f. – Ohler, S. 50. – Drewermann, Botschaft, S. 26. – Weimar, S. 44. – Reif., S. 32. – Rüegger-Haller, S. 34. – Bal/van Dijk Hemmes/van Ginneken, S. 65. – Große Frauen, S. 91. – Stumpp, S. 80. – Haas, S. 64. – Horney, Angst, S. 9

216. Siehe: Mann, Gr. komm. Frankf. Ausg., Bd. 8, Hbbd. 1, S. 1626, 1642f. u. 1645f. u. Bd. 8, Hbbd. 2, S. 1471. – Weimar, S. 99, 101 u. 118. – Syfuß, S. 143f. u. 146. – Carlebach, S. 244f. – Hamburger, S. 156f. – Mieth, S. 143f. – Dettmering, S. 55. – Große Frauen, S. 93. – Golka, S. 214. – Neumann, Mutter, S. 35

217. Siehe: Neumann, Ursprungsgeschichte, S. 103-08. – Mann, Gr. komm. Frankf. Ausg., Bd. 8, Hbbd. 1, S. 1626f. u. 1646f. – Drewermann, Botschaft, S. 26-28. – Weimar, S. 124 Anm. 223 u. 125. – Runge, S. 111f. – Dettmering, S. 57. – Carlebach, S. 245. – Große Frauen, S. 93

218. Siehe: Drewermann, Botschaft, S. 29f. – Rüegger-Haller, S. 35f. – Ebach, S. 134f. – Bal/van Dijk Hemmes/van Ginneken, S. 66f. – Schüngel-Straumann, Tamar, S. 152. – Reif., S. 33. – Georgi/Jost, S. 41. – Weimar, S. 56. – Golka, S. 70. – Salm, S. 111. – Weiler, Göttin, S. 71

219. Siehe: Haas, S. 43f. u. 95. – Neumann, Ursprungsgeschichte, S. 67. – Harding, Frauen-Mysterien, S. 90. – Rotter, S. 24. – Bal/van Dijk Hemmes/van Ginneken, S. 67. – Rüegger-Haller, S. 36. – Weiler, Göttin, S. 81. – Reif., S. 33. – Georgi/Jost, S. 41. – Schüngel-Straumann, Tamar, S. 152. – Ohler, S. 59. – Drewermann, Botschaft, S. 30. – Salm, S. 129. – Schäfer-Bossert, S. 77. – Ebach, S. 135. – Stark, S. 189

220. Siehe: Mann, Gr. komm. Frankf. Ausg., Bd. 8, Hbbd. 1, S. 1637f. – Drewermann, Botschaft, S. 27 u. 30. – Weiler, Göttin, S. 82 u. 84. – Salm, S. 111f. – Bal/van Dijk Hemmes/van Ginneken, S. 67f. – Schüngel-Straumann, Tamar, S. 152f. – Georgi/Jost, S. 41f. – Reif., S. 34. – Rüegger-Haller, S. 36. – Ohlsen, S. 61. – Ebach, S. 136. – Willi-Plein, S. 257. – Golka, S. 72. – Stark, S. 190

221. Siehe: Reif., S. 34f. – Schäfer-Bossert, S. 86f. – Ebach, S. 140f. – Drewermann, Botschaft, S. 30f. – Rüegger-Haller, S. 37. – Schüngel-Straumann, Tamar, S. 153. – Georgi/Jost, S. 42. – Bal/van Dijk Hemmes/van Ginneken, S. 70. – Kompendium, S. 23. – Willi-Plein, S. 258. – Weiler, Göttin, S. 83. – Golka, S. 72. – Levin, S. 135

222. Siehe: Müller, S. 101f. u. 219-21. – Salm, S. 112 u. 174f. – Schäfer-Bossert, S. 89-91. – Drewermann, Botschaft, S. 32f. – Bal/van Dijk Hemmes/van Ginneken, S. 70f. – Willi-Plein, S. 258f. – Ebach, S. 141f. – Levin, S. 135f. – Schüngel-Straumann, Tamar, S. 154. – Reif., S. 35. – Rüegger-Haller, S. 38. – Georgi/Jost, S. 42. – Kompendium, S. 23. – Golka, S. 73. – Boecker, S. 68

223. Siehe: Krüger, S. 224-26. – Weiler, Lande, S. 142f. – Weiler, Göttin, S. 71f. – Drewermann, Botschaft, S. 33f. – Ohler, S. 66f. – Reif., S. 36f. – Ebach, S. 149f. – Große Frauen, S. 91. – Leibbrand, S. 388. – Roellenbleck, S. 128

224. Siehe: Karthaus, S. 161-65. – Golka, S. 12, 19, 24 u. 207. – Weimar, S. 91f., 106 u. 137f. – Stromberg, Thomas Manns Bibelroman, S. 169f. – Stromberg, Thomas Mann, Mythos, S. 205. – Mann, Gr. komm. Frankf. Ausg., Bd. 8, Hbbd. 2, S. 1464f. – Schüngel-Straumann, Tamar, S. 151f. – Hamburger, S. 155f. – Hilbrands, S. 117

225. Siehe: Neumann, Mutter, S. 40-43. – Mann, Gr. komm. Frankf. Ausg., Bd. 8, Hbbd. 1, S. 1613-16 u. Bd. 8, Hbbd. 2, S. 1466. – Weimar, S. 25-28, 75f., 109f. u. 139f. – Stromberg, Thomas Mann, Mythos, S. 202-05. – Stromberg, Thomas Manns Bibelroman, S. 170-72. – Carlebach, S. 237, 240 u. 242. – Drewermann, Botschaft, S. 25f. – Karthaus, S. 164f. – Golka, S. 74f. – Runge, S. 111f. – Hamburger, S. 157. – Mieth, S. 140. – Motté, S. 70. – Syfuß, S. 144. – Große Frauen, S. 93

226. Siehe: Mann, Gr. komm. Frankf. Ausg., Bd. 8, Hbbd. 1, S. 1636f., 1639-41 u. 1643f. u. Bd. 8, Hbbd. 2, S. 1476-78. – Weimar, S. 22-24, 28f. u. 114-16. – Golka, S. 75-77, 79 u. 211. – Carlebach, S. 238 u. 243f. – Dettmering, S. 56f. – Motté, S. 70. – Syfuß, S. 143. – Große Frauen, S. 93. – Hilbrands, S. 118 – Runge, S. 113. – Drewermann, Botschaft, S. 27

227. Siehe: Mann, Gr. komm. Frankf. Ausg., Bd. 8, Hbbd. 1, S. 1650f. u. Bd. 8, Hbbd. 2, S. 1480. – Golka, S. 78 u. 214. – Runge, S. 112-14. – Carlebach, S. 238f. – Mieth, S. 143f. – Weimar, S. 116f. – Berger, S. 131f. – Drewermann, Botschaft, S. 28f. – Syfuß, S. 143. – Karthaus, S. 165. – Hamburger, S. 158

228. Siehe: Mann, Gr. komm. Frankf. Ausg., Bd. 8, Hbbd. 1, S. 1654f., 1818, 1839f., 1886f. u. 1895f. – Weimar, S. 18-20, 24f., 29, 89-91, 98f., 112, 134f. u. 140f. – Golka, S. 78f., 165, 168f., 171, 191 u. 209. – Mieth, S. 141 u. 143. – Syfuß, S. 144. – Dettmering, S. 57. – Runge, S. 114. – Große Frauen, S. 93

229. Siehe: Müller, S. 21, 162f., 196f. u. 376f. – Golka, S. 15f., 184, 194 u. 209. – Thomas-Mann-Handbuch, S. 54f. u. 297f. – Syfuß, S. 145f. – Ridley/Vogt, S. 61f. – Stromberg, Thomas Mann, Mythos, S. 206. – Stromberg, Thomas Manns Bibelroman, S. 173. – Motté, S. 70. – Weimar, S. 12. – Runge, S. 110. – Carlebach, S. 239. – Mieth, S. 196

230. Siehe: von Gersdorff., S. 9-11, 20f., 28, 31, 34f., 37f., 45, 50f., 55f., 59f., 82f., 98 u. 106f. – Kuschel/F.Mann/Soethe, S. 22-30, 33f., 36f. u. 68-72. – Blickwechsel, S. 60f., 64f. u. 86-91. – Thomas-Mann-Handbuch, S. 3-5. – Tillmann, S. 11f

231. Siehe: Runge, S. 15-18 u. 23-36. – Tillmann, S. 19f. u. 29-32. – Thomas-Mann-Handbuch, S. 550-52. – Dettmering, S. 11-13. – Ridley/Vogt, S. 28 u. 101. – von Gersdorff., S. 118 u. 126. – Blickwechsel, S. 87

232. Siehe: Tillmann, S. 17f., 30 u. 47-51. – Runge, S. 36, 45-48, 51 u. 56. – von Gersdorff., S. 10f. u. 152-55. – Dettmering, S. 14-19. – Kuschel/F.Mann/Soethe, S. 22 u. 68. – Blickwechsel, S. 86f

233. Siehe: Berger, S. 211-14 u. 225-33. – Stromberg, Thomas Manns Bibelroman, S. 142-51. – Stromberg, Thomas Mann, Mythos, S. 201f. – Golka, S. 87-96. – Assmann, S. 133-42. –Rudloff., S. 125-33. – Runge, S. 104-10. – Dettmering, S. 51-56. – Syfuß, S. 129-33. – Ebach, S. 191-94. – Motté, S. 72-74. – Große Frauen, S. 102f

234. Siehe: Dettmering, S. 73-79. – Thomas-Mann-Handbuch, S. 526-31. – Ridley/Vogt, S. 76-79. – Kuschel/F.Mann/Soethe, S. 92-95. – Syfuß, S. 171-73. – Runge, S. 22 u. 45. – Motté, S. 70 u. 72f. – Große Frauen, S. 93 u. 102. – Tillmann, S. 50f. – Blickwechsel, S. 87

235. Siehe: Vaget, S. 164-66, 172-74, 176f., 180f., 187f., 207f. u. 212-15. – Armbrust, S. 209 -11, 216f., 220-25, 231f., 238-42 u. 244f. – Keppler, S. 195-200. – Kuschel/F.Mann/Soethe, S. 28, 33f. u. 71. – Thomas-Mann-Handbuch, S. 69-73. – Kurzke, S. 425-27. – Weimar, S. 132-34. – Golka, S. 74f. – Ridley/Vogt, S. 17 u. 86

236. Siehe: Vaget, S. 166f., 192-94, 197f. u. 208f. – Armbrust, S. 217-20, 234-36, 243f. u. 246f. – Kurzke, S. 427f. – Keppler, S. 201f. – von Gersdorff., S. 204f.

237. Siehe: Schroer, S. 164f. u. 169-71. – Finkelstein/Silberman, David, S. 14f. u. 83-85. – Weiler, Lande, S. 252f. – Kompendium, S. 118-21. – Dietrich, S. 72f. u. 269. – Dallmeyer/Dietrich, S. 213f. – Heilig, S. 129. – Engelmann, S. 120. – Rauchwarter, S. 199

238. Siehe: Weiler, Göttin, S. 110f. – Weiler, Lande, S. 225. – Weiler, Matriarchat, S. 207. – Neumann, Ursprungsgeschichte, S. 67f. – Burrichter, S. 14f. – Heilig, S. 130f. – Bal/van Dijk Hemmes/van Ginneken, S. 55f. – Trible, S. 61f. – Schatz-Hurschmann, S. 30f. – Rauchwarter, S. 199. – Engelmann, S. 120. – Schroer, S. 171. – Kompendium, S. 119

239. Siehe: Drewermann, Königreich, S. 266-69. – Trible, S. 63-66. – Dallmeyer/Dietrich, S. 216-18. – H. Wöller, S. 48 u. 50. – Lückel, S. 75f. – Rauchwarter, S. 199f. – Engelmann, S. 120f. – Langenhorst, S. 25f. – Kompendium, S. 121f. – Schroer, S. 171f

240. Siehe: Trible, S. 68-73. – Lückel, S. 76 79. Drewermann, Königreich, S. 269f. – Dallmeyer/Dietrich, S. 221f. – Bal/van Dijk Hemmes/van Ginneken, S. 58f. – Heilig, S. 132f. – Engelmann, S. 123f. – H. Wöller, S. 48f. – Burrichter, S. 16f. – Kompendium, S. 122. – Schatz-Hurschmann, S. 31. – Langenhorst, S. 26. – Rauchwarter, S. 200. – Schroer, S. 172

241. Siehe: Lückel, S. 80-84. – Trible, S. 74-78. – Drewermann, Königreich, S. 265f. u. 270. – Engelmann, S. 121f. – Burrichter, S. 40f. – Heilig, S. 133f. – Dallmeyer/Dietrich, S. 222f. – Bal/van Dijk Hemmes/van Ginneken, S. 59f. – Schatz-Hurschmann, S. 32. – Dietrich, S. 295

242. Siehe: Burrichter, S. 17-21 u. 33-35. – Lückel, S. 84-87. – Trible, S. 78-81. – Heilig, S. 134-37. – Bal/van Dijk Hemmes/van Ginneken, S. 60-62. – Dallmeyer/Dietrich, S. 223f. – Lüthi/Kutsch/Dantine, S. 31f. – Dietrich, S. 73f. – Engelmann, S. 124f. – Drewermann, Königreich, S. 271f. – Schroer, S. 172f. – H. Wöller, S. 51f. – Schatz-Hurschmann, S. 32f. – Langenhorst, S. 26f.

243. Siehe: Schroer, S. 173-83. – Dallmeyer/Dietrich, S. 224-26, 231f. u. 234f. – Trible, S. 81-86. – Burrichter, S. 31-36. – Weiler, Lande, S. 262-67. – Weiler, Matriarchat, S. 219-24. – Weiler, Göttin, S. 114f. – Kompendium, S. 122-24. – Dietrich, S. 74 u. 269f. – Drewermann, Königreich, S. 272f. – Rauchwarter, S. 200f.

244. Siehe: Trible, S. 86-88. – Bal/van Dijk Hemmes/van Ginneken, S. 72-74. – Weiler, Lande, S. 142f. – Weiler, Göttin, S. 98f. – Levin, S. 130. – Schatz-Hurschmann, S. 32. – Schroer, S. 176. – Ohler, S. 55. – Weimar, S. 129

245. Siehe: D. Scherf, S. 71f. – Eliade, Geschichte, Bd. 2, S. 222f. – Lexikon, S. 574f. – Kompendium, S. 401. – Schüngel-Straumann, Tobit, S. 39. – Schüngel-Straumann, Frau, S. 54. – Bibel, Einheitsübersetzung, S. 488. – Deselaers, Tobit, Studien, S. 342. – Finkelstein/Silberman, Posaunen, S. 337

246. Siehe: Schüngel-Straumann, Frau, S. 86-88. – Leibbrand, S. 394-96. – TR, Bd. 8, S. 277 u. Bd. 33, S. 581f. – Rieplhuber, S. 38f. – Heiler, S. 75. – Lexikon, S. 1015

247. Siehe: Liljeblad, S. 157-59. – EM, Bd. 3, S. 312 u. u. Bd. 13, S. 684f. – Schüngel-Straumann, Tobit, S. 39f. – Kompendium, S. 401f. – KNLL, Bd. 18, S. 270. – KLL, 3. Aufl., Bd. 2, S. 501. – Bibel, Heilige Schrift, S. 608. – RGG, 3. Aufl. Bd. 6, S. 907. – RGG, 4. Aufl., Bd. 8, S. 426

248. Siehe: Liljeblad, S. 34f., 39-42, 160-63 u. 171f. – EM, Bd. 3, S. 307-09. – Diederichs, S. 268-70. – Lüthi, S. 97f. – Kast, Prinzessin, S. 74f. – Kast, Wege, S. 152f. – Riedel, Farben, S. 31. – Kahn, S. 31

249. Siehe: Deselaers, Tobit, Studien, S. 268-70 u. 284-90. – EM, Bd. 3, S. 312-14 u. Bd. 13, S. 685f. – Plath, S. 409-14. – Lüthi, S. 98-100. – Gunkel, S. 98-101. – Ruppert, S. 109-12. – Mudrak, S. 51f. – Liljeblad, S. 159f. – Drewermann/Neuhaus, S. 36f

250. Siehe: Schliephacke, S. 21 u.71. – Cooper, S. 60 u. 209. – EM, Bd. 4, S. 1375f. u. Bd. 14, S. 502. – Frey, S. 38f. – von Bonin, S. 129f. – Drewermann/Neuhaus, S. 44. – Bibel, Einheitsübersetzung, S. 490

251. Siehe: C. G. Jung, GW, Bd. 5, S. 318, 322-24, 422f., 517 u. 532. – EM, Bd. 4, S. 1201 u. Bd. 14, S. 431f. – von Beit, Bd. 1, S. 336f. – Frey, S. 41. – Schliephacke, S. 67. – Drewermann/Neuhaus, S. 45. – Cooper, S. 208. – Schüngel-Straumann, Tobit, S. 116. – Schenda, S. 84. – von Bonin, S. 129

252. Siehe: Schröder, Schlange, S. 51-53, 78, 117 Anm. 43, 118 Anm. 44 u. 121 Anm. 66. – EM, Bd. 4, S. 1203f. – Cooper, S. 56f. – C. G. Jung, GW, Bd. 5, S. 248 u. Anm. 50. – Frey, S. 44f. – Drewermann/Neuhaus, S. 44f. – Schliephacke, S. 20f. – Müller, S. 101f. – von Bonin, S. 44. – Schenda, S. 85. – Deselaers, Tobit, Erläuterung, S. 103. – Meves, Gesundheit, S. 33. – Hannah, S. 17

253. Siehe: Riedel, Engel, S. 11-13. – Deselaers, Tobit, Erläuterung, S. 75 u. 96. – Drewermann/Neuhaus, S. 40f. – Schüngel-Straumann, Tobit, S. 159f. – EM, Bd. 3, S. 1414f. – Cooper, S. 44f. – Frey, S. 29f. – Hannah, S. 19 u. 30 Anm. 5. – Bibel, Einheitsübersetzung, S. 488. – Kompendium, S. 406. – HdA, Bd. 7, S. 497. – RGG, 3. Aufl. Bd. 5, S. 779

254. Siehe: HdA, Bd. 3, S. 271f., 1797f. u. 1801f. u. Bd. 5, S. 976 u. 978f. – Kollmann, S. 297-99. – Cooper, S. 62 u. 76f. – Hannah, S. 19f. – Drewermann/Neuhaus, S. 45f. – Frey, S. 45f. – Schüngel-Straumann, Tobit, S. 117f. – Deselaers, Tobit, Erläuterung, S. 105f. – Müller, S. 260f. – EM, Bd. 6, S. 923f. – von Bonin, S. 58f. – Meves, Gesundheit, S. 34. – Schliephacke, S. 31. – Jansen, S. 10

255. Siehe: HdA, Bd. 8, S. 236-38 u. 252f. – Riedel, Liebe, S. 158f. u. 166f. – Kast, Liebe, S. 99 u. 107f. – Vonessen, S. 181f. – Hunger, S. 44f. – Deselaers, Tobit, Erläuterung, S. 50f. – Frey, S. 12f. – Hannah, S. 13. – Bibel, Einheitsübersetzung, S. 487. – Drewermann/Neuhaus, S. 21. – Schüngel-Straumann, Tobit, S. 69. – Cooper, S. 177. – Schenda, S. 342

256. Siehe: Deselaers, Tobit, Erläuterung, S. 160-63 u. 197-200. – Schüngel-Straumann, Tobit, S. 149-51 u. 169f. – Drewermann/Neuhaus, S. 56-59. – Frey, S. 67-70. – Meves, Gesundheit, S. 32 u. 36. – Hannah, S. 24f. – Bibel, Einheitsübersetzung, S. 493f

257. Siehe: Frey, S. 72-74. – Deselaers, Tobit, Erläuterung, S. 98f. – Deselaers, Tobit, Studien, S. 114 Anm. 135. – Bibel, Einheitsübersetzung, S. 490 u. 492. – Cooper, S. 83f. – HdA, Bd. 4, S. 487f. – Schüngel-Straumann, Tobit, S. 111. – Hannah, S. 17. – von Bonin, S. 62. – Schliephacke, S. 34. – EM, Bd. 6, S. 1325. – Schenda, S. 151. – Frenschkowski, S. 81

258. Siehe: Schüngel-Straumann, Tobit, S. 71, 113f. u. 141. – Deselaers, Tobit, Erläuterung, S. 51f. – Deselaers, Tobit, Studien, S. 374f. – Bibel, Einheitsübersetzung, S. 487. – Kompendium, S. 402. – Drewermann/Neuhaus, S. 24. – Frey, S. 17. – Hannah, S. 13. – Roellenbleck, S. 147

259. Siehe: HdA, Bd. 9, S. 912-16. – Deselaers, Tobit, Erläuterung, S. 52 u. 245 Anm. 19. – Deselaers, Tobit, Studien, S. 375 u. Anm. 2. – Salm, S. 129f. – Cooper, S. 230f. – Stark, S. 191 u. Anm. 850. – Perera, Sündenbock, S. 124. – Rüegger-Haller, S. 37. – Reif., S. 34. – Schliephacke, S. 84. – Levin, S. 138. – Schüngel-Straumann, Tamar, S. 152 Anm. 14

260. Siehe: Cooper, S. 64f. u. 210f. – Neumann, Mutter, S, 216f. – Frey, S. 19f. – Drewermann/Neuhaus, S. 25f. – Schüngel-Straumann, Tobit, S. 71f. – Kompendium, S. 402f. – Deselaers, Tobit, Erläuterung, S. 53f. – Deselaers, Tobit, Studien, S. 376f. – Hannah, S. 13f. – Schliephacke, S. 72

261. Siehe: Schüngel-Straumann, Tobit, S. 112f. u. 149-51. – Deselaers, Tobit, Erläuterung, S. 99f. u. 158f. – Bibel, Einheitsübersetzung, S. 490 u. 492f. – Frey, S. 35 u. 60. – Drewermann/Neuhaus, S. 42f. – Kompendium, S. 403

262. Siehe: Müller, S. 315f. u. 369f. – Schüngel-Straumann, Tobit, S. 85f. u. 139f. – Deselaers, Tobit, Erläuterung, S. 67f. u. 140f. – Bibel, Einheitsübersetzung, S. 488 u. 491f. – Frey, S. 52 u. 57f. – Kompendium, S. 403f. – Hannah, S. 14

263. Siehe: Deselaers, Tobit, Erläuterung, S. 65-68. – Deselaers, Tobit, Studien, S. 88-90. – Schüngel-Straumann, Tobit, S. 82 u. 85f. – Kompendium, S. 405f. – Jansen, S. 146f. – Frey, S. 25f. – Hannah, S. 14. – Bibel, Einheitsübersetzung, S. 488

264. Siehe: Harding, Weg, S. 62-64, 79 u. 99. – Hannah, S. 14f. – Müller, S. 24f. – Cooper, S. 223f. Schliephacke, S. 79f. – von Bonin, S. 109f. – Frey, S. 56f.

265. Siehe: Koltuv, S. 47-49. – Frey, S. 55 u. 77f. – Gunkel, S. 86 u. 101. –Jansen, S. 142f. – HdA, Bd. 1, S. 621f. – RGG, 3. Aufl. Bd. 1, S. 649. – RGG, 4. Aufl. Bd. 2, S. 534. – EM, Bd. 1, S. 880. – Deselaers, Tobit, Erläuterung, S. 66. – Deselaers, Tobit, Studien, S. 87 Anm. 70. – Hannah, S. 12. – TR, Bd. 8, S. 277. – Schüngel-Straumann, Tobit, S. 133. – D. Scherf, S. 44. – Müller, S. 368

266. Siehe: Müller, S. 260, 304f., 371 u. 450f. – Frey, S. 57 u. 71. – C. G. Jung, GW, Bd. 4, S. 369f. – Winterstein, S. 250f. – Drewermann/Neuhaus, S. 50f. – Hannah, S. 22f. – Deselaers, Tobit, Erläuterung, S. 138f. – Deselaers, Tobit, Studien, S. 154f. – Schüngel-Straumann, Tobit, S. 137f. – Storfer, S. 17 Anm. 1

267. Siehe: Liljeblad, S. 195f. u. 246. – Winterstein, S. 245-47. – Kompendium, S. 406.
– Meves, Gesundheit, S. 35. – Roellenbleck, S. 129. – Frey, S. 56. – Freud, GW,
Bd. 12, S. 177. – Horney, Genese, S. 25. – Neumann, Angst, S. 92. – Neumann,
Ursprungsgeschichte, S. 72
268. Siehe: Hohage, S. 58-64. – Püschel, S. 5-7. – Fischer, S. 18-20. – Bergler, S. 20 u.
24. – de Beauvoir, S. 94 u. 171. – Delaney/Lupton/Toth, S. 17f. – Reuße/Holler,
S. 17f. – Hauser/Mambourg, S. 472
269. Siehe: Neumann, Mutter, S. 46-48. – Neumann, Angst, S. 90f. u. 94f. – Harding,
Weg, S. 64 u. 72. – Müller, S. 23f. – Schüngel-Straumann, Tobit, S. 85. –
Schüngel-Straumann, Tamar, S. 151. – Frey, S. 78
270. Siehe: Deselaers, Tobit, Erläuterung, S. 128-34. – Deselaers, Tobit, Studien, S. 146-
52. – Schüngel-Straumann, Tobit, S. 132-36. – Drewermann/Neuhaus, S. 51-53.
– Frey, S. 53-55. – Hannah, S. 23f. – Jansen, S. 144f. – Meves, Gesundheit, S. 35f.
– Kompendium, S. 408. – Bibel, Einheitsübersetzung, S. 491
271. Siehe: Fromm, GA, Bd. 2, S. 211-13 u. Bd. 7, S. 182-84 u. Bd. 8, S. 300-02 u.
Bd. 11, S. 153f. – Deselaers, Tobit, Erläuterung, S. 197-202, 204-10, 214-22 u.
226-29. – Deselaers, Tobit, Studien, S. 211-22 u. 228-30. – Schüngel-Straumann,
Tobit, S. 161f., 168-70, 172-75 u. 179-82. – Drewermann/Neuhaus, S. 57-59. –
Frey, S. 67-69. – Meves, Gesundheit, S. 36f. – Bibel, Einheitsübersetzung, S. 494f.
272. Siehe: Schüngel-Straumann, Tobit, S. 45-47, 133 u. Anm. 35 u. 138f. Anm. 41. –
Gamberoni, S. 90-92 u. 186f. – EM, Bd. 6, S. 1122 u. Bd. 7, S. 1213 u. Bd. 13,
S. 687. – Lexikon, S. 583f. u. 1282. – Freud, GW, Bd. 12, S. 174f. – Winterstein,
S. 242f. – Storfer, S. 17 u. Anm. 1
273. Siehe: Rotter, S. 88-91. – Leibbrand, S. 558-61. – Heiler, S. 142-44. – Eliade,
Geschichte, Bd. 3, S. 48, 51 u. 57. – Trzaskalik, S. 77f. – Schwendemann, S. 31f. –
di Nola, S. 218f. – Lexikon, S. 107

Literaturverzeichnis

Albertz, Rainer: Die Theologisierung des Rechts im Alten Israel. In: Religion und Gesellschaft. Studien zu ihrer Wechselwirkung in den Kulturen des Antiken Vorderen Orients.Band 1. Herausgegeben von Rainer Albertz unter Mitarbeit von Susanne Otto, Münster: Ugarit, 1997, S. 115-32

Andersen, Hans Christian: Gesammelte Märchen. 2. Bde. Herausgegeben von Florian Storrer-Madelung. Illustriert von Vilhelm Pedersen und Lorenz Fröhlich. Nachwort von Martin Bodmer. Zürich: Manesse/Conzett & Huber, 1983

Andersen, Jens: Hans Christian Andersen. Eine Biographie. Aus dem Dänischen von Ulrich Sonnenberg. Mit zahlreichen, teils farbigen Abbildungen. Frankfurt a. M. – Leipzig: Insel, 2005

Aphrodite – Herrin des Krieges, Göttin der Liebe. Herausgegeben von Martina Seifert. Mainz: von Zabern, 2009

Armbrust, Heinz J.: „Liebe Freundin, …". Frauen um Thomas Mann. Frankfurt a. M.: Klostermann, 2014

Armenische Märchen. Herausgegeben von Isidor Levin in Verbindung mit Uku Masing. Übersetzt von Gisela Schenkowitz. Düsseldorf. – Köln: Diederichs, 1982

Assmann, Jan: Thomas Mann und Ägypten. Mythos und Monotheismus in den Josephsromanen. München: Beck, 2006

Ausserer, Caroline: Menstruation und weibliche Initiationsriten. Frankfurt a. M. [u.a.]: Lang, 2003

Bal, Mieke / Dijk Hemmes, Fokkelien van / Ginneken, Grietje van: „Und Sara lachte…". Patriarchat und Widerstand in biblischen Geschichten. Aus dem Niederländischen von Beatrice Fontanive und Mechthild Nussbaum. Münster: Morgana, 1988

Bally, Gustav: Einführung in die Psychoanalyse Sigmund Freuds. Mit Originaltexten Freuds. Unter Mitarbeit von Ambros Uchtenhagen. Reinbek bei Hamburg: Rowohlt Taschenbuch, 1961

Baudler, Georg: Gott und die Frau. Die Geschichte von Gewalt, Sexualität und Religion. München: Kösel, 1991

Baumer, Franz: König Artus und sein Zauberreich. Eine Reise zu den Ursprüngen. München: Langen Müller, 1991

Beauvoir, Simone de: Das andere Geschlecht. Sitte und Sexus der Frau. Aus dem Französischen ins Deutsche übersetzt von Eva Rechel-Mertens und Fritz Montfort. Hamburg: Rowohlt, 1952.

Beit, Hedwig von: Symbolik des Märchens. 3 Bde. Bern: Francke, 1952-1957

Berger, Willy R.: Die mythologischen Motive in Thomas Manns Roman „Joseph und seine Brüder". Köln-Wien: Böhlau, 1971

Bergler, Reinhold: Psychohygiene der Menstruation. Mit einem Beitrag von Brigitte Höcke-Pörzgen. Bern-Stuttgart-Wien: Huber, 1984

Bettelheim, Bruno: Kinder brauchen Märchen. Aus dem Amerikanischen übersetzt von Liselotte Mickel und Brigitte Weitbrecht. Stuttgart: Deutsche Verlags-Anstalt, 1977

Beyer, Rolf: Die Königin von Saba. Engel und Dämon. Der Mythos einer Frau. Bergisch Gladbach: Lübbe, 1987

Bilder-Lexikon der Erotik. 4 Bde. Herausgegeben vom Institut für Sexualforschung in Wien. Wien-Leipzig: Verlag für Kulturforschung, 1928-1931

Blickwechsel. Akten des 11. Lateinamerikanischen Germanistenkongresses São Paulo-Paraty-Petropolis 2003. Band 1. Herausgegeben von Willi Bolle und Helmut Galle. São Paulo: Edusp, 2005

Boecker, Hans Jochen: Überlegungen zur „Geschichte Tamars" (Gen. 38). In: „Ihr Völker alle, klatscht in die Hände!", S. 49-68

Bog, Rosemarie: Die Hexe. Schön wie der Mond – hässlich wie die Nacht. Zürich: Kreuz, 1987

Bolen, Jean Shinoda: Göttinnen in jeder Frau. Psychologie einer neuen Weiblichkeit. Aus dem Amerikanischen von Odette Brändli und Evi Glauser. Basel: Sphinx, 1989, 2. Aufl.

Bolte, Johannes: Deutsche Märchen aus dem Nachlass der Brüder Grimm. In: Zeitschrift des Vereins für Volkskunde. Jg. 25 (1915), S. 31-51 u. 372-80

Bolte, Johannes / Polivka, Georg: Anmerkungen zu den Kinder- und Hausmärchen der Brüder Grimm. 5 Bde. Leipzig: Dieterich, 1913-1932

Bolzin, Hartmut: Mohammed. München: Beck, 2000

Bonin, Felix von: Kleines Handlexikon der Märchensymbolik. Stuttgart: Kreuz, 2001

Burrichter, Rita: Die Klage der Leidenden wird stumm gemacht. Eine biblisch-literarische Reflexion zum Thema „Vergewaltigung und Zerstörung der Identität". In: AnFragen Band 1: Diskussionen Feministischer Theologie „Weil wir nicht vergessen wollen…" zu einer Feministischen Theologie im deutschen Kontext. Herausgegeben von Christine Schaumberger. Münster: Morgana, 1987, S. 11-46

Carlebach, Henry N.: „Thamar" bei Thomas Mann und im jüdischen Schrifttum. In: Monatshefte. A Journal devoted to the Study of. German Language and Literature. Vol. 39 (1947), S. 237-47

Cooper, Jean C.: Illustriertes Lexikon der traditionellen Symbole. Übersetzung aus dem Englischen von Gudrun und Matthias Middell. Wiesbaden: Drei Lilien, 1986

Dallmeyer, Hans-Jürgen / Dietrich, Walter: David – ein Königsweg. Psychoanalytisch-theologischer Dialog über einen biblischen Entwicklungsroman. Göttingen: Vandenhoeck & Ruprecht, 2002

Daly, Claud Dangar: Der Menstruationskomplex. Aus dem Englischen übersetzt von Peter Mendelssohn. In: Imago. Bd. 14 (1928), S. 11-75

Delaney, Janice / Lupton, Mary / Toth, Emily: Menstruation. Die Kulturgeschichte eines Tabus. Übersetzt aus dem Amerikanischen von Adelheid und Christine Zöfel. Berlin: Courage, 1979 (Sonderheft Courage 1)

Der feministische „Sündenfall"? Antisemitische Vorurteile in der Frauenbewegung. Herausgegeben von Charlotte Kohn-Ley und Ilse Korotin. Mit Beiträgen von Johanna Gehmacher [u.a.]. Wien: Picus, 1994

Deselaers, Paul: Das Buch Tobit. Erläuterung. Geistliche Schriftlesung Bd. 11. Düsseldorf: Patmos, 1990

Deselaers, Paul: Das Buch Tobit. Studien zu seiner Entstehung, Komposition und Theologie. Freiburg (Schweiz)-Göttingen: Universitätsverlag-Vandenhoeck & Ruprecht, 1982

Dettmering, Peter: Dichtung und Psychoanalyse. Thomas Mann – Rainer Maria Rilke – Richard Wagner. Frankfurt a. M.: Fachbuchhandlung für Psychologie, 1976, 2. Aufl.

Deutsche Märchen seit Grimm. Herausgegeben von Paul Zaunert. Neue Ausgabe in einem Band. Bearbeitet und mit Nachweisen versehen von Elfriede Moser-Rath. Düsseldorf.-Köln: Diederichs, 1964

Die Bibel. Die Heilige Schrift des Alten und Neuen Bundes. Deutsche Ausgabe mit Erläuterungen der Jerusalemer Bibel. Herausgegeben von Diego Arenhoevel, Alfons Deissler und Anton Vögtle. Freiburg i. Br.-Basel-Wien: Herder, 1968, 15. Aufl.

Die Bibel. Altes und Neues Testament. Einheitsübersetzung. Herausgegeben im Auftrag der Bischöfe Deutschlands [u.a.]. Freiburg i. Br.-Basel-Wien: Herder, 1980

Diederichs, Ulf: Who's who im Märchen. München: Deutscher Taschenbuch Verlag, 1995

Die Religion in Geschichte und Gegenwart. Handwörterbuch für Theologie und Religionswissenschaft. 7 Bde. Herausgegeben von Kurt Galling in Gemeinschaft mit Hans Frehr [u.a.]. Tübingen: Mohr, 1957-1965. 3., völlig neu bearbeit. Aufl.

Dietrich, Walter: Die frühe Königszeit in Israel. 10. Jahrhundert v. Chr. Stuttgart – Berlin – Köln: Kohlhammer, 1997

Drewermann, Eugen: Das Königreich Gottes in unserer Seele. Predigten über die Bücher Samuel und Könige. Herausgegeben von Bernd Marz. München – Zürich: Piper, 1996

Drewermann, Eugen: Die Botschaft der Frauen. Das Wissen der Liebe. Olten – Freiburg i. Br.: Walter, 1992

Drewermann, Eugen: Strukturen des Bösen. Teil 1: Die jahwistische Urgeschichte in exegetischer Sicht. München – Paderborn – Wien: Schöningh, 1982, 4. Aufl.

Drewermann, Eugen: Strukturen des Bösen. Teil 2: Die jahwistische Urgeschichte in psychoanalytischer Sicht. München – Paderborn – Wien: Schöningh, 1983, 4. Aufl.

Drewermann, Eugen: „Und gäbe dir eine Seele…". Hans Christian Andersens „Kleine Meerjungfrau" tiefenpsychologisch gedeutet. Freiburg i. Br. – Basel – Wien: Herder, 1997

Drewermann, Eugen / Neuhaus, Ingritt: „Voller Erbarmen rettet er uns". Die Tobit-Legende tiefenpsychologisch gedeutet. Freiburg i. Br. – Basel – Wien: Herder, 1985, 5. Aufl.

dtv-Lexikon der Weltliteratur. Herausgegeben von Gero von Wilpert. 4 Bde. München: Deutscher Taschenbuch Verlag, 1971

Duden-Etymologe. Herkunftswörterbuch der deutschen Sprache. Duden Bd. 7. Herausgegeben von Günther Drosdowski. Mannheim – Leipzig – Wien – Zürich: Dudenverlag, 1989, 2. neu bearbeit. und erweit. Aufl.

Ebach, Jürgen: Genesis 37-50. Übersetzung und Auslegung. Freiburg i. Br. – Basel – Wien: Herder, 2007

Eberhard, Wolfram / Boratav, Pertev Naili: Typen türkischer Volksmärchen. Wiesbaden: Steiner, 1953

Egli, Hans: Das Schlangensymbol. Geschichte-Märchen-Mythos. Olten – Freiburg i. Br.: Walter, 1982

E I: siehe Enzyklopädie des Islam

Einleitung in die Heilige Schrift. Band 1: Allgemeine Einleitungsfragen und Altes Testament. Herausgegeben von André Robert und André Feuillet. Ins Deutsche übertragen von Konstanz Faschian. Wien – Freiburg i. Br. – Basel: Herder, 1963

Eliade, Mircea: Die Religionen und das Heilige. Elemente der Religionsgeschichte. Aus dem Französischen ins Deutsche übertragen von Mohammed H. Rassem und Inge Köck. Salzburg: Müller, 1954

Eliade, Mircea: Geschichte der religiösen Ideen. 4 Bde. Aus dem Französischen übersetzt von Elisabeth Darlap [u.a.]. Freiburg i. Br. – Basel – Wien: Herder, 1978-1991

E M: siehe Enzyklopädie des Märchens

Engelmann, Angelika: 2. Samuel 13, 1-22: Tamar – eine schöne und deshalb geschändete Frau. In: Feministisch gelesen Band 2, S. 120-26

Enzyklopädie des Islam. Geographisches, ethnographisches und biographisches Wörterbuch der muhammedanischen Völker. 5 Bde. Herausgegeben von Martijn Theodor Houtsma [u.a.]. Leiden – Leipzig: Brill-Harrassowitz, 1913-1938

Enzyklopädie des Märchens. Handwörterbuch zur historischen und vergleichenden Erzählforschung. 14 Bde. Begründet von Kurt Ranke. Herausgegeben von Rolf. Wilhelm Brednich. Berlin – New York: de Gruyter, 1977-2014

Enzyklopädie Medizingeschichte. Herausgegeben von Werner E. Gerabek [u.a.]. Berlin – New York: de Gruyter, 2005

Fauth, Wolfgang: Liliths und Astarten in aramäischen, mändäischen und syrischen Zaubertexten. In: Die Welt des Orients. Bd. 17 (1986), S. 66-94

Fauth, Wolfgang: Sakrale Prostitution im Vorderen Orient und im Mittelmeerraum. In: Jahrbuch für Antike und Christentum. Jg. 31 (1988), S. 24-39

Feministisch gelesen Band 2. Ausgewählte Bibeltexte für Gruppen und Gemeinden, Gebete für den Gottesdienst. Herausgegeben von Eva Renate Schmidt, Mieke Korenhof, und Renate Jost unter Mitarbeit von Heidi Rosenstock. Stuttgart: Kreuz, 1989

Finkelstein, Israel: Das vergessene Königreich. Israel und die verborgenen Ursprünge der Bibel. Aus dem Englischen von Rita Seuß. München: Beck, 2014

Finkelstein, Israel / Silberman, Neil Asher: David und Salomo. Archäologen entschlüsseln einen Mythos. Aus dem Englischen von Rita Seuß. München: Beck, 2006

Finkelstein, Israel / Silberman, Neil Asher: Keine Posaunen vor Jericho. Die archäologische Wahrheit über die Bibel. Aus dem Englischen von Miriam Magall. München: Beck, 2002

Fischer, Isidor: Altjüdische Riten in der Geburtshilfe und Gynäkologie. Ein Beitrag zur Geschichte der Urmedizin. In: Archiv für Geschichte der Medizin. Bd. 15: Karl Sudhoff. zum 70. Geburtstage (1923), S. 14-20.

Fischer-Homburger, Esther: Krankheit Frau. Zur Geschichte der Einbildungen. Darmstadt – Neuwied: Luchterhand, 1984

Fodor, Alexander: Der Sündenfall im Buch Genesis. In: Psychoanalytische Interpretationen biblischer Texte. Herausgegeben und eingeleitet von Yorick Spiegel. München: Kaiser, 1972, S. 167-73

Fohrer, Georg: Geschichte der israelitischen Religion. Berlin: de Gruyter, 1969

Francia, Louisa: Drachenzeit. München: Frauenoffensive, 1987

Franke, Patrick: Begegnung mit Khidr. Quellenstudien zum Imaginären im traditionellen Islam. Stuttgart – Beirut: Steiner, 2000

Franz, Marie-Louise von: Archetypische Dimensionen der Seele. Einsiedeln: Daimon, 1994

Franz, Marie-Louise von: C. G. Jung und die Probleme der modernen Frau. In: Jungiana. Beiträge zur Psycholpgie von C. G. Jung. Reihe A. Bd. 6 (1996), S. 9-28

Frau in den Religionen. Herausgegeben von Michael Klöcker und Monika Tworuschka. Weimar – Jena: Wartburg, 1995

Frenschkowski, Marco: Offenbarung und Epiphanie. Band 2: Die verborgene Epiphanie in Spätantike und frühem Christentum. Tübingen: Mohr, 1997

Frenzel, Elisabeth: Motive der Weltliteratur. Ein Lexikon dichtungsgeschichtlicher Längsschnitte. Stuttgart: Kröner, 2008, 6. überarbeit. u. ergänz. Aufl.

Frenzel, Elisabeth: Stoffe der Weltliteratur. Ein Lexikon dichtungsgeschichtlicher Längsschnitte. Stuttgart: Kröner, 1983, 6. Aufl.

Freud, Sigmund: Gesammelte Werke. 18 Bde. Chronologisch geordnet. Unter Mitwirkung von Marie Bonaparte herausgegeben von Anna Freud. London – Frankfurt a. M.: Imago-Fischer, 1940-1968

Frey, Zita: Sara und Tobias. Ein Engel lenkt die Paarbeziehung. Solothurn – Düsseldorf: Walter, 1993

Friedländer, Israel: Die Chadirlegende und der Alexanderroman. Eine sagengeschichtliche und literarhistorische Untersuchung. Leipzig – Berlin: Teubner, 1913

Fromm, Erich: Gesamtausgabe in zwölf. Bänden, Herausgegeben von Rainer Funk. Stuttgart: Deutsche Verlags-Anstalt – Deutscher Taschenbuch Verlag, 1980-1999

Führer, Maria: Nordgermanische Götterüberlieferung und deutsches Volksmärchen. 80 Märchen der Brüder Grimm vom Mythus her beleuchtet. München: Filser, 1938

Gamberoni, Johann: Die Auslegung des Buches „Tobias" in der griechisch-lateinischen Kirche der Antike und der Christenheit des Westens bis um 1600. München: Kösel, 1969

Georgi, Barbara / Jost, Renate: 1. Mose 38: Tamar – eine Frau kämpft für ihr Recht. In: Feministisch gelesen Band 2, S. 120-26

Gerould, Gordon Hall: The greatful dead. The history of. a folk story. Reprint der Ausg. London 1907. Nendeln/Liechtenstein: Kraus Reprint, 1967

Gersdorff., Dagmar von: Julia Mann. Die Mutter von Heinrich und Thomas Mann. Eine Biographie. Mit zahlreichen Abbildungen. Berlin: Insel, 2018

Gniech, Gisla: „Blut ist ein ganz besonderer Saft". Sozialpsychologische Betrachtungen. Bremen: Univ.druckerei, 1989 (Bremer Beiträge zur Psychologie. Reihe D)

Göttner-Abendroth, Heide: Das Matriarchat Band 1. Geschichte seiner Erforschung. Stuttgart – Berlin – Köln: Kohlhammer, 1995, 3. Aufl.

Göttner-Abendroth, Heide: Die Göttin und ihr Heros. Die matriarchalischen Religionen in Mythos, Märchen und Dichtung. München: Frauenoffensive, 1980

Golka, Friedemann W.: Joseph – Biblische Gestalt und literarische Figur. Thomas Manns Beitrag zur Bibelexegese. Stuttgart: Calwer, 2002

Gost, Roswitha: Der Harem. Köln: DuMont, 1993

Gravier, Maurice: Ibsens Drama und die Zauberballade. In: Henrik Ibsen. Herausgegeben von Fritz Paul. Darmstadt: Wissenschaftliche Buchgesellschaft, 1997, S. 352-73

Gray, Miranda: Von der Kraft des weiblichen Zyklus. Aus dem Englischen von Susanne Kalm-Ackermann. München: Hugendubel, 1996, 2.Aufl.

Greenfield, Barbara: The Archetypal Masculine. Its Manifestation in Myth and its Significance for Women. In: Journal of. Analytical Psychology. Vol. 28 (1983), S. 33-50

Grimm, Jacob: Deutsche Mythologie. 3 Bde. Unveränd. reprograf. Nachdr. der Berliner Ausg. 1875-1878. Besorgt und herausgegeben von Elard Hugo Meyer. Darmstadt: Wissenschaftliche Buchgesellschaft, 1965

Große Frauen der Bibel in Bild und Text. Herausgegeben von Herbert Haag, Dorothee Sölle und Emil M. Bührer. Freiburg i. Br. – Basel – Wien: Herder, 1993

Grundzüge der neueren skandinavischen Literaturen. Herausgegeben von Fritz Paul. Mit Beiträgen von Alken Bruns [u. a.]. Darmstadt: Wissenschaftliche Buchgesellschaft 1991, 2. Aufl.

Gunkel, Hermann: Das Märchen im Alten Testament. Überarb. Fass. d. Ausg. Tübingen, 1921. Frankfurt a. M.: Athenäum, 1987

Haas, Volkert 1999: Babylonischer Liebesgarten. Erotik und Sexualität im Alten Orient. München: Beck, 1999

Hamburger, Käte: Der Humor bei Thomas Mann. Zum Joseph-Roman. München: Nymphenburger, 1965

Handwörterbuch des deutschen Aberglaubens. 10 Bde. Unveränd. photomech. Nachdr. der Ausg. Berlin – Leipzig 1927-1942. Herausgegeben von Hanns Bächtold-Stäubli unter Mitwirkung von Eduard Hoffmann-Krayer mit einem Vorwort von Christoph Daxelmüller. Berlin – New York: de Gruyter, 1987

Handwörterbuch des deutschen Märchens. 2 Bde. Herausgegeben von Lutz Mackensen unter besonderer Mitwirkung von Johannes Bolte. Berlin: de Gruyter, 1933-40

Hannah, Barbara: Die religiöse Funktion des Animus im Buche „Tobit". In: Jungiana. Beiträge zur Psychologie von C. G. Jung. Reihe A. Bd. 1 (1989), S. 11-30

Harding, Esther: Der Weg der Frau. Eine psychologische Deutung. Mit einer Einleitung von C. G. Jung. Übersetzung aus dem Amerikanischen von Lucy Heyer. Zürich: Rhein, 1943

Harding, Esther: Frauen-Mysterien einst und jetzt. Mit einem Geleitwort von C. G. Jung und 53 Illustrationen. Aus dem Amerikanischen übersetzt von Fanny du Bois-Reymond. Zürich: Rascher, 1949.

Hartmann, Elisabeth: Die Trollvorstellungen in den Sagen und Märchen der skandinavischen Völker. Stuttgart – Berlin: Kohlhammer, 1936

Hartmann, Richard: Chidher in der arabischen Überlieferung und im Volksglauben des Orients. In: Preußische Jahrbücher. Bd. 143. (1911), S. 87-98

Hartmann, Richard: Zur Erklärung von Sure 18, 59 ff. In: Zeitschrift für Assyriologie und verwandte Gebiete. Bd. 24. (1910), S. 307-15

Hauser, Georges André / Mambourg, Albert: Deutung und Bedeutung der Menstruationsblutung im Wandel der Zeit. In: Therapeutische Umschau. Bd. 30 (1973), S. 471-78

Haxthausen, August Freiherr von: Transkaukasia. Andeutungen über das Familien- und Gemeindeleben und die sozialen Verhältnisse einiger Völker zwischen dem Schwarzen und dem Kaspischen Meere. Reiseerinnerungen und gesammelte Notizen. Erster Teil. Mit einem Titelkupfer, zwei Lithographien und zahlreichen Holzschnitten. Leipzig: Brockhaus, 1856

HdA: siehe Handwörterbuch des deutschen Aberglaubens

HdM: siehe Handwörterbuch des deutschen Märchens

Heiler, Friedrich: Die Frau in den Religionen der Menschheit. Berlin – New York: de Gruyter, 1977

Heilig, Petra: „Und ich, wohin sollte ich meine Schande tragen?". Tamar (2 Samuel 13). In: „Und sie tanzen aus der Reihe", S. 129-44

Heine, Susanne: Die feministische Diffamierung der Juden. In: Der feministische „Sündenfall"?, S. 15-59

Heller, Erdmute / Mosbahi, Hassouna: Hinter den Schleiern des Islam. Erotik und Sexualität in der arabischen Kultur. München: Beck, 1994, 2. Aufl.

Helweg, Hjalmar: H. C. Andersen und die Behauptung seiner Homosexualität. In: Zeitschrift für die gesamte Neurologie und Psychiatrie. Bd. 118 (1929), S. 777-88

Hering; Sabine / Maierhof,, Gudrun: Die unpässliche Frau. Sozialgeschichte der Menstruation und Hygiene. Frankfurt a. M.: Mabuse, 2002, 2. Aufl.

Hertz, Wilhelm: Gesammelte Abhandlungen. Herausgegeben von Friedrich von der Leyen. Stuttgart – Berlin: Cotta, 1905

302

Heschel, Susannah: Konfigurationen des Patriarchats, des Judentums und des Nazismus im deutschen feministischen Denken. In: Der feministische „Sündenfall"?, S. 160-84

Heyl, Arnulf. von: Lilith – Die erste Frau Adams. In: Auf. Drachenspuren. Ein Buch zum Drachenprojekt des Hamburgischen Museums für Völkerkunde. Herausgegeben von Bernd Schmelz und Rüdiger Vossen. Bonn: Holos, 1995, S. 102-09

Hilbrands, Walter: Heilige oder Hure? Die Erzählung von Juda und Tamar (Genesis 38) im Strom der Zeit. In: Geist, Eros und Agape. Untersuchungen zu Liebesdarstellungen in Philosophie, Religion und Kunst. Herausgegeben von Edith Düsing und Hans-Dieter Klein. Würzburg: Königshausen & Neumann, 2009, S. 97-119

Hohage, Kristina: Menstruation: Eine explorative Studie zur Geschichte und Bedeutung eines Tabus. Hamburg: Kovac, 1998, Phil. Diss.

Horney, Karen: Das Misstrauen zwischen den Geschlechtern. In: Die psychoanalytische Bewegung. Jg. 2 (1930), S. 521-37

Horney, Karen: Die Angst vor der Frau. Über einen spezifischen Unterschied in der männlichen und weiblichen Angst vor dem anderen Geschlecht. In: Internationale Zeitschrift für Psychoanalyse. Bd. 18 (1932), S. 5-18

Horney, Karen: Die prämenstruellen Verstimmungen. In: Zeitschrift für psychoanalytische Pädagogik. Jg. 5 (1931), S. 161-67

Horney, Karen: Zur Genese des weiblichen Kastrationskomplexes. In: Internationale Zeitschrift für Psychoanalyse. Jg. 9 (1923), S. 12-26

Hunger, Herbert: Lexikon der griechischen und römischen Mythologie mit Hinweisen auf. das Fortwirken antiker Stoffe und Motive in der bildenden Kunst, Literatur und Musik des Abendlandes bis zur Gegenwart. Mit 64 Bildtafeln. Wien: Holinek, 1969, 6. erweit. u. ergänz. Aufl.

Hurwitz, Siegmund: Lilith – die erste Eva. Eine Studie über dunkle Aspekte des Weiblichen. Mit einem Vorwort von Marie-Louise von Franz. Zürich: Daimon, 1980

„Ihr Völker alle, klatscht in die Hände!". Festschrift für Erhard S. Gerstenberger zum 65. Geburtstag. Herausgegeben von Rainer Kessler [u.a.]. Münster: LIT, 1997

Jacobi, Jolande: Die Psychologie von C. G. Jung. Eine Einführung in das Gesamtwerk. Mit 8 farbigen und 9 einfarbigen Illustrationen und 18 Diagrammen. Zürich – Stuttgart: Rascher, 1957. 4. erweit. u. neubearbeit. Aufl.

Jansen, H. Ludin: Die Hochzeitsriten im Tobitbuch. In: Temenos. Nordic Journal of. Comparative Religion. Vol. 1 (1965), S. 142-49

Jung, Carl Gustav: Gesammelte Werke. 20 Bde. Herausgegeben von Marianne Niehus-Jung. Zürich Stuttgart: Rascher, 1958-1970. Später herausgegeben von Lily Jung-Merker. Olten – Freiburg i. Br.: Walter, 1971-1994

Jung, Emma: Die Anima als Naturwesen. In: Studien zur Analytischen Psychologie C. G. Jungs. Bd. 2: Beiträge zur Kulturgeschichte. Festschrift zum 80. Geburtstag von C. G. Jung. Herausgegeben vom C. G. Jung-Institut Zürich. Zürich: Rascher,1955, S. 78-120

Jung, Emma / Franz, Marie-Louise von: Die Graalslegende in psychologischer Sicht. Mit siebzehn Tafeln. Zürich – Stuttgart: Rascher, 1960

Jung, Mathias: Das hässliche Entlein. Erlösung vom Minderwertigkeitskomplex. Lahnstein: emu, 2001

Kahn, Otto: Kommentar zum Märchen vom dankbaren Toten und dem Kopf. des Hexenmeisters. In: Die Freundesgabe. Jahrbuch der Gesellschaft zur Pflege des Märchengutes der europäischen Völker. Jg. 1976, S. 31-44

Kaiser, Otto: Der Gott des Alten Testaments. Theologie des Alten Testaments. Teil 1: Grundlegung. Göttingen: Vandenhoeck & Ruprecht, 1993

Kampers, Franz: Vom Werdegange der abendländischen Kaisermystik. Mit 4 Tafeln. Leipzig – Berlin: Teubner, 1924

Kapelrud, Arvid S. : Die Ras-Schamra-Funde und das Alte Testament. Übersetzung von Friedrich Cornelius. München – Basel: Reinhardt, 1967

Karthaus, Ulrich: Poetische Theologie. Überlegungen zu Thomas Mann. Frankfurt a. M.: Klostermann, 2017

Kast, Verena: Die verwünschte Prinzessin. Zum Problem des Sado-Machochismus. In: Mario Jacobi / Verene Kast / Ingrid Riedel: Das Böse im Märchen. Fellbach: Bonz, 1987, S. 67-89

Kast, Verena: Liebe im Märchen. Olten – Freiburg i. Br.: Walter, 1992

Kast, Verena: Paare. Beziehungsphantasien oder wie Götter sich in Menschen spiegeln. Stuttgart: Kreuz, 1985, 3. Aufl.

Kast, Verena: Wege aus Angst und Symbiose. Märchen psychologisch gedeutet. Olten – Freiburg i. Br.: Walter, 1982, 8. Aufl.

Keppler. Karl J.: Das Lachen der Frauen. Das Dämonische im Weiblichen. Goethe – Wagner – Thomas Mann. Würzburg: Königshausen & Neumann, 2005

Kerényi, Karl: Töchter der Sonne. Betrachtungen über griechische Gottheiten. Mit 7 Tafeln. Zürich: Rascher, 1944

Kersten, Jacqueline: Die altorientalische Inanna/Ištar als Vorbild der Aphrodite. In: Aphrodite, S. 46 – 62

Kindlers Literatur-Lexikon. 18 Bde. Herausgegeben von Heinz Ludwig Arnold. 3. völlig neu bearbeit. Aufl.. Stuttgart: Metzler, 2009

Kindlers neues Literaturlexikon. 22 Bde. Herausgegeben von Walter Jens. München: Kindler, 1988-1998

Kleinert Ulfried: Das Rätsel der Königin von Saba. Geschichte und Mythos. Darmstadt: von Zabern, 2015

Klein-Franke, Aviva: Die Königin von Saba in der jüdischen Überlieferung. In: Die Königin von Saba. Kunst, Legende und Archäologie zwischen Morgenland und Abendland. Herausgegeben von Werner Daum. Stuttgart – Zürich: Belser, 1988, S. 105-10

KLL, 3. Aufl.: siehe Kindlers Literatur-Lexikon, 3. Aufl.

Kluger-Schärf, Rivkah: Einige psychologische Aspekte des Gilgamesch-Epos. In: Aspekte Analytischer Psychologie. Zum 100. Geburtstag von C. G. Jung 1875-1961. Herausgegeben von Hans Dieckmann [u.a.]. Basel [u. a.]: Karger, 1975, S. 194-235

KNLL: siehe Kindlers neues Literaturlexikon

Köhler, Reinhold: Kleinere Schriften zur Märchenforschung. Herausgegeben von Johannes Bolte. Weimar: Felber, 1898

Koltuv, Barbara Black: Das Geheimnis Lilith: oder die verteufelte Göttin. Auf. der Spur eines Mythos. Aus dem Amerikanischen übersetzt von Sabine Ivanovas. München: Goldmann, 1988

Kompendium – Feministische Bibelauslegung. Herausgegeben von Luise Schottroff und Marie-Theres Wacker unter Mitarbeit von Claudia Janssen und Beate Wehn. Gütersloh: Kaiser, 1998

Krohn, Rüdiger: „Alles ist an ihm wunderbar". Der weise Merlin – Prophet und Erzieher des Menschengeschlechts. In: Literarische Symbolfiguren. Von Prometheus bis Svejk. Beiträge zu Tradition und Wandel. Herausgegeben von Werner Wunderlich. Bern – Stuttgart: Haupt, 1989, S. 65-87

Krüger, Thomas: Genesis 38 – ein „Lehrstück" alttestamentlicher Ethik. In: Konsequente Traditionsgeschichte. Festschrift für Klaus Baltzer zum 65. Geburtstag. Herausgegeben von Rüdiger Barthelmus, Thomas Krüger und Helmut Utzschneider. Freiburg (Schweiz) – Göttingen: Universitätsverlag F. (S.) – Vandenhoeck & Ruprecht, 1993, S. 205-26

Kuckartz, Wilfried: Merlin – Mythos und Gegenwart. Essen: Die blaue Eule, 1988

Kühn, Richard: Die Frau bei den Kulturvölkern. Mit einem Nachwort von Franz Blei. Mit 100 Bildern im Tiefdruck nebst einem Personen- und Sachregister. Berlin: Neufeld & Henius, 1932

Kühnholz, Werner / Jork, Gudrun: Sexualität. Eine uralte Geschichte (Gen. 3). In: Doppeldeutlich. Tiefendimensionen biblischer Texte. Herausgegeben von Yorick Spiegel. München: Kaiser, 1978, S. 33-55

Kurdische Märchen. Gesammelt von Luise-Charlotte Wentzel. Nachwort von Otto Spies. Düsseldorf. – Köln: Diederichs, 1978

Kurzke, Hermann: Thomas Mann. Das Leben als Kunstwerk. Frankfurt a. M.: Fischer Taschenbuch, 2001

Kuschel, Karl / Mann, Frido / Soethe, Paolo Astor: Mutterland. Die Familie Mann und Brasilien. Düsseldorf: Artemis & Winkler, 2009

Kvideland, Reimund: Auch Trolle sind Geschöpfe Gottes. In: Märchenspiegel. Zeitschrift für internationale Märchenforschung und Märchenpflege. Bd. 5, Heft 2 (1994), S. 11-12

Laiblin, Wilhelm: Das Urbild der Mutter. In: Märchenforschung und Tiefenpsychologie. Herausgegeben von Wilhelm Laiblin. Darmstadt: Wissenschaftliche Buchgesellschaft, 1969, S. 100-50

Langenhorst, Annegret: „Sprich nicht darüber, meine Schwester Tamar". In: Katechetische Blätter. Bd. 127 (2002), S. 25-29

Leibbrand, Annemarie und Werner: Formen des Eros. Kultur- und Geistesgeschichte der Liebe. Bd. 1: Vom antiken Mythos bis zum Hexenglauben. Freiburg i. Br.: – München: Alber, 1972

Levin, Christoph: Verheißung und Rechtfertigung. Gesammelte Studien zum Alten Testament Band 2. Berlin – Boston: de Gruyter, 2013

Levy, Ludwig: Sexualsymbolik in der biblischen Paradiesgeschichte. In: Imago, Bd. 5 (1919), S. 16-30

Lexikon der Weltgeschichte. Von der Vorzeit bis zur Gegenwart. Herausgegeben von Hans-Dieter Grospietsch [u.a]. Bindlach: Gondrom, 1985

Leyen, Friedrich von der: Das deutsche Märchen und die Brüder Grimm. Düsseldorf. – Köln: Diederichs, 1964

Leyen, Friedrich von der / Schier, Kurt: Das Märchen. Ein Versuch. Heidelberg: Quelle & Meyer, 1958, 4. erneuert. Aufl.

Liljeblad, Sven: Die Tobiasgeschichte und andere Märchen mit toten Helfern. Lund: Linstedt, 1927, Phil. Diss.

Loth, Heinz-Jürgen: Frau im Judentum. In: Frau in den Religionen, S. 11-38

Lückel, Kurt: Gratwanderungen zwischen Sinn und Widersinn. Göttingen – Zürich: Vandenhoeck & Ruprecht, 1998

Lüthi, Kurt / Kutsch, Ernst / Dantine, Wilhelm: Drei Wiener Antrittsreden. Zürich: EVZ, 1965

Lüthi, Max: So leben sie noch heute. Betrachtungen zum Volksmärchen. Göttingen: Vandenhoeck & Ruprecht, 1976, 2. Aufl.

Maiberger, Paul: Das Alte Testament in seinen großen Gestalten. 40 Glaubens- und Lebensgeschichten. Mit einer Erklärung wichtiger alttestamentlicher Begriffe. Mainz: Grünewald, 1990

Mann, Thomas: Große kommentierte Frankfurter Ausgabe. Joseph und seine Brüder. 2. Teil: Joseph in Ägypten. Joseph der Ernährer. Band 8. Hbbd. 1: Text + Hbbd. 2: Kommentar. Herausgegeben und textkritisch durchgesehen von Jan Assmann, Dieter Borchmeyer und Stephan Stachorski unter Mitwirkung von Peter Huber. Frankfurt a. M.: Fischer, 2018

Marquardt, Franka: Erzählte Juden. Untersuchungen zu Thomas Manns „Joseph und seine Brüder" und Robert Musils „Mann ohne Eigenschaften". Münster – Hamburg – London: LIT, 2003

Mernissi, Fatima: Geschlecht – Ideologie – Islam. Aus dem Französischen von Marie Luise Knott und Brunhilde Wehinger. München: Kunstmann, 1991, 4. Aufl.

Meves, Christa: Die Bibel antwortet uns in Bildern. Tiefenpsychologische Textdeutungen im Hinblick auf. Lebensfragen heute. Freiburg i. Br. – Basel – Wien: Herder, 1973

Meves, Christa: Seelische Gesundheit und biblisches Heil. Freiburg i. Br. – Basel – Wien: Herder, 1979

Mieth, Dietmar: Epik und Ethik. Eine theologisch-ethische Interpretation der Josephromane Thomas Manns. Tübingen: Niemeyer, 1976

Miggelbrink, Ralf: Der Zorn Gottes. Geschichte und Aktualität einer ungeliebten biblischen Tradition. Freiburg i. Br. – Basel – Wien: Herder, 2000

Motté, Magda: „Esthers Tränen, Judiths Tapferkeit". Biblische Frauen in der Literatur des 20. Jahrhunderts. Darmstadt: Wissenschaftlichen Buchgesellschaft, 2003

Mudrak, Edmund: Märchen und Sage im Alten Testament. In: Altkatholisches Jahrbuch. Bd. 52 (1953), S. 45-64

Müller, Lutz und Anette: siehe Wörterbuch der Analytischen Psychologie

Mulack, Christa: Die Weiblichkeit Gottes. Matriarchale Voraussetzungen des Gottesbildes. Stuttgart – Berlin: Kreuz, 1983

Natmessnig, Anita: Antisemitismus und feministische Theologie. In: Der feministische „Sündenfall"?, S. 185-208

Nebez, Jemal: Kommentar zu Otto Spies' Artikel „Kurdische Märchen im Rahmen der orientalisch-vergleichenden Märchenkunde". In: Fabula. Bd. 15 (1974), S. 245-49

Nebez, Jemal: Kurdische Märchen und Volkserzählungen Mit Illustrationen von Doris Feyerabend. Berlin: National-Union kurdischer Studenten in Europa, 1972

Neumann, Erich: Die Angst vor dem Weiblichen. In: Die Angst. Mit Beiträgen von Gaetano Benedetti [u. a.]. Studien aus dem C. G. Jung-Institut Zürich Bd 10. Vortragszyklus des Winters 1958-1959. Zürich – Stuttgart: Rascher, 1959, S 67-112

Neumann, Erich: Die Bedeutung des Erdarchetyps für die Neuzeit. In: Eranos-Jahrbuch 1953. Bd. 22: Mensch und Erde. Mit 8 Kunstdrucktafeln. Herausgegeben von Olga Fröbe-Kapteyn. Zürich: Rhein, 1954, S. 11-56

Neumann, Erich: Die Große Mutter. Der Archetyp des Großen Weiblichen. Mit 243 Kunstdruckbildern und 77 Textilillustrationen. Zürich: Rhein, 1956

Neumann, Erich: Tiefenpsychologie und neue Ethik. Zürich: Rascher, 1949

Neumann, Erich: Ursprungsgeschichte des Bewusstseins. Mit einem Vorwort von C. G. Jung. Zürich: Rascher, 1949

Neumann, Erich: Zur Psychologie des Weiblichen. Umkreisung der Mitte. Aufsätze zur Tiefenpsychologie der Kultur Bd. 2. Zürich: Rascher, 1953

Ninck, Martin: Wodan und germanischer Schicksalsglaube. Jena: Diederichs, 1935

Nola, Alfonso di: Der Teufel. Wesen, Wirkung, Geschichte. Mit einem Vorwort von Felix Karlinger. Aus dem Italienischen von Dagmar Türck-Wagner. München: Diederichs, 1990

Norwegische Volksmärchen. Herausgegeben und übertragen von Klara Stroebe und Reidar Th. Christiansen. Düsseldorf. – Köln: Diederichs, 1967

Ohler, Annemarie: Frauengestalten der Bibel. Würzburg: Echter, 1988, 3. Aufl.

Perera, Silvia Printon: Der Sündenbock-Komplex. Die Erlösung von Schuld und Schatten. Zur Psychologie eines dunklen Archetypus. Interlaken: Ansata, 1987

Perera, Silvia Printon: Der Weg zur Göttin der Tiefe. Die Erlösung der dunklen Schwester: eine Initiation für Frauen. Interlaken: Ansata, 1985

Perlet, Gisela: Hans Christian Andersen. Basis-Biographie. Frankfurt a. M.: Suhrkamp, 2005

Petriconi, Hellmuth: Metamorphosen der Träume. Fünf. Beispiele zu einer Literaturgeschichte als Themengeschichte. Mit einem Nachwort von Margot Kruse. Frankfurt a. M.: Athenäum, 1971

Petzold, Leander: Märchen – Mythos – Sage. Beiträge zur Literatur und Volksdichtung. Marburg: Elwert, 1989

Plath, Margarete: Zum Buch Tobit. In: Theologische Studien und Kritiken. Bd. 74 (1901), S. 377-414

Prechel, Doris: Fremde in Mesopotamien. In: Außenseiter und Randgruppen. Beiträge zu einer Sozialgeschichte des Alten Orients. Herausgegeben von Volkert Haas. Konstanz: Universitätsverlag, 1992, S. 173-85

Püschel, Erich: Die Menstruation und ihre Tabus. Ethnologie und ihre kulturelle Bedeutung. Eine ethnomedizinisch-geschichtliche Übersicht. Mit 40 meist farbigen Abbildungen und 3 Karten. Stuttgart – New York: Schattauer, 1988

Rank, Otto: Psychoanalytische Beiträge zur Mythenforschung aus den Jahren 1912 bis 1914. Leipzig – Wien – Zürich: Internationaler Psychoanalytischer Verlag, 1922, 2. veränd. Aufl.

Ranke, Friedrich: Die deutschen Volkssagen. München: Beck, 1910

Ranke-Graves, Robert von: Die weiße Göttin. Sprache des Mythos. Ins Deutsche übertragen von Thomas Lindquist unter Mitwirkung von Lorenz Wilkens. Berlin: Medusa, 1981

Rattner, Josef. / Danzer, Gerhard: Weltliteratur aus Dänemark. Studienausgabe. Berlin: Verlag für Tiefenpsychologie, 2015

Rauchwarter, Barbara: Tamar – die Zerstörung einer Frau in einem Gewaltsystem. In: Christlich-pädagogische Blätter. Bd. 121 (2008), S. 198-202

Reif., Doris: Mit Hilfe einer List zum Frauenrecht. Tamar (Genesis 38). In: „Und sie tanzen aus der Reihe", S. 129-44

Religion in Geschichte und Gegenwart. Handwörterbuch für Theologie und Religionswissenschaft. 9 Bde. Herausgegeben von Hans Dieter Betz [u.a.]. 4., völlig neu bearb. Aufl. Tübingen: Mohr Siebeck, 1998-2007

Reuße, Claudia / Holler, Martina: Menstruation. Eine Begegnung mit uns selbst. Reinbek bei Hamburg: Rowohlt, 1988

RGG, 3. Aufl.: siehe Die Religion in Geschichte und Gegenwart, 3. Aufl.

RGG, 4. Aufl.: siehe Religion in Geschichte und Gegenwart, 4. Aufl.

Ridley, Hugh / Vogt, Jochen: Thomas Mann. Paderborn: Fink, 2009

Riedel, Ingrid: Bilder in Religion, Kunst und Psychotherapie. Wege zur Interpretation. Stuttgart: Kreuz, 1988

Riedel, Ingrid: Die weise Frau in uralt-neuen Erfahrungen. Der Archetyp der alten Weisen in Märchen und seinem religionsgeschichtlichen Hintergrund. Olten – Freiburg i. Br.: Walter, 1989

Riedel, Ingrid: Engel der Wandlung. Die Engelbilder Paul Klees. Freiburg i. Br. – Basel – Wien: Herder, 2008, 5. Aufl.

Riedel, Ingrid: Farben. In Religion, Gesellschaft, Kunst und Psychotherapie. Stuttgart: Kreuz, 1983, 2. Aufl.

Riedel, Ingrid: Formen – Kreis, Kreuz, Dreieck, Quadrat, Spirale. Stuttgart: Kreuz, 1985

Riedel, Ingrid: Liebe, die verwandelt. Die Weisheit der Märchen über Liebe, Tod und Neugeburt. Freiburg i. Br.-Basel-Wien: Herder, 2005

Riedel, Ingrid: Neue Konzepte des Weiblichen in der Jungschen Psychologie. Impulse von Frauen. In: Wege zum Menschen. Monatsschrift für Seelsorge und Beratung, heilendes und soziales Handeln. Jg. 50 (1998), S. 270-84

Riedel, Ingrid: Tabu im Märchen. Die Rache der eingesperrten Natur. Olten – Freiburg i. Br.: Walter, 1985

Riedel, Ingrid: Wandlungen der Schwarzen Frau. In: Wendepunkte Erde – Frau – Gott. Am Anfang eines neuen Zeitalters. Herausgegeben von Peter Michael Pflüger. Olten – Freiburg i. Br.: Walter, 1988, 2. Aufl., S. 108-27

Rieplhuber, Rita: Die Stellung der Frau in den neutestamentlichen Schriften und im Koran. Altenberge: Christlich-Islamisches Schrifttum (CIS), 1986

Roebling, Irmgard: Lilith oder die Umwertung aller Werte. Eine Untersuchung zum literarischen Frauen-Bilder-Sturz um die Jahrhundertwende am Beispiel von Isolde Kurz' Versepos „Die Kinder der Lilith". In: Lulu, Lilith, Mona Lisa… Frauenbilder der Jahrhundertwende. Herausgegeben von Irmgard Roebling. Pfaffenweiler: Centaurus, 1989, S. 157-97

Röhrich, Lutz: Märchen und Wirklichkeit. Wiesbaden: Steiner, 1964, 2. erweit. Aufl.

Roellenbleck, Ewald: Magna Mater im Alten Testament. Eine psychoanalytische Untersuchung. Unveränd. reprograf. Nachdr. der 1. Aufl. Darmstadt: Claassen & Roether 1949. Darmstadt: Wissenschaftliche Buchgesellschaft, 1974

Römer, Willem H. Ph.: Einige Überlegungen zur „Heiligen Hochzeit" nach altorientalischen Texten. In: Alter Orient und Altes Testament. Bd. 211 (1982), S. 411-28

Rotter, Ekkehart und Gernot: Venus, Maria, Fatima. Wie die Lust zum Teufel ging. Zürich – Düsseldorf: Artemis & Winkler, 1996

Rudloff, Holger: Pelzdamen. Wirklichkeitsbilder bei Thomas Mann und Leopold von Sacher-Masoch. Frankfurt a. M.: Fischer Taschenbuch, 1994

Rüegger-Haller, Elke: Tamar – Die ungehörte Geschichte einer unerhörten Frau. In: Zwischen Ohnmacht und Befreiung. Biblische Frauengestalten. Herausgegeben von Karin Walter. Freiburg i. Br. – Basel – Wien: Herder, 1988, S. 32-43

Runge, Doris: „Welch ein Weib!" Mädchen- und Frauengestalten bei Thomas Mann. Stuttgart: Deutsche Verlags-Anstalt, 1998

Ruppert, Lothar: Das Buch Tobias – Ein Modellfall nachgestaltender Erzählung. In: Wort, Lied und Gottesspruch. Beiträge zur Septuaginta. Festschrift für Joseph Ziegler. Herausgegeben von Josef. Schreiner. Würzburg: Echter, 1972, S. 109-19

Salm, Eva: Juda und Tamar. Eine exegetische Studie zu Gen. 38. Würzburg: Echter, 1996

Schadewaldt, Hans: Vorstellungen über Entstehung und Zweck der Menstruation in der antiken Medizin. In: Medizinische Mitteilungen. Medizinisch-Wissenschaftliche Abteilung der Schering Aktiengesellschaft. Bd. 13 (1952), S. 87-91 u. Bd. 14 (1953), S. 23-27

Schäfer-Bossert, Stefanie: „Sex and crime" in Genesis 38. Eine exegetische Auseinandersetzung mit der „Schuld der Tamar". In: „Ihr Völker alle, klatscht in die Hände!", S. 69-94

Schatz-Hurschmann, Renate: Die Geschichte der vergewaltigten und fast vergessenen Prinzessin. 2. Samuel 13, 1-22. In: Schlangenbrut. Zeitschrift für feministisch und religiös interessierte Frauen. Bd. 25 (1989), S. 30-33

Schenda, Rudolf: Das ABC der Tiere. Märchen, Mythen und Geschichten. München: Beck, 1995

Scherf, Dagmar: Der Teufel und das Weib. Eine kulturgeschichtliche Spurensuche. Frankfurt a. M.: Fischer Taschenbuch, 1990

Scherf, Walter: Das Märchenlexikon. 2 Bde. München: Beck, 1995

Scherf, Walter: Lexikon der Zaubermärchen. Mit 20 ausgewählten Textillustrationen. Stuttgart: Kröner, 1982 .

Schipflinger, Thomas: Sophia – Maria. Eine ganzheitliche Vision der Schöpfung. Ein Beitrag zum Marianischen Jahr und zum Millennium der „Taufe der Rus". München – Zürich: Neue Stadt, 1988

Schlehe, Judith: Das Blut der fremden Frauen. Menstruation in der anderen und in der eigenen Kultur. Frankfurt a. M. – New York: Campus, 1987

Schliephacke, Bruno P.: Bildersprache der Seele. Lexikon zur Symbolpsychologie. Das zeitlose Wesen symbolischer Gestalten in Märchen, Mythen, Sitten, Gebräuchen und Träumen. Berlin: Telos, 1970

Schmideberg, Melitta: Psychoanalytisches zur Menstruation. In: Zeitschrift für psychoanalytische Pädagogik. Jg. 5 (1931), S. 190-202.

Schmidt, Werner H.: Einführung in das Alte Testament. Berlin – New York: de Gruyter, 1995, 5. erweit. Aufl.

Schmitz, Victor A.: H. C. Andersens Märchendichtung. Ein Beitrag zur Geschichte der dänischen Spätromantik. Mit Ausblicken auf das deutsche romantische Kunstmärchen. Greifswald: Ratsbuchhandlung Bamberg, 1925

Schmökel, Hartmut: Heilige Hochzeit und Hoheslied. Wiesbaden: Steiner, 1956

Schröder, Friedrich: Das Drama der Dreiecksbeziehung. Das grimmsche Märchen „Die drei Schlangenblätter" und Henrik Ibsens Schauspiel „Die Frau vom Meer". Mit tiefenpsychologischen, religionswissenschaftlichen, literaturwissenschaftlichen und volkskundlichen Aspekten der Interpretation. Stuttgart: opus magnum, 2018.

Schröder, Friedrich: „Die Nixe im Teich". Erotische Faszination und Wandlung. Stuttgart; opus magnum, 2009

Schröder, Friedrich: „Die weiße Schlange". Annäherung an ein Ursymbol in einem Märchen der Gebrüder Grimm. Eine tiefenpsychologische Interpretation. Stuttgart; opus magnum, 2013

Schröder, Friedrich: „Hänsel und Gretel". Die Verzauberung durch die Große Mutter. Stuttgart; opus magnum, 2009

Schröer, Silvia: Die Samuelbücher. Stuttgart: Katholisches Bibelwerk, 1992

Schröter, Maren-Grischa: Die phönizische Astarte – Schwester der kyprischen Göttin. In: Aphrodite, S. 27-45

Schüngel-Straumann, Helen: Die Frau am Anfang. Eva und die Folgen. Freiburg i. Br. – Basel – Wien: Herder, 1989

Schüngel-Straumann, Helen: Tamar. Eine Frau verschafft sich ihr Recht. In: Bibel und Kirche. Jg. 39 (1984), S. 148-57

Schüngel-Straumann, Helen: Tobit. Übersetzung und Auslegung. Freiburg i. Br. – Basel – Wien: Herder, 2000

Schwendemann, Wilhelm: Eros und Sexualität – ein Problem christlicher Theologie? In: Religion und Eros. Erotik und Sexualität in Judentum, Christentum und Islam. Herausgegeben von Klaus Nagorni. Karlsruhe: Evangelische Akademie Baden, 2010, 2. Aufl., S. 25-48

Schwikart, Georg: Sexualität in den Weltreligionen. Gütersloh: Gütersloher Verlagshaus, 2001

Shuttle, Penelope / Redgrove, Peter: Die weise Wunde Menstruation. Aus dem Englischen von Helma Schleif. Redaktion Eva Bornemann. Frankfurt a. M.: Fischer-Goverts, 1980

Snook, Lynn: Auf den Spuren der Rätselprinzessin Turandot. In: Vom Menschenbild im Märchen. Im Auftrag der Europäischen Märchengesellschaft herausgegeben von Jürgen Janning [u.a.]. Kassel: Röth, 1981, 2. Aufl., S. 121-45

Sorge, Elga: Religion und Frau. Weibliche Spiritualität im Christentum. Stuttgart – Berlin – Köln – Mainz: Kohlhammer, 1987, 2. völlig neu bearb. und erweit. Aufl.

Spies, Otto: Kurdische Märchen im Rahmen der orientalisch-vergleichenden Märchenkunde". In: Fabula. Bd. 14 (1973), S. 205-17

Stamer, Barbara / Zingsem, Vera: Schlangenfrau und Chaosdrache in Märchen, Mythos und Kunst. Schlangen- und Drachensymbolik im Kulturvergleich. Stuttgart – Zürich: Kreuz, 2001

Stark, Christine: „Kultprostitution" im Alten Testament? Die „Quedeschen" der Hebräischen Bibel und das Motiv der Hurerei. Fribourg – Göttingen: Academic Press – Vandenhoeck & Ruprecht, 2006

Steiner, Gerd: Die „Femme fatale" im Alten Orient. In: La Femme dans le Proche – Orient Antique. Compte Rendu de la 33. Rencontre Assyriologique Internationale (Paris, 7-10 Juillet 1986). Textes réunis par Jean-Marie Durand. Paris: Recherche sur les Civilisations, 1987, S. 147-53

Stendebach, Franz Josef: Einleitung in das Alte Testamaent. Düsseldorf: Patmos, 1994

Storfer, Adolf. J.: Zur Sonderstellung des Vatermordes. Eine rechtsgeschichtliche und völkerpsychologische Studie. Leipzig – Wien 1911. Nendeln/Liechtenstein: Kraus Reprint, 1970

Stromberg, Eberhard: Thomas Mann. Mythos und Religion in seinem Leben und Werk. Würzburg: Königshausen & Neumann, 2015

Stromberg, Eberhard: Thomas Manns Bibelroman „Joseph und seine Brüder". Lesen-verstehen-erleben. Würzburg: Königshausen & Neumann, 2021

Stumpp, Bettina Eva: Prostitution in der römischen Antike. Berlin: Akademie, 2001

Syfuß, Antje: Zauberer mit Märchen. Eine Studie zu Thomas Mann. Frankfurt a. M. [u.a.]: Lang, 1993

Theologische Realenzyklopädie. 37. Bde. Herausgegeben von Gerhard Krause unter Mitarbeit von Martin Schmidt [u.a.]. Berlin – New York: de Gruyter, 1977-2006

Thomas-Mann-Handbuch. Herausgegeben von Helmut Koopmann. Mit Beiträgen von André Banuls [u.a.]. Stuttgart: Kröner, 1995, 2. Aufl.

Tillmann, Claus: Das Frauenbild bei Thomas Mann. Der Wille zum strengen Glück. Frauenfiguren im Werk Thomas Manns. Wuppertal: Deimling, 1994

T R: siehe Theologische Realenzyklopädie

Trattner, Kathrin: Liliths Kinder. Adams erste Frau in der Religionsgeschichte und modernen Populärkultur. Graz: Leykam, 2016

Trattner, Kathrin: Von Lamaštu zu Lilith – Personifikationen des weiblichen Bösen in der mesopotamischen und jüdischen Mythologie. In: Disputatio philosophica. International Journal on Philosophy and Religion. Vol. 15 (2013), S. 109-18

Traugott, Hannelore: Lilith – Eros des Schwarzen Mondes. Wettswil: Astrodata, 1995

Trible, Phyllis: „Mein Gott, warum hast du mich vergessen!" Frauenschicksale im Alten Testament. Mit einer Einführung von Helen Schüngel-Straumann. Aus dem Amerikanischen übersetzt von Marianne Reppekus. Gütersloh: Mohn, 1990, 2. Aufl.

Trzaskalik, Friedrich: Frau im römischen Katholizismus. In: Frau in den Religionen. S. 67-96

Tworuschka, Monika: Frau im Islam. In: Frau in den Religionen, S. 121-47

"Und sie tanzen aus der Reihe". Frauen im Alten Testament. Herausgegeben von Angelika Meissner. Stuttgart: Katholisches Bibelwerk, 1992

Vaget, Hans Rudolf: Thomas Mann, der Amerikaner. Leben und Werk im amerikanischen Exil 1938-1952. Frankfurt a. M.: Fischer, 2011

Virolleaud, Charles: Die Große Göttin in Babylonien, Ägypten und Phönikien. In: Eranus-Jahrbuch 1938. Bd. 6: Gestalt und Kult der „Großen Mutter". Herausgegeben von Olga Fröbe-Kapteyn. Zürich: Rhein, 1939, S. 121-60

Vogelsang, Ethel W.: Die Konfrontation zwischen Lilith und Adam: Die fünfte Runde. In: Analytische Psychologie. Zeitschrift für Psychotherapie und Psychoanalyse. Bd. 18 (1987), S. 204-22

Vollers, Karl: Chidher. In: Archiv für Religionswissenschaft. Bd. 12 (1909), S. 234-84

Vonessen, Franz: Das Tier und die Würde des Menschen. Zu Grimms Märchen „Der Hund und der Sperling". In: Tiere und Tiergestaltige im Märchen. Im Auftrag der Europäischen Märchengesellschaft herausgegeben von Arnica Esterl und Willhelm Solms. Regensburg: Röth, 1991, S. 179-94

Voss, Jutta: Das Schwarzmond-Tabu. Die kulturelle Bedeutung des weiblichen Zyklus. Stuttgart: Kreuz, 1993, 4. Aufl.

Wägner, Wilhelm: Nordisch-germanische Götter- und Heldensagen. Berlin: Haude & Spener, 1969

Wegner, Gudrun: Bluttabu – Tabuisierung des Lebens. Eine historisch-kulturanthropologische Untersuchung zum Umgang mit dem Weiblichen von den griechischen Mythen bis zum Zeitalter der Gentechnik. Berlin 2001, Univ. Soz. Diss.

Wehse, Rainer: Die Prinzessin. In: Die Frau im Märchen. Im Auftrag der Europäischen Märchengesellschaft herausgegeben von Sigrid Früh und Rainer Wehse. Kassel: Röth, 1985, S. 9-17

Weiler, Gerda: Das Matriarchat im Alten Israel. Stuttgart – Berlin – Köln: Kohlhammer, 1989

Weiler, Gerda: Der enteignete Mythos. Eine feministische Revision der Archetypenlehre C. G. Jungs und Erich Neumanns. Frankfurt a. M. – New York: Campus, 1991

Weiler, Gerda: Ich brauche die Göttin. Zur Kulturgeschichte eines Symbols. Basel: Mond-Buch, 1990

Weiler, Gerda: „Ich verwerfe im Lande die Kriege". Das verborgene Matriarchat im Alten Testament. München: Frauenoffensive, 1984

Weimar, Peter: Die doppelte Thamar. Thomas Manns Novelle als Kommentar der Thamarerzählung des Genesisbuches. Neukirchen – Vluyn: Neukirchener Verlag, 2008

Wentzel / Spies: siehe Kurdische Märchen

Westenholz, Joan Goodnick: Heilige Hochzeit und kultische Prostitution im Alten Mesopotamien. Sexuelle Vereinigung im sakralen Raum? In: Wort und Dienst. Jahrbuch der kirchlichen Hochschule Bethel. Bd. 23 (1995), S. 43-62

Willi-Plein, Ina: Das Buch Genesis. Kapitel 12-50. Stuttgart: Katholisches Bibelwerk, 2011

Wilpert, Gero von, dtv-Lexikon: siehe dtv-Lexikon der Weltliteratur

Wilpert, Gero von: Sachwörterbuch der Literatur. Stuttgart: Kröner, 1969, 5. verbess. u. erweit. Aufl.

Winterer, Georg: Menstruation als Tabu. Eine theoretisch-empirische Untersuchung über das Verhältnis des Mannes zur menstruierenden Frau. Heidelberg: Asanger, 1992

Winterstein, Alfred: Die Pubertätsriten der Mädchen und ihre Spuren im Märchen. In: Imago. Bd. 14 (1928), S. 199-274

Wöller, Hildegunde: Vom Vater verwundet. Töchter der Bibel. Stuttgart: Kreuz, 1992

Woeller, Waltraud und Matthias: Sage und Weltgeschichte. Berlin – Leipzig: Koehler & Amelang, 1991

Wörterbuch der Analytischen Psychologie. Herausgegeben von Lutz und Anette Müller. Düsseldorf. – Zürich: Walter-Patmos, 2003

Wörterbuch der feministischen Theologie. Herausgegeben von Elisabeth Gössmann [u. a.]. Gütersloh: Mohn, 1991

Zauner / Moser-Rath: siehe Deutsche Märchen seit Grimm

Zingsem, Vera: „Der Himmel ist mein, die Erde ist mein". Göttinnen großer Kulturen im Wandel der Zeiten. Tübingen: Klöpfer & Meyer, 1995

Zingsem, Vera: Lilith, Adams erste Frau. Leipzig: Reclam, 2000